"十三五"全国高等院校民航服务专业规划教材

民用机场运行控制

主编◎李艳伟 黄春新 高 宏

Civil Airport Operation Control

清华大学出版社
北京

内 容 简 介

本教材坚持以培养职业技能为核心，以工作实践为主线，以项目为导向，以民用机场运行控制工作过程为框架，面向工作岗位设置课程内容，突出实用性、适用性和先进性，内容丰富、结构清晰、图文并茂，项目案例有详细的讲解，易于教学和自学。

本教材根据知识的层次性、技能培养的渐进性，遵循难点分散的原则，合理安排各章内容。全书在系统全面阐述机场基础知识、机场运行体系特点、机场运行模式的同时，还配插了大量的图片和教学案例。通过丰富的教学实例，引导读者学习和掌握机场运行的基本知识和工作技能。

本教材适用于各大院校民航运输、交通运输、机场运行、空港运营与管理等专业的学生，同时对机场的一线运行管理人员也有一定的参考价值，可作为各机场的内部培训教材。读者既可以将本书作为学习用书，又可作为一线机场运行管理人员的培训教材，是一本体现教与学良性互动的教材。

本书封面贴有清华大学出版社防伪标签，无标签者不得销售。
版权所有，侵权必究。举报：010-62782989，beiqinquan@tup.tsinghua.edu.cn。

图书在版编目（CIP）数据

民用机场运行控制 / 李艳伟，黄春新，高宏主编. —北京：清华大学出版社，2020.4（2025.1重印）
"十三五"全国高等院校民航服务专业规划教材
ISBN 978-7-302-54816-4

Ⅰ. ①民… Ⅱ. ①李… ②黄… ③高… Ⅲ. ①民用机场—机场管理—运营管理—高等学校—教材 Ⅳ. ①F560.81

中国版本图书馆 CIP 数据核字（2020）第 005627 号

责任编辑： 杜春杰
封面设计： 刘　超
版式设计： 文森时代
责任校对： 马军令
责任印制： 丛怀宇

出版发行： 清华大学出版社
网　　址： https://www.tup.com.cn，https://www.wqxuetang.com
地　　址： 北京清华大学学研大厦 A 座　　**邮　编：** 100084
社 总 机： 010-83470000　　**邮　购：** 010-62786544
投稿与读者服务： 010-62776969，c-service@tup.tsinghua.edu.cn
质量反馈： 010-62772015，zhiliang@tup.tsinghua.edu.cn

印 装 者： 涿州市般润文化传播有限公司
经　　销： 全国新华书店
开　　本： 185mm×260mm　　**印　张：** 23.5　　**字　数：** 540 千字
版　　次： 2020 年 4 第 1 版　　**印　次：** 2025 年 1 月第 4 次印刷
定　　价： 69.80 元

产品编号：079572-01

"十三五"全国高等院校民航服务专业规划教材
丛书主编及专家指导委员会

丛 书 总 主 编　　刘　永（北京中航未来科技集团有限公司董事长兼总裁）
丛 书 副 总 主 编　　马晓伟（北京中航未来科技集团有限公司常务副总裁）
丛 书 副 总 主 编　　郑大地（北京中航未来科技集团有限公司教学副总裁）
丛 书 总 主 审　　朱益民（原海南航空公司总裁、原中国货运航空公司总裁、原上海航空公司总裁）
丛 书 英 语 总 主 审　　王　朔（美国雪城大学、纽约市立大学巴鲁克学院双硕士）
丛 书 总 顾 问　　沈泽江（原中国民用航空华东管理局局长）
　　　　　　　　　　汪光弟（原上海虹桥国际机场副总裁）
丛 书 总 执 行 主 编　　王益友［江苏民航职业技术学院（筹）院长、教授］
丛 书 艺 术 总 顾 问　　万峻池（美术评论家、著名美术品收藏家）
丛书总航空法律顾问　　程　颖（荷兰莱顿大学国际法研究生、全国高职高专"十二五"规划教材《航空法规》主审、中国东方航空股份有限公司法律顾问）

丛书专家指导委员会主任

　　　　　　　　　　关云飞（长沙航空职业技术学院教授）
　　　　　　　　　　张树生（国务院津贴获得者，山东交通学院教授）
　　　　　　　　　　刘岩松（沈阳航空航天大学教授）
　　　　　　　　　　宋兆宽（河北传媒学院教授）
　　　　　　　　　　姚　宝（上海外国语大学教授）
　　　　　　　　　　李剑峰（山东大学教授）
　　　　　　　　　　孙福万（国家开放大学教授）
　　　　　　　　　　张　威（沈阳师范大学教授）
　　　　　　　　　　成积春（曲阜师范大学教授）

"十三五"全国高等院校民航服务专业规划教材编委会

主　任　高　宏（沈阳航空航天大学教授）　　　　杨　静（中原工学院教授）
　　　　　李　勤（南昌航空大学教授）　　　　　　李广春（郑州航空工业管理学院教授）
　　　　　安　萍（沈阳师范大学）　　　　　　　　彭圣文（长沙航空职业技术学院）
　　　　　陈文华（上海民航职业技术学院）

副主任　兰　琳（长沙航空职业技术学院）　　　　庞庆国（中国成人教育协会航空服务教育培训专业委员会）
　　　　　郑　越（长沙航空职业技术学院）　　　　郑大莉（中原工学院信息商务学院）
　　　　　徐爱梅（山东大学）　　　　　　　　　　黄　敏（南昌航空大学）
　　　　　韩　黎[江苏民航职业技术学院（筹）]　　曹娅丽（南京旅游职业学院）
　　　　　胡明良（江南影视艺术职业学院）　　　　李楠楠（江南影视艺术职业学院）
　　　　　王昌沛（曲阜师范大学）　　　　　　　　何蔓莉（湖南艺术职业学院）
　　　　　孙东海（江苏新东方艺先锋传媒学校）　　戴春华（原同济大学）
　　　　　施　进（盐城航空服务职业学校）　　　　孙　梅（上海建桥学院）
　　　　　张号全（武汉商贸职业学院）　　　　　　周孟华（上海东海学院）

委　员（排名不分先后）
　　　　　于海亮（沈阳师范大学）　　　　　　　　于晓风（山东大学）
　　　　　王丽蓉（南昌航空大学）　　　　　　　　王玉娟（南昌航空大学）
　　　　　王　莹（沈阳师范大学）　　　　　　　　王建惠（陕西职业技术学院）
　　　　　王　姝（北京外航服务公司）　　　　　　王　晶（沈阳航空航天大学）
　　　　　邓丽君（西安航空职业技术学院）　　　　车树国（沈阳师范大学）
　　　　　龙美华（岳阳市湘北女子职业学校）　　　石　慧（南昌航空大学）
　　　　　付砚然（湖北襄阳汽车职业技术学院，原海南航空公司乘务员）
　　　　　朱茫茫（潍坊职业学院）　　　　　　　　田　宇（沈阳航空航天大学）
　　　　　刘　洋（濮阳工学院）　　　　　　　　　刘　超（华侨大学）
　　　　　许　赟（南京旅游职业学院）　　　　　　刘　舒（江西青年职业学院）
　　　　　杨志慧（长沙航空职业技术学院）　　　　吴立杰（沈阳航空航天大学）
　　　　　李长亮（张家界航空工业职业技术学院）　杨　莲（马鞍山职业技术学院）
　　　　　李雯艳（沈阳师范大学）　　　　　　　　李芙蓉（长沙航空职业技术学院）
　　　　　李　仟（天津中德应用技术大学，原中国南方航空公司乘务员）
　　　　　李霏雨（原中国国际航空公司乘务员）　　李　姝（沈阳师范大学）
　　　　　邹　昊（南昌航空大学）　　　　　　　　狄　娟（上海民航职业技术学院）
　　　　　宋晓宇（湖南艺术职业学院）　　　　　　邹　莎（湖南信息学院）
　　　　　张　进（三峡旅游职业技术学院）　　　　张　驰（沈阳航空航天大学）
　　　　　张　琳（北京中航未来科技集团有限公司）张　利（北京中航未来科技集团有限公司）
　　　　　张媛媛（山东信息职业技术学院）　　　　张程垚（湖南民族职业学院）
　　　　　陈烜华（上海民航职业技术学院）　　　　陈　卓（长沙航空职业技术学院）
　　　　　周佳楠（上海应用技术大学）　　　　　　金　恒（西安航空职业技术学院）
　　　　　郑菲菲（南京旅游职业学院）　　　　　　周茗慧（山东外事翻译职业学院）
　　　　　胥佳明（大连海事大学）　　　　　　　　赵红倩（上饶职业技术学院）
　　　　　柳　武（湖南流通创软科技有限公司）　　胡　妮（南昌航空大学）
　　　　　柴　郁（江西航空职业技术学院）　　　　钟　科（长沙航空职业技术学院）
　　　　　唐　珉（桂林航天工业学院）　　　　　　倪欣雨（斯里兰卡航空公司空中翻译，原印度尼西亚鹰航乘务员）
　　　　　高　青（山西旅游职业学院）　　　　　　高　熔（原沈阳航空航天大学继续教育学院）
　　　　　郭雅萌（江西青年职业学院）　　　　　　高　琳（济宁职业技术学院）
　　　　　黄　晨（天津交通职业学院）　　　　　　黄春新（沈阳航空航天大学）
　　　　　黄紫葳（抚州职业技术学院）　　　　　　黄婵芸（原中国东方航空公司乘务员）
　　　　　崔祥建（沈阳航空航天大学）　　　　　　曹璐璐（中原工学院）
　　　　　梁向兵（上海民航职业技术学院）　　　　崔　媛（张家界航空工业职业技术学院）
　　　　　彭志雄（湖南艺术职业学院）　　　　　　梁　燕（郴州技师学院）
　　　　　操小霞（重庆财经职业学院）　　　　　　蒋焕新（长沙航空职业技术学院）
　　　　　庞　敏（上海民航职业技术学院）　　　　李艳伟（沈阳航空航天大学）
　　　　　史秋实（中国成人教育协会航空服务教育培训专业委员会）

出 版 说 明

随着经济的稳步发展,我国已经进入经济新常态的阶段,特别是十九大指出:当前中国社会的主要矛盾已经转化为人民日益增长的美好生活需要和不平衡不充分的发展之间的矛盾,这客观上要求社会服务系统要完善升级。作为公共交通运输的主要组成部分,民航运输在满足人们对美好生活的追求和促进国民经济发展中扮演着重要的角色,具有广阔的发展空间。特别是"十三五"期间,国家高度重视民航业的发展,将民航业作为推动我国经济社会发展的重要战略产业,预示着我国民航业将会有更好、更快的发展。从国产化飞机 C919 的试飞,到宽体飞机规划的出台,以及民航发展战略的实施,标志着我国民航业已经步入崭新的发展阶段,这一阶段的特点是以人才为核心,而这一发展模式必将进一步对民航人才质量提出更高的要求。面对民航业发展对人才培养提出的挑战,培养服务于民航业发展的高质量人才,不仅需要转变人才培养观念,创新教育模式,更需要加强人才培养过程中基本环节的建设,而教材建设就是其首要的任务。

我国民航服务专业的学历教育,经过 18 年的探索与发展,其在办学水平、办学结构、办学规模、办学条件和师资队伍等方面都发生了巨大的变化,专业建设水平稳步提高,适应民航发展的人才培养体系初步形成。但我们应该清醒地看到,目前我国民航服务类专业的人才培养仍存在着诸多问题,特别是专业人才培养质量仍不能适应民航发展对人才的需求,人才培养的规模与高质量人才短缺的矛盾仍很突出。而目前相关专业教材的开发还处于探索阶段,缺乏系统性与规范性。已出版的民航服务类专业教材,在吸收民航服务类专业研究成果方面做出了有益的尝试,涌现出不同层次的系列教材,推动了民航服务的专业建设与人才培养,但从总体来看,民航服务类教材的建设仍落后于民航业对专业人才培养的实践要求,教材建设已成为相关人才培养的瓶颈。这就需要我们以引领和服务专业发展为宗旨,系统总结民航服务实践经验与教学研究成果,开发全面反映民航服务职业特点、符合人才培养规律和满足教学需要的系统性专业教材,积极有效地推进民航服务专业人才的培养工作。

基于上述思考,编委会经过两年多的实际调研与反复论证,在广泛征询民航业内专家的意见与建议、总结我国民航服务类专业教育的研究成果后,结合我国民航服务业的发展趋势,致力于编写出一套系统的、具有一定权威性和实用性的民航服务类系列教材,为推进我国民航服务人才的培养尽微薄之力。

本系列教材由沈阳航空航天大学、南昌航空大学、郑州航空工业管理学院、上海民航职业技术学院、长沙航空职业技术学院、西安航空职业技术学院、中原工学院、上海外国语大学、山东大学、大连外国语大学、沈阳师范大学、曲阜师范大学、湖南艺术职业学院、陕西师范大学、兰州大学、云南大学、四川大学、湖南民族职业学院、江西青年职业学院、天津交通职业学院、潍坊职业学院、南京旅游职业学院等多所高校的众多资深专家和学者共同打造，还邀请了多名原中国东方航空公司、原中国南方航空公司、原中国国际航空公司和原海南航空公司中从事多年乘务工作的乘务长和乘务员参与教材的编写。

目前，我国民航服务类的专业教育呈现着多元化、多层次的办学格局，各类学校的办学模式也呈现出个性化的特点，在人才培养体系、课程设置以及课程内容等方面，各学校之间存在着一定的差异，对教材也有不同的需求。为了能够更好地满足不同办学层次、教学模式对教材的需要，本套教材主要突出以下特点。

第一，兼顾本、专科不同培养层次的教学需要。鉴于近些年我国本科层次民航服务专业办学规模的不断扩大，在教材需求方面显得十分迫切，同时，专科层面的办学已经到了规模化的阶段，完善与更新教材体系和内容迫在眉睫，本套教材充分考虑了各类办学层次的需要，本着"求同存异、个性单列、内容升级"的原则，通过教材体系的科学架构和教材内容的层次化，达到兼顾民航服务类本、专科不同层次教学之需要。

第二，将最新实践经验和专业研究成果融入教材。服务类人才培养是系统性问题，具有很强的内在规定性，民航服务的实践经验和专业建设成果是教材的基础，本套教材以丰富理论、培养技能为主，力求夯实服务基础，培养服务职业素质，将实践层面行之有效的经验与民航服务类人才培养规律的研究成果有效融合，以提高教材对人才培养的有效性。

第三，落实素质教育理念，注重服务人才培养。习近平总书记在党的十九大报告中强调，"要全面贯彻党的教育方针，落实立德树人根本任务，发展素质教育，推进教育公平，培养德智体美全面发展的社会主义建设者和接班人"，人才以德为先，以社会主义价值观铸就人的灵魂，才能使人才担当重任，这也是高校人才培养的基本任务。教育实践表明，素质是人才培养的基础，也是人才职业发展的基石，人才的能力与技能附着在精神与灵魂，但在传统的民航服务教材体系中，包含素质教育板块的教材较为少见。根据党的教育方针，本套教材的编写考虑到素质教育与专业能力培养的关系，以及素质对职业生涯的潜在影响，首次在我国民航服务专业教学中提出专业教育与人文素质并重、素质决定能力的培养理念，以独特的视野，精心打造素质教育教材板块，使教材体系更加系统，强化了教材特色。

第四，必要的服务理论与专业能力培养并重。调研分析表明，忽视服务理论与人文素质所培养出的人才很难有宽阔的职业胸怀与职业精神，其未来的职业生涯发展就会乏力。因此，教材不应仅是对单纯技能的阐述与训练指导，更应该在不淡化专业能力培养的同时，强化行业知识、职业情感、服务机理、职业道德等关系到职业发展潜力的要素的培养，以期培养出高层次和高质量的民航服务人才。

第五，架构适合未来发展需要的课程体系与内容。民航服务具有很强的国际化特点，而我国民航服务的思想、模式与方法也正处于不断创新的阶段，紧紧把握未来民航服务的发展趋势，提出面向未来的解决问题的方案，是本套教材的基本出发点和应该承担的责任。我们力图将未来民航服务的发展趋势、服务思想、服务模式创新、服务理论体系以及服务管理等内容重新进行架构，以期能对我国民航服务人才培养，乃至整个民航服务业的发展起到引领作用。

第六，扩大教材的种类，使教材的选择更加宽泛。鉴于我国目前尚缺乏民航服务专业更高层次办学模式的规范，各学校的人才培养方案各具特点，差异明显，为了使教材更适用于办学的需要，本套教材打破了传统教材的格局，通过课程分割、内容优化和课外外延化等方式，增加了教材体系的课程覆盖面，使不同办学层次、关联专业可以通过教材合理组合，以获得完整的专业教材选择机会。

本套教材规划出版品种大约为四十种，分为：① 人文素养类教材，包括《大学语文》《应用文写作》《艺术素养》《跨文化沟通》《民航职业修养》《中国传统文化》等。② 语言类教材，包括《民航客舱服务英语教程》《民航客舱实用英语口语教程》《民航实用英语听力教程》《民航播音训练》《机上广播英语》《民航服务沟通技巧》等。③ 专业类教材，包括《民航概论》《民航服务概论》《中国民航常飞客源国概况》《民航危险品运输》《客舱安全管理与应急处置》《民航安全检查技术》《民航服务心理学》《航空运输地理》《民航服务法律实务与案例教程》等。④ 职业形象类教材，包括《空乘人员形体与仪态》《空乘人员职业形象设计与化妆》《民航体能训练》等。⑤ 专业特色类教材，包括《民航服务手语训练》《空乘服务专业导论》《空乘人员求职应聘面试指南》《民航面试英语教程》等。

为了开发职业能力，编者联合有关 VR 开发公司开发了一些与教材配套的手机移动端 VR 互动资源，学生可以利用这些资源体验真实场景。

本套教材是迄今为止民航服务类专业较为完整的教材系列之一，希望能借此为我国民航服务人才的培养，乃至我国民航服务水平的提高贡献力量。民航发展方兴未艾，民航教育任重道远，为民航服务事业发展培养高质量的人才是各类人才培养部门的共同责任，相信集民航教育的业内学者、专家之共同智慧，凝聚有识之士心血的这套教材的出版，对加速我国民航服务专业建设、完善人才培养模式、优化课程体系、丰富教学内容，以及加强师资队伍建设能起到一定的推动作用。在教材使用的过程中，我们真诚地希望听到业内专家、学者批评的声音，收到广大师生的反馈意见，以利于进一步提高教材的水平。

丛 书 序

《礼记·学记》曰:"古之王者,建国君民,教学为先。"教育是兴国安邦之本,决定着人类的今天,也决定着人类的未来。企业发展也大同小异,重视人才是企业的成功之道,别无二选。航空经济是现代经济发展的新趋势,是当今世界经济发展的新引擎。民航是经济全球化的主流形态和主导模式,是区域经济发展和产业升级的驱动力。发展中的中国民航业有巨大的发展潜力,其发展战略的实施必将成为我国未来经济发展的增长点。

"十三五"正值实现我国民航强国战略构想的关键时期,"一带一路"倡议方兴未艾,"空中丝路"越来越宽阔。高速发展的民航运输业需要持续的创新与变革,同时,基于民航运输对安全性和规范性要求比较高的特点,其对人才有着近乎苛刻的要求,只有人才培养先行,夯实人才基础,才能抓住国家战略转型与产业升级的巨大机遇,实现民航运输发展的战略目标。我国民航服务人才发展经历多年的积累,建立了较为完善的民航服务人才培养体系,培养了大量服务民航发展的各类人才,保证了我国民航运输业的高速持续发展。与此同时,我国民航人才培养正面临新的挑战,既要通过教育创新提升人才品质,又需要人才培养过程精细化,把人才培养目标落实到人才培养的过程中,而教材作为专业人才培养的基础,需要先行,以发挥引领作用。教材建设发挥的作用并不局限于专业教育本身,其对行业发展的引领。专业人才培养方向的把握,人才素质、知识、能力结构的塑造以及职业发展潜力的培养具有不可替代的作用。

我国民航运输发展的实践表明,人才培养决定着民航发展的水平,而民航人才的培养需要社会各方面的共同努力。我们惊喜地看到,清华大学出版社秉承"自强不息,厚德载物"的人文精神,发挥品牌优势,投身于民航服务专业系列教材的开发,改变了民航服务教材研发的格局,体现了其对社会责任的担当。

本套教材组织严谨,精心策划,高屋建瓴,深入浅出,具有突出的特色。第一,从民航服务人才培养的全局出发,关注了民航服务产业的未来发展趋势,架构了以培养目标为导向的教材体系与内容结构,比较全面地反映了服务人才培养趋势,起到了良好的统领作用;第二,使教材的本质——适用性得到了回归,体现在每本教材均有独特的视角和编写立意,既有高度的提升、理论的升华,也注重教育要素在课程体系中的细化,具有较强的可用性;第三,引入了职业素质教育的理念,补齐了服务人才素质教育缺少教材的短板,可谓对传统服务人才培养理念的一次冲击;第四,教材编写人员参与面非常广泛,这反映出本套教材充分体现了当今民航服务专业教育的教学成果和编写者的思考,形成了相互交流的良性机制，势必会对全国民航服务类专业的发展起到推动作用。

教材建设是专业人才培养的基础，其与教材服务的行业的发展交互作用，共同实现人才培养—社会检验的良性循环，是助推民航服务人才培养的动力。希望这套教材能够在民航服务类专业人才培养的实践中，发挥更积极的作用。相信通过不断总结与完善，这套教材一定会成为具有自身特色的、适应我国民航业发展要求并深受读者喜欢的规范教材。

原海南航空公司总裁、原中国货运航空公司总裁、原上海航空公司总裁

朱益民

2017年9月

前　言

　　《民用机场运行控制》是一门实用性、专业性和实践性都很强的课程，是从事机场运营管理等相关工作人员的必修课。本教材根据《中国民用航空运输管理规定》《国际民航公约·附件 14》《民用机场总体规划规范》《民用机场道面评价管理技术规范》《机场运行指挥员国家职业标准》等行业标准及资料，并结合我国机场运行的实际情况进行编写，较为系统地介绍了民用机场概述、机场基础知识、机场运行系统、机场运行模式、机场运行规划、机场运行效率、机场航班运行保障、机场提供的技术服务、机场服务质量、机场环境保护等内容。本教材主要依据《机场运行指挥员国家职业标准》所要求的知识体系和各大院校培养计划中课程设置的情况，确定主要内容。本教材操作性强，既包含了机场运行指挥员职业标准所要求的必备的知识内容，又包含了一线的机场运行管理人员应知的、应会的、急需和最需掌握的、与业务直接相关的知识和技能。本教材既可以作为高等教育教材使用，也可作为一线机场运行管理人员辅导和培训使用，又为机场具体工作提供了丰富的相关知识。

　　全书共分十章，沈阳航空航天大学的李艳伟编写了第一、二、三、四、五、六、八章，沈阳航空航天大学的黄春新编写了第七、九、十章，李艳伟负责全书的统稿。沈阳航空航天大学的高宏教授担任本书的主审，从教材的结构到内容的安排，高宏教授都提出了宝贵的意见。

　　由于航空运输行业知识更新快，加上编者水平有限，书中难免会有不妥或疏漏之处，敬请读者批评指正。

编　者
2020 年 1 月 1 日

CONTENTS 目录

第一章 民用机场概述 ·· 1

　第一节　民用航空系统 ·· 3
　第二节　民用机场的发展 ·· 8
　第三节　民用机场提供的服务 ···································· 11
　第四节　机场运行指挥部门 ······································ 13

第二章 机场基础知识 ·· 29

　第一节　机场的类别 ·· 30
　第二节　民用机场等级 ·· 34
　第三节　机场跑道、滑行道系统 ·································· 39
　第四节　目视助航设施与导航设备 ································ 61
　第五节　机场净空 ·· 114

第三章 机场运行系统 ·· 125

　第一节　机场飞行区运行 ·· 129
　第二节　航站区运行 ·· 163
　第三节　航站楼陆侧交通系统运行 ································ 183

第四章 机场运行模式 ·· 191

　第一节　机场所有权 ·· 193

第二节　机场管理模式 …………………………………… 196
第三节　机场主要运行模式 ……………………………… 204

第五章　机场运行规划 …………………………………… 211

第一节　概述 ……………………………………………… 212
第二节　机场运行规划基础 ……………………………… 214
第三节　航站楼运行规划 ………………………………… 219
第四节　机场货邮运行规划 ……………………………… 229
第五节　枢纽机场运行规划 ……………………………… 234

第六章　机场运行效率 …………………………………… 240

第一节　场运行效率概述 ………………………………… 241
第二节　飞行区运行效率 ………………………………… 247
第三节　候机楼运行效率 ………………………………… 266

第七章　机场航班运行保障 ……………………………… 270

第一节　正常航班运行保障流程 ………………………… 275
第二节　运行资源分配与管理 …………………………… 276
第三节　航班正常性统计管理 …………………………… 277
第四节　不正常航班的保障 ……………………………… 279
第五节　运行指挥协调 …………………………………… 282

第八章　机场提供的技术服务 …………………………… 285

第一节　空中交通管制服务 ……………………………… 286
第二节　航空气象服务 …………………………………… 294
第三节　航空情报服务 …………………………………… 298
第四节　通信与导航服务 ………………………………… 303
第五节　机场应急救援服务 ……………………………… 307

第九章 机场服务质量 ... 314

第一节 机场服务 ... 321
第二节 机场服务质量术语 ... 321
第三节 旅客满意度评价指标 ... 322
第四节 航空公司满意度评价指标 ... 322
第五节 机场服务质量专业评审指标 ... 323
第六节 机场放行正常率与一票否决指标 ... 337
第七节 评价及赋值方法 ... 337

第十章 机场环境保护 ... 339

第一节 机场环境保护基本法律制度 ... 342
第二节 机场运行中环境污染 ... 343
第三节 机场噪声防治措施 ... 345
第四节 机场鸟害防治措施 ... 352

参考文献 ... 355

第一章

民用机场概述

本章学习目标

- 了解民用航空和民用机场的含义；
- 掌握民用航空的分类；
- 了解民用航空的发展；
- 全面理解民用机场提供的服务；
- 掌握机场运行指挥的部门及相应的职责。

 导读

中国民用运输机场的未来发展图景

国务院近期已经批准了经过修编的全国民用运输机场布局规划，这对中国民航事业和综合交通运输体系的发展都具有重要意义。

民航是综合运输体系中的重要运输方式，民用运输机场则是民航业的主要基础设施。航空运输具有显著的速度经济、网络经济和枢纽经济优势。航空运输较少受地理条件限制，只需具备必要的机场和航路就可以在两地之间开辟航线；飞机可以按班期飞行，也可以做不定期飞行，可以在固定的航线上飞行，也可以在非固定的航线上飞行，灵活性和适应性强；目前民航旅客事故死亡率在各种运输方式中是最低的；与公路和铁路相比，民航占用土地资源的数量相对较少；而且一般机场设施的投资额相对较小，建设周期较短。

自国务院批准实施 2008 年版全国民用运输机场布局规划以来，中国机场数量显著增加，密度逐渐加大，服务能力稳步提升。2016 年，全国共有 218 个民用运输机场，年旅客吞吐量、货邮吞吐量和飞机起降量分别达 10.2 亿人次、1 510.4 万吨和 923.8 万架次，分别是 2007 年的 2.6 倍、1.7 倍和 2.4 倍，年吞吐量超千万人次的机场由 2007 年的 10 个增加到 28 个。2016 年，全国民航全行业完成旅客周转量 8 378.13 亿人公里，比 2015 年增长 15.0%；完成货邮周转量 222.45 亿吨公里，比 2015 年增长 6.9%，民航在综合交通系统中的地位和作用进一步提高。

修编规划的发展目标是到 2020 年，民航运输机场数量达到 260 个左右，北京新机场、成都新机场等一批重大项目建成投产，枢纽机场设施能力进一步提升，一批支线机场投入使用。到 2025 年，全国民用运输机场规划布局 370 个，规划建成约 320 个。建成覆盖广泛、分布合理、功能完善、集约环保的现代化机场体系，形成京津冀、长三角和珠三角三大世界级机场群，北京、上海、广州机场国际枢纽竞争力明显加强，成都、昆明、深圳、重庆、西安、乌鲁木齐、哈尔滨等机场国际枢纽作用显著增强，还有 29 个城市的机场成为区域枢纽，航空运输服务覆盖范围进一步扩大。

修编规划中的布局方案根据地域范围划分了华北、东北、华东、中南、西南和西北六大机场群，其中西南和西北规划新增机场的数量高于其他几个区域，体现了机场布局规划向中西部边远地区、民族地区倾斜的意图。规划涉及另外 38 个需要研究的新增机场，并预计远期全国运输机场的规模将达到 408 个。

全国民用运输机场布局规划的这些修编意义非常重要。一是符合国民经济发展进入新常态，对外开放进一步扩大，产业结构调整，消费结构升级，所引发航空运输需求规模和结构都将发生的重大变化；二是符合国家三大战略所明确要求的推进双向开放，促进国际国内市场深度融合，以便形成交通条件、资源要素、人员流动与市场区位多位一体的时空格局；三是符合促进各种交通运输方式分工合作、协调发展，完善综合交通运输网络与枢纽体系，包括实现与高速铁路、高速公路合理衔接配合，共同提升运输服务整体水平的要求；四是符合有效解决边远、民族地区人民群众的出行问题，提升基本公共服务均等化水平，同时维护国家安全、边疆稳定和民族团结，提升应急处突能力的要求；五是符合扩大民航服务范围，完善机场枢纽功能，提高机场体系整体效益，为民航业持续健康发展奠定基础的要求。

资料来源：荣朝和. 中国民航业及民用运输机场的发展与问题[EB/OL]．[2018-11-01]. http://opinion.caixin.com/2017-08-29/101137213.html.

第一节　民用航空系统

民用航空，是指使用航空器从事除了国防、警察和海关等国家航空活动以外的航空活动，民用航空活动是航空活动的一部分，同时以"使用"航空器界定了它和航空制造业的界限，用"非军事等性质"表明了它和军事航空等国家航空活动的不同。

一、民用航空的分类

20 世纪 50 年代以来，民用航空的服务范围不断扩大，成为一个国家的重要经济部门。民用航空分为两部分：公共航空运输（商业航空）和通用航空。

（一）公共航空运输

公共航空运输（商业航空）也称为航空运输，是指以航空器进行经营性的客货运输的航空活动。它的经营性表明这是一种商业活动，以盈利为目的。它又是运输活动，这种航空活动是交通运输的一个组成部门，与铁路、公路、水路和管道运输共同组成了国家的交通运用系统。航空运输的发展主要表现在客货运输量的迅速增长，定期航线密布于世界各大洲。由于快速、安全、舒适和不受地形限制等一系列优点，航空运输在交通运输结构中占有独特的地位，它促进了国内和国际贸易、旅游和各种交往活动的发展，使在短期内开发边远地区成为可能。

尽管航空运输在运输量方面与其他运输方式相比是较少的，但由于快速、远距离运输的能力及高效益，航空运输在总产值上的排名不断提升，而且在经济全球化的浪潮中和国际交往上发挥着不可替代的、越来越大的作用。

（二）通用航空

航空运输作为民用航空的一个部分划分出去之后，民用航空的其余部分统称为通用航空，因而通用航空包括多项内容，范围十分广泛。通用航空在工、农业方面的服务主要有航空摄影测量、航空物理探矿、播种、施肥、喷洒农药和空中护林等，具有工作质量高、节省时间和人力的突出优点。直升机在为近海石油勘探服务和空中起重作业中也具有独特的作用。在一些航空发达的国家，通用航空的主要组成部分是政府机构和企业的公务飞行和通勤飞行。这是由于航空公司的定期航线不能满足这种分散的、定期和不定期的需要而兴起的飞行。此外，通用航空还包括个人的娱乐飞行、体育表演和竞赛飞行。

通用航空可以大致分为下列几类。

（1）工业航空：包括使用航空器进行工矿业有关的各种活动，具体的应用有航空摄影、航空遥感、航空物探、航空吊装、石油航空、航空环境监测等。在这些领域中利用了航空的优势，可以完成许多以前无法进行的工程，如海上采油，如果没有航空提供便利的交通和后勤服务，很难想象出现这样一个行业。其他如航空探矿、航空摄影，使这些工作的进度加快了几十倍到上百倍。

（2）农业航空：包括为农、林、牧、渔各行业进行的航空服务活动，如森林防火、灭火、撒播农药等，都是其他方式无法比拟的。

（3）航空科研和探险活动：包括新技术的验证、新飞机的试飞，以及利用航空器进行的气象天文观测和探险活动。

（4）飞行训练：培养各类飞行人员（除空军驾驶员外）的学校和俱乐部的飞行活动。

（5）航空体育运动：用各类航空器开展的体育活动，如跳伞、滑翔机、热气球以及航空模型运动。

（6）公务航空：大企业和政府高级行政人员用单位自备的航空器进行公务活动。跨国公司的出现和企业规模的扩大，使企业自备的公务飞机越来越多，公务航空就成为通用航空中一个独立的部门。

（7）私人航空：私人拥有航空器进行航空活动。

通用航空在我国主要指前面 5 类，后两类在我国才开始发展，但在一些航空强国，公务航空和私人航空所使用的航空器占通用航空的绝大部分。

二、民用航空系统的组成

从组织结构上看，民用航空系统由政府部门、参与航空运输的各类民航企业和民航机场三大部分组成。

（一）政府部门

民用航空业对安全的要求高，涉及国家主权和交往的事务多，要求迅速的协调和统一的调度，因而几乎各个国家都设立独立的政府机构来管理民航事务，我国是由中国民用航空总局来负责管理。政府部门管理的主要内容如下。

（1）制定民用航空各项法规、条例，并监督这些法规、条例的执行。

（2）对航空企业进行规划、审批和管理。

（3）对航路进行规划和管理，并对日常的空中交通实行管理，保障空中飞行安全、有效、迅速地实行。

（4）对民用航空器及相关技术装备的制造、使用制定技术标准，进行审核、发证，监督安全，调查处理民用飞机的飞行事故。

（5）代表国家管理国际民航的交往、谈判，参加国际组织内的活动，维护国家的利益。

（6）对民航机场进行统一的规划和业务管理。

（7）对民航的各类专业人员制定工作标准、颁发执照，并进行考核，培训民航工作人员。

（二）民航企业

民航企业是指从事和民航业有关活动的各类企业，其中最主要的是航空运输企业，即常说的航空公司，它们掌握航空器从事生产运输，是民航业生产收入的主要来源。其他类型的航空企业（如油料、航材、销售等），都是围绕着运输企业开展活动的。航空公司的业务主要分为两部分：一部分是航空器的使用（飞行）维修和管理，另一部分是公司的经营和销售。

（三）民航机场

机场是民用航空和整个社会的结合点，也是一个地区的公众服务设施。因此，机场既带有营利的企业性质，同时也带有为地区公众服务的事业性质，因而世界上大多数机场是地方政府管辖下的半企业性质的机构，主要为航空运输服务的机场称为航空港（简称空港），使用空港的一般是较大的运输飞机，空港要有为旅客服务的地区（候机楼）和相应设施。

民用航空是一个庞大复杂的系统，其中有事业性质的政府机构，有企业性质的航空公司，还有半企业性质的空港，各个部分协调运行才能保证民用航空事业的迅速前进。

三、中华人民共和国成立后民航业发展简史

1949年11月2日，中国民用航空局成立，揭开了我国民航事业发展的新篇章。从这一天开始，新中国民航迎着共和国的朝阳起飞，从无到有，由小到大，由弱到强，经历了不平凡的发展历程。特别是十一届三中全会以来，我国民航事业在航空运输、通用航空、机群更新、机场建设、航线布局、航行保障、飞行安全、人才培训等方面都持续快速发展，取得了举世瞩目的成就。民航事业的发展与国家的经济发展，与党中央、国务院直接领导和支持密不可分，是几代民航干部职工励精图治、团结奋斗的结果，为祖国蓝天事业书写了壮丽的篇章。

中国民航事业发展至今主要历经了下面四个阶段。

（一）第一阶段（1949—1978年）

1949年11月2日，中共中央政治局会议决定，在人民革命军事委员会下设民用航空局，受空军指导。11月9日，中国航空公司、中央航空公司总经理刘敬宜、陈卓林率两公司在香港员工光荣起义，并率领12架飞机回到北京、天津，为新中国民航建设提供了一定的物质和技术力量。1950年，新中国民航初创时，仅有30多架小型飞机，年旅客运输量仅1万人，运输总周转量仅157万吨公里。

1958年2月27日，国务院通知：中国民用航空局自本日起划归交通部领导。1958年3月19日，国务院通知：全国人大常委会第九十五次会议批准国务院将中国民用航空局改为交通部的部属局。

1960年11月17日，经国务院编制委员会讨论原则通过，决定中国民用航空局改称交通部民用航空总局，为部属一级管理全国民用航空事业的综合性总局，负责经营管理运输航空和专业航空，直接领导地区民用航空管理局的工作。

1962年4月13日，第二届全国人民代表大会常务委员会第五十三次会议决定民航局名称改为中国民用航空总局。

1962年4月15日，中央决定将民用航空总局由交通部属改为国务院直属局，其业务工作、党政工作、干部人事工作等均直归空军负责管理。这一时期，民航由于领导体制几经改变，航空运输发展受政治、经济影响较大，1978年，航空旅客运输量仅为231万人，运输总周转量3亿吨公里。

（二）第二阶段（1978—1987年）

1978年10月9日，邓小平同志指示民航要用经济观点管理。1980年2月14日，邓小平同志指出："民航一定要企业化。"同年3月5日，我国政府决定民航脱离军队建制，把中国民航局从隶属于空军改为国务院直属机构，实行企业化管理。这期间中国民航局是政企合一，既是主管民航事务的政府部门，又是以"中国民航（CAAC）"名义直接经营航空运输、通用航空业务的全国性企业，下设北京、上海、广州、成都、兰州（后迁至西安）、沈阳6个地区管理局。1980年，全国民航只有140架运输飞机，且多数是20世纪50年代或40年代生产制造的苏式伊尔-14、里-2型飞机，载客量仅20多人或40人，载客量100人以上的中大型飞机只有17架；机场只有79个。1980年，我国民航全年旅客运输量仅343万人，全年运输总周转量4.29亿吨公里，居新加坡、印度、菲律宾、印尼等国之后，列世界民航第35位。

（三）第三阶段（1987—2002年）

1987年，我国政府决定对民航业进行以航空公司与机场分设为特征的体制改革，主要内容是将原民航北京、上海、广州、成都、西安、沈阳6个地区管理局的航空运输和通用航空相关业务、资产和人员分离出来，组建了6个国家骨干航空公司，实行自主经营、自负盈亏、平等竞争。这6个国家骨干航空公司是：中国国际航空公司、中国东方航空公司、中国南方航空公司、中国西南航空公司、中国西北航空公司、中国北方航空公司。此外，以经营通用航空业务为主并兼营航空运输业务的中国通用航空公司也于1989年7月成立。

在组建骨干航空公司的同时，在原民航北京管理局、上海管理局、广州管理局、成都管理局、西安管理局和沈阳管理局所在地的机场部分基础上，组建了民航华北、华东、中南、西南、西北和东北6个地区管理局以及北京首都国际机场、上海虹桥国际机场、广州白云国际机场、成都双流国际机场、西安西关机场（现已迁至咸阳，改为西安咸阳国际机场）和沈阳桃仙国际机场。6个地区管理局既是管理地区民航事务的政府部门，又是企业，领导管理各民航省（区、市）局和机场。

航空运输服务保障系统也按专业化分工的要求进行了相应改革。1990年，在原民航各级供油部门的基础上组建了专门从事航空油料供应保障业务的中国航空油料总公司，该公司通过设在各机场的分支机构为航空公司提供油料供应。属于这类性质的单位还有从事航空器材（飞机、发动机等）进出口业务的中国航空器材公司；从事全国计算机订票销售系统管理与开发的计算机信息中心；为各航空公司提供航空运输国际结算服务的航空结算中心；以及飞机维修公司、航空食品公司等。

1993年4月19日，中国民用航空局改称中国民用航空总局，属国务院直属机构。12月20日，中国民用航空总局的机构规格由副部级调整为正部级。

二十多年间，我国民航运输总周转量、旅客运输量和货物运输量年均增长分别达18%、16%和16%，高出世界平均水平两倍多。2002年，民航行业完成运输总周转量165亿吨公里、旅客运输量8 594万人、货邮运输量202万吨，国际排名进一步上升，我国成为令人瞩目的民航大国。

（四）第四阶段（2002年至今）

2002年3月，我国政府决定对中国民航业再次进行重组，主要内容如下。

（1）航空公司与服务保障企业联合重组。民航总局直属航空公司及服务保障企业合并后于2002年10月11日正式挂牌成立，组成六大集团公司，即中国航空集团公司、东方航空集团公司、南方航空集团公司、中国民航信息集团公司、中国航空油料集团公司、中国航空器材进出口集团公司。成立后的集团公司与民航总局脱钩，交由中央管理。

（2）民航政府监管机构改革民航总局下属7个地区管理局（华北地区管理局、东北地区管理局、华东地区管理局、中南地区管理局、西南地区管理局、西北地区管理局、新疆管理局）和26个省级安全监督管理办公室（天津、河北、山西、内蒙古、大连、吉林、黑龙江、江苏、浙江、安徽、福建、江西、山东、青岛、河南、湖北、湖南、海南、广西、深圳、重庆、贵州、云南、甘肃、青海、宁夏），对民航事务实施监管。

（3）机场实行属地管理。按照政企分开、属地管理的原则，对90个机场进行了属地化管理改革，民航总局直接管理的机场下放所在省（区、市）管理，相关资产、负债和人员一并划转；民航总局与地方政府联合管理的民用机场和军民合用机场，属民航总局管理的资产、负债及相关人员一并划转所在省（区、市）管理。首都机场、西藏自治区区内的民用机场继续由民航总局管理。2004年7月8日，随着甘肃（兰州中川国际机场）机场移交地方，机场属地化管理改革全面完成，也标志着民航体制改革全面完成。

2004年10月2日，在国际民航组织第35届大会上，中国以高票首次当选该组织一类理事国。

截至2017年年底，我国定期航班航线达到4 418条，其中国内航线（包括香港、澳门航线）3 615条，国际航线803条，境内民航定期航班通航城市224个（不含香港、澳门、台湾），形成以北京首都国际机场、上海虹桥国际机场、广州白云国际机场为中心，以省会、旅游城市机场为枢纽，其他城市机场为支干，联结国内城市，国际定期航班通航60个国家的158个城市。民航机队规模不断扩大，2017年年底，通用航空在册航空器总数达到2 297架。2017年，全行业完成运输总周转量1 083.08亿吨公里（不含香港、澳门、台湾），国际航线完成运输总周转量388.48亿吨公里。

第二节 民用机场的发展

国际民航组织将机场（航空港）定义为：供航空器起飞、降落和地面活动而划定的一块地域或水域，包括域内的各种建筑物和设备装置，主要由飞行区、旅客航站区、货运区、机务维修设施、供油设施、空中交通管制设施、安全保卫设施、救援和消防设施、行政办公区、生活区、后勤保障设施、地面交通设施及机场空域等组成。民用运输机场包括一系列的建筑，主要有跑道、塔台、停机坪、航站楼、停车场、联外交通设施等，大型机场还可能有地勤服务专用场所、场内运输设施、维修区域、储油库等。机场可分为非禁区和禁区范围，禁区包括跑道、滑行道、停机坪、储油库、安检区、候机区等，非禁区和禁区之间有严格管控，必须通过规定的程序来进出。

机场可分为军用机场和民用机场，民用机场又主要分为运输机场和通用机场。运输机场的规模较大，功能齐全，使用频繁，社会知名度高。通用机场主要供专业飞行之用，使用场地小，因此，一般规模较小，功能单一，对场地的要求也不高，设备也相对简陋。通用机场不提供公共运输服务，其管理机构的层级也较运输机场低。在不致引起歧义的情况下，一般也可称作运输机场或民用机场。民用运输机场不包括临时机场和专用机场。

一、民用机场发展概况

最早的飞机起降落地点是草地，一般为圆形草坪，飞机可以在任何角度，顺着有利的风向来进行起降，周围会有一个风向仪以及机库（因为当时的飞机一般由木材和帆布制成，不能风吹雨打，日晒雨淋）。之后开始使用土质场地，避免草坪增加的阻力，然而，土质场地并不适合潮湿的气候，会泥泞不堪。随着飞机重量的增加，起降要求亦跟着提高，混凝土跑道开始出现，任何天气、任何时间皆适用。

世界上最古老的机场目前有争议，但成立于1909年、位于美国马里兰州的大学园区机场（College Park Airport）是世界上最老且持续经营的机场。

另一个"世界上历史最悠久"的机场是位于美国亚利桑那州的比斯比—道格拉斯国际机场（Bisbee-Douglas International Airport），此机场停放着美国史上第一架飞机。1908年，道格拉斯航空俱乐部成立，滑翔机也随之出现。那时的滑翔机是由两匹马拉动，飞过道格拉斯青年会大楼后方。1909年，飞机开始装设马达和螺旋桨，亚利桑那州于是成为拥有首架动力飞行的飞机的区域。该机场为美国第一座国际机场的地位经由罗斯福总统的一封信证实，信里面总统宣布它为"美国的第一座国际机场"。

1922年，第一个供民航业使用的永久机场和航站楼出现在德国柯尼斯堡，这个时代的机场开始使用水泥铺设的停机坪，允许夜间飞行和较重的飞机降落。20世纪20年代后期，出现第一个使用照明设施的机场。20世纪30年代进场下滑照明设备开始使用，因此飞机起降的方向和角度开始有了固定的规定。国际民间航空组织标准化了照明的颜色和闪光时间间隔。20世纪40年代，坡度线进场系统开始使用，此系统包括两排灯光，形成了一个漏斗状图案，标示飞机在机场滑翔坡的位置，其他灯光则表示不正确的进场高度和方向。

第二次世界大战期间，对机场的需求大增，军队利用有孔钢板铺设临时跑道组成一个个战地机场，主要供战斗机或轻型联络机使用。而在太平洋战争期间，有不少战争与机场争夺有关，最有名的当属亨德森机场（今霍尼亚拉国际机场）。

第二次世界大战之后，机场的设计渐趋复杂，航站楼聚集在一处，而跑道聚集在另一处，这样的安排可方便机场设施的扩展，但也意味着乘客在登机时必须移动较长的距离。之后，机场所铺设的混凝土开始有了导水沟槽，与飞机降落的角度垂直，有助于排水，避免影响飞机起降作业。

20世纪60年代初，现代化的机场航站楼开始使用空桥系统，乘客不必走出室外登机。由于喷射引擎带来严重的噪声问题，使不少机场需要搬离市中心。20世纪60年代后，机场的建设随着喷气式飞机的增加蓬勃发展，跑道延伸至3 000m，利用滑模机筑出连续性的强化混凝土跑道。

二、我国民用机场的发展情况

（一）改革开放之前

中华人民共和国成立前，我国拥有民用航空运输机场36个（含香港、台湾），除中国航空公司和中央航空公司使用的民航机场（基地或航空站）外，大多为军民合用机场；除上海龙华机场、广州白云国际机场、南京大校场机场等机场可起降DC-4型运输机外，一般只适应起降DC-2、DC-3型等中小运输机。

从中华人民共和国成立后到改革开放前，陆续新建、改扩建了天津张贵庄机场、北京首都机场、上海虹桥机场、广州白云机场、武汉南湖机场、太原武宿机场、兰州中川机场、合肥骆岗机场、哈尔滨阎家岗机场等一批民用机场。1978年，运输机场的数量增加到78个，但除北京首都机场、上海虹桥机场、广州白云机场等部分省会机场可起降波音、麦道等大中型喷气飞机外，大多数机场规模较小。

(二) 1979—1985 年

改革开放以后,中国民航事业迎来了快速发展的新时期,民用机场建设进入一个高峰期。1979—1985 年,为适应民航陆续引进的一批较先进的喷气飞机的运行需要,先后新建了厦门高崎机场、北海福成机场、温州永强(现名温州龙湾)机场、南通兴东机场等机场,扩建了大连周水子机场、汕头外砂机场等机场,并对成都双流机场、海口大英山机场、桂林奇峰岭机场、福州义序机场等机场进行了改造和扩建。1984 年,历时 10 年的北京首都国际机场第一次扩建工程结束,并成为我国第一个拥有两条跑道的民用机场。在这一时期,机场建设在投资、设计、施工技术等方面进行了大胆的尝试。

(三) 1986—1990 年("七五")

"七五"期间,我国陆续引进了大型中、远程宽体式喷气飞机,进一步促使我国民用机场在建设标准、规模以及安全保障等各方面不断提高。同时,随着国家经济发展,各地方政府修建机场的积极性更为高涨。这期间,重点建设了洛阳北郊机场、西宁曹家堡机场、沈阳桃仙机场、长沙黄花机场、宁波栎社机场、重庆江北机场、西安咸阳机场、深圳宝安机场、三亚凤凰机场等机场,改扩建了南京大校场机场、常州奔牛机场、成都双流机场等机场。这一时期机场建设的特点是中央和地方政府投资不断增加,军民合用机场建设相互支持和协调加强,重视项目前期工作,基本建设程序的执行更为规范,机场建设项目中,航站区比重增大,对项目经济效益及技术分析更为重视,施工开始采用总承包和招标方式,机场安全和保安设施不断得以完善。

(四) 1991—2000 年("八五""九五")

"八五"和"九五"期间是民航机场建设发展的高峰时期。其中,"八五"期间民航基本建设投资 122 亿元,技术改造投资 61 亿元。"九五"期间民航基本建设投资增至 680 亿元,技术改造投资达 126 亿元。在此期间,机场的建成从根本上改变了我国民用机场基础设施较为落后的局面,满足了我国航空运输发展的需要,促进了各地经济社会的发展。

(五) 2000—2010 年("十五""十一五")

经过几十年的建设和发展,我国机场总量初具规模,机场密度逐渐加大,机场服务能力逐步提高,现代化程度不断增强,初步形成了以北京、上海、广州等枢纽机场为中心,以成都、昆明、重庆、西安、乌鲁木齐、深圳、杭州、武汉、沈阳、大连等省会或重点城市机场为骨干以及其他城市支线机场相配合的基本格局,我国民用运输机场体系初步建立。

"十五"期间民航运输机场旅客吞吐量、货邮吞吐量和飞机起降架次分别年均增长 16.3%、9.6%和 11.7%,2006 年旅客吞吐量达 3.32 亿人次,是 2000 年的 2.5 倍,年旅客吞吐量达到 1 000 万人次以上的机场共有 7 个(其中,北京首都国际机场 4 875 万人次、上海浦东国际机场 2 679 万人次、上海虹桥国际机场 1 933 万人次、广州白云国际机场 2 622 万人次),占全国机场总旅客吞吐量的 52%。民航客运量、客运周转量在全社会客运总量和客运总周转量的比重从 1985 年的 0.12%、2.64%提高到 2006 年的 0.8%和 12.3%,

航空运输在综合交通运输体系中的作用日益重要。

2008年2月2日，中国民用航空总局下发的《全国民用机场发展规划》（不含通用航空机场），根据布局规划的指导思想、目标和原则，依据已形成的机场布局，结合区域经济社会发展实际和民航区域管理体制现状，按照"加强资源整合、完善功能定位、扩大服务范围、优化体系结构"的布局思路，重点培育国际枢纽、区域中心和门户机场，完善干线机场功能，适度增加支线机场布点，构筑规模适当、结构合理、功能完善的北方（华北、东北）、华东、中南、西南、西北五大区域机场群。通过新增布点机场的分期建设和既有机场的改扩建，以及各区域内航空资源的有效整合，机场群整体功能实现枢纽、干线和支线有机衔接，客、货航空运输全面协调，大、中、小规模合理的发展格局，并与铁路、公路、水运以及相关城市交通相衔接，搞好集疏运，共同构成现代综合交通运输体系。至2020年，布局规划民用机场总数达244个，其中新增机场97个。截至2010年运输机场达到175个，"十一五"新增33个，覆盖全国91%的经济总量、76%的人口和70%的县级行政单元。旅客吞吐量超过1 000万人次的机场数量翻番，达到16个，北京首都国际机场客运和上海浦东国际机场货运位列世界第二和第三名。

（六）2011年至今（"十二五""十三五"）

"十二五"时期是我国全面建设小康社会的关键时期，是深化改革开放、加快转变经济发展方式的攻坚时期，国内外形势呈现新变化、新特点。我国民航大众化、多样化趋势明显，快速增长仍是阶段性基本特征，民航发展迎来新的历史机遇期。运输机场是国家综合交通基础设施的重要组成部分，是民航最重要的基础设施。要以需求为导向，优化机场布局，加快机场建设，完善和提高机场保障能力。重点是缓解大型机场容量饱和问题和积极发展支线机场。

截至2015年民航运输机场数量达到207个（不含3个通勤机场），通用机场310个，运输总周转量、旅客运输量和货邮运输量分别是2010年的1.6倍、1.6倍和1.1倍。通用航空生产作业小时年均增长15.5%。在此期间通用航空机场得到了充分的发展。

"十三五"时期是我国全面建成小康社会的决胜阶段，也是民航强国建设的关键期。在构建国家综合机场体系方面提出：统筹协调民用运输机场和通用机场布局建设，构建覆盖广泛、分布合理、功能完善、集约环保的国家综合机场体系，发挥整体网络效应，为民航可持续发展奠定基础。在机场建设方面，将以完善国际、区域枢纽机场功能为重点，着力提升大型机场的容量，增强中型、小型机场保障能力。加快推进北京新机场建设，积极探索区域多机场协同发展，提升机场群整体效率。通用航空蓬勃发展，基础设施大幅增加，标准体系基本建立，运营环境持续改善，服务领域不断扩展，通用机场达到500个以上，通用航空器达到5 000架以上，飞行总量达到200万小时。

第三节　民用机场提供的服务

机场是航空运输体系中的基础设施部分，具体提供把旅客、行李和货物从地面交通转为空中交通，供飞机起降和停放场所需要的基础设施。机场基础设施具体包括跑道、滑行道、机坪、登机门、旅客（货物）航站楼、地面交通转乘设施。机场将各种设施和服务聚拢到一处，以便能够完成其在航空运输系统中的作用。这些服务具体包括空中交通进近指挥、安检、值机、机场消防和急救等。机场提供的地面服务设施保证旅客、行李和货物在飞机和航站楼之间成功地运送，并能在航站楼内处理。机场还提供各种不同的商业设施，包括商店、餐饮、住宿、休闲娱乐、会议服务、商务服务和商务园区等。

民用运输机场主要为旅客和航空公司提供航空类服务，也提供航空服务周边相关的其他服务。

一、旅客服务

民航业的迅猛发展、航空运输条件的不断改进，使得越来越多的旅客选择乘坐飞机出行，而机场是旅客要完成飞行的必经之地，民用运输机场的第一服务对象就是航空旅客。

机场为旅客的服务贯穿旅客乘坐航班的全过程，从旅客抵达机场开始，包括机场地面交通、航班问询、订票、值机、行李托运、安全检查、登机等服务，国际机场还会联合国家相关部门提供海关检查、边防检查、检验检疫等服务，保障旅客准时、舒适地上下飞机。

二、航司服务

机场也为航空公司提供服务，虽然它们是两个相对独立的经济体，但它们面对着一个共同的服务对象——旅客，服务就像一条纽带，把机场和航空公司紧密地联系在一起，只有提供优质的服务，才会吸引越来越多的旅客选择航空出行。

民用运输机场提供给航空公司的服务主要包括飞机进出港引导、行李装卸、飞机清洁、购票代理、地勤检查、餐食提供、航油供应、空管服务等，部分大型机场还驻有航空公司的飞机检修单位，为飞机提供检修服务。

三、其他服务

中国的民用运输机场实行的是商业化的运作模式，机场为各类与旅客相关的企业提供场地租赁，由这些企业为旅客提供食、住、行、游、购、娱等服务，并从这些企业获取收益。从国际经验来看，部分先进机场的非航收入已超过机场服务的 50%，在这方面我国机场还存在较大提升空间。

机场非航类服务主要有餐饮、购物、机场周边住宿、交通接驳、旅游推介等，使旅客在旅行的途中能有一个全方位的完美体验。中国民航局专门发布了《民用运输机场服务质量》的行业标准，对机场的通用服务、旅客、行李、货邮、航空器服务的质量做出了要求。

2016 年 3 月，由中国民用机场协会、中国民航科学技术研究院、中国民航报社和上海机场（集团）有限公司共同举办的"2016 中国机场服务大会"在上海举行，大会发布了 2015 年度民用机场服务质量评价结果。其间，当时通航的 214 家机场共同发布《中国机场服务宣言》，在机场行业广泛倡导真情服务，并庄严承诺向所有旅客、航司提供平等的基本服务。

第四节　机场运行指挥部门

随着我国经济和民航业的飞速发展，机场的规模和业务量日益扩大，在航班地面保障过程中如何确保安全、正常、高效地实施系统化管理，做好机场本单位和驻场各单位的协调配合等工作，确保机场各类资源的合理、优化利用，是机场正常运行的重要问题。

机场运行指挥部门是机场运行的神经中枢，它担负着机场运行的组织、指挥、协调、控制和应急救援指挥的重要职责。一方面，我国民航体制在不断改革前行，机场运营模式的调整与更新势在必行，而改革的方向将会与国际上比较通用的、成熟的欧美模式接轨，在这种模式下，机场运行指挥部门将代表机场当局全面负责管理机场的运行控制。另一方面，我国加入 WTO 后，我国航空运输市场不断开放，进入我国运营的航空公司不断增加，如何为众多航空公司提供高效优质的服务，成为我国各机场普遍面临的一个问题。毫无疑问，只有不断地提高服务的质量与标准，才能吸引更多航空公司的落户。而机场现场运行指挥部门作为机场控制与协调运行服务流程和提供应急救援服务的职能部门，其服务水平的高低将直接影响机场的市场竞争力和效益。

一、机场运行指挥部门的作用

机场运行指挥部门负责整个航班生产、保障的牵头与总体协调，其作用主要有三个方面。

（一）指挥枢纽作用

机场以运行指挥部门为核心，将生产运行网络、通信信息网络、组织指挥网络、安全保障网络、应急救援网络整合为统一的机场运行管理体系，实施统一的组织指挥。

（二）参谋助手作用

运行指挥部门在实施机场生产运行的管理和指挥中，可真实、全面地掌握机场生产、保障的现状和信息，以及机场各生产、保障单位的工作状态和存在问题，及时向机场领导反馈，为领导决策提供依据和参考意见，并将机场领导的决定和指令，及时下达到各生产、保障部门。

（三）对外协调作用

运行指挥部门作为机场生产运行的指挥平台，除对机场本身各部门进行组织、指挥和控制外，还必须与地方政府各部门以及驻机场运作的各航空公司、空中交通管制部门、联检单位、其他与机场生产运行有关的单位和人员进行协调。运行指挥部门的工作协调和服务保障质量直接代表了机场的形象，并对生产运行的安全、正常、高效发挥着重要作用。

二、机场运行指挥机构的基本设置与职责

作为机场运行的核心，现场指挥的作用是极为重要的，它的组织机构通常设置为运行指挥、机坪管理和应急指挥等部门。

（一）运行指挥（AOC）

（1）根据各航空公司提供的航班计划，编制本场每天的航班预报，并通过机场运营管理系统向各保障单位（部门）发布。

（2）负责对外航显信息的发布。

（3）负责收集和传递各种运行动态信息。

（4）负责停机位等各种运行资源的分配与调整。

（5）掌握、记录飞行动态和航班信息，及时调整航班信息并向相关单位（部门）发布。

（6）负责发布航班生产、保障服务指令。

（7）参与专机、重要飞行、VIP等重要航班的保障工作。

（8）监听塔台与机组的对话，如获悉发生异常情况，立即按有关程序处置、报告。

（9）负责各类特异情况的处置。

（10）监督机场代理航班的保障过程，协调航班生产工作，报告航班生产异常情况。

（11）负责与航管部门、航空公司及驻场单位等的协调工作，交流航班生产、保障服务信息。

（12）负责统计机场代理航班的正常率，填写有关工作台账、报表。

（13）负责收集航班服务保障情况，分析造成航班延误的原因。

（14）负责不停航施工的管理。

（15）负责航行资料的管理。

（16）负责CDM信息的使用发布。

（二）机坪管理（ROC）

（1）负责对飞行活动区的管理和指挥、协调工作。

（2）负责飞行区车辆设备停放的管理。

（3）负责飞行区内不停航施工的监督管理工作。

（4）掌握飞行活动区内航空器、人员、车辆的动态，保证机坪运行安全、正常。

（5）检查、监督停机坪内人员、车辆、设备设施的运作情况和机坪标志的完整性以及机坪卫生状况。

（6）及时制止、处置可能危及飞行安全和航空地面安全的各种行为。

（7）参与组织指挥应急救援工作。

（8）负责向上级及时报告飞行区运行和航班生产的异常情况。

（9）根据机坪运行情况，及时向相关服务保障单位发布机坪运行动态指令。

（10）负责向引导车通报航班落地信息和合适停机位。

（三）应急救援初期指挥

（1）紧急事件发生时，负责向有关单位（部门）通报信息，按规定程序启动应急救援程序。

（2）在应急救援行动的准备和实施阶段，负责对各单位应答、施救的全面协调、指挥，并发出行动指令。

（3）与航空器所属企业建立并保持联系，索取有关资料数据，并向领导小组报告有关情况。

（4）负责组织、协调物资保障组及有关单位，为救援行动提供必需的支援服务。

（5）收集有关应急救援信息，提出具体处置方案供领导小组决策。

（6）根据领导小组的决策，下达具体的指令，实施救援指挥。

（7）负责机场应急救援工作的组织、协调。

（8）负责与相关单位签订应急救援互助协议。

（9）负责策划、组织实施应急救援演练，并总结、评估。

（10）负责检查各单位（部门）应急救援工作的落实情况。

（11）负责完善《机场应急救援手册》的内容，确保能够迅速、有效地实施救援工作。

三、机场运行指挥员国家职业标准

机场运行指挥员是指从事机场运行指挥、机坪管理和应急救援指挥等工作的人员。

机场运行指挥员是现代机场运行过程中不可缺少的重要管理人员，他们所担负的职责要求从业人员的知识面要广，涉及各类专业知识，既要有航空器性能知识，又要有空中交通管制知识；既要有各类地面特种设备、设施使用与运行专业知识，又要有航空气象知识；既要有航空签派知识，又要有现代信息交换和处理的专业知识，还要有航空客货运输专业知识；既要有机坪运行专业知识，又要有航空安全管理知识；既要有应对突发事件的应急救援专业知识，又要有机场运行流程专业知识。总之，机场运行指挥员需要掌握较多的专业知识与管理理论和方法，并能加以运用，所以是一个综合性极强的专业。而从事该专业工作的人员正是作为对保障机场正常运行，实施系统管理、监督与协调以及处理突发事件的专业人员。

因此，对这类人员的各种综合素质要求和专业理论知识要求较高。通过他们有效的管理和监督手段，充分利用机场各种资源，统一对机场的生产运行保障工作进行组织、指挥、协调和控制，准确掌握和传递各个生产环节之间的信息，理顺各生产保障部门或单位的工作关系，并及时处理生产运行保障中出现的各种问题，实时监控生产运行保障过程，从而使机场的生产运行保障工作能够按照各自相应的服务内容、标准和程序有序地进行，提高生产效率，以达到机场为服务对象提供安全、正常服务的目的。建立并规范机场运行指挥员职业不但是机场高效安全运行的必然要求，也是我国航空需求量日益增长的迫切需要，对我国航空事业的进一步发展有着十分重要的现实意义和深远影响。

机场运行指挥员共设四个等级，分别为四级机场运行指挥员（国家职业资格四级）、三级机场运行指挥员（国家职业资格三级）、二级机场运行指挥员（国家职业资格二级）和一级机场运行指挥员（国家职业资格一级）。

（一）职业基本要求

1. 职业道德

（1）职业道德基本知识。所谓职业道德，是指人们在职业生活中应遵循的基本道德，即一般社会道德在职业生活中的具体体现，是本行业人员在职业活动中的行为规范，又是行业对社会所负的道德责任和义务。而民航业的职业道德，更多的是指在保证旅客生命和财产安全方面要遵守的操作规程和严谨认真的职业态度。

（2）职业守则。
① 安全至上，行动迅速。
② 爱岗敬业，忠于职守。
③ 遵章守纪，认真负责。
④ 团结协作，大局为重。
⑤ 钻研业务，善于思考。
⑥ 组织有序，指挥果断。
⑦ 协调有方，监管到位。
⑧ 服务精细，救援有力。

2. 基础知识

（1）机场基本知识。
① 民用机场的类别、等级及功能分区。
② 民用机场基本组织概况及运行模式。
（2）机场跑道、滑行道系统。
① 跑道运行类别。
② 跑道几何参数。
③ 停止道和净空道。
④ 跑道相关技术参数。
⑤ 滑行道运行类别。

⑥ 滑行道相关技术参数。
⑦ 机场道面相关知识及使用要求。
⑧ 场道施工及检测设备。
（3）机坪。
① 机坪布局。
② 机坪道路。
③ 画线规则。
（4）目视助航设施与导航设备。
① 标志、标志物。
② 标记牌。
③ 障碍物标志和照明。
④ 助航灯光。
⑤ 导航设备。
（5）机场运行环境。
① 障碍物限制面的规定。
② 机场净空管理原则。
③ 机场鸟击与防范。
④ 机场其他环境要求（屏蔽）。
（6）航站楼。
① 航站楼类别和功能。
② 航站楼旅客流程及组织原则。
③ 航站楼基本设施。
④ 航站楼常用信息系统。
⑤ 航站楼陆侧交通。
（7）民用航空器。
① 航空器的类型、基本构造及主要基本参数。
② 航空器飞行原理。
③ 航空器性能及起飞、着陆要求。
④ 飞机的最大业务载重量和飞机配载平衡。
⑤ 航空器事故。
（8）航空运输。
① 民航旅客运输服务。
② 民航货物运输服务。
③ 民航危险品运输。
④ 航空公司代码介绍。
（9）飞行区管理。
① 飞行区运行的一般规定。

② 航空器地面运行管理。
③ 机坪保障车辆与设备。
④ 各种地面保障作业管理。
⑤ 机坪车辆运行管理。
⑥ 航班安排与机位分配。
⑦ 目视停放和自动泊位系统。
⑧ 专机保障和要客服务。
⑨ 不停航施工管理。
⑩ 低能见度运行标准。
⑪ 机场和飞机的除冰除雪作业。
⑫ 与驻场单位的工作协调。
（10）空中交通管理及签派。
① 空中交通管理职责。
② 空中交通管制区的范围及其分类。
③ 航行情报和航空气象。
④ 航空公司签派。
⑤ 飞行程序与飞行计划组织。
（11）机场信息系统。
① 航班信息分类。
② 航班信息基本流程。
③ 机场信息的收集与发布。
（12）应急救援。
① 机场应急救援的处置原则及相关规定。
② 应急救援计划。
③ 应急响应。
④ 应急救援演练。
⑤ 人员救护与安置。
⑥ 残损航空器搬移设备与程序。
⑦ 机场的临时关闭与恢复运行。
⑧ 应急救援方格网图。
（13）航空安全管理。
① 航空安全管理体系。
② 机场安全运行的重要环节及对策。
③ 安全管理理论。
（14）相关法律、法规和标准知识。
①《中华人民共和国民用航空法》。
②《国家处置突发事件总体预案》。

③《中华人民共和国民用航空安全保卫条例》。
④《国际民用航空公约》附件 14 及勤务手册。
⑤《国际民用航空公约》附件 17。
⑥《民用机场飞行区技术标准》。
⑦ 有关航权知识。
⑧ 机场运行指挥标准（中、英文）用语。

（二）工作要求

对四级运行指挥员、三级运行指挥员、二级运行指挥员和一级运行指挥员的技能要求依次递进，高级别涵盖低级别的要求。

1. 四级运行指挥员

四级运行指挥员的工作内容、技能要求和所需掌握的相关知识如表 1-1 所示。

表 1-1　四级运行指挥员的工作内容、技能要求和所需掌握的相关知识

职业功能	工作内容	技能要求	相关知识
一、航班信息处置	（一）航班动态信息处置	1. 能正确接收并及时、准确地通过有效途径向各保障部门发布已知的出港航班机号变更、上客、起飞等信息 2. 能依照航班信息修改流程处理进港航班机号变更、起飞、落地信息 3. 能处理当日航班延误信息 4. 能处理当日要客信息 5. 能使用专用通信设备进行规范通话	1. 各航线的飞行时间 2. 进出港航班信息分类 3. 各类机型的基本数据 4. 机场要客保障的工作基本要求 5. 航班延误处置流程 6. 地面专用通信设备的使用 7. 中文规范通话用语 8. 代码共享航班、内部代号共享航班的知识
	（二）航班计划制作	1. 能依照临时航班调整程序，处理当日临时飞行计划 2. 能处理要客计划 3. 能处理航空公司通知的次日飞机号变更信息	当日临时变更飞行计划处理的工作程序
二、航班运行保障管理	（一）航班保障管理	1. 能填写航班作业进程图表 2. 能依据航班作业进程图表监督并协调航班生产、保障 3. 能操作视频监控设备监控航班运行秩序 4. 能驾驶车辆巡查航班保障现场	1. 机场、航空公司、航班及机号代码 2. 航班进程图表填写办法 3. 航空器地面作业流程 4. 机坪地面设备功能 5. 地面专用通信设备的使用 6. 视频监控系统说明 7. 场内安全车辆驾驶知识

续表

职业功能	工作内容	技能要求	相关知识
二、航班运行保障管理	(二)运行信息处置	1. 能按照运行信息处理的程序，接收联检部门、机组、航空公司运控部门及机场保障部门的信息 2. 能识别各种外部信息，确定是否为不安全事件信息	1. 驻场单位工作范围的划分 2. 候机楼及飞行区设施、设备的布局及功能 3. 不安全事件分类 4. 常用的地空英语用语
	(三)航班正常性统计	1. 能正确记录每日航班生产数据 2. 能汇总航班生产数据 3. 能根据航班进程图表找出航班延误原因	1. 航空器地面作业时间要求 2. 生产数据录入的规范要求
三、运行资源管理	(一)机位分配	1. 能辨识机型代码 2. 能辨识航班类型及性质 3. 能按既定分配规则安排机位	1. 机型代码、机场代码 2. 航班分类方法 3. 机场机位分配规则 4. 航空器分类
	(二)行李转盘分配	1. 能按既定分配规则安排行李转盘运行 2. 能根据机位变化、流程变化调整行李转盘的分配 3. 能按保障要求和设备状况随时调整行李传送设备	1. 行李转盘的类型及功能 2. 机场行李转盘与机位的对应关系 3. 到达旅客流程 4. 航站楼布局
	(三)候机区、登机口分配	1. 能根据既定分配规则安排候机区、登机口 2. 能根据机位的变化调整候机区、登机口 3. 能根据航班保障要求分配和调整候机区、登机口	1. 候机区、登机口的作用 2. 候机区、登机口与机位的对应关系 3. 出发旅客流程 4. 航班保障流程
四、机坪运行管理	(一)机坪交通管理	1. 能目测车辆运行速度 2. 能使用测速装置测量车辆行驶速度 3. 能使用呼出气体酒精含量测量仪，对航空器活动区机动车驾驶员进行酒精含量的测量 4. 能辨识机坪内各种交通标识和标志 5. 能识别各类人员、车辆飞行区通行证的真伪、有效期限、准入区域 6. 能填写机坪交通管理的相关报告表格或记录 7. 能判断车辆的违章运行 8. 能对机坪堵塞进行疏导	1.《中华人民共和国道路交通安全法》 2.《民用机场航空器活动区道路交通安全管理规则》中关于机坪交通管理的要求 3. 手持式雷达测速仪操作规程 4. 呼出气体酒精含量测量仪操作规程 5. 机坪道路交通标识和标志相关知识

续表

职业功能	工作内容	技能要求	相关知识
四、机坪运行管理	（二）机坪设施设备监控	1．能辨识机坪专用设备 2．能判断机坪设施设备失效 3．能发现各种机坪设备的违章摆放，根据规定通报设备主管部门进行整改 4．能辨识机坪设备摆放区标识线 5．能填写机坪监控相关报告表格或记录 6．能操作视频监控设备对机坪设施设备进行监控	1．机坪设施设备知识 2．《民用机场航空器活动区道路交通安全管理规则》中机坪设备管理的要求 3．机坪设备摆放区标识线标准 4．视频监控设备的使用知识
	（三）航空器地面运行监控	1．能判断常见航空器试车类型 2．能识别航空器试车现场安全措施的完整性 3．能够填写安全报告表格或记录	航空器试车规定
	（四）不停航施工	1．能按照规定的联络程序，与施工单位建立联系 2．能对进入不停航施工区域的车辆进行引导 3．能安排施工单位进出施工现场的时间	1．机场施工车辆的要求有关知识 2．飞行区技术标准中关于不停航施工的要求相关知识 3．《国际民用航空公约》附件14中关于不停航施工的要求相关知识
	（五）环境管理	1．能辨识机坪外来物 2．能判断机坪污渍类型，组织机坪清洁人员按处置规范进行清理 3．能填写机坪外来物相关报告表格或记录	1．机坪外来物管理知识 2．机场污渍清理方法及要求
	（六）航空器引导	1．能收集需引导航班预达时刻和机位信息 2．能使用通信工具和规定用语与塔台及机场运行指挥中心进行联系 3．能检查航空器引导车况、对讲机、警示灯等的状况是否正常 4．能驾驶车辆按规定路线、速度实施引导服务 5．能填写引导单（表） 6．能对引导过程中的异常情况进行处置 7．能在机坪上辨识航空器机型	1．机场地面标识与标志 2．机坪机位设置的要求 3．手持对讲机和车载通信设备的使用规程 4．航空器引导车安全检查方法 5．安全驾驶引导车辆注意事项

续表

职业功能	工作内容	技能要求	相关知识
五、应急救援	（一）应急救援信息处置	1．能记录紧急情况信息并向上级报告 2．能收集航空器紧急事件中该航空器的有关信息（如旅客、机组、航空器状况） 3．能按规定填写救援记录表 4．能根据救援等级在规定时间内向各救援保障部门下达救援指令并向上级报告	1．紧急事件的报告程序 2．航空器紧急事件的信息收集方法 3．紧急事件记录表格填写规定
	（二）应急救援现场处置	1．能在规定时间内携带救援设备、器材到达救援现场 2．能对救援现场进行摄录 3．能依照应急救援程序，在救援现场向救援指挥中心通报和记录救援工作进展情况	1．现场指挥所设备操作要求 2．救援现场摄录技术要求 3．救援工作通报方法 4．现场指挥所设备知识

2. 三级运行指挥员

三级运行指挥员的工作内容、技能要求和所需掌握的相关知识如表1-2所示。

表1-2　三级运行指挥员的工作内容、技能要求和所需掌握的相关知识

职业功能	工作内容	技能要求	相关知识
一、航班信息处置	（一）航班动态信息处置	1．能处理国内航班备降、返航和取消信息 2．能处理国际航班备降、返航和取消信息 3．能在大面积航班延误情况下处理航班信息 4．能识读 AFTN 航空电报 5．能听懂空管中文陆空通话内容 6．能识读二次雷达信息	1．航班备降、返航和取消的工作流程 2．AFTN 航空电报拍发规则 3．机场最低起降标准 4．机场的空中走廊分布 5．空管中文陆空通话 6．二次雷达知识 7．航班延误原因
	（二）航班计划制作	1．能编制次日定期航班计划 2．能编制次日代码共享航班计划 3．能编制次日不定期航班计划 4．能编制次日补班计划	1．机场次日航班计划的编制方法 2．航班分类知识
二、航班运行保障管理	（一）航班保障管理	1．能根据航班实际作业情况，发布登机指令 2．能分析航班延误的原因 3．能在规定时段内完成不正常航班和备降航班的协调及保障工作	1．机场服务英语 2．民航国际、国内客规和货规 3．航班正常性统计规定 4．海关、边检、检验检疫等部门关于旅客、机组和货物相关规定

续表

职业功能	工作内容	技 能 要 求	相 关 知 识
二、航班运行保障管理	（二）特殊航班保障	1．能正确识别并完成要客航班保障流程 2．能根据备降航班、大面积不正常航班信息执行相应保障程序或预案 3．能按照临时包机飞行的组织程序，为临时包机飞行（如急救飞行、救灾飞行、公务等航班）提供服务，并发布地面放行指令	1．中国民用航空总局要客规定 2．要客保障流程 3．大面积不正常航班保障办法 4．临时包机保障流程 5．备降航班保障流程
	（三）运行信息处置	1．能处理旅客、设施、设备等异常但不构成不安全事件的信息 2．能处理机组及航空公司运控部门协议外的非例行服务需求	1．候机楼及飞行区设施、设备操作规程 2．民航货物国内运输规则 3．民航旅客、行李国际运输规则 4．民航货物国际运输规则 5．民航旅客、行李国内运输规则 6．特殊情况下的清舱、除污等非例行服务办法
	（四）航班正常性统计	1．能提交本场航班正常性统计报告 2．能对航班进程图表进行分析，确定航班不正常延误原因和责任部门 3．能对航班延误数据进行分类统计，提交机场航班保障正常率、航班放行正常率	1．数据统计、分析方法及相关知识 2．航班正常性统计规定 3．计算机统计工具及图表制作
三、运行资源管理	（一）机位分配	1．能根据保障要求分配和调整机位 2．能根据应急计划确定应急机位	1．普通航班与特殊航班的保障规程 2．机位使用优先原则 3．划定特殊机位的方法
	（二）应急处置	1．能在机位分配系统出现故障情况下，手工进行机位的分配和调整 2．能在机位分配系统及航班信息系统出现故障的情况下，使用电话等通信方式发布机位分配信息	1．机场的机位分配应急预案 2．机场特殊情况下的信息流程 3．应急通信方法 4．甘特图原理
	（三）数据维护	1．能采集日常运行基础数据 2．能进行基础数据的维护	1．机场日常运行的资源 2．机位分配基础数据的维护规程
	（四）机位安全管理	1．能根据机位设计图纸确定适用机型 2．能辨识机位的安全性	1．飞机停放的最小净距 2．飞行区安全管理规定

续表

职业功能	工作内容	技能要求	相关知识
四、机坪运行管理	（一）机坪交通管理	1．能制订机坪交通管理巡视工作计划 2．能处理航空器活动区车辆及人员的违章行为 3．能处理违章进入跑道、滑行道的人员与车辆	1．机坪车辆违章的类型及处理方法 2．进入机场跑道、滑行道的人员与车辆的通报和管理办法
	（二）航空器地面运行监控	1．能制定航空器在地面运行中出现差错时的处理方案 2．能识别航空器在地面拖曳时的安全性	1．航空器地面运行中各类问题的处置规定 2．航空器地面拖曳安全操作规程
	（三）不停航施工	1．能对进入航空器活动区的施工人员和车辆进行检查，监控其相应的限制区域内的活动 2．能起草编写有关不停航施工的航行通告 3．能对施工单位在航空器起飞或者着陆前1小时恢复的施工现场进行检查	1．民用航空航行情报工作规则相关知识 2．机场控制区证件管理的有关知识 3．不停航施工开工和停工恢复现场时有关安全要求
	（四）航空器引导	1．能提出航空器引导服务的条件和标准 2．能对引导的航空器数量及类型进行统计分析	机坪航空器引导知识
五、应急救援管理	（一）应急救援信息处置	1．能确定发生紧急情况的航空器停放位置 2．能判断航空器紧急事件的类型及危险程度，并确定救援等级 3．能判断非航空器紧急事件的严重程度并按规定启动相应预案 4．能评估紧急事件对机场运行的影响 5．能提供机场限制运行或关闭的航行通告的原始资料	1．航空器紧急事件的等级及工作程序 2．隔离停机位设置要求 3．航空器故障分类及其影响 4．航空器事件与非航空器事件的分类 5．航行通告的原始资料提供方法
	（二）应急救援现场处置	1．能在规定时间内建立现场指挥所 2．能确定各救援部门在现场集结的位置 3．能对集结待命等级救援事件进行现场组织指挥 4．能确定外部救援力量进入救援现场的路线和集结位置	1．现场指挥所设立的要求 2．各救援部门在现场集结的位置安排方法 3．集结待命等级救援事件的处置程序 4．外援力量的种类及职责
	（三）应急救援演练	1．能按照应急救援预案，组织救援指挥中心应急救援桌面、单项演练 2．能进行应急救援桌面、单项演练工作的评估	应急救援桌面、单项演练工作方法
	（四）应急救援日常管理	1．能修订应急救援各保障部门和驻场单位的通信联络表 2．能修订互援协议	机场的外部救援部门及人员情况

3. 二级运行指挥员

二级运行指挥员的工作内容、技能要求和所需掌握的相关知识如表 1-3 所示。

表 1-3　二级运行指挥员的工作内容、技能要求和所需掌握的相关知识

职业功能	工作内容	技能要求	相关知识
一、航班信息处置	（一）航班动态信息处置	1．能进行航班信息系统故障下的应急处置 2．能听懂空管英语陆空通话内容 3．能对机场当日航班情况进行汇总 4．能对航班信息系统出现故障后的应急处置工作进行分析、总结并提出改进意见 5．能编写、修订机场信息系统出现故障情况时的应急处置预案	1．航班信息系统出现故障后的应急处置预案 2．陆空英语对话 3．机场信息系统知识
	（二）航班计划制作	1．能编制机场航班季度计划 2．能编制短期航班计划	1．航班计划制订的相关知识 2．短期航班计划知识
	（三）信息维护	1．能维护机场三字、四字代码数据 2．能维护航空公司二字、三字代码数据 3．能维护飞机号、机型数据以及航班属性数据	机场、航空公司代码及飞机代号的相关知识
二、航班运行保障管理	（一）航班保障管控	1．能编制航班作业进程图表 2．能编制航班保障监管程序	1．航空器地面作业知识 2．航班过站时间规定 3．民用航空器地面保障程序
	（二）特殊航班保障	1．能按照专机保障程序组织实施具体的专机保障预案 2．能按照重大航空运输组织程序，实施重大航空运输任务保障预案 3．能根据实际情况调整临时包机保障计划 4．能按照包机协议和临时包机程序布置保障单位工作 5．能在专机落地前按照专机保障的程序，监督检查跑道、滑行道可用情况	1．中国民用航空专机工作细则 2．专机和重大航空运输任务的保障流程 3．机坪机位设置的要求 4．签订临时协议要点 5．机场滑行道、机坪有关知识
	（三）运行信息处置	1．能分析处理旅客、设施、设备等异常所构成不安全事件或事故的信息 2．能处理航空器地面作业不正常情况信息	1．民用航空安全信息管理规定 2．设施、设备、车辆应急处置办法
	（四）航班正常性统计	1．能拟定机场航班正常性统计办法 2．能制定提高航班正常性的措施	1．国际民航组织、民航总局有关运行统计方法 2．航班正常性统计评价方法及相关知识

续表

职业功能	工作内容	技能要求	相关知识
三、运行资源管理	（一）统计分析	1．能计算机位利用率、桥位利用率 2．能对航班中的各种信息进行分析 3．能根据航班的统计数据，分析机位利用率、桥位利用率并提出优化建议	机位、桥位利用率的计算方法
	（二）规则制定	能拟定机场资源分配优先原则及细则	机场资源使用的基本要求
四、机坪运行管理	（一）机坪交通管理	1．能制作机坪交通管理检查单及相关表格 2．能处理航空器活动区内车辆与车辆、车辆与人员等一般交通事故 3．能组织航空器活动区特殊活动	1．机坪交通事故等级标准 2．交通事故处理办法 3．航空器活动区特殊活动组织和处理办法
	（二）不停航施工	1．能编制机场管理机构与工程建设施工单位、空中交通管理部门签订的安全保证责任书 2．能制定不停航施工项目实施时机场管理机构保证飞行安全和航班正常的安全措施 3．能编制向民航总局申请关于调整航空器起降架次和航班运行时间的申请文件	1．编写安全责任书的相关知识 2．不停航施工项目实施时安全措施的相关知识
	（三）环境管理	1．能按照航空器除冰雪、除霜程序，组织航空器除冰雪、除霜等特殊作业 2．能组织机坪除冰、除雪工作	1．航空器除冰雪、除霜作业程序 2．场道除冰、除雪相关知识
五、应急救援管理	（一）应急救援信息处置	1．能拟定紧急情况下受到影响的其他航班临时运行保障方案 2．能向总指挥提出是否需要外援力量以及外援救援方案的具体建议 3．能向总指挥提出机场限制运行或关闭的具体建议 4．能在总指挥下达救援结束指令后，按程序恢复机场运行	1．航班的临时运行保障方案制定方法 2．机场关闭与限制运行的相关知识 3．恢复机场运行的程序
	（二）应急救援现场处置	1．能在现场协助上级指挥官组织、指挥应急救援工作 2．能组织残损航空器搬移工作 3．能汇总救援工作情况并能对应急救援情况进行通报 4．能组织候机楼应急疏散工作	1．紧急出动等级救援事件处置程序 2．残损航空器搬移知识 3．候机楼应急疏散工作程序
	（三）应急救援演练	1．能拟定应急救援桌面、单项演练方案 2．能指导应急救援保障部门的应急救援桌面、单项演练 3．能组织应急救援综合演练	1．应急救援桌面、单项演练方案编写方法 2．各单位工作职责及救援工作程序

续表

职业功能	工作内容	技能要求	相关知识
五、应急救援管理	（四）应急救援规范化管理	1．能撰写应急救援工作的总结报告 2．能编写、修订救援指挥中心应急救援实施细则 3．能对救援保障设备进行日常检查	1．救援设备配备标准 2．救援设备的维护、操作规程 3．应急救援规范化管理知识
六、业务培训	（一）操作指导	能对四级、三级运行指挥员技能操作进行指导	技能教学知识
六、业务培训	（二）理论培训	1．能编写培训教案 2．能对四级、三级运行指挥员进行理论知识培训	1．培训教案编写要求 2．理论教学知识 3．案例教学方法 4．专项培训计划编制方法

4．一级运行指挥员

一级运行指挥员的工作内容、技能要求和所需掌握的相关知识如表1-4所示。

表1-4　一级运行指挥员的工作内容、技能要求和所需掌握的相关知识

职业功能	工作内容	技能要求	相关知识
一、航班运行保障管理	（一）特殊航班保障	1．能拟定具体的专机保障预案 2．能拟定重大航空运输任务保障预案 3．能编写专机保障和重大航空运输任务保障总结 4．能拟定临时包机保障程序 5．能拟定备降航班、大面积不正常航班保障程序或预案	1．中国民用航空专机工作细则 2．重要航班保障规定
一、航班运行保障管理	（二）运行信息处置	1．能拟定航班运行信息报告制度 2．能拟定航班运行信息处置规则 3．能拟定本机场航班放行正常率统计方法 4．能提出提高航班正常率的改进措施	1．民航总局关于机场运行的规章 2．不安全事件处置及调查程序 3．航班数理统计、分析评价方法
二、运行资源管理	（一）资源预测	1．能预测航空运输对机场运行资源的需求 2．能根据机场运行资源的使用率，提出改进资源使用的方案	1．航空产业经济知识 2．航空市场预测知识 3．资源需求预测知识 4．撰写调查报告知识
二、运行资源管理	（二）机位设计	1．能设计隔离机位 2．能在机场现有布局上设计临时机位	1．隔离机位技术要求 2．飞机滑行、停放的要求 3．保障设备安全运行的要求

续表

职业功能	工作内容	技能要求	相关知识
三、机坪运行管理	（一）机坪交通管理	1. 能制定机坪交通管理相关规定 2. 能分析和评价机坪交通管理状况，制定改进方案	1. 机坪交通管理规定有关知识 2. 机场飞行区道路规划有关知识
	（二）机坪设施设备监控	1. 能拟定机坪设施设备放置的优化方案 2. 能分析和评价机坪设施设备放置存在的问题，完成处置分析报告	1. 机位设施设备放置方案的专业技术知识 2. 机坪设施设备使用性能的专业技术知识
	（三）不停航施工	能根据《民用机场不停航施工管理规定》制定本机场不停航施工细则	民航总局不停航施工管理相关知识
	（四）航空器地面运行监控	1. 能拟定机场低能见度运行方案 2. 能根据行业要求拟定本机场航空器地面运行规则	1. 《国际民用航空公约》附件14中有关机场低能见度运行规定 2. 航空器地面运行规则编制办法 3. 低能见度运行标准的相关知识 4. 机场II类运行的相关知识 5. 敏感区保护相关知识
四、应急救援管理	（一）应急救援演练	1. 能对应急救援综合演练工作进行讲评 2. 能拟定应急救援综合演练方案	应急救援综合演练方案编写方法
	（二）应急救援规范化管理	1. 能编写、修订机场应急救援总体计划 2. 能审阅各救援保障部门的应急救援实施细则 3. 能对机场的救援保障工作定期进行评估并提出改进建议 4. 能组织修订机场应急救援方格网图、机场平面图、应急救援信息传递图	1. 民用机场90号令 2. 机场救援保障设备相关知识 3. 机场应急救援方格网图、机场平面图、应急救援信息传递图等相关知识 4. 《国际民用航空公约》附件12、13、14、17中关于应急救援的要求
五、业务培训	（一）理论培训与指导	1. 能编写教学培训大纲 2. 能对二级运行指挥员进行理论培训 3. 能对二级运行指挥员进行技能指导	1. 培训大纲编写要求 2. 培训讲义的编写方法 3. 机场运行指挥理论与实践发展的前沿知识
	（二）培训管理	能根据不同级别的机场运行指挥员的专业技能要求，组织实施和管理技能业务培训	1. 培训的环境与设备要求 2. 业务培训的组织程序

第二章

机场基础知识

本章学习目标

- 知道民用机场的分类依据及分类；
- 掌握机场等级的划分及划分的依据；
- 全面掌握机场跑道、滑行道系统以及目视助航系统与导航设备的具体内容；
- 掌握机场净空的主要内容。

 导读

青海将机场净空保护区确定为"低慢小"禁飞区

2017 年以来，无人机等"低慢小"航空器干扰民航航班运行事件频发，对民航飞行安全造成严重影响。为切实保护机场净空环境，保障民航飞行安全和人民生命财产安全，青海省政府日前发布《关于将机场净空保护区确定为"低慢小"航空器禁飞区域的通告》（以下简称《通告》），并明确了相关处罚要求。

该《通告》明确，机场跑道中心线两侧各 10 千米、跑道两端各 20 千米围合组成的矩形区域范围为机场净空保护区域范围，也是"低慢小"航空器禁飞区域，未经航空管制部门批准，禁止任何单位、组织和个人在机场净空保护区域内升放飞行高度低于 500 米、飞行速度小于 200 千米/小时、雷达反射面积小于 2 平方米的飞行目标，包括无人机、轻型和超轻型飞机、轻型直升机、滑翔机、三角翼、滑翔伞、动力伞、热气球、飞艇、航空模型、空飘气球、系留气球、孔明灯和其他需要管理的危险性低空慢速小目标飞行器（物）。违反规定在禁飞区域内飞行的，公安机关将依法采取处置措施；违反规定飞行并干扰民航航班正常飞行的，公安机关依法予以处罚；涉嫌犯罪的，依法追究刑事责任。

资料来源：http://news.carnoc.com/list/426/426191.html。

第一节 机场的类别

机场分类的方法较多，根据机场的业务范围、机场在民航运输系统中发挥的作用、机场所在地的状况以及大部分乘机旅客的目的，应按不同要求将机场划分类别，以便于科学管理、合理建设并设置相应配套设施和机构。

一、按服务对象划分

按照服务对象不同，机场可以分为以下几种。

（一）民用机场

民用机场是指专供民用航空器起飞、降落、滑行、停放以及进行其他活动使用的划定区域，包括附属的建筑物、装置和设施。民用机场分为通用机场和公共运输机场，不包括临时机场和专用机场。

（二）军用机场

军用机场是供军用飞机起飞、着陆、停放和组织、保障飞行活动的场所，是航空兵进行作战训练等各项任务的基地。由它构成的机场网，战略地位十分重要。

现代军用机场，按设施和保障条件分为永备机场和野战机场；按跑道所能保障的飞机类型分为特级、一级、二级和三级机场；按所处战略位置分为一线、二线和纵深机场。

永备机场的跑道和保障设施多为永久性的，供航空兵常年驻用；野战机场一般铺设装配式金属板或其他简易道面跑道，配备活动式保障设备，供航空兵临时驻用。特级机场主要供重型轰炸机和大型运输机使用，跑道长度为 3 200～4 500m；一级机场主要供中型轰炸机和中型运输机使用，跑道长度为 2 600～3 000m；二级机场主要供歼击机、强击机和轻型轰炸机使用，跑道长度为 2 000～2 400m；三级机场主要供初级教练机和小型运输机使用，跑道长度为 1 200～1 600m，或为直径 2 000m 左右的土质圆形场地。通常一、二级机场部署歼击航空兵和强击航空兵，纵深机场部署轰炸航空兵和运输航空兵。

（三）军民合用机场

军民合用机场分时段为军用飞机和民用航空器提供保障服务。

2016 年 6 月 17 日，空军民航军民合用机场军民融合深度发展联席会议在京召开，会议审议通过了《空军民航军民合用机场运行保障暂行规定》。该规定以构建需求对接、协调顺畅、优势互补的新机制为目标，按照军为民用、民为军备的基本原则，就空军民航军民合用机场的协调机制、联合管理、联合保障、联合维修等运行保障工作进行了规范。军民合用机场军民融合深度发展有着极为重要的现实意义和战略效益。首先，对国家而言，军民合用机场极大地节约了机场建设的成本。通常情况下，机场的选址较为苛刻，特别是在高原等特殊地域，可建机场的合适地理位置更属稀缺资源。同时，建设机场耗资巨大，如果仅仅将其用作单一用途无疑是一种极大的浪费。因此，军民合用机场可以避免在同一区域内重复建设机场设施。其次，军民合用机场对军民双方都有极大的好处。对空军而言，军用机场的军民合用将大大提升军用机场的保障能力，而民用机场的军民合用则无疑是在为空军应对各种紧急情况和未来战争预设了更多的立足点；对民航而言，军用机场的军民合用将大大增加其运输能力，有助于扩大旅客和货运吞吐量，从而缓解现在民用机场的运输压力，而民用机场的军民合用也大大拓展了民用机场的保障功能。

可以说，建设军民合用机场是一个双赢之举。正因如此，我国先后在许多军用机场展开了军民合用改扩建工程，如为解决西藏民航基础设施瓶颈问题，逐步完善机场布局和提升机场保障能力，西藏在"十五"和"十一五"规划中就批准实施了拉萨贡嘎国际机场、林芝米林机场、阿里昆莎机场、昌都邦达机场的军民合用改扩建工程。截至目前，我国共有民用运输机场 214 个，其中军民合用机场所占比例已近三分之一。

（四）通用机场

通用机场是指使用民用航空器从事除军事、警务、海关缉私飞行和公共航空运输飞行之外的飞行保障活动的机场。

2017年颁布的《通用机场管理办法》将通用机场根据其是否对公众开放分为A、B两类。

（1）A类通用机场：即对公众开放的通用机场，指允许公众进入以获取飞行服务或自行开展飞行活动的通用机场。分为以下三级。

① A1级通用机场：含有使用乘客座位数在10座以上的航空器开展商业载客飞行活动的A类通用机场。

② A2级通用机场：含有使用乘客座位数为5~9座的航空器开展商业载客飞行活动的A类通用机场。

③ A3级通用机场：除A1、A2级外的A类通用机场。

其中，商业载客飞行，是指面向公众以取酬为目的的载客飞行活动。

（2）B类通用机场：即不对公众开放的通用机场，指除A类通用机场以外的通用机场。

二、按航线业务范围划分

民航运输机场按照其航线性质，通常分为以下几类。

（一）国际机场

国际机场指国际航线出入境并设有海关、边防检查（移民检查）、卫生检疫、动植物检疫和商品检验等联检机构的机场，如北京首都国际机场、芝加哥奥黑尔国际机场。

国际机场又分为国际定期航班机场、国际定期航班备降机场和国际不定期航班机场。国际定期航班机场，指可安排国际通航的定期航班飞行的机场；国际定期航班备降机场，指为国际定期航班提供备降的机场；国际不定期航班机场，指可安排国际不定期航班飞行的机场。

（二）国内航线机场

国内航线机场指专供国内航线使用的机场。

（三）地区航线机场

地区航线机场在我国指大陆民航运输企业与香港、澳门地区之间定期或不定期航班飞行使用，并没有相应（类似国际机场的）联检机构的机场，如呼伦贝尔东山国际机场、长春大房身机场、齐齐哈尔三家子机场、佳木斯东郊国际机场、合肥骆岗国际机场、济南遥墙国际机场。我国的地区航线机场应是国内航线机场。在国外，地区航线机场通常是指为适应个别地区空管需求可提供短程国际航线的机场。

三、按机场在民航运输系统中所起作用划分

机场是航空运输系统网络的节点，按照其在该网络中的作用，可以分为以下几类。

（一）枢纽机场

枢纽机场指国际、国内航线密集的机场。旅客在此可以很方便地中转到其他机场。根据业务量的不同，可分为大、中、小型枢纽机场。美国大型枢纽机场的中转旅客百分比很大，芝加哥奥黑尔国际机场和达拉斯国际机场的中转旅客超过 50%。我国大陆枢纽机场仅北京首都国际机场、上海虹桥国际机场、广州白云国际机场三大机场，但其中转百分比还不大。所以，按国际通行概念还不具备枢纽机场的资格。

（二）干线机场

干线机场指以国内航线为主，航线连接枢纽机场、直辖市和各省会或自治区首府，空运量较为集中，年旅客吞吐量不低于 10 万人次的机场。银川河东国际机场、石家庄正定国际机场、西宁曹家堡国际机场虽低于 10 万人次也属于干线机场。另外，厦门高崎国际机场、深圳宝安国际机场、大连周水子国际机场、桂林两江国际机场等重要城市或旅游城市的机场也属于干线机场。全国现有干线机场 30 多个。

（三）支线机场

支线机场指省、自治区内经济比较发达的中小城市和旅游城市，或经济欠发达、地面交通不便的城市地方机场。空运量较少，年旅客吞吐量一般低于 10 万人次。这些机场的航线多为本省区航线或邻近省区支线。

四、按机场所在城市的地位、性质划分

依照机场所在城市的性质、地位并考虑机场在全国航空运输网络中的作用，可将机场划分为 I、II、III、IV 类。

（一）I 类机场

全国政治、经济、文化中心城市的机场，是全国航空运输网络和国际航线的枢纽，运输业务量特别大，除承担直达客货运输外，还具有中转功能，如北京首都国际机场、上海虹桥国际机场、广州白云国际机场即属于此类机场。

（二）II 类机场

省会、自治区首府、直辖市和重要经济特区、开放城市和旅游城市或经济发达、人口密集城市的机场，可以全方位建立跨省、跨地区的国内航线，是区域或省区内航空运输的枢纽，有的可开辟少量国际航线。II 类机场也可称为国内干线机场。

（三）III 类机场

国内经济比较发达的中小城市，或一般的对外开放和旅游城市的机场，能与有关省区中心城市建立航线。III 类机场也可称为次干线机场。

（四）IV 类机场

前所述支线机场及直升机场。

五、按旅客乘机目的划分

旅客乘机目的的不同也会影响机场的特性，而且会影响机场的各项设施。根据大多数旅客的乘机目的，机场通常可分为三类。

（一）始发/终程机场

通常始发/终程机场的始发和终程旅客占旅客总数比例较高。始发和终程的飞机或掉头回程架次占大多数。目前国内机场大多属于这类机场。

（二）经停（过境）机场

经停（过境）机场往往位于航线上的经停点，没有或很少有始发航班飞机，只有比例不大的始发/终程旅客，有相当数量的过境旅客。飞机一般停驻时间较短。

（三）中转（转机）机场

在中转（转机）机场中，有相当大比例的旅客乘飞机到达后，立即转乘其他航线的航班飞往目的地。

除以上五种类别划分标准外，从安全飞行角度还考虑为预定着陆机场安排备降机场。备降机场是指在飞行计划中事先规定的，当预定着陆机场不宜着陆时，飞机可前往着陆的机场。起飞机场也可以是备降机场，备降机场由民航总局事先确定，如太原武宿国际机场、天津滨海国际机场和大连周水子国际机场均为首都国际机场的备降机场。

第二节　民用机场等级

为了便于给机场配备适量的工作人员和相应的技术设备设施，为保障飞机安全准时起降和优质服务提供必要条件，也为了能最好地经营和管理机场，发挥其最大社会效益和经济效益，必须对机场进行分级。

几十年来，我国根据需要，曾以不同标准对机场进行分级。民航机场主要以飞行区等级、跑道导航设施等级和航站业务量规模进行分级。

一、飞行区等级

机场飞行区指为飞机地面活动及停放提供适应飞机特性要求和保证飞机机场运行安全的构筑物的统称,包括跑道及升降带、滑行道、停机坪、地面标志、灯光助航设施及排水系统,目前常直接使用机场飞行区等级表示机场等级。

飞行区各项构筑物的技术要求与飞机的特性有关,我国采用航空民航标准 MH5001—2013《民用机场飞行区技术标准》加以规范。国际民航组织和中国民用航空局用飞行区等级指标 I 和 II 将有关飞行区机场特性的许多规定和飞机特性联系起来,从而为在该机场运行的飞机提供适合的设施。

(一)飞行区指标 I

按拟使用机场跑道的各类飞机中最长的基准飞行场地长度,分为 1、2、3、4 四个等级,如表 2-1 所示。

表 2-1 飞行区指标 I 划分依据表

飞行区指标 I	飞机基准飞行场地长度/m
1	<800
2	800~1 200(不含)
3	1 200~1 800(不含)
4	≥1 800

飞机基准飞行场地长度是指某型飞机以最大批准起飞质量,在海平面、标准大气条件(15℃、1 个大气压)、无风、无坡度情况下起飞所需的最小飞行场地长度。飞行场地长度也表示在飞机中止起飞时所要求的跑道长度,因而也称为平衡跑道长度。飞行场地长度是对应飞机的要求来说的,与机场跑道的实际距离没有直接关系。

(二)飞行区指标 II

按拟使用该飞行区跑道的各类飞机中的最大翼展或最大主起落架外轮外侧边的间距,分为 A、B、C、D、E、F 六个等级,两者中取其较高要求的等级,如表 2-2 所示。

表 2-2 飞行区指标 II 划分依据表

飞行区指标 II	翼展/m	主起落架外轮外侧边间距/m
A	<15	<4.5
B	15~24(不含)	4.5~6(不含)
C	24~36(不含)	6~9(不含)
D	36~52(不含)	9~14(不含)
E	52~65(不含)	9~14(不含)
F	65~80(不含)	14~16(不含)

飞机尺寸的基本参数如图 2-1 所示。

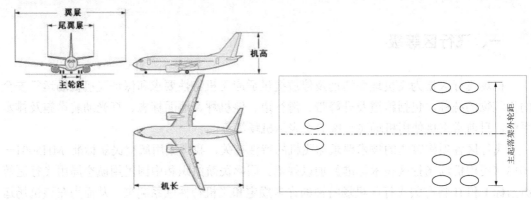

图 2-1 航空器基本尺寸示意图

机长：或称全长，指飞机机头最前端至飞机尾翼最后端之间的距离。

机高：指飞机停放在地面时，飞机尾翼最高点的离地距离。

翼展：指固定翼飞行器的机翼左右翼尖之间的距离，是衡量机翼气动外形的主要几何参数之一。

飞行区等级可以向下兼容，例如我国机场最常见的 4E 级飞行区常常用来起降国内航班最常见的 4C 级飞机（如空中客车 A320、波音 737 等），飞机一般使用跑道长度一半以下（约 1 500m）即可离地起飞或使用联络道快速脱离跑道。在天气与跑道长度允许的情况下偶尔可在低等级飞行区起降高等级飞机，例如我国大部分 4E 级机场均可以减载起降 4F 级的空中客车 A380，但这会缩短跑道寿命，并需要在起降后人工检查跑道道面。

我国机场飞行区等级情况如表 2-3 所示。

表 2-3 我国机场飞行区等级

飞行区等级	最大可起降飞机种类举例	国内该飞行区等级机场举例
4F	空中客车 A380 等四发远程宽体超大客机	北京首都国际机场、上海浦东国际机场、广州白云国际机场、深圳宝安国际机场、杭州萧山国际机场、昆明长水国际机场、武汉天河国际机场、成都双流国际机场、西安咸阳国际机场、天津滨海国际机场、厦门翔安国际机场、合肥新桥国际机场（二期）、郑州新郑国际机场（二期）
4E	波音 747、空中客车 A340 等四发远程宽体客机	石家庄正定国际机场、上海虹桥国际机场、南京禄口国际机场、南昌昌北国际机场、太原武宿国际机场、长沙黄花国际机场、呼和浩特白塔国际机场、福州长乐国际机场、常州奔牛机场、贵阳龙洞堡国际机场等
4D	波音 767、空中客车 A300 等双发中程宽体客机	西双版纳嘎洒国际机场、黄山国际机场、运城关公机场、绵阳南郊机场、东营永安机场、威海国际机场等
4C	空中客车 A320、波音 737 等双发中程窄体客机	梅州机场、张家口宁远机场、扬州泰州机场、安庆天柱山机场、九江庐山机场、池州九华山机场、北京南苑机场等
3C	波音 733、ERJ、ARJ、CRJ 等中短程支线客机	内蒙古乌海机场等

二、跑道导航设施等级

跑道导航设施等级按配置的导航设施能提供飞机以何种进近程序飞行而划分。它反映了飞行安全和航班正常率保障设施的完善程度。

（一）非仪表跑道

非仪表跑道是飞机用目视进近程序飞行的跑道，代字为 V。

（二）仪表跑道

仪表跑道是供飞机用仪表进近程序飞行的跑道，可分为以下四类。

1. 进近跑道

进近跑道是装备相应的目视助航设备和非目视助航设备的仪表跑道，能足以对直接进近提供方向性引导，代字为 NP。

2. I 类精密进近跑道

I 类精密进近跑道装有仪表着陆系统和（或）微波着陆系统以及目视助航设备，是供决断高不低于 60m 和能见度不小于 800m，跑道视程不小于 550m 时飞行的仪表跑道，代字为 CATI。

3. I 类精密进近跑道

II 类精密进近跑道装有仪表着陆系统和（或）微波着陆系统以及目视助航设备，是供决断高低于 60m 但不低于 30m，跑道视程不小于 300m 时飞行的仪表跑道，代字为 CATII。

4. III 类精密进近跑道

III 类精密进近跑道装有仪表着陆系统和（或）微波着陆系统，引导飞机至跑道并沿其表面着陆滑行的仪表跑道，分如下三类。

（1）IIIA：用于决断高小于 30m 或不规定决断高以及跑道视程不小于 175m 时运行。

（2）IIIB：用于决断高小于 15m 或不规定决断高以及跑道视程小于 175m 但不小于 50m 时运行。

（3）IIIC：用于不规定决断高和跑道视程时运行。

注意，目视助航设施不一定与所设置非目视助航设施的规模相匹配，选择目视助航设施的准则取决于所拟运行的各种状况，分别以 CATIIIA、CATIIIB、CATIIIC 为代字。

跑道配置导航设备的标准，要根据机场性质、地形和环境、当地气象、起降飞机类型及年飞行量等因素进行综合研究以便确定。

国内装备有 II 类精密进近仪表着陆系统的机场有北京首都国际机场、深圳宝安国际机场、珠海金湾机场等；装备有 I 类精密进近系统的机场有天津滨海国际机场、三亚凤凰国际机场、重庆江北国际机场等。国外，美国纽约肯尼迪机场的四条主要跑道中，有的装了 III 类精密进近系统，有的装了 II 类精密进近系统；而英国伦敦希思罗机场的三条可供使用的跑道中，一条两端装有Ⅱ类精密进近系统，一条一端装有Ⅱ类而另一端装有Ⅲ类精密进近系统。

三、航站业务量规模

按照航站的年旅客吞吐量或货邮运输吞吐量的数量可以划分机场等级。这些数量与航站规模及设施有关，反映了机场的繁忙程度和经济效益。表2-4提供了一种按航站业务量规模划分的标准，可供参考。若年旅客吞吐量与年货邮吞吐量不属于同一等级，建议按较高者确定等级。

表2-4 航站业务量规模分级标准（供参考）

航 站 等 级	年旅客吞吐量/万人	年货邮吞吐量/kt
小型	<10	<2
中小型	10～50	2～12.5
中型	50～300	12.5～100
大型	300～1 000	100～500
特大型	≥1 000	≥500

四、民航运输机场规划分级

以上三种划分机场等级的标准，都是从不同方面反映了机场的状态：能接受机型的大小；保障飞行安全和航班正常率的设施的完善程度；客货运量的大小。

为了综合、合理地划分机场等级，同时又照顾到习惯，以下方案可供考虑，即综合三个标准为民航运输机场规划分级标准，如表2-5所示。当三项等级不属于同一机场级别时，可视具体情况，根据发展，建议经过专门批准后，按较高者确定机场规划级别。

表2-5 民航运输机场规划分级标准（供参考）

机 场 级 别	飞行区等级	跑道的导航设施等级	航 站 等 级
四级	3B、2C级以下	V、NP	小型
三级	3C、3D	NP、CATI	中小型
二级	4C	CATI	中型
一级	4D、4E	CATI、CATII	大型
特级	4E及以上	CATII及以上	特大型

五、关于救援和消防的机场分级

救援和消防勤务的主要目的是救护受伤人员，为了保障救援和消防，必须有足够的手段，包括必要的器材（如灭火剂）、设备、车辆和设施（如应急通道）等。这些物质保障的配备以使用该机场的飞机尺寸为根据，由此划分出机场的救援和消防级别，如表2-6所示。

表 2-6　救援和消防的机场级别

机 场 级 别	机身总长度/m	最大机身宽度/m
1	0～9	2
2	9～12	2
3	12～18	3
4	18～24	4
5	24～28	4
6	28～39	5
7	39～49	5
8	49～61	7
9	61～76	7
10	76～90	8

第三节　机场跑道、滑行道系统

一、跑道

跑道是飞行区的主体工程，直接供飞机起飞滑跑和着陆滑跑使用。运输机在起飞时，必须先在跑道上进行起飞滑跑，边滑跑边加速，一直加速到机翼上的升力大于飞机的重量，运输机才能逐渐离开地面。运输机着陆时速度很大，必须在跑道上边滑跑边减速才能逐渐停下来。所以运输机对跑道的依赖性很大，如果没有跑道，运输机就不能起飞和着陆。因此，跑道是机场上最重要的建筑物。

我国民航运输机场的跑道通常用水泥混凝土筑成，少数用沥青混凝土筑成。

民航运输机场通常只设一条跑道，有的运输量大的机场设两条甚至更多的跑道。跑道按其作用可分为主要跑道、辅助跑道和起飞跑道三种。

主要跑道是指在条件许可时比其他跑道优先使用的跑道，按使用该机场最大机型的要求修建，长度较长，承载力也较高。

辅助跑道也称次要跑道，是指因受侧风影响，飞机不能在主跑道上起飞或着陆时，供辅助起降用的跑道。由于飞机在辅助跑道上起降都有逆风影响，所以其长度比主跑道短些。

起飞跑道是指只供起飞用的跑道。

（一）跑道的基本参数

跑道的基本参数主要包括跑道方位、跑道号码、跑道数量、跑道尺寸、跑道道面的平整度、粗糙度和强度，以及跑道构形。

1. 跑道方位、跑道号码和跑道数量

（1）跑道的方位即跑道的走向。飞机最好是逆风起降，而且过大的侧风将妨碍飞机起降。因此，跑道的方位应尽量与当地常年主导风向一致。跑道的方位和条数应根据机场净空条件、风力负荷、飞机运行的类别和架次、与城市和相邻机场之间的关系、现场的地形和地貌、工程地质和水文地质情况、噪声影响、空域条件、管制运行方式等各项因素综合分析确定。机场跑道的方位和条数应使飞机进离场航迹对机场邻近的居民区和其他噪声敏感区的影响程度降至最小。

跑道方位以跑道磁方向角度表示，由北顺时针转动为正。

跑道方位和条数应使拟使用该机场的飞机的机场利用率不少于95%。

跑道最大容许侧风分量应以航行部门根据飞机性能规定的数据为准；航行部门未予规定时，按下列方法确定，侧风分量超过下列数值时，飞机不应起飞或降落：

① 对基准飞行场地长度不小于1 500m的飞机，侧风分量为37km/h；若跑道纵向摩擦系数不足致使跑道刹车作用不良，侧风分量为24km/h。

② 对基准飞行场地长度不小于1 200m但小于1 500m的飞机，侧风分量为24km/h。

③ 对基准飞行场地长度小于1 200m的飞机，侧风分量为19km/h。

（2）跑道号码应由两位数字组成。平行跑道的跑道号码应由两位数字后加一个字母组成。在单条跑道、两条平行跑道和三条平行跑道上，此两位数应是从进近方向看最接近于跑道磁方位角度数（从磁北方向顺时针方向计算，与向该跑道端进近方向的夹角）的十分之一的整数。在四条或更多的平行跑道上，一组相邻跑道应按最接近于磁方位角度数的十分之一编号，而另一组相邻跑道则按次一个最接近的磁方位角度数的十分之一编号。当按上述规则得出的是一位数字时，则在它前面加一个零，如图2-2所示。

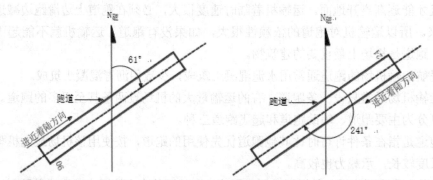

跑道号码的确定方法：以航向角（即着陆方向）确定。左图航向角为61°，取其1/10后再四舍五入，即为06；右图的航向角为241°，取其1/10后再四舍五入，即为24。

图2-2 跑道号码确定示意图

在有平行跑道的情况下，跑道号码中的字母排列宜采用下列顺序（从进近方向看去从左至右）。

① 两条平行跑道：L、R。

② 三条平行跑道：L、C、R。

③ 四条平行跑道：L、R、L、R。

④ 五条平行跑道：L、C、R、L、R 或 L、R、L、C、R。

⑤ 六条平行跑道：L、C、R、L、C、R。

（3）跑道的数量主要取决于航空运输量。运输不很繁忙且常年风向相对集中的机场，只需单条跑道。运输非常繁忙的机场，则需要两条或多条跑道。每个方向设置的跑道条数应根据预测的飞机起降架次确定。

2. 跑道尺寸

跑道尺寸涉及跑道的长度、公布距离、宽度和坡度。

（1）跑道的长度。跑道的长度应满足使用该跑道的主要设计机型的运行要求，按预测航程计算的起飞重量、标高、天气状况（包括风的状况和机场基准温度等）、跑道特性（如跑道坡度、湿度和表面摩阻特性等）、地形限制条件等因素进行计算，选择最长的跑道长度。如果设计偏长，就会造成浪费，而且多占土地；如果设计偏短，就会影响飞机起飞和着陆安全，或使飞机不能满载起飞，影响经济效益。所以跑道长度设计是机场设计的主要项目之一。

介绍跑道长度之前，应该了解几个基本概念。

① 净空道（Clearway—CWY）：跑道端之外的地面和向上延伸的空域，其作用为飞机可在其上空进行爬升，并达到安全高度（10.7m 或 35ft），净空道宽 150m，在此区域内除跑道灯外不能有任何障碍物，但对地面没有要求，可为地面，也可为水面。

② 停止道（Stopway—SWY）：在全强度道面之外的地面上经过修整的一块划定的长方形场地，飞机在中断起飞时能够在其上面停住。

③ 基准点：机场基准点应位于机场使用中的或规划的所有跑道的几何中心，通常情况下，首次确定后应保持不变。应测定机场基准点的地理坐标，以度、分、秒为单位，并向航空情报服务机构通报。

④ 机场标高和跑道标高：应测定机场标高和机场标高位置的大地水准面高差，并向航空情报服务机构通报。应测定精密进近跑道的入口标高和大地水准面高差、跑道端的标高、接地带的最高标高，并向航空情报服务机构通报。应测定非精密进近跑道的每个入口标高和大地水准面高差、跑道端的标高以及沿跑道上任何明显高点和低点的标高，并向航空情报服务机构通报。

⑤ 机场基准温度：应确定机场基准温度，以摄氏度为单位。机场基准温度应为一年内最热月（指月平均温度最高月份）的日最高温度的月平均值，宜取 5 年以上平均值。

飞机起飞和着陆过程及对跑道长度的要求如下。

① 正常起飞。正常起飞是指全部发动机正常工作情况下的起飞，如图 2-3 所示。

当飞机进入跑道端部对准起飞方向后就刹住，并加大油门。发动机达到起飞转速时松开刹车进行起飞滑跑。滑跑速度达到规定的抬前轮速度时，抬起前轮，增大迎角，使机翼升力增加。达到离地速度时，飞机就离开地面。爬升至 10.7m（35ft），就完成起飞初始阶段。从滑跑起点至离地点的距离称为起飞滑跑距离；从离地点至爬升到 10.7m（35ft）的水平距离称为起飞初始爬升距离；从滑跑起点至爬升到 10.7m（35ft）的水平距离称为起飞距离。

如果跑道端不设净空道，则跑道长度应保证飞机在整个起飞初始阶段的安全。如果跑道端设净空道，跑道加净空道的长度，应保证飞机在整个起飞初始阶段的安全。

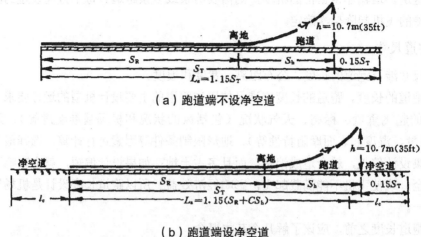

(a) 跑道端不设净空道

(b) 跑道端设净空道

图 2-3 跑道净空道确定示意图

② 着陆。飞机通常以 3°下滑角进行降落。在接近跑道时把油门收至慢车状态。跑道入口上空的高度为 15m（50ft），进入跑道入口上空后就逐渐拉平，两组主轮先接地，然后前轮接地。飞机接地后就刹车，打开减速板和反推力装置，以便减速滑跑和停住。跑道长度通常按不打开反推力装置的情况来确定。

着陆距离是指飞机在跑道入口上空至停住的水平距离。满足飞机着陆所需的跑道长度为飞机在干跑道上不使用反推力装置的着陆距离的 1.67 倍，如图 2-4 所示。

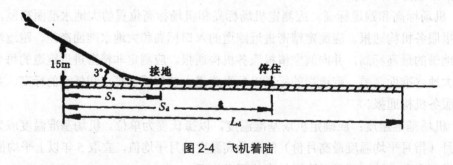

图 2-4 飞机着陆

③ 对跑道长度的要求。跑道长度应保证飞机在不利条件下起飞、着陆的安全。不利条件是指飞机质量较大、气温较高、气压较低、无风、逆坡起飞、顺坡着陆、驾驶不够准确等。

跑道长度应由下列三种长度的最大值确定。
- 正常起飞所需跑道长度。
- 起飞出现一发故障所需跑道长度。
- 着陆所需跑道长度。

由于运输机着陆所需跑道长度较短，所以在确定供运输机起飞和着陆用的跑道长度时，通常可以不计算着陆所需跑道长度。

（2）跑道的公布距离。当不设置净空道和停止道时，可用前述方法确定并修正跑道长度，最后选取最大值作为跑道的长度。

如设置停止道和（或）净空道，实际跑道长度可以缩短。但是否设置停止道和净空道还要考虑跑道端以外地区的各种状况。所设置的停止道、净空道与跑道的组合必须满足飞机起降的要求。

通常跑道入口位于跑道端头，但如果障碍物突出于进近净空面，为保证着陆安全，则需要将跑道入口内移，甚至永久内移。

当跑道设置了停止道和（或）净空道以后，或由于各种原因跑道入口内移时，必须在跑道的每个方向公布适用于飞机起降的各种可用距离，即跑道的公布距离，如图 2-5 所示，以便使用该机场的飞机据此正确地进行起飞和着陆。

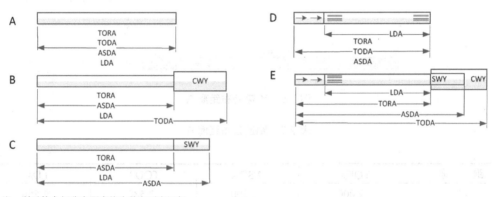

注：所示的全部公布距离均为从左至右运行

图 2-5　跑道的公布距离

跑道的公布距离包括以下四个。

① 可用起飞滑跑距离 TORA，适用于飞机起飞时作为地面滑跑使用的跑道长度。

② 可用起飞距离 TODA，即可用起飞滑跑距离 TORA 加上所设置的净空道长度。

③ 可用加速—停止距离 ASDA，即可用起飞滑跑距离 TORA 加上所设置的停止道长度。

④ 可用着陆距离 LDA，即适用于飞机着陆时作为地面滑跑使用的跑道长度。

当跑道不设置停止道和净空道，而跑道入口又位于跑道末端时，以上四个公布距离应相等，如图 2-5（A）所示。

设置净空道时，可用起飞距离 TODA 应包括净空道长度，如图 2-5（B）所示。

设置停止道时，可用加速—停止距离 ASDA 应包括停止道长度，如图 2-5（C）所示。由于周围净空条件受限，停止道无法用作净空道，因此可用起飞距离 TODA 与可用起飞滑跑距离 TORA 相等。

当跑道入口永久内移时，可用着陆距离 LDA 应去掉跑道入口内移长度，如图 2-5（D）所示。当停止道和净空道同时设置，且跑道入口内移时，4 个可用距离如图 2-5（E）所示。

图 2-5 所示的公布距离均为从左向右起飞或着陆。如从两个方向起降，可照此组合。内移的跑道入口只影响向该跑道入口进近的可用着陆距离，不影响所用相反方向运行的公布距离。

图 2-6 以及表 2-7 给出了提供跑道公布距离的一种格式。如果跑道的某个方向，由于飞行上的原因禁止起飞或降落，或既不能用于起飞也不能用于降落，则须用"不适用"（Not Usable）或缩写 NU 字样予以公布。

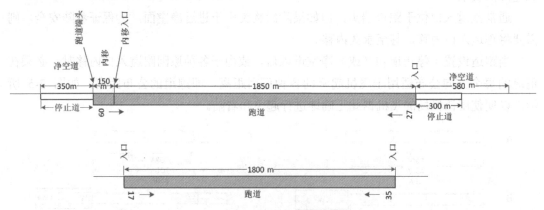

图 2-6 跑道公布距离 A

表 2-7 跑道公布距离 B

单位：m

跑道	TORA	ASDA	TODA	LDA
09	2 000	2 300	2 580	1 850
27	2 000	2 350	2 350	2 000
17	NU	NU	NU	1 800
35	1 800	1 800	1 800	NU

注：NU 指不能使用。

（3）跑道宽度。跑道宽度应不小于表 2-8 中的规定值。

表 2-8 跑道宽度

单位：m

飞行区指标 I \ 飞行区指标 II	A	B	C	D	E	F
1	18	18	23	—	—	—
2	23	23	30	—	—	—
3	30	30	30	45	—	—
4	—	—	45	45	45	60

注：飞行区指标 I 为 1 或 2 的精密进近跑道的宽度应不小于 30m。

设计跑道宽度时，应至少考虑跑道表面污染物（如雪、雨水等）、侧风、飞机在接地带附近偏离中线的程度、橡胶积累、飞机进近方式和速度、能见度及人等因素。

（4）跑道坡度。为了保证飞机起飞、着陆和滑跑的安全，跑道应尽量避免沿纵向坡度或随坡度变化。在有些情况下，可以有3°以下的坡度。

跑道横坡宜采用双面坡，跑道中线两侧的横坡应对称，跑道各部分的横坡应基本一致。跑道横坡应符合表2-9中的规定值，条件许可时宜采用表2-9中规定的最大横坡，在与跑道或滑行道相交处可根据需要采用较平缓的坡度。

表2-9 跑道横坡

飞行区指标Ⅱ	F	E	D	C	B	A
最大横坡	1.5%	1.5%	1.5%	1.5%	2%	2%
最小横坡	1%	1%	1%	1%	1%	1%

跑道的纵坡应尽可能平缓。跑道各部分纵坡应不大于表2-10中的规定值。

表2-10 跑道各部分的最大纵坡

飞行区指标Ⅰ	4	3	2	1
跑道中线上最高、最低点高差与跑道长度的比值	1%	1%	2%	2%
跑道两端各四分之一长度	0.8%	0.8%ª	2%	2%
跑道其他部分	1.25%	1.5%	2%	2%
相邻两个纵向坡度的变化	1.5%	1.5%	2%	2%
变坡曲线的最小曲率半径（m）	30 000	15 000	7 500	7 500
其曲面变率，每30m为	0.1%	0.2%	0.4%	0.4%

注：a 指适用于Ⅱ类或Ⅲ类精密进近跑道，否则为1.5%。

当跑道纵向变坡不能避免时，应具有下列无障碍视线。

① 飞行区指标Ⅱ为C、D、E、F的跑道，在高于跑道3m的任何一点能通视至少半条跑道长度内的高于跑道3m的任何其他点。

② 飞行区指标Ⅱ为B的跑道，在高于跑道2m的任何一点能通视至少半条跑道长度内的高于跑道2m的任何其他点。

③ 飞行区指标Ⅱ为A的跑道，在高于跑道1.5m的任何一点能通视至少半条跑道长度内的高于跑道1.5m的任何其他点。

当不设置全长度的平行滑行道时，在单跑道全长应提供无障碍视线。在交叉跑道的机场，为了运行的安全，在交叉地区应考虑增加视距标准。

3. 跑道的平整度、粗糙度和强度

跑道的道面需要具有良好的平整度，使飞机在高速滑跑时不产生颠簸，否则乘客将感觉不舒服，且妨碍驾驶员对飞机的操纵，还会造成雨后积水，引起飞机"飘滑"。用3m直尺测量时，直尺底面与道面表面间的最大空隙，对于新建跑道而言应不大于5mm。

跑道道面还应具有良好的摩擦特性，以便保证飞机滑跑时的稳定性、着陆滑跑和中断起飞时飞机的减速以及飞机接地时机轮的正常转动。

跑道表面的摩阻特性应使用有自湿装置的连续摩阻测试仪器进行测定。不同的摩阻测

量仪对跑道表面的摩阻特性的评定标准如表 2-11 所示。

表 2-11　不同的摩阻测量仪对跑道表面的摩阻特性的评定标准

测试仪器	测试轮胎 类型	测试轮胎 压力/kPa	测试速度/ (km/h)	测试水深 /mm	新建道面 设计目标	维护规划值	最小摩阻值
（1）	（2）		（3）	（4）	（5）	（6）	（7）
μ 仪拖车	A	70	65	1.0	0.72	0.52	0.42
	A	70	95	1.0	0.66	0.38	0.26
滑溜仪拖车	B	210	65	1.0	0.82	0.60	0.50
	B	210	95	1.0	0.74	0.47	0.34
表面摩阻测试车	B	210	65	1.0	0.82	0.60	0.50
	B	210	95	1.0	0.74	0.47	0.34
跑道摩阻测试车	B	210	65	1.0	0.82	0.60	0.50
	B	210	95	1.0	0.74	0.54	0.41
TATRA 摩阻测试车	B	210	65	1.0	0.76	0.57	0.48
	B	210	95	1.0	0.67	0.52	0.42
抗滑测试仪拖车	C	140	65	1.0	0.74	0.53	0.43
	C	140	95	1.0	0.64	0.36	0.24

新道面的平均纹理深度宜不小于 1.0mm。平均纹理深度宜采用填砂法进行测定。

在多雨地区，跑道水泥混凝土道面宜在表面进行刻槽。跑道刻槽范围，纵向应为跑道的全长，横向应为跑道的全宽。槽应垂直于跑道中线，槽的尺寸、形状应符合相关规定。刻槽的跑道水泥混凝土道面表面，应在刻槽前对其表面进行拉毛，其拉毛后的平均纹理深度宜不小于 0.6mm。

道面要有足够强度，以承受飞机运行的荷载，否则道面会因产生过大的应力和变形而受到损坏。

ICAO 要求会员国必须使用 ACN-PCN 方法决定某型号飞机是否可在指定跑道上起降。其中，ACN 表示一架飞机对某种道面的相对作用。PCN 表示某个道面可供无限次使用的强度数字。

道面的承载强度应采用包括下列内容的 ACN-PCN 的方法确定。

（1）PCN。应确定 ACN 和 PCN 的道面类型、土基强度类型、最大允许胎压和评定方法，并采用下列代号。

① 道面类型如下。

- 刚性道面，代号 R。
- 柔性道面，代号 F。
- 若道面结构是复合的或非标准类型，应加以注解。

② 土基强度类型如下。

- 高强度：代号 A

刚性道面基层顶面 $k=150MN/m^3$，代表大于 $120MN/m^3$ 的 k 值；柔性道面土基顶面 $CBR=15$，代表大于 13 的 CBR 值。

- 中强度：代号 B

刚性道面基层顶面 $k=80MN/m^3$，代表 60~120MN/m^3 范围的 k 值；柔性道面土基顶面 CBR＝10，代表 8~13 范围的 CBR 值。

- 低强度：代号 C

刚性道面基层顶面 $k=40MN/m^3$，代表 25~60MN/m^3 范围的 k 值；柔性道面土基顶面 CBR＝6，代表 4~8 范围的 CBR 值。

- 特低强度：代号 D

刚性道面基层顶面 $k=20MN/m^3$，代表小于 25MN/m^3 的 k 值；柔性道面土基顶面 CBR＝3，代表小于 4 的 CBR 值。

③ 最大允许胎压类型如下。

- 胎压无限制，代号 W。
- 高：胎压上限至 1.75MPa，代号 X。
- 中：胎压上限至 1.25MPa，代号 Y。
- 低：胎压上限至 0.50MPa，代号 Z。

④ 评定方法如下。

- 技术评定：代号 T，表示对道面特性进行检测评定或理论评定。
- 经验评定：代号 U，依据使用经验，表示该道面能正常承受特定航空器的作用。

用 ACN-PCN 的方法报告道面强度的示例见示例 1~示例 3。

示例 1：如设置在中强度土基上的刚性道面的承载强度，用技术评定法评定道面等级序号为 80，无胎压限制，则其报告资料为：PCN80/R/B/W/T。

示例 2：如设置在高强度土基上的性质类似柔性道面的组合道面的承载强度，用航空器经验评定法评定的道面等级序号为 50，最大允许胎压为 1.25MPa，则其报告资料为：PCN50/F/A/Y/U。

示例 3：如设置在中强度土基上的柔性道面的承载强度，用技术评定法评定的道面等级序号为 40，最大允许胎压为 0.80MPa，则其报告资料为：PCN40/F/B/0.80MPa/T。

（2）ACN。ACN 表示飞机对具有规定的土基强度道面的相对影响的数字。计算公式为：

$$ACN_{实} = ACN_{最大} - \frac{W_{最大} - W_{实际}}{W_{最大} - W_{空机}} \times (ACN_{最大} - ACN_{最小})$$

飞机的重量不同其 ACN 值也不同，制造厂一般提供最大载重和基本重量时的 ACN 值，其他重量的 ACN 值可以通过公式计算得到，如表 2-12 所示。

表 2-12　几种类型飞机在刚性和柔性道面上的 ACN 值

飞机类型	全重基本重量 /kg	胎压 /MPa	刚性道面 土基类型				柔性道面 土基类型			
			高	中	低	特低	高	中	低	特低
			ACN				ACN			
B737-200	52 616	1.10	29	30	32	34	26	27	31	35
	27 293		13	14	15	16	12	13	14	15

续表

飞机类型	全重基本重量/kg	胎压/MPa	刚性道面 土基类型				柔性道面 土基类型			
			高	中	低	特低	高	中	低	特低
			ACN				ACN			
B747SP	318 881	1.40	38	44	53	60	41	45	54	72
	147 996		15	16	19	20	16	17	18	23
B747-200B	352 893	1.37	46	54	64	73	50	55	67	88
	172 886		19	21	24	28	21	22	24	31
B747-400	385 557	1.41	50	61	72	82	55	62	76	98
	180 985		17	21	25	30	21	23	26	34
B757-200	104 782	1.16	26	31	37	42	28	31	38	50
	58 877		12	14	17	19	13	14	16	22
B767-200	136 984	1.26	32	37	44	51	36	38	45	63
	80 890		17	19	22	25	19	20	22	28
A300-B2	140 000	1.23	37	44	52	60	40	45	55	70
	85 690		19	22	26	30	21	23	26	35
A320-200	69 370	1.33	43	46	48	50	39	40	45	51
	45 000		26	28	29	31	24	25	26	31

（3）ACN-PCN 的方法。当 ACN 等于或小于 PCN 时，能在规定胎压和飞机的最大起飞质量的条件下使用该道面，如表 2-13 所示。

表 2-13　各种机型飞机的 ACN

飞机类型	最大/最小重量/kN	胎压/MPa	柔性道面土基 CBR				刚性道面土基 k/(MN/m^3)			
			高	中	低	特低	高	中	低	特低
			A	B	C	D	A	B	C	D
			15	10	6	3	150	80	40	20
B737-300	623	1.4	35	37	41	45	40	42	44	46
	300		15	15	16	19	17	18	19	20
	325		16	17	18	21	19	20	21	22
B737-400	670	1.28	38	40	45	49	43	45	47	49
	350		18	18	20	23	20	21	22	23
B737-500	596	1.34	33	35	39	43	38	40	42	43
	320		16	16	18	21	18	19	20	21
B737-600	645	1.3	35	36	40	45	39	41	44	45
	357		18	18	19	22	20	21	22	23
B737-700	690	1.39	38	40	44	49	43	46	48	50
	370		18	19	20	23	21	22	23	24
B737-800	777	1.47	44	46	51	56	51	53	56	57
	406		21	21	23	26	24	25	26	27

续表

飞机类型	最大/最小重量/kN	胎压/MPa	柔性道面土基 CBR				刚性道面土基 k/（MN/m³）			
			高	中	低	特低	高	中	低	特低
			A	B	C	D	A	B	C	D
			15	10	6	3	150	80	40	20
B737-900	777	1.47	44	46	51	56	51	53	56	57
	300		15	15	16	19	17	18	19	20
	420		21	22	24	28	24	26	27	28
B747-100, 100B, 100SF	3 350	1.55	49	54	65	86	46	54	64	73
	1 700		21	22	25	32	20	22	25	29
B747-100SR	2 690	1.04	36	38	46	64	29	35	43	50
	1 600		19	20	22	29	16	18	21	25
B747-200B, 200C, 200F, 200M	3 720	1.38	55	62	76	98	51	61	72	82
	1 750		22	23	26	34	20	22	26	30
B747-300, 300M, 300SR	3 720	1.31	55	62	76	98	50	60	71	82
	1 760		22	23	26	34	19	22	25	30
B747-400, 400F, 400M	3 905	1.38	59	66	82	105	54	65	77	88
	1 800		23	24	27	35	20	23	27	31
B747-400D（Domestic）	2 729	1.04	36	39	47	65	30	36	43	51
	1 782		22	23	26	34	18	20	24	29
B747-SP	3 127	1.26	45	50	61	81	40	48	58	67
	1 500		18	19	21	28	16	18	21	25
B757-200 Series	1 134	1.24	34	38	47	60	32	39	45	52
	570		14	15	17	23	13	15	18	20
B757-300	1 200	1.24	36	41	51	64	35	42	49	56
	640		16	17	20	27	15	17	21	24
B767-200	1 410	1.31	39	42	50	68	34	41	48	56
	800		19	20	23	29	18	19	22	26
B767-200ER	1 726	1.31	50	56	68	90	45	54	64	74
	830		20	21	24	31	18	20	24	27
B767-300	1 566	1.38	44	49	59	79	40	48	57	65
	860		21	22	25	33	19	22	25	29
B767-300ER	1 784	1.38	53	59	72	94	48	57	68	78

如果道面强度受季节性影响有明显变化，应相应确定不同的 PCN。当 ACN 大于 PCN 时，在满足下列条件下可有限制地超载运行。

① 道面没有呈现破坏迹象，土基强度未显著减弱期间。

② 对柔性道面，ACN 不超过 PCN 的 10%；对刚性道面或以刚性道面为主的复合道面，ACN 不超过 PCN 的 5%。

③ 年超载运行的次数不超过年总运行次数的 5%。

4. 跑道的构形

一般来说,一个机场拥有两条以上跑道可称之为多跑道机场。目前,跑道数量最多的机场有七条跑道,如奥黑尔国际机场、达拉斯国际机场等。全球范围内,多跑道机场很多,按照跑道构形大致可分为四类,即平行跑道、交叉跑道、V 型跑道和混合构形跑道,如图 2-7 所示。

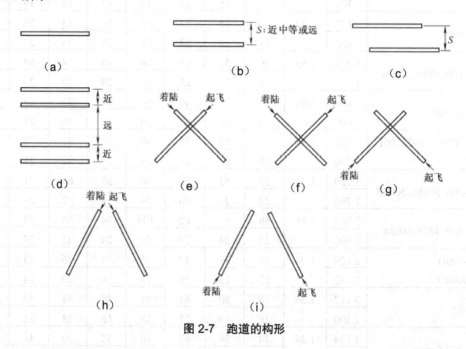

图 2-7 跑道的构形

(1) 平行跑道。平行跑道如图 2-8 所示具有容量大、效率高、风险低、易于管理等优点,是目前新建或改扩建机场最为常用的一种构形。目前,平行跑道数量最多的是美国亚特兰大机场,共有五条平行跑道,迪拜世界中心机场总体规划是六条完全平行的跑道,目前已建成一条投入使用。从跑道数量和构形来看,两条至五条平行跑道有多种构形。

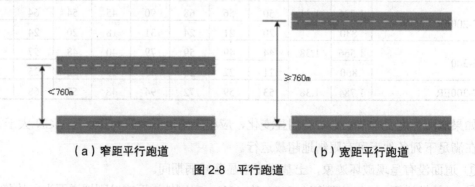

图 2-8 平行跑道

两条平行跑道有窄距(两条跑道中心线距离小于 760m)和宽距(两条跑道中心线距离超过 760m)两种构形,如上海虹桥国际机场两条跑道中心线距离 365m,属于窄距平行跑道；伦敦希斯罗机场两条跑道中心线距离 1 415m，属于宽距平行跑道。

三条平行跑道有三条窄距、两窄一宽和三条宽距三种构形，如图 2-9 所示。

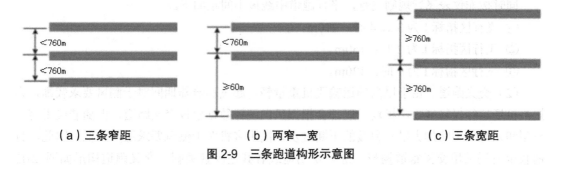

(a) 三条窄距　　　　　　(b) 两窄一宽　　　　　　(c) 三条宽距

图 2-9　三条跑道构形示意图

四条平行跑道最常见的是两组窄距的构形方式如图 2-10 所示，洛杉矶国际机场和巴黎戴高乐机场就是这样。

五条平行跑道最常见的是两组窄距加一条宽距构形方式如图 2-11 所示，亚特兰大机场、上海浦东国际机场（远期）和广州白云国际机场（远期）就是这样。

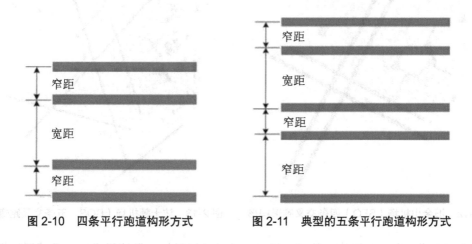

图 2-10　四条平行跑道构形方式　　　图 2-11　典型的五条平行跑道构形方式

平行跑道之间的最小间距应根据跑道类型（仪表或非仪表跑道）、运行方式以及当地地形等各种因素综合确定。

同时按仪表飞行规则飞行，平行跑道中线最小间距如下。

① 独立平行进近：1 035m。

② 相关平行进近：915m。

③ 独立平行离场：760m。

④ 隔离平行运行：760m。

对隔离平行运行所规定的最小间距如下。

① 当跑道入口错开，而进近是向着较近的跑道入口时，则两条跑道入口每错开 150m，其间距可减少 30m，但减少后的间距应不小于 300m。

② 当跑道入口错开，而进近是向着较远的跑道入口时，则两条跑道入口每错开

150m，其间距应增加 30m。

因场地等条件限制时，可设置近距平行跑道，其中线间隔宜为 300～500m。

同时按非仪表飞行规则飞行，平行跑道中线最小间距如下。

① 飞行区指标 I 为 3 或 4 时：210m。

② 飞行区指标 I 为 2 时：150m。

③ 飞行区指标 I 为 1 时：120m。

（2）交叉跑道。由于以前的运输飞机重量轻，起飞和着陆期间对于侧风要求较高，为提高机场运行保障能力，机场一般都会根据风向统计数据建设交叉跑道，但随着民用客机机型和重量的不断加大以及科技的不断进步，民用客机对于侧风要求逐步降低，因此，目前较少机场采用交叉跑道构形，除非是场地或者其他因素限制。交叉跑道构形如图 2-12 和图 2-13 所示。

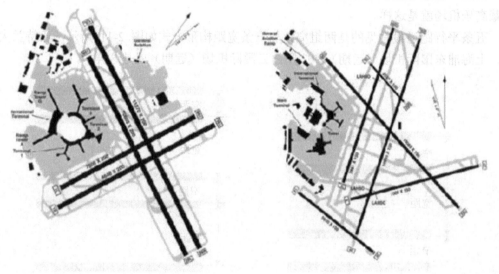

图 2-12　旧金山机场（SFO）四条交叉跑道构形　　图 2-13　波士顿机场（BOS）五条交叉跑道构形

（3）V 形跑道。V 形跑道的代表机场有法兰克福机场、马德里机场、孟菲斯机场和苏黎世机场等。

（4）混合构形跑道。一般跑道数量较多的机场多采用混合构形方式，如图 2-14 和图 2-15 所示。混合跑道分为几组，组内平行、组与组之间相互交叉或者呈相应角度，如芝加哥奥黑尔机场、丹佛机场和达拉斯机场等。

跑道的构形将影响航站区的设置，布置航站区和跑道的相对位置的主要原则如下。

① 尽量缩短起飞飞机从航站区到跑道起飞端及着陆飞机从跑道抵达站坪的滑行距离。

② 考虑航站区与城市间的地面交通的连接以及航站区内交通组织。

③ 尽量避免起飞、着陆飞机在低空飞行时越过航站区上空，防止意外事故的发生。

④ 为飞机场内各设施将来扩建发展留有余地。

航站区位置设置如图 2-16 所示。

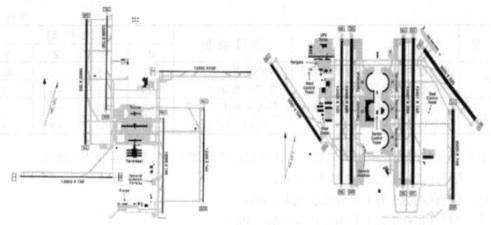

图 2-14 丹佛机场六条跑道构形　　图 2-15 达拉斯机场七条跑道构形

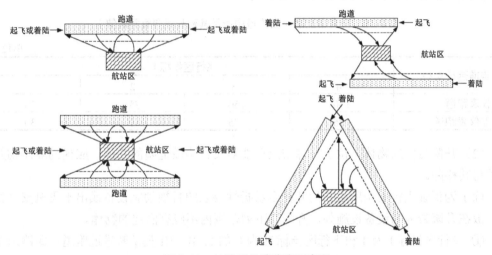

图 2-16 航站区位置确定示意图

（二）跑道的附属区域

1. 升降带

升降带是一块规定的包括跑道和停止道（如果设有的话）的场地。跑道和停止道通常修建道面，其余部分为土质地带。

（1）升降带平面尺寸。升降带的平面尺寸如表 2-14 所示。

表 2-14　升降带平面尺寸

单位：m

序号	项目	跑道类型	基准代码			
			4	3	2	1
1	自跑道或停止道端向外至少延伸的距离	仪表跑道	60	60	60	60
		非仪表跑道	60	60	60	30
2	自跑道中线算起每侧最小宽度	仪表跑道	150	150	75	75
		非仪表跑道	75	75	40	30

续表

序号	项目	跑道类型	基准代码			
			4	3	2	1
3	自跑道中线算起每侧平整及压实的最小宽度	仪表跑道	75	75	40	40
		非仪表跑道	75	75	40	30
4	自跑道中线算起每侧不准有固定物体的最小宽度	各类精密进近跑道	60	60	—	—
		I类精密进近跑道	60	60	45	45

升降带的长度应在跑道入口前,自跑道端或停止道端向外延伸至少下列距离。

① 飞行区指标I为2、3或4:60m。
② 飞行区指标I为1并为仪表跑道:60m。
③ 飞行区指标I为1并为非仪表跑道:30m。

升降带宽度应不小于表2-15中的规定值。

表2-15 升降带宽度(自跑道中线及其延长线向每侧延伸)

单位:m

跑道运行类型	飞行区指标I			
	4	3	2	1
仪表跑道	150	150	75	75
非仪表跑道	75	75	40	30

(2)升降带内的物体。位于升降带上可能对飞机构成危险的物体,应视为障碍物并尽可能将其移除。

除了为保证飞行安全所必需的并符合易折性要求的目视助航设备或出于飞机安全目的应安放在升降带内的设备设施外,升降带下列范围内不应有固定的物体。

① 飞行区指标I为4和飞行区指标II为F的I、II、III类精密进近跑道,距跑道中线两侧各77.5m以内。
② 飞行区指标I为3或4的I、II、III类精密进近跑道,距跑道中线两侧各60m以内。
③ 飞行区指标I为1或2的I类精密进近跑道,距跑道中线两侧各45m以内。当跑道用于起飞或着陆时,升降带上述区域内不应有可移动的物体。

(3)升降带的平整。升降带每侧需平整的最小范围应符合表2-16所示的规定。

表2-16 升降带平整的最小范围(自跑道中线及其延长线向每侧延伸)

单位:m

跑道运行类型	飞行区指标I		
	3或4	2	1
仪表跑道	75	40	40
非仪表跑道	75	40	30

飞行区指标I为3或4的精密进近跑道的升降带宜进行较大范围的平整,建议的平整范围如图2-17所示,并应考虑设置在升降带内的导航设施对场地平整的要求。

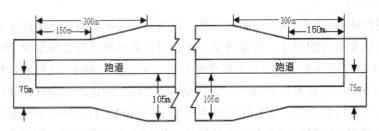

图 2-17　飞行区指标 I 为 3 或 4 的精密进近跑道升降带建议平整范围

与跑道、道肩或停止道相接部分的升降带表面应与跑道、道肩或停止道相齐平,不得高于跑道、道肩或停止道边缘,并且不宜低于跑道、道肩或停止道边缘 30mm 以上。

升降带平整范围内不应设置开口的排水明沟。

在升降带平整范围内,在有结构物并且其表面需与升降带表面齐平时,可采用从结构物顶部向下放坡到至少比升降带表面低 0.3m 的方法来消除直立面。凡其功能不需要在表面上的其他物体,应埋至不小于 0.3m 的深处。

在升降带平整范围内,与跑道相交的其他跑道或滑行道,其道肩铺筑面与土面相接处应采取措施消除道面结构直立面。

(4) 升降带的坡度。升降带平整范围内的纵、横坡坡度应符合表 2-17 中的规定值。纵坡变化应平缓,避免急剧的变坡或突然的反坡。为利于排水,从跑道道肩或停止道的边缘向外的头 3m 内的横坡应为降坡,坡度可大到 5%。

表 2-17　升降带平整范围的坡度

飞行区指标 I	4	3	2	1
纵坡,不大于	1.5%	1.75%	2%	2%
横坡,不大于	2.5%	2.5%	3%	3%

升降带平整范围以外任何部分的横坡升坡应不超过 5%,条件允许时,降坡宜不超过 5%。

(5) 升降带的强度。升降带平整范围内的土面应有适当的强度,确保当飞机偶然滑出跑道时对飞机的危害最小。

2. 跑道道肩

跑道道肩的宽度应符合下列要求。

(1) 跑道道面两侧道肩的最小宽度应为 1.5m。

(2) 飞行区指标 II 为 D 或 E 的跑道,其道面及道肩的总宽度应不小于 60m。

(3) 飞行区指标 II 为 F 的跑道,其道面及道肩的总宽度应不小于 75m。

道肩的颜色最好与跑道明显不同。确有困难时,须涂漆跑道边线标志。

跑道道肩与跑道相接处的表面应齐平,道肩横坡应不大于 2.5%。

跑道道肩的强度和结构应确保飞机偶然滑出跑道时不致造成飞机的结构损坏,并能承受偶然通行的车辆荷载。跑道道肩表面应能防止被飞机气流吹蚀。

3. 跑道端安全区

在升降带两端,应提供跑道端安全区。跑道端安全区用来减少飞机偶尔冲出跑道及提前接地时遭受损坏的危险。其地面必须平整、压实，并且不能有危及飞行安全的障碍物。

（1）跑道端安全区的尺寸。跑道端安全区应自升降带端向外延伸至少 90m。飞行区指标 I 为 3 或 4 的跑道端安全区宜自升降带端向外延伸至少 240m；飞行区指标 I 为 1 或 2 的仪表跑道端安全区宜自升降带端向外延伸至少 120m。跑道端安全区的宽度应至少等于与其相邻的跑道宽度的 2 倍，条件许可时应不小于与其相邻的升降带平整部分的宽度。

设置跑道端安全区时，应考虑提供足够长度以将由于极有可能出现的各种不利运行因素的组合所导致的冲出跑道或着陆时接地过早的飞机抑制住。在精密进近跑道上，仪表着陆系统的航向台一般是第一个直立的障碍物，跑道端安全区应延伸到这个设施。在其他情况和非精密进近跑道或非仪表跑道上，第一个直立的障碍物可能是道路、铁路或其他人为的或自然的物体，在这种情况下，跑道端安全区应尽可能地延伸到该障碍物。

对于某些需要提高跑道运行安全裕度的现有机场，可安装飞机拦阻系统。拦阻系统设计时应考虑的飞机参数包括但不限于：允许的起落架载荷、起落架构型、轮胎接触压力、飞机重心和飞机速度等。拦阻系统应针对使用跑道要求最严格的飞机机型进行设计，并确保不会给提前接地的飞机造成危险。此外，拦阻系统的设计应允许飞机消防和救援车辆安全进出并在其中行驶。

（2）跑道端安全区的物体。位于跑道端安全区内可能对飞机构成危险的物体应被视为障碍物，并尽可能移除。在跑道端安全区范围内，应采取措施消除结构直立面，如图 2-18 所示。

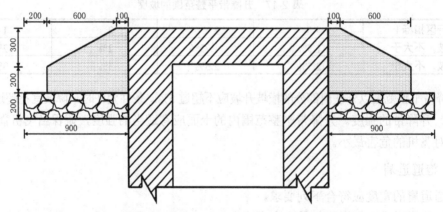

图 2-18　升降带平整范围内结构物的混凝土保护示意图（单位：mm）

（3）跑道端安全区的坡度。跑道端安全区的坡度应使该地区的任何部分不突出进近面或起飞爬升面，且：

——跑道端安全区的纵坡的降坡应不大于 5%，变坡应平缓，避免急剧的变坡或反坡。

——跑道端安全区的横坡，其升坡或降坡均应不大于 5%，并应满足通信导航和目视助航设施场地要求，不同坡度之间的过渡应尽可能平缓。

（4）跑道端安全区的平整和强度。跑道端安全区应进行平整，其强度应确保飞机过早接地或冲出跑道时对飞机的危害最小，并能承受救援和消防车辆在其上通行。

二、滑行道

滑行道除了飞行区的进口滑行道、旁通滑行道、出口滑行道、平行滑行道和联络滑行道五种外,还有站坪及货机坪等机坪上的机坪滑行道和机位滑行通道两种。机坪滑行道指设在机坪边缘,供飞机穿越机坪用的通道。机位滑行通道指从机坪滑行道通往飞机停机位或其他航站地区的通道。

(一)滑行道布局要求

1. 既满足使用要求又经济节约

按分期发展的交通量相应分期设置滑行道系统,每期滑行道系统要便于扩建成为下一期所需滑行道系统。

2. 畅通简捷

(1)尽量沿直线布置,少转弯,少交叉。

(2)在转弯和交叉点,应设置大半径的弯道和必要的增补面。

(3)应避免穿越跑道。

3. 安全

(1)平行滑行道距跑道、平行滑行道之间以及滑行道距物体等,应符合规定的间距要求。

(2)尽量使塔台能看到所有滑行道。

(3)避开公众易于接近的地区。

4. 与其他设施相适应

(1)滑行飞机不影响停放飞机,也不干扰导航设备的工作。

(2)滑行飞机不吹袭附近的建筑物及道路等,必要时采取适当防护措施。

(二)滑行道代号

滑行道代号的设置应简单明了,合乎逻辑。

滑行道代号的设置应结合机场远期总体规划统一考虑,预留相应的滑行道代号,尽可能减少因机场扩建造成滑行道代号的调整。滑行道代号宜按英文字母顺序选用字母,宜从机场的一端开始连续命名代号到另一端。

每条滑行道应有唯一代号,且避免与跑道号码混淆(如其中一条跑道编号为 04L-22R,滑行道编号则避免使用 L4、R22)。

滑行道代号应由一个英文字母或一个英文字母与阿拉伯数字的组合构成,但不应使用 I、O、X 三个字母作为滑行道代号。当上述代号全部使用完后,可使用双字母。平行滑行道宜由单字母作为代号。

被一条跑道相交分成两部分的滑行道，位于跑道两侧的滑行道宜被视为两条不同的滑行道并分别指定代号。此类滑行道的代号宜由其所对应的平行滑行道代号加阿拉伯数字组成。

当滑行道改变方向但没有与其他滑行道相交或与其他滑行道相交但方向改变不超过45°时，不应改变其代号。但若系统总体设计需要改变时，可在交叉后改变。

大型繁忙机场滑行道系统复杂时，宜将相对固定使用的滑行路线以滑行道编组形式表示并编号，编号应由英文 ROUTE 加阿拉伯数字构成，由管制单位会同机场管理机构和航空公司研究确定并在航行资料汇编中公布。

（三）滑行道宽

1. 滑行道道面宽度

滑行道道面最小宽度由最大主起落架外轮外侧的间距加 2 倍主起落架外轮外侧与滑行道道面边缘的净距而得，如表 2-18 所示。

表 2-18 滑行道道面最小宽度来源

单位：m

顺 序	基 准 代 号	A	B	C	D	E
1	最大主起落架外轮外侧的间距	4.5	6	9	9 或 14[②]	14
2	主起落架外轮外侧与道面边的净距	1.5	2.25	3.0 或 4.5[①]	4.5	4.5
3	滑行道道面最小宽度	7.5	10.5	15 或 18[①]	18 或 23[②]	23

注：① 代号 C 的滑行道，主起落架外轮外侧间距为 9m，飞机前后斜距＜18m 时外轮与道面边的净距取 3m，前后轮距≥18m 时净距取 4.5m，由此得道面宽度分别为 15m 及 18m。

② 代号 D 的滑行道，主起落架外轮距＜9m 时按 9m 计算，≥9m 时按 14m 计算，外轮与道面边的净距取 4.5m，由此得道面宽度分别为 18m 及 23m。

2. 滑行道道肩宽度

代号 C、D、E 的滑行道两侧应设道肩，其宽度应保证发动机不会吸入砂石及吹蚀土质地面。滑行道直线部分的道面加两侧道肩的最小总宽度如表 2-19 所示。

表 2-19 滑行道道面、道肩和滑行带等的最小宽度

单位：m

基 准 代 号	道 面 宽 度	道面及道肩总宽度	滑行带总宽度	滑行带平整宽度
A	7.5	—	32.5	22
B	10.5	—	43	25
C	15 或 18	25	52	25
D	18 或 23	38	81	38
E	23	44	95	44

3. 滑行带总宽度及平整宽度

滑行带包括滑行道及两侧土质地带。在滑行带内，不许有危及飞机滑行安全的障碍物。滑行带最小总宽度及最小平整宽度如表 2-19 所示。

（四）滑行道数量和位置

1. 滑行道设置

滑行道应根据航空交通量发展情况分期设置。

（1）当航空交通量很小时，可只设置一条从站坪直通跑道的联络滑行道及跑道两端的掉头坪，如图 2-19（a）所示。

（2）当航空交通量增至高峰小时为 8～9 架次时，应增设部分平行滑行道，如图 2-19（b）所示。

（3）当航空交通量增至高峰小时为 15～18 架次时，应增设与跑道同长的平行滑行道、跑道两端的进口滑行道以及跑道中部的两条出口滑行道，如图 2-19（c）所示。

（4）当航空交通量增至高峰小时为 25～30 架次时，应在跑道中部每一方向的着陆地段设置 2～3 条快速出口滑行道，在跑道端部宜增设旁通滑行道或等待坪，如图 2-19（d）所示。

（5）当航空交通量进一步增大时，宜设第二条平行滑行道，如图 2-19（e）所示。

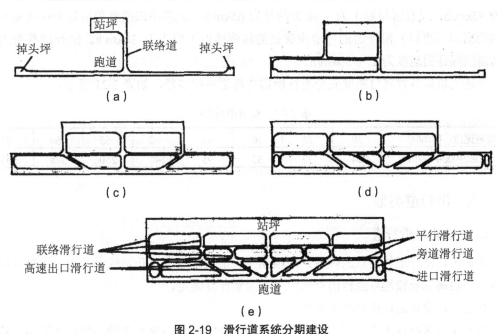

图 2-19 滑行道系统分期建设

2. 滑行道的间距要求

滑行的最小间距要求如表 2-20 所示。

表 2-20 滑行道最小间距

单位：m

基准代号	滑行道中线与跑道中线的距离								滑行道中线与滑行道中线的间距	滑行道（不包括机位滑行通道）中线至物体①的距离	机位滑行通道中线至物体②的距离
	仪表跑道基准代码				非仪表跑道基准代码						
	1	2	3	4	1	2	3	4			
A	82.5	82.5	—	—	37.5	47.5	—	—	23.75	16.25	12
B	87	87	—	—	42	52	—	—	33.5	21.5	16.5
C	—	—	168	—	—	—	93	—	44	26	24.5
D	—	—	176	176	—	—	101	101	66.5	40.5	36
E	—	—	—	182.5	—	—	—	107.5	80	47.5	42.5

注：① 本表为国际民航组织建议的尺寸。
② 物体包括固定物体（如道路和房屋等建筑物）和移动物体（如飞机等）。

（五）滑行道弯道中线半径

滑行道弯道中线半径应保证飞机按规定速度转弯滑行的安全，而且不会使乘客产生不舒适的感觉。

跑道中部的锐角（快速）出口滑行道的弯道应保证的速度，飞行区指标Ⅰ为 3 及 4 的可为 93km/h，飞行区指标Ⅰ为 1 及 2 的可为 65km/h。跑道中部的直角出口滑行道及跑道两端的出口（进口）滑行道的弯道应保证的转弯速度不应小于 30km/h。滑行道其余地段的弯道应保证的速度为 25～30km/h。

保证飞机以各种转弯速度安全滑行所需的弯道中线半径，如表 2-21 所示。

表 2-21 弯道中线半径

转弯速度/（km/h）	20	25	30	40	50	65	80	95
弯道中线半径/m	24	37	53	95	148	250	378	533

（六）滑行道类型

1. 快速出口滑行道

快速出口滑行道转出点的位置，应根据飞机的接地速度、开始转出速度、跑道入口至接地点的距离以及接地点至转出点的距离等因素计算确定。

快速出口滑行道转出曲线半径如下。

（1）飞行区指标Ⅰ为 3 或 4 时，满足飞机以 93km/h 的速度在潮湿道面上转出，其转出曲线的半径不小于 550m。

（2）飞行区指标Ⅰ为 1 或 2 时，满足飞机以 65km/h 的速度在潮湿道面上转出，其转出曲线的半径不小于 275m。

快速出口滑行道与跑道的交角应不大于45°，也不应小于25°，宜为30°。一条跑道上有多条快速出口滑行道时，交角宜相同。

快速出口滑行道应在转出弯道后有一直线距离，其长度应使飞机滑行到与其相交的滑行道之前能完全停住。该长度与交角和飞机减速度等有关。一般地，飞行区指标Ⅰ为3或4时，直线段长度宜不小于75m；飞行区指标Ⅰ为1或2时，直线段长度宜不小于35m。

新建快速出口滑行道表面的平均纹理深度宜不小于1.0mm。

2. 旁通滑行道

当交通密度为高时宜设置旁通滑行道。

旁通滑行道应位于跑道两端附近，平行于跑道端联络道，其间距应符合要求。旁通滑行道的其他要求与普通滑行道一致。

3. 绕行滑行道

当运行需要时，宜设置绕行滑行道，以减少飞机穿越跑道次数。

绕行滑行道不应影响ILS信号及飞机运行，绕行滑行道上运行的飞机不应超过此时运行方式所需的障碍物限制面。

绕行滑行道上运行的飞机不应干扰起飞和降落飞机驾驶员的判断，应根据运行需要，设置目视遮蔽物。

第四节　目视助航设施与导航设备

机场的目视助航设施与导航设备通常是指机场飞行区标志和机场灯光等。

一、机场飞行区标志

（一）基本要求

（1）在两条跑道相交处，应显示较重要的那条跑道的标志，另一条跑道的所有标志应中断。跑道重要性由高到低的顺序为精密进近跑道、非精密进近跑道、非仪表跑道。

（2）在跑道与滑行道相交处，应显示跑道的各种标志（跑道边线除外），而滑行道的各种标志应中断。

（3）跑道标志应为白色。跑道标志可用无空隙的整块组成，也可由能够提供等量效果的一系列纵向线条组成。跑道标志宜采用适当品种的油漆，以尽可能减少标志引起的不均匀摩擦特性的危险。

（4）滑行道标志、跑道掉头坪标志和飞机机位标志应为黄色。

（5）机坪安全线的颜色应鲜明，并与飞机机位标志的颜色反差良好。

（6）在夜间运行的机场内，可用反光材料涂刷铺筑面标志，以增强其可见性。

（7）需要增强对比度时，宜增加黑边。

（8）标志系统设置的恰当性应以是否为航空器驾驶员和（或）车辆驾驶员提供准确清晰的引导为判定准则。采用飞机真实环境实验或实验室模拟是最有效的判定手段。

（二）跑道标志

1. 跑道号码标志

跑道号码标志应如图 2-20 所示设置在跑道入口处。若预计将建设平行跑道，宜在建设第一条跑道时按图 2-20（b）设置跑道号码标志（L 不画）。当跑道入口内移时，可设标明跑道号码的标记牌供飞机起飞使用。

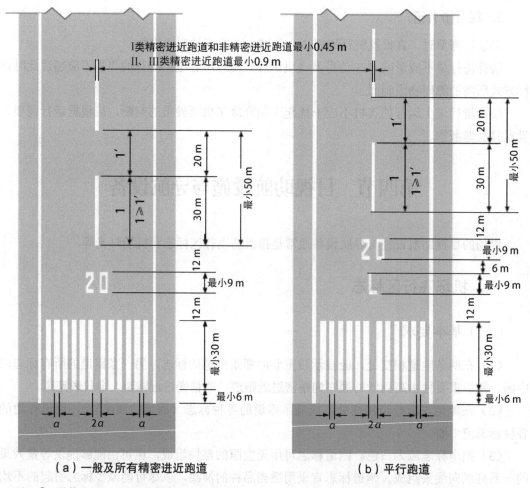

（a）一般及所有精密进近跑道　　　　（b）平行跑道

注：① a 约等于 1.8m。
　　② 图中展示的是跑道道面宽为 45m 时的情形。

图 2-20　跑道号码、中线和入口标志

2. 跑道中线标志

跑道应设置跑道中线标志。

跑道中线标志应设置在跑道两端的跑道号码标志之间的跑道中线上,由均匀隔开的线段和间隙组成。每一线段加一个间隙的长度应不小于 50m,也不应大于 75m。每一线段的长度应至少等于间隙的长度或 30m(取较大值)。II 类或 III 类精密进近跑道的中线标志宽度应不小于 0.9m;I 类精密进近跑道及非精密进近跑道的中线标志宽度应不小于 0.45m;其他跑道应不小于 0.3m。

3. 跑道入口标志

跑道入口处应设置跑道入口标志。

跑道入口标志应由一组尺寸相同、位置对称于跑道中线的纵向线段组成。入口标志的线段应从距跑道入口 6m 处开始,线段的总数应按跑道宽度确定,如表 2-22 所示。

表 2-22　入口标志线段数量

跑道宽度/m	线 段 总 数
18	4
23	6
30	8
45	12
60	16

当一条跑道道面宽度不在表 2-22 规定的范围内时,应以批准的飞行区指标 II 所对应的跑道宽度确定跑道入口标志线段总数。

入口标志的线段应横向布置至距跑道边不大于 3m 处,或跑道中线两侧各 27m 处,以得出较小的横向宽度为准。线段长度应至少 30m,宜为 45m,宽约 1.8m,线段间距约 1.8m,且最靠近跑道中线的两条线段之间应用双倍的间距隔开。

跑道入口若需暂时内移或永久内移,则跑道入口标志应增加一条横向线段,其宽度应不小于 1.8m。

当跑道入口是从正常位置临时内移时,应按图 2-21(a)所示加以标志,将内移跑道入口以前除跑道中线标志和跑道边线标志以外的所有标志遮掩,并将跑道中线标志改为箭头;当跑道入口是从永久内移时,应按图 2-21(b)所示在内移跑道入口以前的跑道上设箭头。

当内移跑道入口以前的跑道已不适于飞机的地面活动时,此区域应设置入口前标志,同时对该部分道面所有原跑道标志进行遮掩或清除。

注意,在跑道入口仅在短时间内临时内移的情况下,经验表明,不在跑道上喷涂内移跑道入口标志而用与其形式和颜色相同的标志物来代替也能取得满意的效果,箭头设置应对称于中线,如图 2-21 所示。箭头数量应按跑道的宽度确定,如表 2-23 所示。

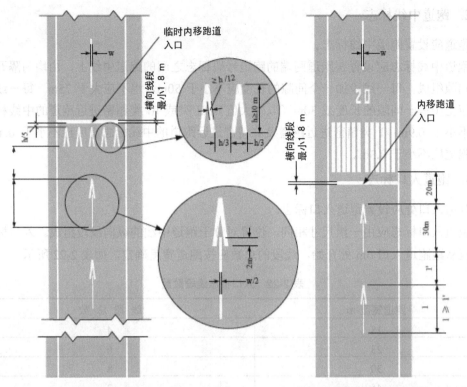

(a) 临时内移的跑道入口标志　　　　（b) 临时或永久内移的跑道入口标志

注：① a 约等于 1.8m。
② 图中展示的是跑道道面宽为 45m 时的情形。

图 2-21　内移的跑道入口标志

表 2-23　建议的入口标志箭头尺寸及数量

跑道宽度/m	h 值/m	箭头数量
18	10.2	3
23		3
30		4
45	12	5
60		7

4. 瞄准点标志

有铺筑面的跑道的每一个进近端应设瞄准点标志，如图 2-22 所示。

瞄准点标志的开始端至跑道入口的距离如表 2-24 所示，但在跑道装有目视进近坡度指示系统时，标志的开始端应与目视进近坡度的起点重合。

标志线段在要求提高标志的明显度之处，线段长度宜为规定长度范围内较大长度。

标志线段的横向间距可在表 2-24 所列范围内选定，以尽量减小轮胎橡胶淤积对标志的污染，但应与接地带标志的横向间距相等。

瞄准点标志应由两条明显的条块组成，对称地设在跑道中线的两侧，线段的尺寸和瞄准点标志内边的横向间距应符合表 2-24 所示的规定，但在跑道设有接地带标志时则应与接地带标志相同。

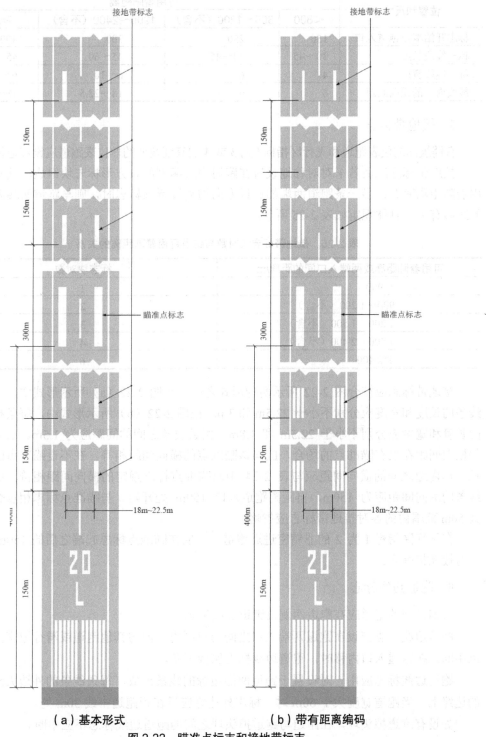

（a）基本形式　　　（b）带有距离编码

图 2-22　瞄准点标志和接地带标志

表 2-24 瞄准点标志的位置和尺寸

单位：m

位置和尺寸	可用着陆距离			
	<800	800~1200（不含）	1200~2400（不含）	≥2400
标志开始端至跑道入口	150	250	300	400
标志线段长度	30~45	30~45	45~60	45~60
标志线段宽度	4	6	6~10	6~10
线段内边的横向间距	6	9	18~22.5	18~22.5

5. 接地带标志

有铺筑面的仪表跑道和飞行区指标Ⅰ为3或4的有铺筑面的非仪表跑道应设接地带标志。

接地带标志应由若干对对称地设置在跑道中线两侧的长方形标志块组成，其对数与可用着陆距离有关，当一条跑道两端的进近方向均需设置该标志时，则与跑道两端入口之间的距离有关。具体规定如表2-25所示。

表 2-25 接地带标志块对数与跑道可用着陆距离的关系

可用着陆距离或两端入口间的距离/m	标志块对数
<900	1
900~1 200（不含）	2
1 200~1 500（不含）	3
1 500~2 400（不含）	4
≥2 400	6

接地带标志应符合图 2-22 所示两种形式之一。在图 2-22（a）所示形式中，每条标志线条的长度和宽度应分别不小于 22.5m 和 3m。在图 2-22（b）所示形式中，每条标志线条的长度和宽度应分别不小于 22.5m 和 1.8m，相邻线条之间的间距应为 1.5m。长方形内边的横向间距在设有瞄准点的场合，应与该瞄准点的横向间距相等。在不设瞄准点的场合，长方形内边之间的横向间距应与表 2-24 中对瞄准点标志规定的横向间距相符。成对标志线条的纵向间距应为 150m，自距离跑道入口 150m 处开始。与瞄准点标志相重合或位于其 50m 范围内的各对接地带标志应省略。

在飞行区指标Ⅰ为 2 的非精密进近跑道上，应在瞄准点标志起端之后的 150m 处增设一对接地带标志。

6. 跑道边线标志

有铺筑面的跑道应在跑道两侧设跑道边线标志。

跑道边线标志应设在跑道两端入口之间的范围内，但与其他跑道或滑行道交叉处应予以中断。在跑道入口内移时，跑道边线标志保持不变。

跑道边线标志应由一对设置于跑道两侧边缘的线条组成，每条线条的外边大致在跑道的边缘上。当跑道宽度大于 60m 时，标志外边缘应设在距跑道中线 30m 处。

如设有跑道掉头坪，在跑道与跑道掉头坪之间的跑道边线标志不应中断。

跑道宽度大于或等于 30m 时，跑道边线标志的线条宽度应至少为 0.9m；跑道宽度小于 30m 时，跑道边线标志的线条宽度应至少为 0.45m。

7. 滑行道中线标志

滑行道、飞机机位滑行通道以及除冰防冰设施应设滑行道中线标志，并能提供从跑道中线到各机位之间的连续引导。

滑行道中线标志应为不小于 0.15m 宽的连续黄色实线，浅色道面（如水泥混凝土道面）上的滑行道中线标志两侧宜设置不小于 0.05m 宽的黑边。

滑行道中线标志在与跑道等待位置标志、中间等待位置标志及各类跑道标志相交处应中断，中断的滑行道中线标志与上述标志的净距为 0.9m（不含黑框）。如 0.9m 间距无法实现时，也可采用 0.3m 间距（如图 2-23 所示）。

作为跑道出口的滑行道（含快速出口滑行道和垂直滑行道），该滑行道中线标志应以曲线形式转向跑道中线标志，并平行（相距 0.9m）于跑道中线延伸至超过切点一定距离，此距离在飞行区指标 I 为 3 或 4 时应不小于 60m，飞行区指标 I 为 1 或 2 时应不小于 30m（如图 2-23 和图 2-24 所示）。

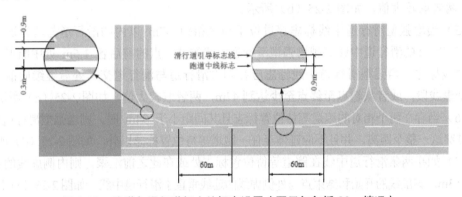

图 2-23　跑道与滑行道相交处标志设置（图示仅包括 60m 情况）

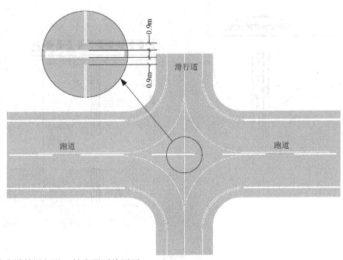

注：对于仅供穿越跑道的滑行道，转弯圆弧线不画。

图 2-24　垂直穿越跑道的滑行道中线标志

增强型滑行道中线标志应符合下列要求。

（1）当机场交通密度为中或高时，在与跑道直接相连的滑行道（单向运行的滑行道除外）上的 A 型跑道等待位置处，应设置增强型滑行道中线标志。该标志的作用是为飞机驾驶员提供额外的确认 A 型跑道等待位置的目视参考，并构成跑道侵入防范措施的一部分。

（2）如果设置，增强型滑行道中线标志应设在除了单向运行的快速出口滑行道以外的每条滑行道与跑道的交接处。

（3）增强型滑行道中线标志应从 A 型跑道等待位置标志沿驶离跑道方向延伸 47m 的距离。增强型滑行道中线标志应如图 2-25（a）所示，滑行道中线两侧的边线标志宽度为 0.15m，浅色道面上的标志应设黑色背景，黑色背景的外边宽不小于 0.05m。

（4）当增强型滑行道中线标志和位于与之相距 47m 以内的另一个跑道等待位置标志，如 II 类或 III 类精密进近跑道的等待位置标志交叉时，应在与此类跑道等待位置标志的交叉点前各 0.9m 处中断增强型滑行道中线标志。增强型滑行道中线标志应在超过与跑道等待位置标志的交叉点后继续向前延伸至少 3 个虚线段，或者从起点至终点至少达到 47m，两者取较大值，如图 2-25（b）所示。

（5）当增强型滑行道中线标志穿过位于与之相距 47m 以内的滑行道与滑行道交叉处时，应在交叉的滑行道中线穿越增强型滑行道中线的这一点的前后各 1.5m 处中断增强型滑行道中线标志。增强型滑行道中线标志应在超过滑行道与滑行道交叉处后继续向前延伸至少 3 个虚线段，或者从起点至终点至少达到 47m，两者取较大值，如图 2-25（c）所示。

（6）当存在两个相对的跑道等待位置标志且其间距小于 94m 时，则增强型滑行道中线标志应贯穿这一整个距离，并且不应延伸至任一跑道等待位置标志以外，如图 2-25（d）所示。

（7）如果两条滑行道中线在跑道等待位置标志处或在此之前汇聚，则内侧虚线的长度应不短于 3m。该虚线的开始和结束点与外侧虚线的连线垂直于滑行道中线，如图 2-25（e）所示。

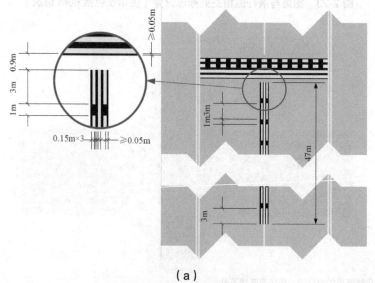

(a)

图 2-25　增强型滑行道中线标志

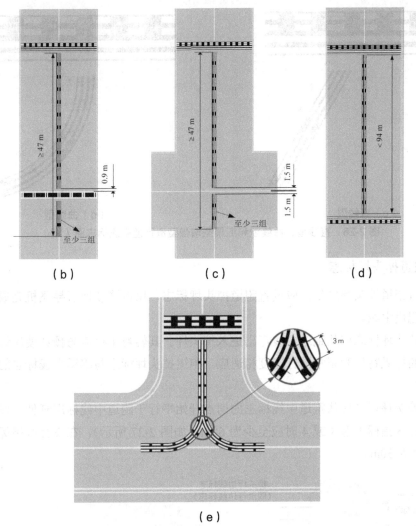

图 2-25 增强型滑行道中线标志（续）

直线型、曲线型和汇聚型增强型滑行道中线标志如图 2-26 所示。

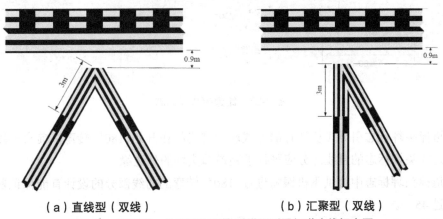

（a）直线型（双线） （b）汇聚型（双线）

图 2-26 直线型、曲线型和汇聚型增强型滑行道中线标志图

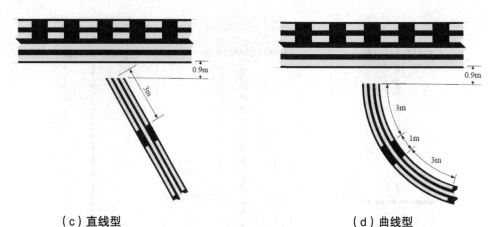

（c）直线型　　　　　　　　　　　　　　（d）曲线型

图 2-26　直线型、曲线型和汇聚型增强型滑行道中线标志图（续）

8. 跑道掉头坪标志

在设有跑道掉头坪之处，应设置跑道掉头坪标志，用以连续地引导飞机完成 180°转弯并对准跑道中线。

跑道掉头坪标志应从跑道中线弯出进入掉头坪。其转弯半径应与预计使用该跑道掉头坪的飞机的操纵特性和正常滑行速度相适应。跑道掉头坪标志与跑道中线标志的交接角应不大于 30°。

跑道掉头坪标志应从跑道中线标志的切点开始平行于跑道中线标志延伸一段距离，此距离在飞行区指标 I 为 3 或 4 时应至少为 60m（如图 2-27 所示），在飞行区指标 I 为 1 或 2 时应至少为 30m。

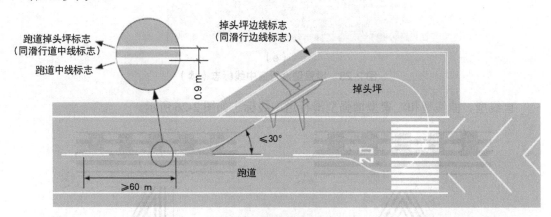

图 2-27　跑道掉头坪标志

跑道掉头坪标志引导飞机滑行的方式应允许飞机在开始 180°转弯以前有一段直线滑行。跑道掉头坪标志的直线部分应平行于跑道掉头坪的外边缘。

跑道掉头坪标志中拟供飞机跟随进行 180°转弯的曲线部分的设计宜能保证前轮转向角不超过 45°。

跑道掉头坪标志应为不小于 0.15m 宽的连续黄色实线，其设置方法与滑行道中线标志的设置方法相同；应沿掉头坪边缘设置掉头坪边线标志，掉头坪边线标志的设置方法与滑行边线标志的设置方法相同。

与跑道标志相交处的跑道掉头坪标志应中断。

9. 跑道等待位置标志

在跑道等待位置处应设置跑道等待位置标志。

在滑行道与非仪表跑道、非精密进近跑道或起飞跑道相交处，跑道等待位置标志应为如图 2-28 所示的 A 型。

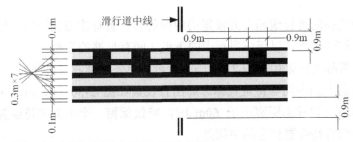

注：沿着"实线—虚线"方向行进将引导航空器或车辆进入跑道。

图 2-28 浅色道面上的 A 型跑道等待位置标志

在滑行道与Ⅰ、Ⅱ或Ⅲ类精密进近跑道相交处，如仅设有一个跑道等待位置，则该处的跑道等待位置标志应为图 2-28 所示的 A 型。在上述相交处如设有多个跑道等待位置，则最靠近跑道的跑道等待位置标志应采用图 2-28 所示的 A 型，而其余离跑道较远的跑道等待位置标志应采用图 2-29 所示的 B 型。B 型跑道等待位置标志的位置由跑道所服务的最大机型以及 ILS/MLS 的临界/敏感区决定，并且仅当 ILS 运行时，B 型跑道等待位置标志才发挥作用。

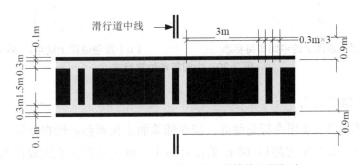

图 2-29 浅色道面上的 B 型跑道等待位置标志

如 B 型跑道等待位置标志所处地区的宽度大于 60m，应将"CATII"或"CATIII"字样标志在跑道等待位置标志的两端以及最大相距 45m 的各点的（中间）地面上。字母高度应不小于 1.8m，并应位于跑道等待位置标志以外不超过 0.9m 处。当 B 型跑道等待位置标志与 A 型跑道等待位置标志相距小于 15m 时，在原来 B 型跑道等待位置标志处仅设 A 型跑道等待位置标志即可。

在跑道与跑道交叉处设置的跑道等待位置标志应垂直于作为标准滑行路线的一部分的跑道的中线。在标准滑行路线不与跑道中线重合的情况下，跑道等待位置标志应垂直于滑行道中线标志。标志应为图2-28所示的A型。

浅色道面上的跑道等待位置标志应设置黑色背景，黑色背景的外边宽为0.1m，如图2-28和图2-29所示。

10. 中间等待位置标志

在中间等待位置和比邻滑行道的远距除冰防冰设施出口边界上应设置中间等待位置标志。

在两条有铺筑面的滑行道相交处设置的中间等待位置标志应横跨滑行道，并与相交滑行道的近边有足够的距离，以保证滑行中的飞机之间有足够的净距。

中间等待位置标志应采用如图2-30（a）所示的单条断续线（虚线）。

位于浅色道面上的中间等待位置标志周围宜设置如图2-30（b）所示黑色背景。当两个相邻的中间等待位置标志距离小于60m时，可仅保留一个中间等待位置标志，并设置于两个相邻的中间等待位置标志的中间处。

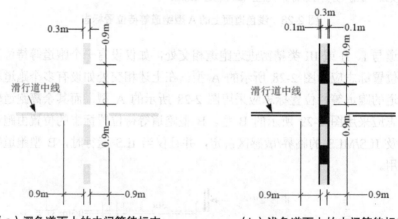

（a）深色道面上的中间等待标志　　　（b）浅色道面上的中间等待标志

图2-30　中间等待位置标志

11. 强制性指令标志

在无法按照要求安装指令标记牌处，应在铺筑面上设置强制性指令标志。

运行需要时，如在宽度超过60m的滑行道上，或为协助防止跑道侵入，应设置强制性指令标志作为强制性指令标记牌的补充。

飞行区指标Ⅱ为A、B、C和D的滑行道上的强制性指令标志如图2-31（a）所示，按距滑行道中线两侧距离相等横设在滑行道上和跑道等待位置标志的停机等待一侧；飞行区指标Ⅱ为E或F的滑行道上的强制性指令标志如图2-31（b）所示，设在滑行道中线标志的两侧、跑道等待位置标志的停机等待一侧。标志的边界距离滑行道中线标志和跑道等待位置标志应不小于1m。

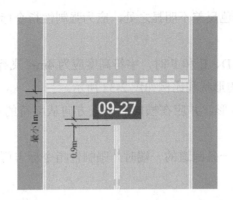

（a）飞行区指标Ⅱ为A、B、C和D的滑行道上的强制性指令标志

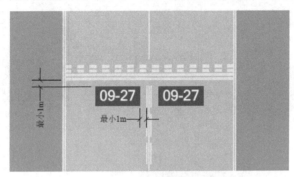

（b）飞行区指标Ⅱ为E或F滑行道上的强制性指令标志

图2-31 强制性指令标志（跑道号码）

除非运行需要，强制性指令标志不应设在跑道上。

强制性指令标志应为红底白字。除禁止进入标志外，白色字符应提供与相关的标记牌相同的信息。

仅用作跑道出口的滑行道处可设立"禁止进入"标志，该标志应为白色的 NO ENTRY 字样，设在红色的背景上，如图2-32所示。

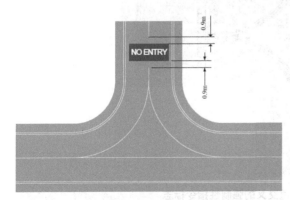

（a）飞行区指标Ⅱ为A、B、C和D滑行道上的强制性指令标志

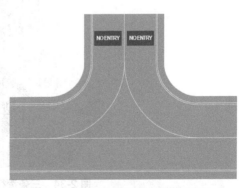

（b）飞行区指标Ⅱ为E或F滑行道上的强制性指令标志

图2-32 指令标志（NO ENTRY）

在标志与铺筑面的颜色反差不明显之处，应为强制性指令标志加上适当的边框，边框宜为白色或黑色。

飞行区指标Ⅱ为 C、D、E 和 F 时，字符高度应为 4m；飞行区指标Ⅱ为 A 和 B 时，字符高度应为 2m。字符的形状和比例如图 2-32 所示。

标志的底色应为长方形，并应在横向和垂直方向从字符的最突出部分向外扩展至少 0.5m。

当两条滑行道交叉于一条跑道的一端时，强制性指令标志可仅仅显示这一侧的跑道号码，如图 3-33 所示。

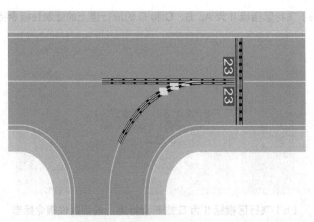

图 2-33　两条滑行道交叉于一条跑道的强制性指令标志

当三条滑行道交叉时，强制性指令标志的设置如图 2-34 所示。

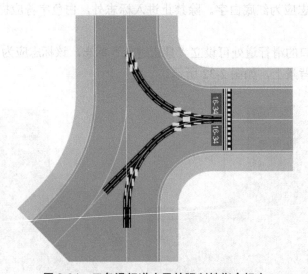

图 2-34　三条滑行道交叉的强制性指令标志

弯曲型跑道等待位置标志以及强制性指令标志的设置如图 2-35 所示。

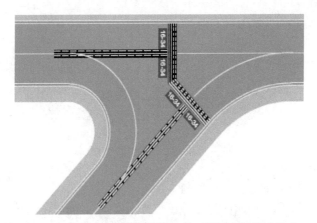

图 2-35　弯曲型跑道等待位置标志以及强制性指令标志

近距跑道的强制性指令标志的设置如图 2-36 所示。

图 2-36　近距跑道的强制性指令标志

12. 信息标志

在下列地点应设信息标志。

（1）通常要求设置信息标记牌而实际上无法安装之处。

（2）在复杂的滑行道相交处的前面和后面（表明方向和位置），如图 2-37 所示。

（3）在运行经验表明增设一个滑行道位置标志可能有助于驾驶员的地面滑行之处。

（4）在很长的滑行道全长按一定间距划分的各点，宜相距 300～500m，如图 2-38 所示。

因受净距要求、地形限制或其他原因导致标记牌只能设置在滑行道右侧时，宜在地面设置信息标志作为标记牌的补充。

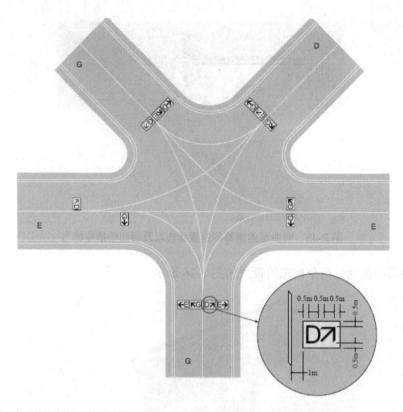

注：不允许飞机滑行的路线，则不应划设相应的滑行道中线，也不应提供相应的方向引导标志。

图 2-37 复杂的滑行道相交处信息标志

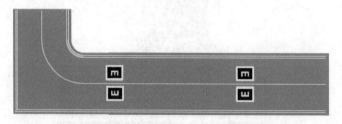

图 2-38 在很长的滑行道全长按一定间距设置位置标志

信息标志应在需要之处横过滑行道或机坪道面设置，其位置应使在趋近的飞机驾驶舱内的驾驶员能看清楚。

一个信息标志应包括如下内容。

（1）一片黑色背景上的黄色字符——当其替代或补充位置标记牌时。

（2）一片黄色背景上的黑色字符——当其替代或补充方向标记牌或目的地标记牌时。

在标志的背景颜色与铺筑面道面颜色反差不足之处，应增加一个与字符颜色相同的边框，即字符为黑色时设置一个黑色的边框，字符为黄色时设置一个黄色的边框。

当在滑行道或机位滑行通道上设置 MAX SPAN（最大翼展）标志以防止飞机误滑时，应将其设置在进入该滑行道或机位滑行通道起始处，如图 2-39 所示（沥青道面可不设黑色底色）。

注：A 为 4m，B 为 9.5m，C 根据具体情况决定，D 为 0.1m。

图 2-39 "最大翼展"信息标志

13. 滑行边线标志

凡不易与承重道面区别开来的滑行道、跑道掉头坪、等待坪和停机坪的道肩以及其他非承重道面，若飞机使用这些道面会引起飞机损害的，应在非承重表面与承重表面的交界处设置滑行边线标志。

滑行边线标志应沿承重道面的边缘设置，使标志的外缘大致在承重道面的边缘上。

滑行边线标志应由一对实线组成，每一线条宽 0.15m，线条间距 0.15m，颜色为黄色，如图 2-40 所示。

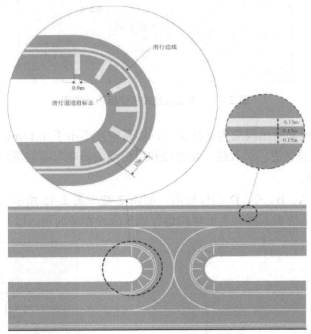

图 2-40 滑行边线及滑行道道肩标志

14. 滑行道道肩标志

在滑行道转弯处，或其他承重道面与非承重道面需要明确区分处，应在非承重道面上设置滑行道道肩标志。

滑行道道肩标志由垂直于滑行边线或滑行边线的切线的线条组成。在弯道上，在每一个切点处和沿弯道的各个中间点上应各设一条线条，线条之间的间距应不超过15m。线条应宽 0.9m，并应延伸至距离经过稳定处理的铺筑面的外边缘 1.5m 处，或线条长 7.5m，取其使标志长度较短者。线条的颜色应为黄色，如图 2-40 所示。

15. 飞机机位标志

在有铺筑面的机坪和规定的除冰防冰设施停放位置上应设飞机机位标志。按照飞机停放位置的不同，飞机机位标志分为飞机直置式和飞机斜置式机位标志。

应根据机位构形和辅助其他停机设施的需要设置机位识别标志（字母和/或数字）、引入线、开始转弯线、转弯线、对准线、停止线和引出线等机位标志，如图 2-41 所示。

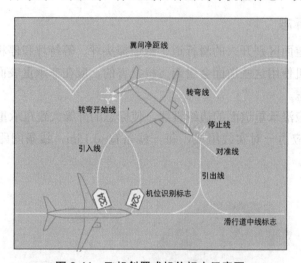

图 2-41　飞机斜置式机位标志示意图

引入线、转弯线和引出线应为连续实线，线条宽度不小于 0.15m，浅色道面上的标志宜设不小于 0.05m 的黑边。引入线、转弯线和引出线的转弯半径应适用于拟使用这些标志的要求最严格的飞机。

引入线可分为 A、B、C、D 四种构形，如图 2-42～图 2-45 所示。机场管理机构应根据实际情况选择合适的引入线（飞机单向运行的仅画设相应的引入线）。

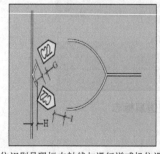

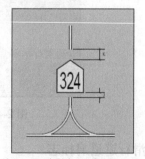

注：飞机机位识别号码标志轴线与滑行道或机位滑行通道形成 45°～75°角，G、H、I 分别为 0.5m、0.5m 和 1m。

注：J、K 分别为 1m 和 2m。

图 2-42　飞机机位 A 型引入线标志示意图　　图 2-43　飞机机位 B 型引入线标志示意图

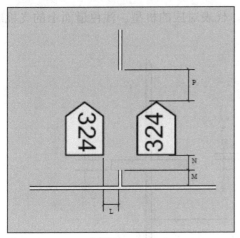

注：L、M、N、P 分别为 1m、1m、1m、2m。

图 2-44　飞机机位 C 型引入线标志示意图

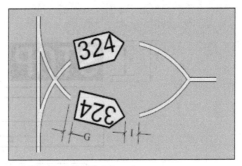

注：G、I 分别为 0.5m、1m。

图 2-45　飞机机位 D 型引入线标志示意图

开始转弯线应设在对正即将开始转弯的飞机左座驾驶员位置，与引入线成直角，长度应不小于 6m，宽度应不小于 0.15m，并包括一个指明转弯方向的箭头。如果需要一条以上的开始转弯线，则应对它们分别编码。考虑到驾驶员的视野，开始转弯线与引入线之间应保持的距离可能因飞机型号而异。

对准线应与停放在规定位置的飞机中线延长线相重合，并使其能被正在停机操作最后阶段中的驾驶员看见。对准线宽度应不小于 0.15m。

停止线应对正设在拟定的停止点上的左座驾驶员座席位置，并与对准线成直角。其长度应不小于 2m，宽度应不小于 0.15m。如果需要一条以上的停止线，应对它们分别编码。机位停止线旁应标注停放机型的编码，机型编码的文字方向宜与飞机停放方向相反，文字采用黄色，字高宜为 0.2～0.3m，字符宽度按信息标志的比例缩小，如图 2-46 所示。

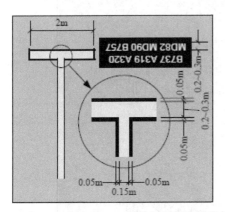
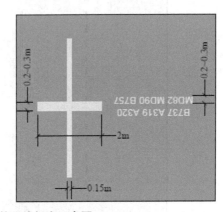

图 2-46　飞机机位停止线标志示意图

如果飞机自滑进出且没有引导员引导，则机位停止线标志应按图 2-47 所示进行划设。如果不同机型有不同的停止线，则应在相应的停止线处标注适用飞机编码，如

B737；如果空间受限，宜利用字母或数字标示，代表对应的机型。浅色道面上的飞机编码字符宜设置黑色边框。

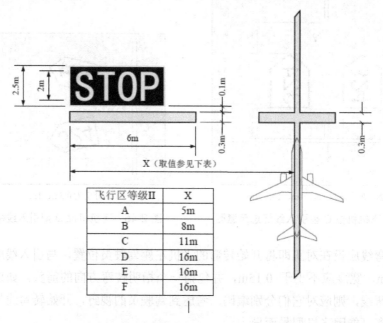

图 2-47　飞机自滑进出且无引导员引导的机位停止线标志示意图

为了能更加灵活地使用机坪，同一机位上允许重叠有为不同机型服务的两套或三套飞机机位标志，包括一条主线和几条辅线。主线应为对机位要求最严格的飞机使用，且应为连续线，辅线应为断续线。同时应在每一辅线上的机位识别号码标志的后面分别增加一个识别字母 L 或 R，表示位于主线的左侧或右侧。每条线段长 2m，间隔 2m，如图 2-48 所示。

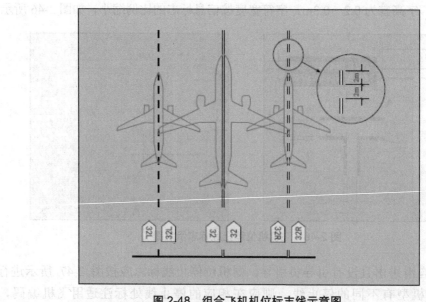

图 2-48　组合飞机机位标志线示意图

如果运行需要,在需要严格限制飞机推出路线和等待滑行位置的区域,可设置飞机推出线和推出等待点。飞机推出线是供地面勤务人员使用的地面标志,为 0.15m 宽的白色虚线。推出等待点应为飞机前轮的停止点,设置在靠近滑行道的飞机推出线端点,等待点垂直于推出线方向,线长 1m,间隔 1m,如图 2-49 所示。

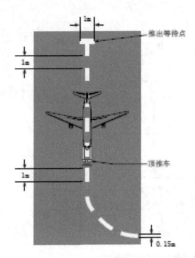

图 2-49　飞机推出线和推出等待点标志示意图(图中的灰底为道面颜色)

16. 机坪安全线

在有铺筑面的机坪上应根据飞机停放的布局和地面设施和(或)车辆的需要设置机坪安全线,包括机位安全线、翼尖净距线、廊桥活动区标志线、服务车道边界线、行人步道线、设备和车辆停放区边界线以及各类栓井标志等。机位安全线、廊桥活动区标志线和各类栓井标志应为红色,翼尖净距线等其他机坪安全线(包括标注的文字符号)均应为白色。

机坪安全线的位置应能保证飞机在进出机位过程中对停放的地面设施、车辆和行人有符合要求的安全净距。

(1)机位安全线。

机位安全线应根据在此机位停放的最大飞机机型画设,其尺寸应考虑喷气发动机附近构成的安全区域因素(螺旋桨飞机也有类似的安全区域)。

机位安全线是设置在飞机的机头、机身以及机翼两侧的多段、非闭合直线(如图 2-50~图 2-53 所示)。

机位安全线应为红色,线宽至少为 0.1m。

机位安全线的线型为实线或虚线。相邻飞机的机位安全线存在交叉时,交叉部分的机位安全线应为虚线(如图 2-50~图 2-53 所示),虚线内部由 45°倾斜的等距平行红色直线段填充,线段宽 0.1m,红线间净距 2m。自滑进、顶推出的机位安全线除上述交叉部位为虚线外,其余均为实线(如图 2-50 和图 2-51 所示)。

自滑进出的机位安全线由实线和虚线组成(如图 2-52 和图 2-53 所示)。自滑进出的机位安全线与翼尖净距线或服务车道边线所勾勒的封闭区域,仅供保障该机位飞机的服务车辆及设备的临时停放使用，保障工作完成以后应尽快清空以保证飞机安全滑出。

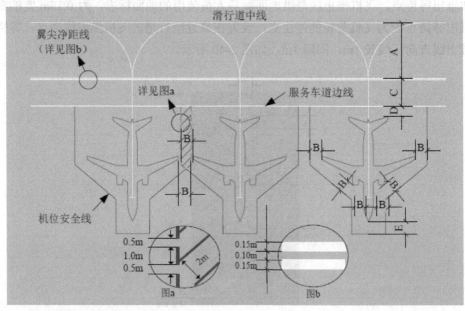

注：A 为滑行道或机位滑行通道中线到翼尖净距线的距离；
　　B 为飞机与相邻飞机及物体的净距；
　　C 为服务车道宽度；
　　D 为服务车道边线距停放飞机的净距；
　　E 为机头的安全净距。

图 2-50　自滑进、顶推出机位安全线示意图（有服务车道）

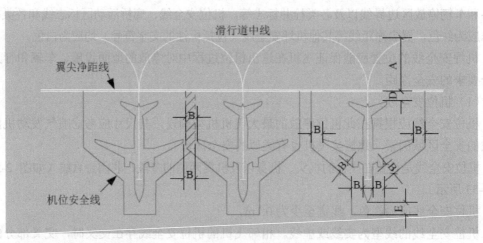

注：A 为滑行道或机位滑行通道中线到翼尖净距线的距离；
　　B 为飞机与相邻飞机及物体的净距；
　　D 为翼尖净距线距停放飞机的净距；
　　E 为机头的安全净距。

图 2-51　自滑进、顶推出机位安全线和翼尖净距线示意图（无服务车道）

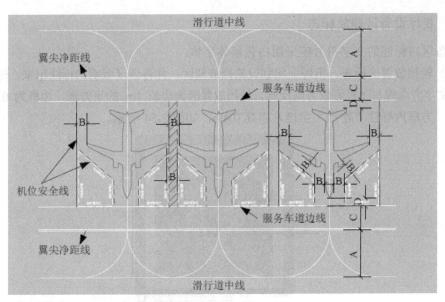

注：A 为滑行道或机位滑行通道中线到翼尖净距线的距离；
B 为飞机与相邻飞机及物体的净距；
C 为服务车道宽度；
D 为服务车道边线距停放飞机的净距。

图 2-52 自滑进出机位的机位安全线（有服务车道）

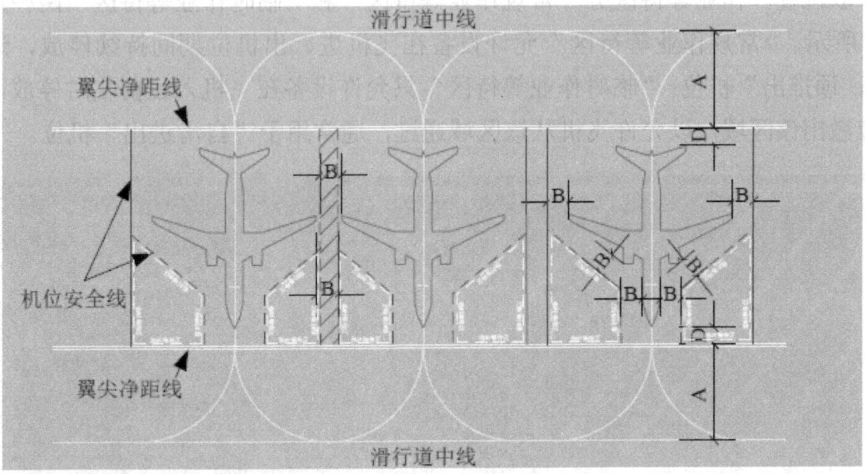

注：A 为滑行道或机位滑行通道中线到翼尖净距线的距离；
B 为飞机与相邻飞机及物体的净距；
D 为翼尖净距线距停放飞机的净距，要求同服务车道边线与停放飞机的净距。

图 2-53 自滑进出机位的机位安全线和翼尖净距线（无服务车道）

（2）翼尖净距线。

为减少服务车辆、保障设备以及作业人员等对滑行飞机的干扰，保证机坪滑行道上飞机的运行安全，应设置翼尖净距线。

翼尖净距线应为白色双实线，其线宽为 0.15m，间距为 0.1m。

17. 机坪设备区停放标志

设备区内标注的文字符号应采用白色黑体字体。

（1）轮挡放置区标志。机坪上应划设轮挡放置区，并将该区域明确标注出来。轮挡放置区标志文字方向应与飞机停放方向反向。轮挡放置区为边长 1m 的正方形，边框为 0.15m 宽的实线，方框内标注"轮挡"字样，字高 0.4m，如图 2-54 所示。

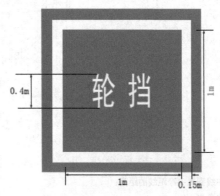

图 2-54　轮挡放置区标志（图中的灰底为原道面颜色）

（2）作业等待区标志。机坪上可划设作业等待区，用以规范飞机入位前各类作业设备的等待停放位置。作业等待区分"常规作业等待区"和"临时作业等待区"两种形式，如图 2-55 所示。"常规作业等待区"允许设备在飞机进、出机位期间持续停放，通常用于"自滑进、顶推出"机位；"临时作业等待区"只允许设备在飞机入位前临时停放，完成作业后则应撤出该区域，以允许飞机从该区域通过，通常用于"自滑进出"机位。

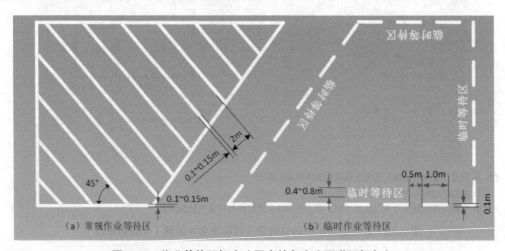

图 2-55　作业等待区标志（图中的灰底为原道面颜色）

（3）廊桥活动区标志。廊桥活动区标志用于标注廊桥停放及活动时所经过的区域，形状根据廊桥厂家提供的廊桥活动范围确定，标志由廊桥驱动轮回位点和活动区两部分组成。该区域四周为 0.1～0.15m 宽的红色实线，内部标志由 45°倾斜的等距平行红色直线段组成，线段宽 0.1～0.15m，红线间净距 2m。廊桥驱动轮回位点使用空心圆并涂成白色以提高对比度，圆圈直径 3m，其基本形式如图 2-56 所示。其他机坪安全线与廊桥活动区相交时，其他机坪安全线应断开，廊桥活动区标志应连续。

（4）设备摆放区标志。设备摆放区标志用于标注摆放高度为 1.5m（含）以下的小型设备（包括氮气瓶、千斤顶、六级以下小型工作梯、放水设备、非动力电源车等）的区域。该区域标志为白色矩形框，矩形长和宽不确定；框内有一处或多处"设备区"字样，如图 2-57 所示。设备摆放区标志的位置、形状和尺寸应以施划的图纸为准。

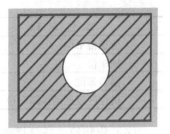

图 2-56　廊桥活动区标志

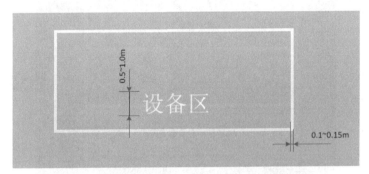

图 2-57　设备摆放区标志（图中的灰底为原道面颜色）

（5）特种车辆停车位标志。特种车辆停车位标志应为白色矩形，矩形大小应根据摆放车辆确定，矩形内应标注"××车专用位"字样。若对车辆停车方向有特殊要求，应增设停车方向指引标志，如图 2-58 所示。矩形尺寸如表 2-26 所示。

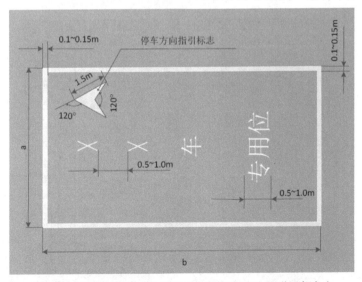

图 2-58　特种车辆停车位标志（图中的灰底为原道面颜色）

表 2-26 特种车辆停车位标志参考尺寸

车 位 名 称	尺寸（a×b）	是 否 专 用
传送带车位	3m×10m	是
拖车位	4m×10m	是
摆渡车位	4.5m×14m	是
机位区域通用保障车位	4m×10m	否

（6）集装箱、托盘摆放区标志。集装箱、托盘摆放区标志用于标注供托盘及集装箱长期停放的区域。该区域标志为矩形，内部有平行于一对边的等距线段，如图 2-59 所示。集装箱、托盘摆放区标志的位置、形状及尺寸应以施划的图纸为准。

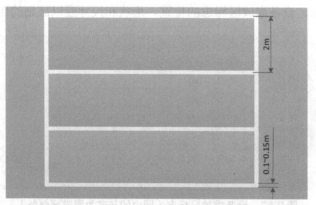

图 2-59 集装箱、托盘摆放区标志（图中的灰底为原道面颜色）

（7）车辆中转区。在机位区域保障作业等待区空间不足的情况下，宜在附近机坪寻找适合位置设置车辆中转区，供保障车辆临时停放。该区域一般为矩形，内部有一处或多处"车辆中转区"文字标注，如图 2-60 所示。

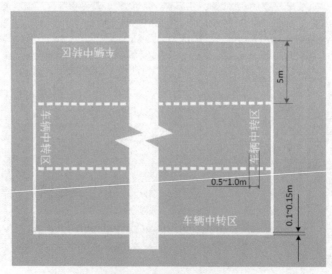

图 2-60 车辆中转区标志

18. 机坪上栓井标志

机坪上的各类栓井应予以标示。

消防栓井标志采用正方形标示，边长为消防栓井直径加 0.4m，正方形内除井盖外均涂成红色，如图 2-61 所示。栓井标志外 0.2m 的范围内应涂设栓井编号，编号可视情况自行确定。

其他栓井标志采用红色圆圈标示，圆圈外径为栓井直径加 0.4m，圆圈宽应为 0.2m，如图 2-62 所示。栓井标志外 0.2m 的范围内应涂设栓井编号，编号可视情况自行确定。

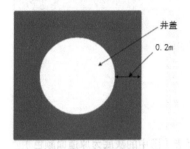 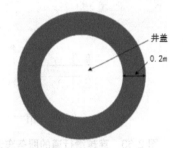

图 2-61　机坪消防栓井标志　　　　图 2-62　机坪加油栓井和其他栓井标志

19. 道路标志

未明确的其他各类道路标志线和标记牌参照国家道路交通规则的规定执行。机坪上的服务车道标志应为白色。

（1）道路等待位置标志。所有道路在进入跑道处、所有行车道与滑行道交叉处应横跨道路设置道路等待位置标志。道路等待位置标志包括停止线及"停"文字，字高 2.5m，宽 1m。为突出显示该位置，文字可设红色背景。进入跑道的道路等待位置标志应设置在跑道导航设施敏感区以外。与滑行道相交的道路，其道路等待位置标志距滑行道中线距离应满足表 2-27 所示的规定。

表 2-27　道路等待位置标志与滑行道中线的最小距离

单位：m

飞行区指标 II	行车道停止线距滑行道中线	行车道停止线距机位滑行通道中线
A	16.25	12
B	21.5	16.5
C	26	24.5
D	40.5	36
E	47.5	42.5
F	57.5	50.5

（2）穿越滑行道的服务车道边线标志。穿越滑行道的服务车道边线采用交错布置的白色标志线，白色标志线长 0.5～1.0m，宽 0.15m，交错布置，如图 2-63 所示。停车线处宜设置地面反光设施。

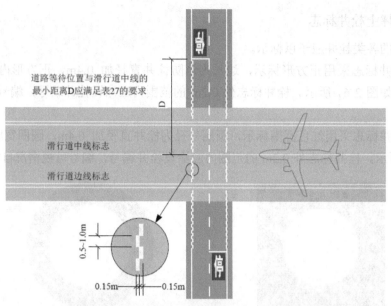

图 2-63 穿越滑行道的服务车道边线标志（图中的灰底为原道面颜色）

（3）限速标志。在进入机坪服务车道入口 20m 内宜设置地面限速标志，以后限速标志每间隔 300～500m 设置一个。限速标志应为圆形，直径不小于 1.5m，白底黑字，字符高度为 1m，外边为宽 0.15m 的红色圆圈，如图 2-64 所示。

图 2-64 限速标志（图中的灰底为原道面颜色）

20．关闭标志

永久或临时关闭的跑道和滑行道或其一部分，至少应在其两端设关闭标志。如果关闭的跑道或平行滑行道长度超过 300m，还应在中间增设关闭标志，使关闭标志的间距不大于 300m。只有当关闭时间短暂且已由空中交通服务部门发出充分的警告时才可免设关闭标志。如仅为暂时关闭，可用易折的路障或使用油漆以外的材料来涂刷，或使用其他合适的方法来明示该关闭地区。

关闭标志的最小尺寸如图 2-65 所示，采用最大尺寸时，宽度与关闭的跑道或滑行道等宽，长度按比例放大。跑道上的标志应为白色，划设在水泥混凝土跑道上的关闭标志宜加黑边；滑行道上的标志应为黄色。

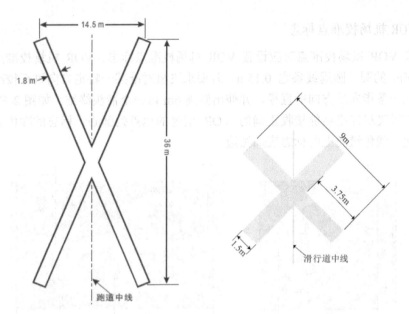

（a）跑道关闭标志（图中灰底为道面颜色）　　（b）滑行道关闭标志

图 2-65　关闭标志

当跑道和滑行道或其一部分永久关闭时，应涂抹掉所有跑道和滑行道标志。

除因维护目的所需外，已关闭的跑道和滑行道上的灯光不得开启运行。

当关闭的跑道和滑行道与可供夜间使用的跑道或滑行道相交时，除关闭标志外，在横贯被关闭地区的进口处应设置间距不超过 3m 的不适用地区灯光加以标志。

21. 跑道入口前标志

当跑道入口前设有长度不小于 60m 的铺筑面，且不适于飞机正常使用时，应在跑道入口前的全程用 ">" 形符号予以标志。">" 形符号应指向跑道方向，如图 2-66 所示。">" 形符号颜色应为黄色，线条宽度应至少为 0.9m。

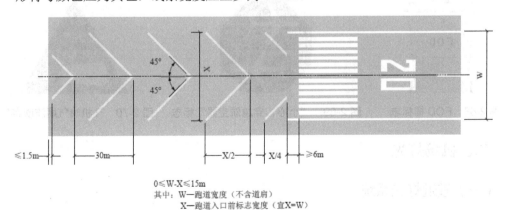

图 2-66　跑道入口前标志

跑道入口前的铺筑面不适于设置跑道入口前标志时，其表面颜色宜与跑道表面的颜色有显著区别。

22. VOR 机场校准点标志

当设有 VOR 机场校准点时应设置 VOR 机场校准点标志。VOR 机场校准点标志应为一个直径 6m 的圆,圆周线条宽 0.15m。若要求飞机对准某一特定方向进行校准,还应通过圆心增加一条指向该方向的直径,并伸出圆周 6m 以一个箭头终结,如图 2-67 所示。标志的位置应以飞机停稳后能接收正确的 VOR 信号的地点为圆心。标志的颜色应为白色,为加强对比,浅色道面上的标志应加黑边。

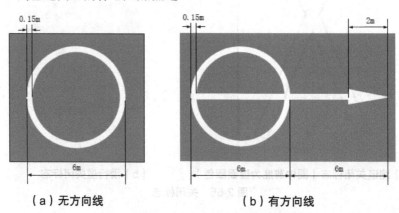

（a）无方向线　　　　　　　（b）有方向线

注：只有当飞机应对准一个指定方向时方需设置指定方向线。箭头宽度为 0.5m。

图 2-67　VOR 机场校准点标志

23. 其他标志

位于机坪上的 FOD 桶应涂刷标志,如图 2-68 所示。在道路与滑行道或机位滑行通道交叉口处,可在地面设置"小心,穿越航空器"标志或设置标记牌,如图 2-69 所示。在可能受到飞机喷气尾流吹袭的服务车道路段,可设置飞机喷气尾流吹袭标志或标牌,如图 2-70 所示。未明确的其他各类道路标志和标记牌以国家道路交通规则的规定为依据进行设置。

图 2-68　FOD 桶标志　　图 2-69　"小心,穿越航空器"标志　　图 2-70　飞机喷气尾流吹袭标志

二、机场灯光

（一）进近灯光系统

1. 简易进近灯光系统

拟在夜间使用的飞行区指标 I 为 3 或 4 的非仪表跑道应设 A 型简易进近灯光系统;拟在夜间使用的非精密进近跑道应设 B 型简易进近灯光系统,在实际可行的情况下,宜设

置Ⅰ类精密进近灯光系统。

简易进近灯光系统应由一行位于跑道中线延长线上并尽可能延伸到距跑道入口不小于 420m 处的灯具和一排在距跑道入口 300m 处构成一个长 30m 或 18m 的横排灯的灯具组成。构成横排灯的灯具应设置在一条尽可能接近水平的直线上,垂直于中线灯线且被其平分。横排灯的灯具应布置得能够产生一种直线效果,只有当采用 30m 的横排灯时可在中线两侧各留一个空隙。这种空隙应保持在最小值,既能满足当地要求,又不大于 6m。简易进近灯光系统的灯具应是恒定发光灯。每一中线灯应为:

(1) A 型为一个单灯。

(2) B 型为至少 3m 长的短排灯。如果预计该系统发展为精密进近灯光系统,宜采用 4m 长的短排灯。在短排灯由近似点光源构成的情况下,灯具应等距设置,间距不大于 1.5m。

简易进近灯光系统的布置如图 2-71 所示。

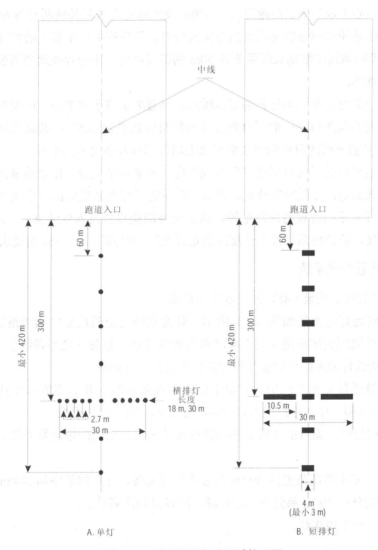

图 2-71　简易进近灯光系统构形图

构成中线的灯具的纵向间距应为 60m，只有在需要改善引导作用时才可采用 30m 的间距。最靠近跑道入口的灯应根据选用的中线灯的纵向间距设在距跑道入口 60m 或 30m 处。

A 型简易进近灯光系统应采用低光强发红色光的全向灯具，灯具在水平面以上 0°～50° 范围内均应发光，其中 6°～10° 范围内的光强应不小于 10cd（红光）。B 型简易进近灯光系统的中线灯和横排灯应是发可变白光的恒定发光灯。

简易进近灯光系统的灯具的光中心应尽量与跑道入口灯的光中心保持在同一个水平面上，但在距入口 150m 范围内，灯具应安装得尽可能接近地面。由于地形变化可在距入口 150m 以外有一段不大于 1∶66 的升坡或不大于 1∶40 的降坡，但光中心的变坡不应多于一个。光中心的每一个水平段或升坡、降坡段应包含至少三个单灯或三个短排灯。距跑道入口 300m 处的横排灯和各中线短排灯应分别位于一个水平面上。

在灯具光中心形成的平面距跑道入口 480m 及距跑道中线延长线两侧各 60m 的范围以内，除仪表着陆系统或微波着陆系统的方位天线外，不应有突出于其上的物体。此外，在距入口 900m 及距跑道中线延长线两侧各 60m 的范围以内，不应存在遮挡驾驶员观察进近灯光的视线的物体。

A 型简易进近灯光系统各灯具的对称轴线应调置为垂直于水平面。B 型简易进近灯光系统的横排灯及其与入口之间的所有短排灯的仰角应调置为 5.5°，其余短排灯的仰角为 6.0°，所有灯具的光束的对称轴线在水平面上的投影应与跑道方向平行。

A 型简易进近灯光系统宜采用并联方式供电，不必调节光强。B 型简易进近灯光系统宜采用串联方式供电，光强应能分五级调节。简易进近灯光系统宜由一个电路供电。

简易进近灯光系统应设有应急电源，应急电源应能尽快投入继续供电。对于 B 型简易进近灯光系统，应急电源的投入速度应满足灯光转换时间不大于 15s 的要求。

2. Ⅰ类进近灯光系统

Ⅰ类精密进近跑道应设Ⅰ类精密进近灯光系统。

Ⅰ类精密进近灯光系统如图 2-72 所示。灯光系统的全长应延伸到距跑道入口 900m 处，因场地条件限制无法满足上述要求时可以适当缩短，但总长度不得低于 720m。长度不足 900m 的进近灯光系统可能会使跑道的使用受到运行限制。

Ⅰ类精密进近灯光系统应由一行位于跑道中线延长线上并尽可能延伸到距跑道入口 900m 处的中线灯和一排在距跑道入口 300m 处长 30m 的横排灯组成。

Ⅰ类精密进近灯光系统的中线灯和横排灯应是发可变白光的恒定发光灯。每一中线灯应为：

（1）A 型：在中线的最里面 300m 部分为单灯光源，在中线的中间 300m 部分为双灯光源，在中线的外端 300m 部分为三灯光源，用以提供距离信息。

（2）B 型：一个短排灯。

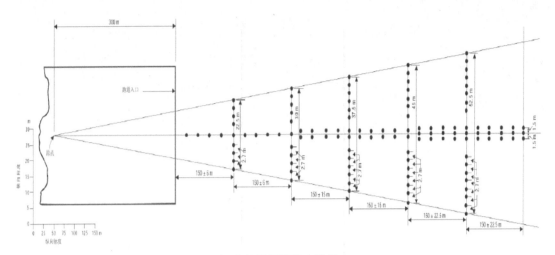

（a）标示距离的中线灯

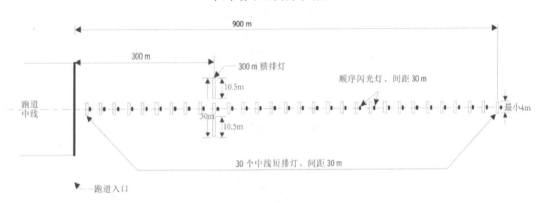

（b）中线短排灯

图 2-72　Ⅰ 类精密进近灯光系统

3. Ⅱ/Ⅲ 类进近灯光系统

Ⅱ 类或 Ⅲ 类精密进近跑道应设 Ⅱ、Ⅲ 类精密进近灯光系统。

Ⅱ、Ⅲ 类精密进近灯光系统全长宜为 900m，因场地条件限制无法满足上述要求时可以适当缩短，但总长度不得低于 720m。应由一行位于跑道中线延长线上并尽可能延伸到距跑道入口 900m 处的灯具组成，此外还应有两行延伸到距跑道入口 270m 处的边灯以及两排横排灯，一排距跑道入口 150m，另一排距跑道入口 300m。其中距跑道入口 300m 以内的灯具布置如图 2-73 所示。900m 的长度是按在 Ⅰ、Ⅱ 和 Ⅲ 类条件下为飞行提供引导的要求确定的。长度小于 900m 可能支持 Ⅱ 类和 Ⅲ 类运行，但 Ⅰ 类运行可能受到限制。如果跑道入口内移，则道面上的灯具应为嵌入式的。

应为 Ⅱ/Ⅲ 类精密进近灯光系统设置能够自动投入的应急电源，应急电源的投入速度应满足灯光转换时间的要求。系统中的距跑道入口 300m 以内部分的转换时间应不大于 1s，其余部分的转换时间应不大于 15s。系统中的顺序闪光灯应由一个能分三级调光的并联电路供电，其余均应由两个能分五级调光的串联电路供电，中线短排灯和侧边短排灯应隔排串联在两个不同的电路内，横排灯上的单灯则应隔灯串联在两个不同的电路内。

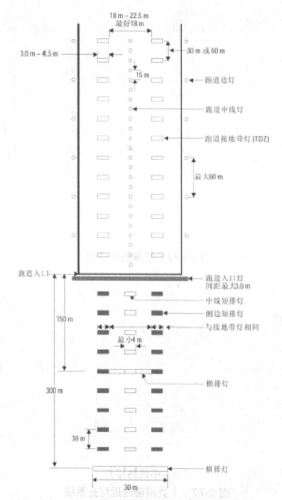

图 2-73　II、III 类精密进近灯光系统的内端 300m

（二）目视进近坡度指示系统

有进近引导要求的航空器使用的跑道，无论跑道是否设有其他目视助航设备或非目视助航设备，应设置目视进近坡度指示系统。

标准的目视进近坡度指示系统应为下列（如图 2-74 所示）几种。

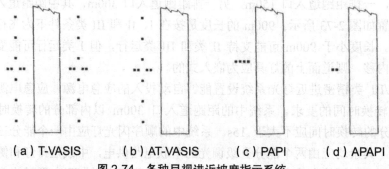

　　（a）T-VASIS　　　（b）AT-VASIS　　　（c）PAPI　　　（d）APAPI
图 2-74　各种目视进近坡度指示系统

（1）T 式目视进近坡度指示系统（T-VASIS）和简化 T 式目视进近坡度指示系统（AT-VASIS）。

（2）精密进近坡度指示器（PAPI）和简化精密进近坡度指示器（APAPI）。

当飞行区指标 I 为 1 或 2 时，应设置 PAPI 或 APAPI。当飞行区指标 I 为 3 或 4 时，应设置 PAPI、T-VASIS 或 AT-VASIS。

1. T-VASIS 和 AT-VASIS

T-VASIS 应由对称地布置在跑道中线两侧的 20 个灯具组成，每侧包括一个由 4 个灯组成的翼排灯和在翼排灯纵向等分线上的 6 个灯具，如图 2-74 所示。

AT-VASIS 应由布置在跑道一侧的 10 个灯具组成，包括一个由 4 个灯组成的翼排灯和在翼排灯纵向等分线上的 6 个灯具。T-VASIS 灯具应按图 2-75 进行定位。

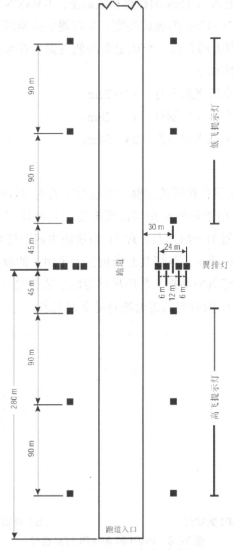

图 2-75 T-VASIS 灯具的定位

进近坡度应适合于使用该进近方向的航空器。

T-VASIS、AT-VASIS 灯具的构造和布置应使在进近中的航空器驾驶员:

(1) 在进近坡之上时,看到翼排灯是白色,以及 1、2 或 3 个低飞提示灯。驾驶员高于进近坡之上越多,看到低飞提示灯数就越多。

(2) 正在进近坡上时,看到的翼排灯是白色。

(3) 低于进近坡时,看到的翼排灯和 1、2 和 3 个高飞提示灯均是白色。驾驶员低于进近坡越多,看到的高飞提示灯数就越多。当其低于进近坡很多时,看到的翼排灯和 3 个高飞提示灯均是红色。

(4) 正在进近坡上或高于进近坡时,看不到高飞提示灯光;正在进近坡上或低于进近坡时,看不到低飞提示灯光。

对于 3°坡和高出跑道入口 15m 的标称视线高度,T-VASIS 的定位将为仅看见翼排灯的驾驶员提供高出入口 13~17m 的视线高度。如需增大在跑道入口处的视线高度(为了提供足够的轮子净距),则可用看到一个或更多的低飞提示灯来做进近飞行。这样,驾驶员高出跑道入口的视线高度如下。

(1) 看到翼排灯和一个低飞提示灯:17~22m。

(2) 看到翼排灯和两个低飞提示灯:22~28m。

(3) 看到翼排灯和三个低飞提示灯:28~54m。

2. PAPI 和 APAPI

PAPI 或 APAPI 系统应设在跑道的左侧(对进近中的驾驶员而言),但在实际不可行时可设在跑道的右侧。在使用跑道的航空器需要未能由其他外部方式提供的目视侧滚引导时,可在跑道的另一侧设置另一组灯具。PAPI 系统应由四个灯具组成,APAPI 系统应由两个灯具组成,如图 2-76 所示。各灯具的光轴在水平面上的投影应平行于跑道中线,朝向进近中的航空器。全部灯具应易折,并应尽可能地安装在同一水平面上,系统中各个灯具的仰角调置应使如图 2-77 所确定的进近坡满足下列要求。

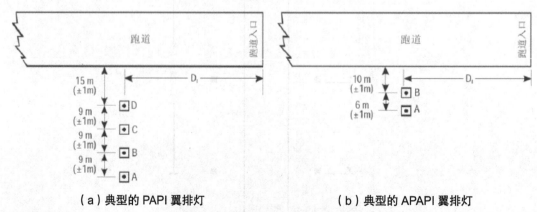

(a) 典型的 PAPI 翼排灯　　　　(b) 典型的 APAPI 翼排灯

图 2-76　PAPI 和 APAPI 灯具组成

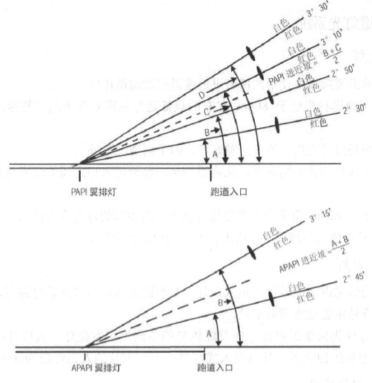

图 2-77　PAPI 和 APAPI 的光束的仰角调置

（1）适合向系统所在跑道端进近的航空器的使用。

（2）尽可能与 ILS（如设有）的下滑航道一致，或与 MLS（如设有）的最小下滑航道一致。

（3）在进近中的驾驶员看见 PAPI 系统的三个红灯和一个白灯信号或看见 APAPI 系统的最低的"在坡度上"（即一红一白）信号时，能对进近区内所有物体保持一个安全净距。

（4）在为提供侧滚引导而在跑道两侧设置 PAPI 或 APAPI 的场合，将相应灯具的仰角设置得相同，使两组灯的信号同时对称变化。

PAPI 系统的构造和布置应使进近中的驾驶员看到如下灯光。

（1）正在或接近进近坡时，看到离跑道最近的两个灯具为红色，离跑道较远的两个灯具为白色。

（2）高于进近坡时，看到离跑道最近的灯具为红色，离跑道最远的三个灯具为白色；在高于进近坡更多时，看到全部灯具均为白色。

（3）低于进近坡时，看到离跑道最近的三个灯具为红色，离跑道最远的灯具为白色；在低于进近坡更多时，看到全部灯具均为红色。

APAPI 系统的构造和布置应使进近中的驾驶员看到如下灯光。

（1）正在或接近进近坡时，看到离跑道较近的灯具为红色，离跑道较远的灯具为白色。

（2）高于进近坡时，看到两个灯具均为白色。

（3）低于进近坡时，看到两个灯具均为红色。

（三）跑道灯光系统

1. 跑道边灯

夜间使用的跑道或昼夜使用的精密进近跑道应设跑道边灯。

拟供在昼间跑道视程低于 800m 左右的最低运行标准条件下起飞的跑道应设置跑道边灯。

跑道边灯应是发可变白光的恒定发光灯，但下列情况除外。

（1）在跑道入口内移的情况下，从跑道端至内移跑道入口之间的灯应对进近方向显示红色。

（2）跑道末端 600m 范围内的跑道边灯朝向跑道中部的灯光应为黄色。若跑道长度不足 1 800m，则发黄色光的跑道边灯所占长度应为跑道长度的 1/3。

2. 跑道入口灯

设有跑道边灯的跑道应设置跑道入口灯，只有跑道入口内移并设有跑道入口翼排灯的非仪表跑道和非精密进近跑道可不设。

跑道入口灯应为向跑道进近方向发绿色光的单向恒定发光灯。入口灯应为总高不大于 0.35m 的轻型易折的立式灯具或嵌入式灯具，入口内移的入口灯应为嵌入式的。

3. 跑道入口翼排灯

当需要加强显示精密进近跑道的入口时，或当非仪表跑道和非精密进近跑道因入口内移未设有入口灯时，应设入口翼排灯。

入口翼排灯应设置在跑道入口的两侧，每侧至少由五个灯组成，垂直于跑道边线并向外延伸至少 10m，最里面的灯位于跑道边灯线上。

跑道入口翼排灯应为向跑道进近方向发绿色光的单向恒定发光灯。跑道入口翼排灯应为总高不大于 0.35m 的轻型易折的立式灯具或嵌入式灯具。

4. 跑道末端灯

设有跑道边灯的跑道应设置跑道末端灯。

跑道末端灯至少应由六个灯组成，可在两行跑道边灯线之间均匀分布，也可对称于跑道中线分为两组，每一组灯应等距布置，在两组之间留一个不大于两行跑道边灯之间距离一半的缺口。

跑道末端灯应为向跑道方向发红色光的单向恒定发光灯。非精密进近跑道和精密进近跑道的跑道末端灯应为轻型易折的立式灯或嵌入式灯。

5. 跑道中线灯

精密进近跑道及起飞跑道应设置跑道中线灯。

跑道中线灯应采用嵌入式灯具，在跑道入口至末端之间以约 15m 的间距沿跑道中线布置，在出口滑行道较少的一侧，允许偏离跑道中线至多 0.6m。仅在跑道中线灯的维护能够保证灯具的完好率达到95%以上同时没有两个相邻的灯具失效、且跑道是在跑道视程等于或大于350m时使用跑道的情况下，灯具的纵向间距才可改为大致30m。

为了向从入口内移的跑道端起飞的航空器提供引导，应用下列方法之一标出自跑道端至内移入口之间的跑道中线。

（1）如果自跑道端至内移入口之间的跑道上设有进近灯光系统的最末一部分灯具，则可利用这部分灯具提供起飞引导，但应调节其光强以适合起飞的需要而不眩目。

（2）在跑道端与内移入口之间设置跑道中线灯，并应能在航空器向此内移入口进近着陆时关闭这一部分跑道中线灯。应采取措施防止在跑道用于着陆时单独开亮这一部分跑道中线灯。

（3）在自跑道端至内移入口的跑道中线上设置发白色光的长度不小于3m、纵向间距为30m的短排灯组，其光强应能调节，以适合起飞的需要。

跑道中线灯灯光自入口至距离跑道末端900m范围内应为白色；从距离跑道末端900m处开始至距离跑道末端300m的范围内应为红色与白色相间；从距离跑道末端300m开始至跑道末端应为红色。若跑道长度不足1 800m，则应改为自跑道中点起至距离跑道末端300m处范围内为红色与白色相间。

6. 跑道接地带灯

Ⅱ类或Ⅲ类精密进近跑道的接地带上应设置接地带灯。

接地带灯应由嵌入式单向恒定发白色光的短排灯组成，朝向进近方向发光。短排灯应成对地从跑道入口开始以30m或60m间隔设置到距跑道入口900m处。成对的短排灯应对称地位于跑道中线的两侧，横向间距应与接地带标志相同。接地带灯短排灯应至少由三个灯组成，灯的间距应不大于1.5m。短排灯的长度应不小于3m，也不大于4.5m。

注意，为了能在较低的能见度标准下运行，可能以采用30m的短排灯纵向间距为宜。

7. 跑道入口识别灯

在下列情况下应设置跑道入口识别灯。

（1）在需要使非精密进近跑道的入口更加明显或不可能设置其他进近灯光时。

（2）在跑道入口从跑道端永久位移或从正常位置临时位移并需要使入口更加明显时。

跑道入口识别灯应对称地设在跑道中线两侧，与跑道入口在同一条直线上，在跑道两侧边灯线以外约10m处。

跑道入口识别灯应为朝向进近着陆的航空器单向发光、每分钟闪光60～120次的白色闪光灯。

8. 道路等待位置灯

当在跑道视程小于550m和（或）高交通密度的情况下使用跑道时，应在服务于跑道的所有道路等待位置上设置道路等待位置灯。

道路等待位置灯应邻近道路等待位置标志，距离路边1.5±0.5m，宜设在道路右侧。道路等待位置灯的高度应满足障碍物的限制要求。

道路等待位置灯应采用下列两种形式之一。

（1）一套由机场空中交通管制部门控制的红绿交通灯。

（2）一个每分钟闪光 30～60 次的红色闪光灯。灯具的光束应是单向的，朝向趋近等待位置的车辆。灯具的光强应能满足在当时的能见度和周围灯光条件下使用该等待位置的需要，并不应使驾驶员感觉眩目。

（四）滑行道灯光系统

1. 滑行道边灯

准备在夜间使用的未设滑行道中线灯的滑行道和出口滑行道均应设滑行道边灯。在设有滑行道中线灯的滑行道直线段的边缘宜设滑行道边逆向反光标志物。只有当跑道长度不足 1 200m 时，才可用滑行道边逆向反光标志物代替全部滑行道边灯。

准备在夜间使用的机坪、等待坪、除冰防冰坪和跑道掉头坪的边缘任何部分，应设滑行道边灯，只有在考虑了运行的性质，确认地面照明或其他方法已能提供足够的引导时才不必设置。滑行道边灯应采用全向发蓝色光的轻型易折的立式灯具或嵌入式灯具。灯具应在自水平到水平以上至少 75°的范围内发光。

2. 滑行道中线灯

在跑道视程小于 350m 的情况下使用的出口滑行道、滑行道、除冰防冰设施和机坪应设置滑行道中线灯，设置方式应确保能从跑道中线开始至停机坪上航空器开始停放操作的地点为止提供连续的引导，只有在低交通密度且滑行道边灯和中线标志已能提供足够引导的情况下才可不设。

在跑道视程小于 350m 的情况下使用的作为标准滑行路线的一部分的跑道上应设置滑行道中线灯，只有在低交通密度且滑行道边灯和中线标志已能提供足够引导的情况下才可不设。

拟供在跑道视程等于或大于 350m 的夜间情况下使用的滑行道上、复杂的滑行道相交处和出口滑行道上，应设置滑行道中线灯，只有在低交通密度且滑行道边灯和中线标志已能提供足够引导的情况下才可不设。在可能需要勾画出滑行道边之处（例如快速出口滑行道、窄滑行道），或在有积雪的情况下，可设滑行道边灯或标志物。

双向运行滑行道的中线灯应为双向恒定绿色灯，单向运行滑行道的中线灯应为单向恒定绿色灯，下列情况除外。

（1）双向运行滑行道，从航空器脱离跑道方向看，其靠近跑道中线的第一个滑行道中线灯应发绿色，之后应为绿色与黄色交替出现，一直到最靠近红线处的灯应发黄色，过了该位置之后的所有滑行道中线灯应为绿色；从航空器进入跑道方向看，最靠近红线处的灯光应发黄色，之后应为绿色与黄色交替出现，最远的灯应为绿色。

（2）单向运行滑行道，从航空器脱离跑道方向看，靠近跑道中线的第一个滑行道中线灯应发绿色，之后应为绿色与黄色交替出现，一直到最靠近红线处的灯应发黄色，过了该位置之后的所有滑行道中线灯应为绿色；从航空器进入跑道方向看，最靠近红线处的灯光应发黄色，之后应为绿色与黄色交替出现，最远的灯应为绿色。

滑行道中线灯应设在滑行道中线标志上，只有在不可能设在标志上时才可将灯具偏离不大于 0.6m 的距离。滑行道、出口滑行道和弯道上的滑行道中线灯布置如图 2-78 所示。

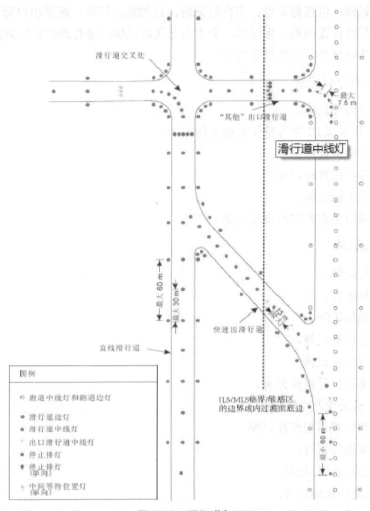

图 2-78　滑行道灯

快速出口滑行道上的滑行道中线灯应从滑行道中线曲线起始点以前至少 60m 处的一点开始，一直延续到曲线终点以后滑行道中线上预期航空器将降速至正常滑行速度的一点为止，或继续延伸与滑行道直线段上的中线灯衔接。平行于跑道中线的那部分滑行道中线灯应始终距离跑道中线灯至少 0.6m，灯具的纵向间距应不大于 15m。

三、标记牌

在机场内实现安全有效的航空器滑行和地面活动，应设置一套标记牌系统，供航空器和车辆驾驶员在活动区内使用。

标记牌包括滑行引导标记牌、VOR 机场校准点标记牌、机场识别标记牌、航空器机位识别标记牌及道路等待位置标记牌，其中滑行引导标记牌包括：跑道号码标记牌；I 类、II 类或 III 类等待位置标记牌；跑道等待位置标记牌；禁止进入标记牌；用于转换频率的等待点标记牌；位置标记牌；方向标记牌；目的地标记牌；跑道出口标记牌；跑道脱离标记牌；滑行道位置识别点标记牌；交叉点起飞标记牌；滑行道终止标记牌。

标记牌按功能划分，包括以下内容。

1. 强制性指令标记牌

（1）跑道号码标记牌。

（2）I 类、II 类或 III 类等待位置标记牌。

（3）跑道等待位置标记牌。

（4）道路等待位置标记牌。

（5）禁止进入标记牌。

（6）用于转换频率的等待点标记牌。

2. 信息标记牌

（1）位置标记牌。

（2）方向标记牌。

（3）目的地标记牌。

（4）跑道出口标记牌。

（5）跑道脱离标记牌。

（6）航空器机位号码标记牌。

（7）VOR 机场校准点标记牌。

（8）滑行道位置识别点标记牌。

（9）机场识别标记牌。

（10）交叉点起飞标记牌。

（11）滑行道终止标记牌。

标记牌按内容分为不变内容标记牌和可变内容标记牌。可变内容标记牌在不使用或出现故障时，应显示一片空白。在可变内容标记牌上，从一个通知改变到另一个通知的时间应尽可能短，应不超过 5s。

（一）滑行引导标记牌

1. 滑行引导标记牌的要求

（1）坚固耐用，能经受 160km/h 的风力荷载，但其支柱根部应是易折的。

（2）重量应轻，接合处应避免尖锐棱角。

（3）牌面为长方形，可以单面显示或双面显示。

（4）能长期在《民用机场灯具技术条件通用要求》所规定的室外环境中运行。

（5）凡是为以下跑道服务的标记牌应设有内部照明。

① 在跑道视程小于 800m 时使用的跑道。

② 在夜间使用的仪表跑道。

③ 在夜间使用的飞行区指标 I 为 3 或 4 的跑道。

（6）标记牌的文字符号，牌面和安装高度应符合《滑行引导标记牌》（MH/T6011）的规定。

2. 对滑行引导标记牌的尺寸和位置要求

自标记牌至滑行道或跑道承重道面边缘的距离必须保证与螺旋桨和喷气飞机发动机吊舱的净距，并符合表 2-28 所示的规定。

表 2-28　标记牌至滑行道或跑道道面边缘的距离

标记牌尺寸号	飞行区指标 I	标记牌至滑行道道面边缘的距离/m	标记牌至跑道道面边缘的距离/m
1	1 或 2	5～11	3～10
2	1 或 2	5～11	3～10
	3 或 4	11～21	8～15
3	3 或 4	11～21	8～15

飞行区指标 I 为 1 或 2 时指令标记牌、跑道出口和脱离跑道标记牌应选用 2 号尺寸，其他标记牌应选用 1 号尺寸；飞行区指标 I 为 3 或 4 时则应分别选用 3 号和 2 号尺寸。与指令标记牌并列的其他标记牌应选用与指令标记牌相同的尺寸号。

标记牌的牌面应垂直于邻近道面的中线或滑行道中线标志。

在滑行道与滑行道交叉处，标记牌应设在交叉点以前的中间等待位置标志的延长线上。如果该处未设有中间等待位置标志，则标记牌应设在距交叉滑行道的中线 60m 处，但如跑道的飞行区指标 I 为 1 或 2 则此距离可减少为至少 40m。

按规定应设在道面上标志延长线上的标记牌允许偏离±3m。

为飞行区指标 I 为 1 或 2 的跑道服务的滑行道上的指令标记牌，如仅设在滑行道的一侧而且宽度不足 1.46m 时，应将其宽度加宽到 1.46m。

为飞行区指标 I 为 3 或 4 的跑道服务的滑行道上的指令标记牌，如仅设在滑行道的一侧而且宽度不足 1.94m 时，应将其宽度加宽到 1.94m。

（二）强制性指令标记牌

在需要指示行进中的航空器或车辆不能越过未经机场管制塔台许可越过的界限处，应设强制性指令标记牌。

强制性指令标记牌应为红底白字。由于环境或其他因素，强制性指令标记牌文字符号需要突出其鲜明性时，白色文字符号的外缘宜加黑色边框。跑道飞行区指标 I 为 1 和 2 的黑色边框宽度为 10mm，跑道飞行区指标 I 为 3 和 4 的黑色边框宽度为 20mm。

各种强制性指令标记牌的牌面文字符号示例如图 2-79 所示。

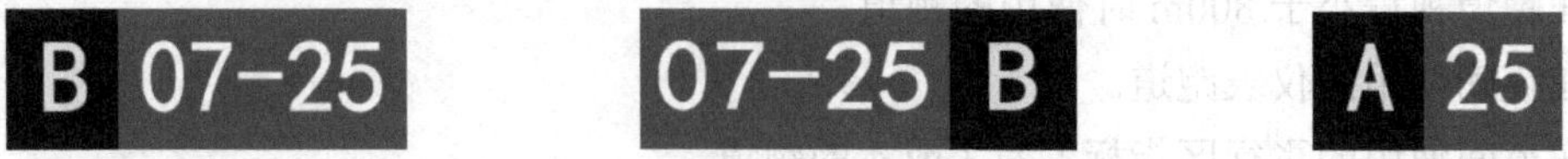

(a) 位置/跑道号码（左侧）　　(b) 跑道号码/位置（右侧）　　(c) 位置/跑道号码（左侧）

(d) 跑道号码/位置（右侧）　(e) 跑道等待位置　(f) 跑道号码/Ⅱ类等待位置　(g) 禁止进入

(h) 道路等待位置标记牌　　(i) 增加了黑边的白色字　　(j) 用于转换频率的等待点标记牌

图 2-79　强制性指令标记牌

强制性标记牌的要求如下：

（1）在 A 型跑道等待位置标志延长线的两端应各设一块跑道号码标记牌。如果滑行道上 A 型和 B 型跑道等待位置标志相距不大于 15m，则应将跑道号码标记牌移至 B 型跑道等待位置处，并将原应在该处设置的 Ⅰ 类、Ⅱ 类或 Ⅲ 类等待位置标记牌取消，如图 2-80 所示。

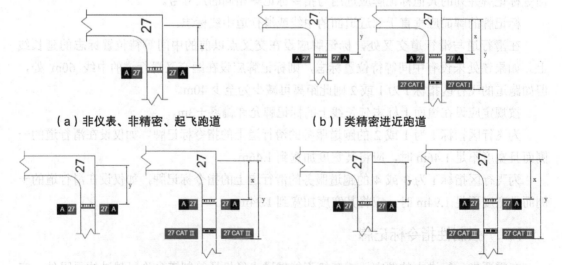

(a) 非仪表、非精密、起飞跑道　　　　(b) Ⅰ类精密进近跑道

(c) Ⅱ类精密进近跑道　　　　(d) Ⅲ类精密进近跑道

图 2-80　滑行道与跑道交接处的标记牌位置示例

（2）在 B 型跑道等待位置标志的两端应各设一块 Ⅰ 类、Ⅱ 类或 Ⅲ 类等待位置标记牌。

（3）在跑道号码标记牌的外侧应设一块标明所在滑行道的位置标记牌。

（4）跑道号码标记牌上的文字符号应包括相交跑道两端的跑道识别号码，并按观看标记牌的方向安排号码顺序。只有靠近跑道一端的跑道号码标记牌可仅展示该跑道端的识别号码，如图 2-81 所示。

（5）如果滑行道的位置或方向使滑行的航空器或车辆会侵犯障碍物限制面或干扰无线电助航设备的运行，则应在该滑行道上设跑道等待位置标记牌。该标记牌应设在障碍物限制面或无线电助航设备的临界/敏感区边界处的跑道等待位置上，朝向趋近的航空器，并在跑道等待位置的两侧各设一块。牌面文字应包括滑行道识别代码和一个数字。

（6）当需要禁止航空器进入一个地区时应设置禁止进入标记牌，其形状如图 2-82 所示。"禁止进入"标记牌应设置在禁止进入地区起始处的滑行道两侧，面对驾驶员。

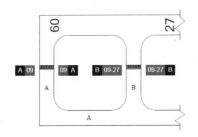

图 2-81　跑道号码标记牌

图 2-82　禁止进入标记牌形状

作为防止跑道侵入的措施之一，对于机场交通密度为"高"的机场，仅作出口的滑行道应在进入跑道方向上设置"禁止进入排灯"，以防止航空器或车辆误入该滑行道。"禁止进入排灯"的构型及光学特性与停止排灯相同，设置在单向出口滑行道反向入口附近，并在 A 型跑道等待位置之前，且不得突破 ILS/MLS 临界/敏感区的边界及对应跑道的内过渡面的底边。与"禁止进入排灯"并列的滑行道端应设置禁止进入标记牌，"禁止进入排灯"前还可设置"禁止进入"地面标志，如图 2-83 所示；对于机场交通密度为"中"的机场，仅作出口的滑行道宜设置"禁止进入排灯"，不设置时，应设置"禁止进入"地面标志；对于机场交通密度为"低"的机场，仅作出口的滑行道可不设置"禁止进入排灯"。

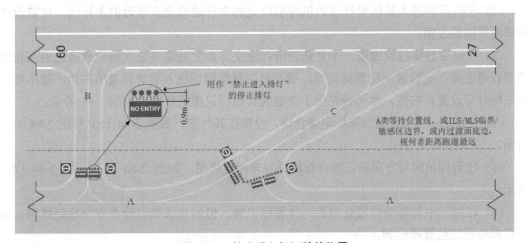

图 2-83　禁止进入标记牌的位置

不管"禁止进入排灯"是否设置，相应位置均应设置"禁止进入"标记牌。

（7）在 I 类、II 类、III 类或 II/III 类合用的跑道等待位置标记牌上的文字符号应为相应的跑道号码后加 CATI、CATII、CATIII 或 CATII/III，视情况而定，如图 2-80 所示。

（8）在机场运行要求航空器滑行至此应停住按空管要求转换频率之处，应设置强制性指令标记牌"HP X"（X 为阿拉伯数字），同时应将此类信息公布在航行资料中。

（三）信息标记牌

1. 信息标记牌文字表示

信息标记牌上应用下列文字表示各种地区地段。

（1）跑道端用跑道号码表示。
（2）滑行道用滑行道编号表示。
（3）客机坪或客货共用机坪用 APRON 表示。
（4）货机坪用 CARGO 表示。
（5）试车坪用 RUNUP 表示。
（6）国际航班专用机坪用 INTL 表示。
（7）军民合用机场的军用部分用 MIL 表示。
（8）军民合用机场的民用部分用 CIVIL 表示。
（9）除冰坪用 DEICING 表示。

2. 位置标记牌

在需要向驾驶员提供其所在位置的信息之处应设置位置标记牌，标出所在滑行道的编号。

位置标记牌应为黑底黄字，单独设置的位置标记牌应增加一个黄色边框，如图 2-84（g）所示。

至少应在下列位置设置位置标记牌。

（1）在通往跑道的 A 型跑道等待位置处，设在跑道号码标记牌的外侧，如图 2-79 所示。

（2）在有可能进入其他滑行道的机坪出口处的滑行道或交点以远的滑行道，位置设在出口滑行道的左侧。

（3）在航空器穿越跑道或一个复杂的滑行道交叉点之后需要证实航空器确已进入正确的滑行道之处，宜设置一位置标记牌，设在航空器穿越后进入的滑行道的左侧，若不能设在左侧时可设置在右侧，也可设在位于该处的其他标记牌的背面，如图 2-85 所示。

（4）位置标记牌与跑道脱离标记牌合设，设置在其外侧，如图 2-84（e）和图 2-84（f）所示。

（5）位置标记牌与方向标记牌合设构成方向标记牌组，如图 2-84（a）～图 2-84（d）所示。

（6）在每一中间等待位置处应设一位置标记牌，但如果该处已设有方向标记牌组，则不再单独设置位置标记牌。

3. 方向标记牌

在运行需要标明在一相交点的滑行道的识别代码和方向时应设置一块方向标记牌。方向标记牌应为黄底黑字。

方向标记牌应满足以下要求。

（1）方向标记牌应包括滑行道编号和用以识别转弯方向的箭头。箭头的方向应与指示的方向一致或近似。指向左转的箭头应设在滑行道编号的左侧，指向右转的或直行的箭头应设在滑行道编号的右侧。

（2）在滑行道与滑行道交叉点之前，若按运行常规要求航空器进行观察选择前进的方向，则应在该处设一个方向标记牌组。

（3）方向标记牌组应包括一块标明所在滑行道的位置标记牌和若干个标出航空器可能需要转入的滑行道的方向标记牌。

（4）在只有两条滑行道交叉处，宜用一个带两个箭头的方向标记牌代替两个滑行道编号相同、方向不同的标记牌，此时位置标记牌应设在方向标记牌左侧，如图 2-84（b）所示。

（5）方向标记牌的布置应使各个方向箭头偏离垂直线的程度随着相应滑行道方向偏离所在滑行道方向的程度的增大而增大，如图 2-84（d）所示。

（6）航空器所在滑行道如果在交叉点之后方向显著改变时，则方向标记牌组除包括该滑行道的位置标记牌外，还应包括一块标明该滑行道方向改变的方向标记牌，如图 2-84（c）所示。

（7）相邻方向标记牌应用黑色垂直分界线隔开，如图 2-84 所示。

（8）在滑行道与滑行道交叉处，如果在滑行道交叉点前设有中间等待位置，则方向标记牌组应设在交叉点以前的中间等待位置标志的延长线上，如图 2-86 所示。

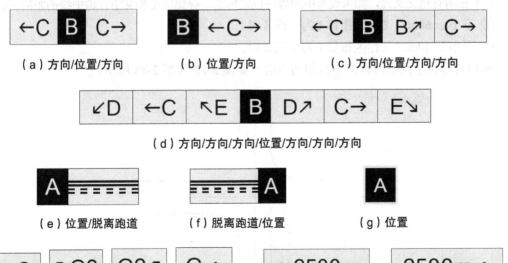

图 2-84　信息标记牌

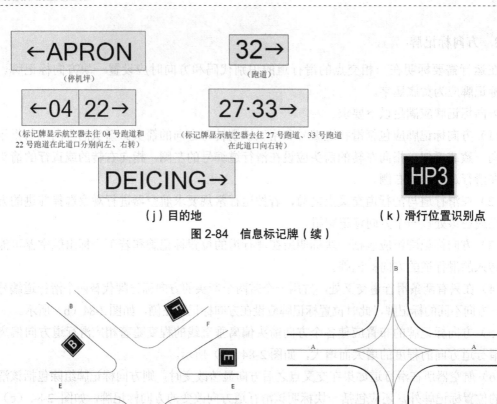

图 2-84 信息标记牌（续）

(9) 在滑行道交叉处，如未设有中间等待位置标志，标记牌至相交滑行道中线的距离应：
① 不小于 60m，飞行区指标 I 为 3 或 4 时。
② 不小于 40m，飞行区指标 I 为 1 或 2 时。
标记牌应位于两条滑行道中线相切点前，如图 2-87 和图 2-88 所示。

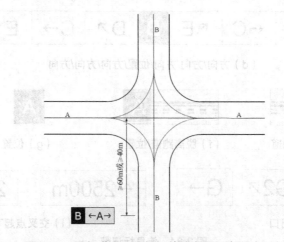

图 2-87 滑行道交叉处标记牌的布置示意图（二）

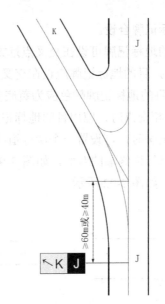

图 2-88 滑行道交叉处标记牌的布置示意图（三）

在未设有中间等待位置，方向标记牌组的设置也无法满足距交叉滑行道中线 60m 时，方向标记牌组宜设在滑行道中线转弯开始点之前，如图 2-89 所示。

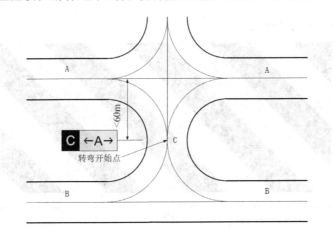

图 2-89 滑行道交叉处标记牌的布置示意图（四）

（10）方向标记牌组应设置在滑行道的左侧。因受净距要求、地形限制或其他原因导致标记牌不可能设置在滑行道左侧时，标记牌可设置在滑行道的右侧，此时宜在地面设置信息标志作为标记牌的补充。

（11）一条滑行道与另外两条距离较近的滑行道垂直相交，但转弯开始点相差较远时，则宜设置两个方向标记牌组，否则宜设置一个方向标记牌组。

4. 目的地标记牌

在需要用标记牌向驾驶员指明前往某一目的地的滑行方向处，宜设一块目的地标记牌，牌面标有代表该目的地的文字符号和一个指明去向的箭头，如图 2-84（j）所示。

目的地标记牌不应与其他标记牌合设。

如果目的地在正前方，目的地标记牌可设在交叉点远方的方向标记牌组的背面；在滑行道终止于前方 T 形交叉点时，目的地标记牌应设在交叉点的远方，即 T 形交叉点的平顶上方中央，如图 2-90 所示。目的地标记牌颜色应为黄底黑字。

在滑行道终止于一个 T 形相交点时，应用目的地标记牌标明滑行道终止于一个 T 形相交点。当不便设置目的地标记牌时，可设置一个滑行道终止标记牌。目的地标记牌或滑行道终止标记牌应设在终止的滑行道终端的对面，如图 2-90 和图 2-91 所示。滑行道终止标记牌牌面应为黄黑交替斜纹，如图 2-92 所示。

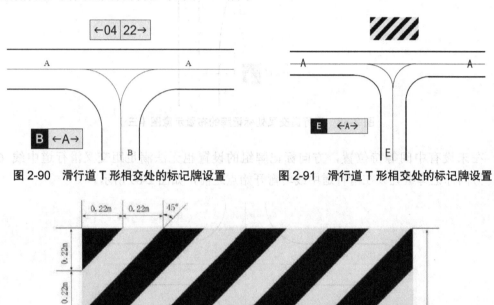

图 2-90　滑行道 T 形相交处的标记牌设置　　图 2-91　滑行道 T 形相交处的标记牌设置

图 2-92　滑行道终止标记牌尺寸

5. 跑道出口标记牌

跑道出口标记牌上的文字符号应包括跑道出口滑行道的代码和一个标明应遵行方向的箭头。跑道出口标记牌应设在跑道出口滑行道一侧。

跑道出口标记牌应设在跑道与出口滑行道相交切点之前，飞行区指标 I 为 3 或 4 时，标记牌至切点的距离应不小于 60m；飞行区指标 I 为 1 或 2 时，标记牌至切点的距离应不小于 30m。

如果紧临跑道的两条出口滑行道距离较近，当其中一跑道出口标记牌按要求设在跑道与出口滑行道相交切点之前至少 60m 处时，可能标记牌会位于另一出口滑行道道面上，在此情况下可适当改变标记牌的位置，使其设在相交切点之前不足 60m 处的适当位置上，如图 2-93 所示。

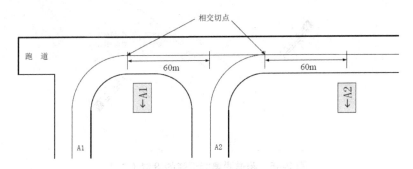

注：① A1 标记牌受条件限制无法在标准位置设置，只能设置在转弯开始点切点附近。
② A2 标记牌符合标准安装位置。

图 2-93 跑道出口标记牌的设置

跑道出口标记牌颜色应为黄底黑字。

6. 跑道脱离标记牌

仪表跑道应设置跑道脱离标记牌。

跑道脱离标记牌应设置在跑道等待位置处。对于单向运行的出口滑行道，则应设置在相当于跑道等待位置处。当跑道设有 ILS/MLS 时，跑道脱离标记牌应设置在临界/敏感区的边界或内过渡面的底边，以距离跑道中线较远者为准。

跑道脱离标记牌上应展示 A 型跑道等待位置标志的图案，且至少应设在出口滑行道的一侧，在跑道脱离标记牌的外侧还应设一块位置标记牌，如图 2-94 和图 2-95 所示。

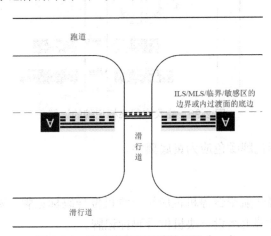

图 2-94 跑道脱离标记牌的设置（一）

在单向运行的滑行道上，应在跑道脱离标记牌背面展示滑行道号码，供航空器或车辆错误进入后辨识滑行道使用。除此以外的滑行道上，跑道脱离标记牌应与设置在此处的标记牌合设在一块牌子的两面上。

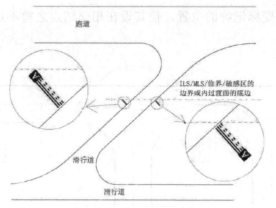

图 2-95 跑道脱离标记牌的设置（二）

跑道脱离标记牌颜色应为黄底黑线。

7. 跑道交叉点起飞标记牌

在运行需要标明跑道交叉点起飞的剩余可用起飞滑跑距离时，应设一块交叉点起飞标记牌。交叉点起飞标记牌应设在入口滑行道的左侧，标记牌至跑道中线的距离应不小于 60m，但若飞行区指标 I 为 1 或 2 时，标记牌至跑道中线的距离则应不小于 45m，如图 2-96 所示。交叉点起飞标记牌上的文字符号应包括以米为单位的剩余可用起飞滑跑距离和一个方向与位置适当的箭头。

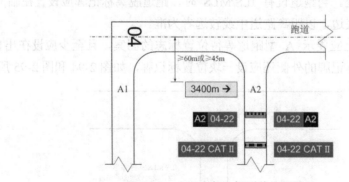

图 2-96 交叉点起飞标记牌的设置

跑道交叉点起飞标记牌颜色应为黄底黑字。

8. 机位标记牌

可能的情况下，每一航空器停机位应设一块机位号码标记牌。对于设有登机廊桥的机位，宜在登机廊桥固定端上增设一块机位号码标记牌。

安装在停机位上的机位号码标记牌应设在机位中线延长线上，如实际不可行，宜偏置于航空器入位方向机位中线左侧设置。机位号码标记牌可在建筑物上悬挂安装，或在地面上立式安装，其牌面尺寸、安装位置和高度应使准备进入机位的航空器驾驶员能够看清楚识别。

机位号码标记牌应为黄底黑字，如夜间使用应设有照明，宜采用内部照明方式。机位号码标记牌牌面字符应为机位号码。在机位号码标记牌上及周边设置经纬度数值,其数值高度不超过机位号码高度的 1/4,如图 2-97 所示。

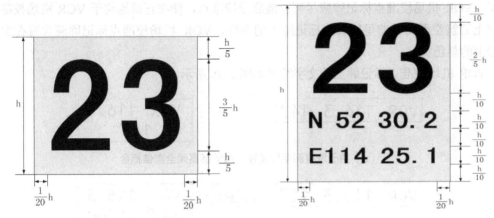

图 2-97 机位号码标记牌示例

安装在登机廊桥固定端上的机位号码标记牌,其牌面字符与本廊桥所服务的机位号码一致。机位号码标记牌宜为三棱柱形,牌面上仅显示机位号码,牌面之间的夹角不小于 60°。字符高度宜为牌面高度 1/2～3/4。

9. 道路等待位置标记牌

在所有道路进入跑道和跑道进近区域的入口处应设置道路等待位置标记牌。道路等待位置标记牌应设置在等待位置距道边 2m 处(按当地交通规则,设在右侧)。道路等待位置标记牌应为红底白字。八角形标志外径为 0.6m,白边宽度为 20mm,衬边宽度为 4mm。道路与滑行道相交处,可视情况设置道路等待位置标记牌。

道路等待位置标记牌上的文字符号为中文,应符合当地的交通规则,文字大小应易于驾驶员识别,并包括下列内容。

(1)停住的要求。

(2)在适当的情况下增加取得空中交通管制部门放行的要求(如"未经塔台许可不得进入"),以及位置代号。

打算供夜间使用的道路等待位置标记牌应逆向反光或予以照明。

10. 机场识别标记牌

存在下列情况之一的机场应设机场识别标记牌。

(1)航空器主要以目视方式飞行。

(2)由于周围地形或建筑物难以从空中确定机场位置。

(3)没有其他足够的目视手段去识别机场。

机场识别标记牌应尽可能地设在机场内从水平以上各个方位均容易看清之处。机场识别标记牌应包括有机场名称,如机场有识别代码则可包括识别代码。机场识别标记牌的颜色应与其背景颜色反差良好并足够醒目。机场识别标记牌的字体高度应不小于 3m。

11. VOR 机场校准点标记牌

当设有 VOR 机场校准点时，应以 VOR 机场校准点标志和 VOR 机场校准点标记牌来标明。VOR 机场校准点标记牌应尽可能地靠近校准点，使在正确地位于 VOR 机场校准点标志上的航空器驾驶舱里能看到标记牌上的字样。VOR 机场校准点标记牌应含有在黄色背景上的黑色文字。

VOR 机场校准点标记牌上的文字符号如图 2-98 所示。

(a) 用于没有测距仪装在一起的甚高频全向信标台

(b) 用于有测距仪装在一起的甚高频全向信标台

注：VOR——为缩写，标明这是 VOR 机场校准点；
116.3——为该 VOR 无线电频率的一个示例；
147°——为应在 VOR 校准点指示出的 VOR 方位角度数的一个示例，精确到度；
4.3NM——为至与 VOR 装在一起的测距仪（DME）的距离的一个示例，以海里为单位。

图 2-98　VOR 机场校准点标记牌示例

第五节　机场净空

由于飞机在机场区域内的飞行高度比较低，所以必须在机场上空划出一个区域，这个区域叫作净空区。机场能否安全有效地运行，与场址内外的地形和人工构筑物密切相关。它们可能使可用的起飞或着陆距离缩短，并使可以进行起降的气象条件的范围受到限制。因此，必须对机场附近沿起降航线一定范围内的空域（即在跑道两端和两侧上空为飞机起飞爬升、降落下滑和目视盘旋需要所规定的空域）提出要求，也就是净空要求，保证在飞机的起飞和降落的低高度飞行时不能有地面的障碍物来妨碍导航和飞行。

机场净空区是为保证飞机起飞着陆和复飞的安全，在机场周围划定的限制地貌、地物高度的空间区域。新规定的机场净空区由升降带、端净空区和侧净空区三部分组成，其范围和规格根据机场等级确定。

升降带是为了保证飞机起飞着陆滑跑的安全，以跑道为中心在其周围划定的一个区域；端净空区为保证飞机起飞爬升和着陆下滑安全限制物体高度的空间区域；侧净空区是从升降带和端净空区限制面边线开始，至机场净空区边线所构成的限制物体高度的区域，由过渡面、内水平面、锥形面和外水平面组成。

净空区的底部是椭圆形，以跑道为中线，它的长度是跑道的长度加上两端各 60m 的延长线;椭圆形的宽度在 6km 以上。净空区以它为底部向外向上呈立体状延伸。同时,在跑道的两端向外划出一个通道,这个通道的底面叫进近面,沿着下滑道水平延伸 10km 以上,由这水平面同时向上延伸形成一条空中通道。由这些平面围成的空间是为飞机起降专用的,任何其他建筑物和障碍物均不得伸入这个区域,风筝和飞鸟也在严禁之列。接近此区域的楼房、烟囱等在高度上都有限制,而且在顶部还要漆上红白相间的颜色、装上灯光或闪光灯,目的都是便于飞行员识别,防止碰撞。

为保障航空器起降安全和机场安全运行,防止由于机场周围障碍物增多而使机场无法使用,规定了几种障碍物限制面,用以限制机场及其周围地区障碍物的高度。

一、机场净空障碍物限制面

根据附件 14 的规定,机场障碍物限制面一共包括进近面、起飞爬升面、内水平面、锥形面、过渡面、复飞面、内进近面、内过渡面。障碍物限制面如图 2-99 所示。

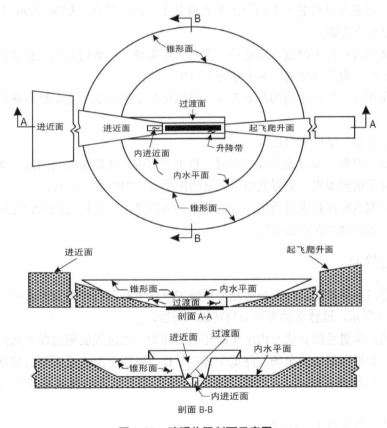

图 2-99 障碍物限制面示意图

(一)起飞爬升面

起飞爬升面是跑道端或净空道端外的一个倾斜平面或其他规定的面,如图 2-99 所示。起飞爬升面的界限应包括以下方面。

（1）一条内边：位于跑道端外规定距离处，或当设有净空道而其长度超过上述规定距离时位于净空道端处，垂直于跑道中线的一条水平线；内边标高应等于从跑道端至内边之间的跑道中线延长线上最高点的标高，当设有净空道时，内边标高应等于净空道中线上地面最高点的标高。

（2）两条侧边：以内边的两端为起点，从起飞航道以规定的比率均匀地扩展至一个规定的最终宽度，然后在起飞爬升面的剩余长度内继续维持这一宽度。

（3）一条外边：垂直于规定的起飞航道的一条水平线。

在起飞航道为直线的情况下，起飞爬升面的坡度应在含有跑道中线的铅垂面内度量。

在起飞航道带有转弯的情况下，起飞爬升面应是一条含有对其中线的水平法线的复合面，该中线的坡度应与直线起飞航道的坡度相同。

（二）进近面

进近面是跑道入口前的一个倾斜的平面或几个平面的组合，如图 2-99 所示。进近面的界限应包括以下方面。

（1）一条内边：位于跑道入口前的一个规定距离处，一条规定长度且垂直于跑道中线延长线的水平线。内边的标高应等于跑道入口中点的标高。

（2）两条侧边：以内边的两端为起点，自跑道的中线延长线均匀地以规定的比率向外散开。

（3）一条外边：平行于内边。

当采用横向偏置、偏置或曲线进近时，自进近面内边两端按规定的散开率均匀散开的两侧边应对称于横向偏置、偏置或曲线进近的地面航迹的中线延长线。

进近面的坡度应在包含有跑道中线的铅垂面内度量，同时应连续包含任何横向偏置、偏置或曲线进近的地面航迹的中线。

（三）过渡面

过渡面是沿升降带边缘和部分进近面边缘坡度向上和向外倾斜到内水平面的一个复合面，如图 2-99 所示。过渡面的界限应包括以下方面。

（1）底边：从进近面侧边与内水平面相交处开始，沿进近面侧边向下延伸至进近面的内边，再从该处沿升降带的全场与跑道中线相平行。底边上沿进近面侧边部分的标高等于进近面在该点的标高，底边上沿升降带部分的标高等于跑道中线或其延长线上最近点的标高。

（2）顶边：位于内水平面的平面上。

过渡面的坡度应在与跑道中线成直角的铅垂面内度量。

（四）内水平面

内水平面是位于机场及其周围以上的一个水平面中的一个面，如图 2-100 和图 2-101

所示。内水平面的起算标高应为跑道两端入口中点的平均标高。以跑道两端入口中点为圆心，按表 2-29 所示规定的内水平面半径画出圆弧，再以与跑道中线平行的两条直线与圆弧相切成一个近似椭圆形，形成一个高出起算标高 45m 的水平面。

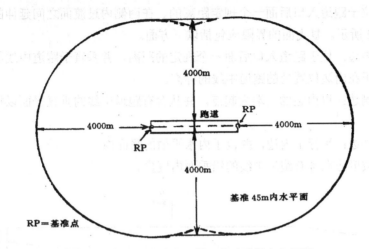

图 2-100　飞行区代码 4 的一条跑道的内水平面

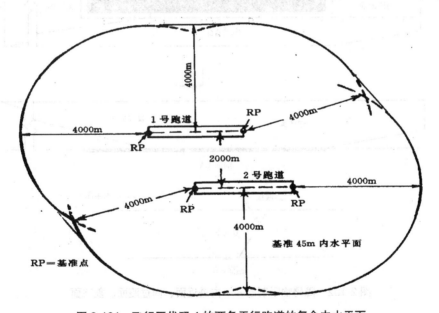

图 2-101　飞行区代码 4 的两条平行跑道的复合内水平面

（五）锥形面

锥形面是从内水平面周边起向上和向外倾斜的一个面，如图 2-102 所示。锥形面的起端应从内水平面的周边开始，其起算标高应为内水平面的标高，以 1∶20 的坡度向上和向外倾斜，直到符合表 2-29 所示规定的锥形面外缘高度为止。锥形面的界限应包括以下方面。

（1）底边：与内水平面周边相重合。

（2）顶边：高出内水平面一个规定高度的近似椭圆水平面的周边。

锥形面的坡度应在与内水平面周边成直角的铅垂面中度量。

（六）复飞面

复飞面是位于跑道入口后面一个规定距离的、在两侧内过渡面之间延伸的一个倾斜平面，如图 2-102 所示。复飞面的界限应包括以下方面。

（1）一条内边：位于跑道入口后面一个规定的距离，并垂直于跑道中线的水平线。内边的标高应等于在内边位置处的跑道中线的标高。

（2）两条侧边：以内边的两端为起点，并从含有跑道中线的垂直平面以规定的比率均匀地向外扩展。

（3）一条外边：平行于内边，并位于内水平面的平面内。

复飞面的坡度应在含有跑道中线的铅垂面内度量。

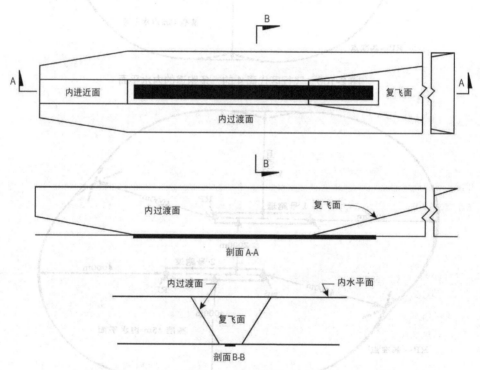

图 2-102　障碍物限制面——内进近面、内过渡面、复飞面

（七）内进近面

内进近面是进近面中紧靠跑道入口前的一块长方形部分，如图 2-102 所示。进近面的界限应包括以下方面。

（1）一条内边：与进近面内边的位置重合，一条规定长度且垂直于跑道中线延长线的水平线。

（2）两条侧边：以内边的两端为起点，平行于包含跑道中线的垂直平面向外延伸。

（3）一条外边：平行于内边。

（八）内过渡面

内过渡面是类似于过渡面的面，但更接近于跑道，如图 2-102 所示。内过渡面的界限应包括以下方面。

（1）底边：从内进近面的末端开始，沿内进近面的侧边向下延伸到该面的内边，从该处沿升降带平行于跑道中线至复飞面的内边，然后再从该处沿复飞面的边线向上至该边线与内水平面相交处为止。底边沿内进近面和复飞面的侧边部分的标高等于该点特定面的标高，底边沿升降带部分的标高等于跑道中线或其延长线上最近点的标高。

（2）顶边：位于内水平面的平面上。

内过渡面的坡度应在与跑道中线成直角的铅垂面内度量。

二、障碍物限制面要求

障碍物限制应符合下列要求。

（1）跑道一端或两端同时作为飞机起飞和降落使用时，障碍物限制高度应按表 2-29 和表 2-30 中较严格的要求进行控制。

表 2-29　进近跑道的障碍物限制面的尺寸和坡度

障碍物限制面及尺寸 [a]		跑道类别								
		非仪表跑道				非精密进近跑道			精密进近跑道		
									I 类	II 类或 III 类
		飞行区指标 I				飞行区指标 I			飞行区指标 I	飞行区指标 I
		1	2	3	4	1, 2	3	4	1, 2	3, 4	3, 4
锥形面	坡度	5%	5%	5%	5%	5%	5%	5%	5%	5%	5%
	高度/m	55	55	75	100	60	75	100	60	100	100
内水平面	高度/m	45	45	45	45	45	45	45	45	45	45
	半径/m	2 000	2 500	4 000	4 000	3 500	4 000	4 000	3 500	4 000	4 000
内进近面	宽度/m	—	—	—	—	—	—	—	90	120[b]	120[b]
	距跑道入口距离/m	—	—	—	—	—	—	—	60	60	60
	长度/m	—	—	—	—	—	—	—	900	900	900
	坡度	—	—	—	—	—	—	—	2.5%	2%	2%
进近面	内边长度	60	80	150	150	150	300	300	150	300	300
	距跑道入口距离/m	30	60	60	60	60	60	60	60	60	60
	散开率（每侧）	10%	10%	10%	10%	15%	15%	15%	15%	15%	15%

续表

障碍物限制面及尺寸 [a]			跑道类别								
			非仪表跑道				非精密进近跑道			精密进近跑道	
										I 类	II 类或 III 类
			飞行区指标 I				飞行区指标 I			飞行区指标 I	飞行区指标 I
			1	2	3	4	1, 2	3	4	1, 2	3, 4	3, 4
进近面	第一段	长度/m	1 600	2 500	3 000	3 000	2 500	3 000	3 000	3 000	3 000	3 000
		坡度	5%	4%	3.33%	2.50%	3.33%	2%	2%	2.50%	2%	2%
	第二段	长度/m	—	—	—	—	—	3 600[c]	12 000[c]	3 600[c]	3 600[c]	3 600[c]
		坡度	—	—	—	—	—	2.50%	2.50%	3%	2.50%	2.50%
	第三段	长度/m	—	—	—	—	—	8 400[c]	8 400[c]	8 400[c]	8 400[c]	8 400[c]
		坡度	—	—	—	—	—	15 000	15 000	15 000	15 000	15 000
过渡面	坡度		20%	20%	14.3%	14.3%	20%	14.3%	14.3%	14.3%	14.3%	14.3%
	内过渡面坡度		—	—	—	—	—	—	—	40%	33.3%	33.3%
复飞面	内边长度/m		—	—	—	—	—	—	—	90	120[b]	120[b]
	距跑道入口距离/m		—	—	—	—	—	—	—	距升降带的距离	1 800[d]	1 800[d]
	散开率（每侧）		—	—	—	—	—	—	—	10%	10%	10%
	坡度		—	—	—	—	—	—	—	4%	3.33%	3.33%

注：a 除另有注明外，所有尺寸均为水平度量。
b 飞行区指标 II 为 F 时，该宽度增加到 155m。
c 可变的长度。
d 或距跑道端距离者，两者取小值。

表 2-30 供起飞用的跑道的障碍物限制面的尺寸和坡度

障碍物限制面及尺寸 [a]	飞行区指标 I		
	1	2	3 或 4
内边长度	60m	80m	180m
距跑道端距离 [b]	30m	60m	60m
散开率（每侧）	10%	10%	12.5%
最终宽度	380m	580m	1 200m, 1 800m[c]
长度	1 600m	2 500m	15 000m
坡度	5%	4%	2%

注：a 除另有规定者外，所有尺寸均为水平度量
b 若净空道长度超出规定的距离，起飞爬升面从净空道末端开始
c 在仪表气象条件和夜间目视气象条件下飞行，当拟用航道含有大于 15 度的航向变动时，采用 1800 m

（2）内水平面、锥形面与进近面相重叠部分，障碍物限制高度应按较严格的要求进行

控制。

（3）当一个机场有几条跑道时，应按表 2-29 和表 2-30 的规定分别确定每条跑道的障碍物限制范围，其相互重叠部分应按较严格的要求进行控制。

- 非仪表跑道应设立下列障碍物限制面。
  - 锥形面。
  - 内水平面。
  - 进近面。
  - 过渡面。
- 非精密进近跑道应设立下列障碍物限制面。
  - 锥形面。
  - 内水平面。
  - 进近面。
  - 过渡面。
- I 类精密进近跑道应设立下列障碍物限制面。
  - 锥形面。
  - 内水平面。
  - 进近面。
  - 过渡面。
  - 内进近面。
  - 内过渡面。
  - 复飞面。
- II 类或 III 类精密进近跑道应设立下列障碍物限制面。
  - 锥形面。
  - 内水平面。
  - 进近面和内进近面。
  - 过渡面。
  - 内过渡面。
  - 复飞面。
- 仪表进近跑道坡度为 2.5%的那部分进近面与下列面相交处以外的进近面应是水平的。
  - 一个高于跑道入口中点标高 150m 的水平面。
  - 通过控制超障高度或超障高（OCA/H）的任何物体顶端的水平面。

  上述两者中以较高的水平面为准。
- 供起飞的跑道应设立起飞爬升面，其尺寸和坡度如表 2-30 所示。

三、关于机场净空的其他要求

关于机场净空的其他要求如下。

（1）当跑道要保障飞机在两个方向都能起飞或着陆时，障碍物的高度必须按起飞和进近中较严格的要求控制。

（2）在内水平面、锥形面与进近面相重叠部分，障碍物高度必须按三者中较严格的要求进行控制。

（3）当一个机场有几条跑道时，应按表 2-29 和表 2-30 规定分别确定每条跑道净空限制范围，其互相重叠部分按较严格的要求进行控制。

（4）对于符合遮蔽原则的高出障碍物限制面的建筑物或物体，经过航行部门研究，确认不会影响飞行安全，并且经有关主管部门批准后，可以不认为是障碍物。

所谓遮蔽原则，即当一建筑物或物体被现有不可搬迁的障碍物所遮蔽，自该障碍物顶点向跑道方向并向下倾斜 1∶10 的平面，对于不高出该面的建筑物或物体，即为被该不可搬迁的障碍物所遮蔽。

（5）新物体或现有物体进行扩建的高度不应超出起飞爬升面、进近面、过渡面、锥形面以及内水平面。对在此范围内超过规定限制高度的现有物体应拆除或搬迁，下列情况除外。

① 经过专门研究认为在航行上采取措施并经有关主管部门批准后，该物体不致危及飞行安全。在此情况下，该物体仍应视为障碍物，按规定设置障碍灯和标志。

② 该建筑或物体被另一现有不能搬迁的障碍物所遮蔽时。

（6）除由于其功能需要应设置在升降带上的易折物体外，所有固定物体不应超出内进近面、内过渡面或复飞面。在跑道用于飞机着陆期间，不应有可移动的物体高出这些限制面。

（7）当准备使用该跑道的各种飞机的操作性能要求适合于应付临界的运行条件时，应考虑是否需要减小表 2-30 所规定的坡度。如果减小了规定的坡度，则应对起飞爬升面进行相应调整，使之提供保障直至末端 300m 的高度为止。

（8）若当地条件与海平面标准大气条件相差很大，宜将表 2-29 所规定的坡度适当减小。减小的幅度取决于当地条件与海平面标准大气条件之间的差异程度以及使用该跑道的飞机的性能特性和操作要求。

（9）若已存在的物体没有达到 2%（1∶50）坡度的起飞爬升面，新物体应限制在保持原有的无障碍物面或保持一个坡度减小至 1.6%（1∶62.5）的限制面内。

（10）机场附近的高压输电线及其塔架应按障碍物限制面进行评估和控制，此外还应根据本标准要求设置障碍物标志及灯光标识。

（11）对障碍物限制面以外的物体。

① 在障碍物限制面界限以外的机场附近地区，高出地面 150m 或更高的物体应认为是障碍物，除非经过专门的航行研究表明它们并不危及飞行安全。

② 不高出进近面，但对目视或非目视助航设备的最佳位置或性能有不良影响的物体，应尽可能拆除。

③ 经航行部门研究，确认对飞行区或内水平面和锥形面范围内的飞机有危害的任何物体，应认为是障碍物，尽可能拆除。

四、机场净空保护管理

机场净空保护对机场安全来说至关重要。为此,搞好机场净空保护是机场场务管理的一项重要工作。保护机场净空,必须采取一系列的综合管理措施。

(一)通过地方行政法规或立法,来强化机场净空保护

目前,我国许多城市都依据《中华人民共和国民用航空法》《中华人民共和国城市规划法》《中华人民共和国无线电管理条例》,制定、颁布了当地民用机场保护法规。其中,对机场净空保护提出了十分详细的规定。主要包括以下内容。

(1)要求机场管理机构根据民航技术标准绘制机场净空障碍物限制图,划定机场净空保护区域,经民航主管部门批准后,报市规划行政主管部门及相关部门备案。

(2)要求任何单位和个人在机场净空保护区域内新建、扩建、改建建(构)筑物或者其他设施,必须向政府有关部门提出申请,有关政府部门在审批机场净空保护区域内的建设项目时,应审核其是否符合机场净空保护的要求。可能影响机场净空保护的,应当书面征求机场管理机构的意见。

(3)政府部门在审批机场净空保护区域以外可能影响飞行安全的高大建筑物或者设施时,应要求有关产权单位按照国家有关规定设置航空障碍灯和标志,并使其保持正常状态,同时向机场管理机构提供必要资料。

(4)禁止在机场净空保护区域内从事下列活动。

① 修建超过机场净空障碍物限制高度的建(构)筑物或者其他设施。

② 修建可能向空中排放烟雾、粉尘、火焰、废气而影响飞行安全的建(构)筑物或者其他设施。

③ 修建靶场、强烈爆炸物仓库等影响飞行安全的建筑物或者设施。

④ 设置影响机场目视助航设施使用的灯光、标志以及其他设施。

⑤ 焚烧产生大量烟雾的农作物秸秆、垃圾等物质。

⑥ 饲养、放飞影响飞行安全的鸟类动物和其他物。

⑦ 侵占、破坏机场排水沟渠或对机场周边水利设施改造不当而影响机场排水、防洪。

⑧ 其他影响机场净空安全的活动。

(5)机场新建、扩建公告发布前,在机场净空保护区域内已经存在的可能影响飞行安全的建(构)筑物、树木、灯光和其他障碍物体,应当在规定的期限内清除;确实无法清除且经采取有效措施后不至于危及飞行安全,并经机场管理机构认可允许保留的,其产权单位或个人应当按照国家有关规定设置航空障碍灯和标志,并使其保持正常状态。

(6)机场新建、扩建公告发布后,任何单位和个人在机场净空保护区域内修建、种植或者设置影响飞行安全的建(构)筑物、树木、灯光和其他障碍物体的,要由所在地人民政府责令无条件清除。

（二）机场当局采取相应措施，对净空进行有效管理

机场对净空进行有效管理可采取如下措施。

（1）有关部门和技术人员应明确机场净空保护范围和标准，掌握翔实的技术资料，如机场净空障碍物限制面图等。

（2）机场当局应根据机场近期和远期规划，对规划控制区的建设进行有效监控，防止将来对机场净空构成威胁。

（3）准确掌握机场附近的障碍物分布情况和障碍物性质、高度、标志等。

（4）定期对机场及其周边进行巡视，发现新的建构筑物、障碍物要及时报告，并尽快通过各种有效渠道进行协调。

（5）定期对机场周围的障碍物标志、灯光进行巡视，发现问题及时进行维修。

（6）对机场净空控制区内的变化，要及时向有关部门进行通报，适时更改有关机场资料。

（7）机场应配备一定的仪器设备，以便对控制区内物体的高程、位置等进行准确的测量和识别。

（三）当地政府积极配合，支持机场实施有效的净空管理

搞好机场净空管理，当地政府必须予以有力的支持。特别是政府中的规划、土地管理部门，在审批机场周边有关建设项目时，必须与机场当局进行沟通，在确认不会对机场净空构成不良影响时方能予以批准。另外，在机场当局因净空问题与周边单位或个人发生争端时，当地政府也应从保障机场航空安全的大局出发，妥善予以处理，使机场净空确实得到有效的保护。

第三章

机场运行系统

本章学习目标

- 掌握机场系统的组成；
- 掌握飞行区的组成及运行管理的内容；
- 掌握航站区的概念及组成；
- 掌握航站楼内提供的服务及主要设备设施；
- 掌握停机坪管理的内容；
- 了解到达机场的交通方式及优缺点；
- 掌握地面交通系统运行管理的主要内容。

 导读

智能化是机场未来发展的方向

互联网以迅雷不及掩耳之势冲击人类社会的各个方面，它带来了翻天覆地的变化，改变了人们以往的生活方式与生活节奏，如今人们通过手机就可以感受互联网的互联互通、方便快捷。正当我们享受互联网给我们带来的美好情景时，又一个浪潮向我们袭来，这一浪潮比互联网更猛烈——智能化。

我们之所以强调智能化是机场迈向智慧机场的必然途径，是因为它不以人们意志为转移，具有客观性。无论我们承认与否，智能化正在以排山倒海之势推动社会的发展，如今社会的各个领域正在发生革命性的变化。就民航机场目前情况而言，虽然各机场都在积极进取，但对互联网的充分利用还有很大的差异，对机场智能化的利用方面更是参差不齐，这些差异主要表现在管理者对智能化的认知上。如何推动机场智能化是目前机场管理者的必修课，作为机场的管理者必须具备前瞻性，其一，智能化是推动机场发展的唯一途径。强调唯一，那么是否有可能有第二途径，答案是 NO！智能化最明显的特点是机器+人工智能，一旦机器智能化了，它必然代替人，这不依我们认知浅薄或认知时间的前后为转移，它一往无前，适者生存，谁不适应这一潮流谁将被抛弃。其二，智能化将改变机场运营的模式与管理。目前机场的运营模式与管理还依照传统的机场运营模式与管理进行。但我们现在不知不觉地感到不适应了，尤其随着无人值机、无人托运行李、人脸识别、自助登机等智能化的出现，需要我们改变运营模式与管理，这一改变集中在两个方面，一是对智能化的管理，二是对人的管理。其三，智能化机场已得到国际民航行业的认可与肯定。国内已有四家机场取得国际航空运输协会（IATA）"金色机场"认证，取得认证的重要考核指标之一，即旅客可在机场体验到自助值机、自助行李交运、自助证件核查、自助机票改签、自助登机、自助遗失行李申报等 6 项自助服务，也标志着国际民航行业对机场在智能化服务方面所做努力的肯定。其四，智能化使民航服务走向更高的台阶。服务的核心是满足旅客的需要，在互联网与智能化条件下，人们的生活节奏加快，旅客对方便快捷乘机的需求也在与日俱增，而智能化恰恰能够满足日益增长的旅客需求。诸如：自助服务体验、无纸化一证通关、行李跟踪定位服务以及智慧服务平台、机场云数据。可见，智能化是机场迈向智慧机场的必然途径。

资料来源：http://www.caacnews.com.cn/zk/zj/gushengqin/201712/t20171208_1236043.html

由以上资料可以看出，机场智能化的实现主要是依赖先进的计算机、互联网技术，实现机场运行系统、机场工作流程的智能化。目前很多机场逐步实现机场运行系统的智能化。

 案例

科技在机场运行和安全管理方面的应用
——内蒙古民航机场集团智能生产运行系统介绍

内蒙古机场集团目前管理 29 座机场，其中，投入运行的机场有 19 座，形成了涵盖干线、支线、通勤通用等多层级机场体系。

近年来，内蒙古机场集团旅客吞吐量逐年稳步上升，由 2010 年的 300 多万人次增长到 2016 年的 800 多万旅客。随着吞吐量的快速增长，其运行保障能力与运量高速增长之间的矛盾日益突出，面临着运行效率越显不足、机场的安全压力越来越大、运行管理的难度越来越大等严峻挑战。

集团在 2010 年开始启动智能生产运行系统项目，经过六年不断开发，实现了具有三大核心功能的智能生产运行系统，并极大地满足了集团未来发展的实际需求，解决了机场快速发展存在的诸多棘手问题。该系统包括：

（1）综合航班信息的智能化管理。该平台集成空管、旅客信息、货运、安检、视频监控、车辆监控等系统数据，也就是将机场所有的信息组织在一起，起到智能融合、按需呈现，直达一线、实时动态，精准预测落地时间的功能。

（2）智能调度。主要实现了智能排班、智能预排；优化高度、提高效率；融合通信、高效沟通；作业状态、实时反馈的功能。

以往调度工作主要是人工进行操作，现在完全由系统进行自动调度，人员只是看着系统调度是否正确即可，如果有问题，人员再进行相应的调整，大大降低了调度人员的工作量，提升了工作效率。

（3）运行管控。把机场的所有规定，按照标准、管控都放在了系统中，让系统盯着机场实时运行，改变了传统的运行方式，告别了"人盯人"的运行监管模式，达到了实时监管、智能预警；数据分析、科学管理的功能。

该系统于 2013 年 9 月进行一期上线运行，2015 年启动二期项目，2016 年 4 月二期上线。现在在首都机场也开始进行了应用，目前共有三家机场共同试点运行。

系统从结构来说，分为四个部分：

一是调度端桌面软件，主要是指挥员和调度员使用的软件。

二是民航专用智能终端，可以自豪地说，这个终端不是设计师设计出来的，是我们很多一线工作人员摸索出来的一款终端产品,终端嵌入了员工要保障的工作、功能和作用。

三是综合语音融合平台,我们把各种原有的通信设备融合,可以支撑手机、电话、对讲等各种通信设备,即便大部分指挥员、调度员跟一线员工不认识,也可以直接呼叫某个岗位的工作人员。

四是 A-LTE 民航无线专网。

通过多年来打造的智能生产运行系统,完全表明了内蒙古民航机场集团充分将科技运用于机场运行和安全管理实际工作中,极大地保障了航空运行的安全和机场的健康发展的智慧发展思路。

资料来源:http://www.airportse.cn/?p=13363

由此可见,机场运行系统的运控直接影响了机场运行效率及航班的保障。

机场运行体系基本内容是指,将具体航班或专机作为服务对象,安排其航班在机场空域的一切行动。例如进行组织、指挥、协调等各项工作,并处理紧急情况,为机场的正常运行做出保障,积极促进安全、快捷、有效等目标的实现。

机场运行体系可以从空间和管理构成两方面看。从空间分布上看,运行体系可划分为飞行区、停机坪与航站楼。飞行区管理内容又包括跑道巡查、导航、辅助设施管理等,停机位置包括飞机调度、加油保障等,航站管理内容则包括旅客的管理、物资管理等;而从管理的构成来看,就可以分为日常管理与紧急事件管理,前者囊括机场一切日常活动,后者涵盖内容较广,需要按照法定程序与地区政府相关部门协调配合。由此可知,机场运行指挥体系是一个庞大的体系。

民用机场主要由飞行区、旅客航站区、货运区、机务维修设施、供油设施、空中交通管制设施、安全保卫设施、救援和消防设施、行政办公区、生活区、生产辅助设施、后勤保障设施、地面交通设施及机场空域等组成,如图 3-1 所示。

一般可将机场分为空侧和陆侧两部分。

空侧(又称对空面或向空面)是受机场当局控制的区域,包括机场空域、飞行区、站坪航站楼隔离区及相邻地区和建筑物,进入该区是受控制的。

陆侧是为航空运输提供服务的区域,是公众能自由进出的场所和建筑物,包括航站楼非隔离区、车道边、航站楼前地面交通系统。

从旅客活动的意义上讲,空侧和陆侧的分界点是安检口;从机场规划的意义上讲,空侧和陆侧由航站楼与机坪作为分界线,也就是说,飞机停机位成为两个区域的分界线。

如图 3-1 所示,机场系统主要由飞行区、航站区及进出机场的地面交通系统三部分构成。

陆侧交通主要指机场的地面到达及附属交通设施。旅客的到达交通方式包括个人汽车、出租车、机场班车和地铁等;附属交通设施包括进场道路、停车场和停车楼等。

航站区是地面与空中两种不同交通方式进行转换的场所,主要包括客运航站楼和货运站,是机场的客户运输服务区,为旅客、货物、邮件空运提供服务。

根据《民用机场飞行区技术标准》的定义:飞行区(Airfield Area)是机场内供飞机

起飞、着陆、滑行和停放的地区。飞行区包括跑道、升降带、跑道端安全区、停止道、净空道、滑行道、机坪等。

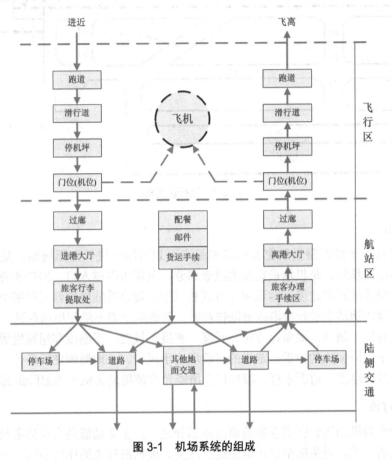

图 3-1 机场系统的组成

第一节 机场飞行区运行

飞行区涵盖了机场的空域及空侧地面保障设施，承载着飞机安全起降、滑行的重要使命。因此，飞行区运行管理工作任务艰巨、责任重大。飞行区构成如图 3-2 所示。

飞行区分为空中部分和地面部分。空中部分是指机场的空域，包括飞机进场和离场航路。地面部分包括跑道、滑行道、停机坪和登机门，以及一些为飞机维修和空中交通管制服务的设施和场地（机库、塔台、救援中心等）。

从运行角度飞行区分为运转区和活动区。运转区是指机场内用于起飞、着陆和滑行部分，不包括机坪。活动区指机场内用于起飞、着陆、滑行和停放飞机的部分，由运转区和机坪组成。

飞行区的活动区主要包括跑道、滑行道和停机坪，如图 3-2 所示。

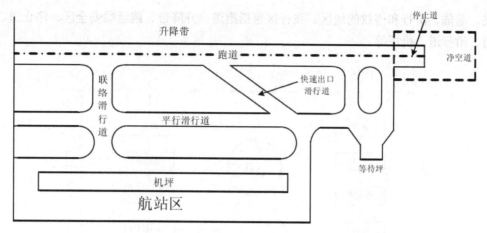

图 3-2 飞行区组成

1. 跑道

跑道是机场上经修整供航空器着陆和起飞而划定的一块长方形场地,是提供飞机起降、滑跑活动的场地,是机场最重要的组成部分。跑道由跑道入口、出口和脱离道出口组成。根据航空器的进近速度、跑道运行方式和机型来确定着陆航空器使用哪个出口脱离跑道。当航空器在跑道上进行离港或进港作业时,其他航空器不能使用该跑道。

跑道具有以下属性:数量、方位、长度、宽度、坡度、平整度和粗糙度等。跑道的数量主要取决于起降架次的数量。跑道的方位取决于风向、土地周围使用条件。跑道长度取决于海拔高度、温度、道面强度、坡度以及所能允许使用最大机型的起降距离。

2. 滑行道

滑行道作为机场飞行区重要的地面组成部分之一,主要功能是为进离港航班提供进出各功能分区的通道,避免航空器在地面运行冲突。根据滑行道的作用不同,一般可分为平行滑行道、快速出口滑行道、进出滑行道、联络滑行道、机坪滑行道、机位滑行通道等。

3. 停机坪

停机坪是为飞机提供停放、上下飞机、维修、清洁等其他地面服务的场所。飞机在机坪通常处于运动和静止两种活动状态,运动分为主动滑行和被动拖行两种状态;静止分为过站停留和过夜停放两种状态。机坪上设有供飞机停放而划定的停机位,机位的数量取决于高峰时每小时飞机的起降架次、飞机占用机位的时间以及机位利用率。机位的尺寸取决于飞机的几何尺寸(机长和翼展)、转动半径以及与建筑物之间的距离。靠近候机楼的能直接通过廊桥登机的站坪称为桥位。国内一般大型机场停机位有 50 个以上,中型机场停机位有 30 个左右。

停机位可分为近机位和远机位。近机位通过廊桥与航站楼连接,远机位则利用摆渡车实现与航站楼的往返。

机场停机坪包括站坪、维修机坪、隔离机坪、等候机位机坪、等待起飞机坪等。

(1)航站楼空侧所设的停机坪称作站坪,供飞机停靠,以便上下旅客、行李和货邮以及过站检修等。站坪包括客机坪和货机坪两部分。

① 客机坪一般位于滑行道与候机楼之间以及国际、国内走廊的周围区域，包括站坪、绿岛、行车道以及行车道内侧地坪。客机坪是供旅客上下飞机用的停机位置。客机坪的构形及大小主要取决于飞机数量、旅客登机方式及旅客航站的构形（见飞机场规划）。

② 在货运量大和专门设有货运飞机航班的机场，需要有专门处理空运货物陆空转换的货物航站及相应的货机坪。货机坪一般位于滑行道及联络道延长线区域，航空运输业的货运量增长很快，货机坪的位置要充分适应预测货物吞吐量的发展。

（2）停（维修）机坪是为飞机停放及各种维修活动提供的场所。停（维修）机坪的布置，除应考虑维修设备的不同要求外，还要考虑飞机试车时气流的吹袭影响，它可能对停放、滑行的飞机、地面设备和人员造成威胁。

（3）等待机坪一般设在跑道端部。为预备起飞的飞机等待放行或让另一架飞机绕越提供条件。选用等待机坪或绕越滑行道，主要根据飞机场高峰飞行架次、场址条件和可能性确定。

一、飞行区运行流程

飞行区保障的主体是航空器。航班在飞行区的运行根据航班的性质不同可分为进场航班和离场航班，涉及范围包括跑道系统、滑行道系统和停机坪。进港飞机、离港飞机按照各自的时间/距离安全间隔规定依次通过跑道进行起飞或降落。由于在同一时间，只能有一架飞机占用跑道，所以通常会在进近终端区产生进港队列，在跑道入口处形成离港队列。进港飞机在脱离跑道后，按照一定的地面滑行路线滑行至预先指派的停机位上以完成飞机过站服务，如上下客/货邮、加油、加水、机舱清洁等服务。撤除轮挡后，飞机离开停机位，经过滑行道到达跑道入口。如果符合起飞要求则通过跑道起飞，从而完成整个进离港过程，如图 3-3 所示。

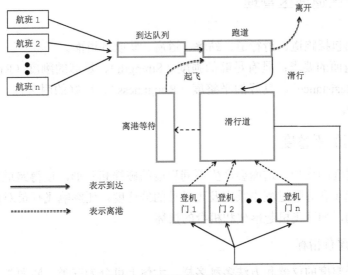

图 3-3 飞行区运行流程图

（一）飞机进港流程

飞机首先进入终端区雷达的覆盖范围之内，空管人员会为其提供一个降落时间，连续到达的两架飞机之间的时间间隔必须大于一个最小时间，该时间与这两架飞机的机型有关，主要受飞机尾流的影响，同时根据实时空中交通情况（拥挤程度）指定降落使用的跑道。当飞机得到降落的管制命令时，会按照指定的路线和速度从最终进近点（Final Approach Point）开始完成降落，飞机降落到跑道上后减速滑行，并选择快速脱离道口脱离跑道。通过快速脱离道后按照一定的路线基本保持匀速滑向其目标停机位，在滑行中要服从地面指挥，必要时进行等待以避免与其他飞机冲突和碰撞，最后到达指派的停机位完成整个进港流程。

（二）飞机离港流程

飞机经过过站时的加油、加水、装卸货物、检修等服务后，在预计离港时间到达前准备离港。首先牵引车会将飞机推出停机位，经过停机位滑行道进入主滑行道，然后与进港流程类似，按照地面指挥的路线滑行至起飞使用跑道，对于多跑道机场也涉及跑道使用策略的问题。到达起飞跑道后，若有飞机占用跑道，则在跑道端口的等待坪等待，若跑道空闲则可以滑行至跑道上并使飞机对准跑道中线，就绪后等待管制人员下达起飞指令。接到起飞指令后飞机通过滑跑起飞，起飞后按照一定航路驶离机场终端区。

要保障航班在飞行区的正常进港、离港，要求飞行区环境适航、道面适航、升降带和土质区适航、目视助航设施适航。所以飞行区运行管理的主要内容包括飞行区场道管理、土质区维护管理、目视助航设施维护管理、机场净空管理、停机坪管理及飞行区场地突发事件处置等内容。

二、飞行区道面区管理

飞行区道面包括跑道、滑行道、站坪、道肩、防吹坪道面。

对飞行区道面的要求：具有足够的强度（Strength）、足够的刚度（Rigidity）、良好的抗滑性（Skid Resistance）、良好的平整度（Roughness）、良好的耐久性（Durability）、表面清洁（Clean）。

（一）道面的平整度

随着使用时间的增加，道面会产生不同程度的破损和变形，使得跑道平整度降低。这不仅降低飞机起飞和着陆过程中乘客及飞行员的舒适度，还影响飞行员对仪表的准确判读和对飞机的控制，加速飞机起落架和机身的损坏。

1. 平整度评价指标

目前评定平整度的仪器和方法多种多样，大体上可分为三类：断面类平整度测定、反应类平整度测定和主观评估法。断面类平整度测定可直接得到轮迹带道面表面的实际断面，结果比较可靠；反应类平整度测定是对道面平整度的间接量测，结果与测试速度和测试车的动态反应有关；而主观评估法的结果取决于评估者，需要有经验的评估人员，精度较差。测定方法的不同，评价平整度的指标也各不相同。针对机场道面评价的具体平整度指标各国还没有统一标准，仅对新建道面的平整度提出了具体量测方法和标准，即 3m 或 5m 直尺法。这方面中国民航与美国 FAA 的要求基本一致。目前在公路界比较统一的评定指标是国际平整度指数（IRI），它是世界银行为比较不同指标而制定的一个标准指标，该指标与其他指标具有很好的相关关系，我国交通部评定道路平整度即采用这一指标。一些机场也借鉴了这一指标对跑道平整度进行评价，结果表明，这些跑道的国际平整度指数均达到了高速公路优良以上的标准，比较符合实际运行状况。因此，可以采用 IRI 进行道面平整度评价。

2. 道面平整度调查测试

国内常用的测试 IRI 的设备主要有精密水准仪、车载式颠簸累积仪、手推式断面仪和激光断面仪等。IRI 标准值，首先需经精密水准仪对路面进行精确纵断面测量，然后利用世界银行公布的计算程序将测量数据转化为 IRI 值。鉴于每次都采用精密水准仪测定工作量太大的实际情况，采用交通部公路科学研究所的方法：先对手推式断面仪与精密水准仪进行标定，建立可靠的相关关系，然后以手推式断面仪作为基准，用它对其他仪器进行标定。交通部公路科学研究所得出的结论如下式：

$$IRI_{精密水准仪}=IRI_{WP}+0.23198$$

相关系数 $R=0.99999978$，其中，IRI_{WP} 为手推式断面仪测得的 IRI 值。

在对跑道平整度调查区域进行分析时，应该考虑机场的飞机机型组合。因为对于不同的机型，由于主起落架的间距不同，其主起落架轮迹也不同。一般应对该机场运营的主力机型及起飞和着陆重量最大的飞机轮迹覆盖区域进行分析，找出轮迹覆盖率最大的滑行路线，并将其作为道面平整度测量的路线和测量点布置线。

3. 道面平整度评价

使用平整度测量设备（如激光平整度仪）测量跑道的 IRI 值，以一定间隔标准给出 IRI 值（一般每 100m 一个 IRI 值），根据平整度调查区域（一般可划分为跑道两端 1/4 部分和跑道中部三个区域），计算 IRI 测试值的平均值，以调查区域内的 IRI 平均值作为评价指标。可将道面平整状况（以 IRI 为指标）划分成三个等级，如表 3-1 所示。

表 3-1 跑道 IRI 评价标准

评价等级	好	中	差
IRI 平均值	<1.5	1.5～3.0	>3.0

直尺法评价平整度是将 3m 尺置于道面上，测量直尺与道面之间的最大空隙。这种方法对测量人员的技术水平和测试设备要求较低，因而被许多机场所采纳，但该方法测量结果的精确度不高。根据《民用机场沥青混凝土道面设计规范》（MH/T 5010—2017），将柔性道面和刚性道面的变形损坏划分为轻度、中度和重度三个等级，如表 3-2 和表 3-3 所示。

表 3-2 柔性道面 3m 尺变形损坏评价标准

评价等级		轻度/m²	中度/m²	重度/m²
变形高度超过 10mm 的面积	跑道	<20	20~50	>50
	滑行道	<30	30~100	>100
	机坪	<30	30~100	>100

表 3-3 刚性道面 3m 尺变形损坏评价标准

评价等级		轻度/mm	中度/mm	重度/mm
3m 尺测得道面变形高低差	跑道	<5	5~10	>10
	滑行道	<5	5~10	>10
	机坪	<5	5~10	>10

4. 道面平整度管理要求

水泥混凝土道面必须完整、平坦，3m 范围内的高差不得大于 10mm；板块接缝错台不得大于 5mm；道面接缝封灌完好。沥青混凝土道面必须完整、平坦，3m 范围内的高差不得大于 15mm。

水泥混凝土道面出现松散、剥落、断裂、破损等现象，或者沥青混凝土道面出现轮辙、裂缝、坑洞、鼓包、泛油等破损现象时，应当在发现后 24h 内予以修补或者处理。

跑道、快速出口滑行道表面在雨后不应有积水。

（二）道面清扫保洁

应及时清除飞行区道面（含道肩）及升降带、滑行带内的各类杂物和污染物。

常见杂物包括生活垃圾、道面松散物、道面修复遗落材料或工具、杂草、掉落的零配件等。

道面污染物可能会降低道面抗滑性能，侵蚀道面，或形成明火隐患，主要包括以下情况。

（1）工业污水：包括清洗飞机的酸碱液、各类除冰融雪材料、跑道除胶或标志线清除所用的化学溶剂等。

（2）危险废品：指可燃、易反应、有腐蚀性或有毒的废弃物，如航空器泄漏的航空煤油等。

（3）非危险废品：指油脂类有机物，如航空器或服务车辆渗漏的润滑油等。

应根据污染物的种类及污染程度，选择以下清除方法。

（1）工业污水可用高压水冲洗、稀释。

（2）危险废品（航空煤油除外）可在喷洒去污剂、溶解剂后，用高压水冲洗。

（3）航空煤油、润滑油等污染物可用黄沙、麻布等吸油性材料吸附，清扫干净后再用清水冲洗。

（4）难以去除的污染物可用钢丝刷、钢丝轮打磨，再用清水冲洗。

跑道和滑行道宜采用大型机械设备定期清扫；停机坪可采用机械与人工相结合的方式清扫；停机坪停放航空器时不得使用大型清扫设备。道面清扫频率如表 3-4 所示。

表 3-4 飞行区道面清扫频率

道 面 区 域	清 扫 频 率
跑道、滑行道	≥1 次/月
停机坪	≥1 次/周

以下情况宜立即清扫道面。
（1）装卸的货物大面积散落。
（2）遇强风、暴雨或沙尘暴等天气，在道面上发现外来物。
（3）发生坠机、航空器碰撞、航空器迫降、火灾等事故。
（4）执行特殊保障任务前。

（三）道面的抗滑性

机场道面的抗滑能力是表示飞机在道面上滑跑制动效果优劣的指标，对飞机的安全运行十分重要，所以铺筑道面必须保证提供良好的摩阻性。由于道面磨耗、道面污染状况、道面材料差异和道面破损等不利因素的影响，道面的抗滑性可能不满足飞机运行的需要。

机场应检测跑道和快速出口滑行道的抗滑性，且通常主要检测跑道的抗滑性。道面抗滑性能采用摩擦系数和道面纹理深度两个指标。

1. 摩擦系数

（1）道面摩擦系数测试要求。测试道面的摩擦系数时，应该采用具有自湿装置的连续摩擦系数测试设备。其测试速度为 95km/h 或者 65km/h，测线应布置在距中线两侧 3m 或者 5m 的位置，或者根据机场主要运行的机型，布置在其轮迹线上。国际民航组织（ICAO）对新建跑道的摩阻设计值、摩阻维护规划值和最小摩阻值提供指导标准，如表 3-5 所示。干跑道的摩阻性调查频率应视交通量大小而定。在湿跑道条件下，如降雪、降雨、冰雪覆盖或被橡胶残迹污染时，必须及时进行道面抗滑性能的调查。

表 3-5 ICAO 的跑道摩擦系数评价标准

测 试 设 备	测 试 轮 胎		测试速度/（km/h）	测试水深/mm	新建道面设计摩阻值	维护规划摩阻值	最小摩阻值
	类型	压力/kPa					
μ 仪拖车	A	70	65	1.0	0.72	0.52	0.42
	A	70	95	1.0	0.66	0.38	0.26
滑溜仪拖车	B	210	65	1.0	0.82	0.60	0.50
	B	210	95	1.0	0.74	0.47	0.34
表面摩阻测试车	B	210	65	1.0	0.82	0.60	0.50
	B	210	95	1.0	0.74	0.47	0.34
跑道摩阻测试车	B	210	65	1.0	0.82	0.60	0.50
	B	210	95	1.0	0.74	0.54	0.41
TATRA 摩阻测试车	B	210	65	1.0	0.76	0.57	0.48
	B	210	95	1.0	0.67	0.52	0.42
抗滑测试仪拖车	C	140	65	1.0	0.74	0.53	0.43
	C	140	95	1.0	0.64	0.36	0.24

以 ICAO 推荐制定的指导标准为基础，确定我国民航机场采用的两种摩阻测试设备摩阻值评价标准如表 3-6 所示。

表 3-6　道面摩擦系数评价标准（测试速度：65km/h）

道面抗滑能力等级	平均值（跑道摩阻测试车）	平均值（滑溜仪拖车）
好	0.54～0.74	0.60～0.82
中	0.41～0.54	0.50～0.60
差	<0.41	<0.50

（2）摩擦系数测试频率。跑道日航空器着陆架次大于 210 架次的，测试跑道摩擦系数的频率应当不少于每周一次；跑道日航空器着陆架次为 151～210 架次的，测试跑道摩擦系数的频率应当不少于每两周一次；跑道日航空器着陆架次为 91～150 架次的，测试跑道摩擦系数的频率应当不少于每月一次；跑道日航空器着陆架次为 31～90 架次的，测试跑道摩擦系数的频率应当不少于每三个月一次；跑道日航空器着陆架次为 16～30 架次的，测试跑道摩擦系数的频率应当不少于每半年一次；跑道日航空器着陆架次为 15 次以下的，测试跑道摩擦系数的频率应当不少于每年一次。

出现下列情况后，机场管理机构应当立即测试跑道摩擦系数。
- 大雨或者跑道结冰、积雪。
- 跑道上施洒除冰液或颗粒。
- 航空器偏出、冲出跑道。

跑道日航空器着陆 15 架次以上的机场，应当配备跑道摩擦系数测试设备。

没有配备跑道摩擦系数测试设备的机场，应当依据《民用机场运行安全管理规定》第七十九条规定的频率检查跑道接地带橡胶沉积情况。当接地带跑道中线两侧被橡胶覆盖 80%左右，并且橡胶呈现光泽时，应当及时除胶。在雨天应当进行道面表面径流深度的检查，并做口头评价。检查结束后，将结果报告空中交通管理部门，并记录备查。

当跑道上有积雪或者局部结冰时，如跑道摩擦系数低于 0.30，应当关闭跑道。

跑道开放运行期间下雪时，应当根据雪情确定测试跑道摩擦系数的时间间隔，并及时对跑道进行除冰雪作业，保证跑道摩擦系数不低于 0.30。

跑道摩擦系数测试应当在跑道中心线两侧 3～5m 范围内进行。跑道表面摩擦系数应当包括跑道每三分之一段的数值及跑道全长的平均值，并依航空器进近方向依次公布。

测试结果应当及时报告空中交通管理部门。测试原始记录凭证应当予以保存。

没有配备跑道摩擦系数测试设备的机场，当跑道上有积雪时，应当向塔台管制员通报积雪的种类（干雪、湿雪、雪浆和压实的雪）和厚度。航空器能否起降由飞行机组决定。

2. 道面纹理深度

测量道面纹理深度可采用砂容量法。将已知容量的标准砂摊铺在干燥、洁净的道蕊构造空隙内，测量其覆盖面积，按下式计算平均纹理 MTD，每个道面测试区域任意选择四个以上地点再重复相同的测定，以算术平均值作为该道面的平均纹理深度。

$$\text{MTD} = \frac{4V}{\pi d^2}$$

式中：V——砂样容量（mm³）；

d——砂摊铺面积的平均直径（mm）。

道面纹理深度的评价标准为跑道和快速出口滑行道的平均纹理深度不得小于 0.8mm。

（四）道面除胶

航空器在地面运行维护中，会造成机场道面表面的污染。机场道面上存在的污染物可以分为杂物、橡胶、燃油、冰雪。不同的污染物对道面摩阻的影响不同，杂物、燃油及冰雪的影响非常显而易见，不容忽视，但是橡胶污染对道面摩阻的影响具有一定的隐蔽性，要及时去除橡胶，保持跑道的抗滑性。

当着陆飞机轮子高速接地时，剧烈摩擦产生的高温使机轮表面橡胶发生熔化，熔化的橡胶涂抹在道面上就形成了橡胶轮迹污染。道面上的胶层破坏了道面的宏观粗糙度，降低了道面的摩擦系数。据测定，在繁忙机场，一年内胶层厚度累积可达 3mm 左右。在雨天，当飞机在被橡胶污染的道面行驶时，很容易因飘滑而发生事故，所以必须定期清除跑道的污染胶层。

除胶重点区域为跑道接地带范围内跑道中线两侧 15m 范围。应沿跑道纵向方向除胶，从中线向两侧进行作业。除胶的流程应考虑除胶区域的宽度、除胶设备的单次胶泥除净率和一次作业宽度等因素。

跑道常用除胶方法如表 3-7 所示。

表 3-7 跑道常用除胶方法

除胶方法	优 点	缺 点	适用条件
高压/超高压水冲法	1. 无污染；2. 速度快；3. 除胶作业后可立即开放跑道	1. 水压力过大易损伤道面；2. 水泥混凝土道面刻槽内的胶泥不易清除；3. 用水量较大；4. 设备较昂贵	气温低于 5℃时不宜使用
抛丸冲击法	1. 无污染；2. 速度快；3. 不受温度影响；4. 丸料可循环使用；5. 除胶作业后可立即开放跑道	1. 实际应用较少，现场经验不足；2. 丸料回收率在实际操作中有时不高；3. 控制不当易损伤道面；4. 设备较昂贵	潮湿情况下不宜使用
化学除胶法	1. 对道面无物理损伤；2. 操作工艺简单；3. 无须专业设备	1. 一般对环境有污染；2. 短期内可能影响跑道摩擦系数；3. 需与其他方法结合使用；4. 速度较慢	气温低于 5℃或者潮湿情况下不宜使用
机械打磨法	1. 设备简单；2. 成本低	1. 对道面损伤大；2. 速度慢；3. 除净率低；4. 较多依赖操作人员实际经验	适用于小型机

除胶应能够有效清除胶泥，且不得损伤道面。宜先进行现场试验，试验段长度不宜低于 30m，通过试验确定以下参数。

（1）高压/超高压水冲法：最佳水压力、作业速度、单位除胶面积的用水量等。

（2）抛丸冲击法：丸料的现场回收率、丸料大小、丸料数量、抛丸速度、抛丸角度等。

（3）化学除胶法：除胶剂的配比、单位面积洒布量、胶泥软化时间、清除软化胶泥的方法、对摩擦系数的影响等。

（4）机械打磨法：道面损伤程度、打磨深度、作业速度等。

高压/超高压水冲法是我国民用机场最常用的除胶方法，根据喷头形式可分为雾化射流和集束射流，宜选用由多只微孔喷嘴组成的雾化射流设备，以减小道面损伤。高压水冲法的水压力宜控制在 70～100MPa；超高压水冲法的水压力宜控制在 100～140MPa。应根据机场实际情况，按照"增加次数，减小压力"的原则进行跑道除胶。除胶时应密切监视道面状况，特别是超高水压对水泥混凝土道面刻槽的磨损情况。除胶作业宽度为 0.6～2.0m，除胶效率为 450～2 400m^2/h。作业时应注意设备储水量是否充足，可安排水车配合作业。

抛丸冲击法是较为先进的除胶方法，用丸料高速冲击道面，使胶泥剥落，与胶屑和灰尘分离后的丸料可循环使用。丸料的回收比例不宜过低，丸料不足时应及时补充。除胶作业宽度为 0.5～1.8m，除胶效率为 900～2 700m^2/h。抛丸机按其行走方式可分为手推式、车载式和自行式三种，通过选择丸料的大小和数量，控制抛丸速度和角度，可得到不同的抛射强度，以获得最佳除胶效果。

化学除胶法是通过在道面上洒布化学除胶剂来软化并分解胶泥，然后用有压水清除软化的胶泥。除胶效率为 700～1 700m^2/h。目前可用的除胶剂较少，在使用前应验证其实际使用效果。宜将化学除胶法与高压水冲法结合使用，以降低高压水冲法的冲击力，减少对道面的损伤。

（1）化学除胶剂不能完全软化分解胶泥，可配合高压水进行冲洗。

（2）当化学除胶剂完全软化胶泥所需时间太长，可在未完全软化时采用高压水进行冲洗。

机械打磨法采用铣刨机、研磨机或旋转硬质钢丝刷等清除胶泥，操作不当易损伤道面，破坏道面刻槽，甚至产生微裂缝，不宜长期大范围使用。

机场管理机构应当至少每五年对跑道、滑行道和机坪道面状况进行一次综合评价。当发现跑道、滑行道和机坪道面破损加剧时，应当及时对道面进行综合评价。机场管理机构应当按照评价报告的建议，及时采取防范措施。

三、飞行区土面区管理

（一）飞行区土面区要求

飞行区土面区尽可能植草，以固定土面。

飞行区内草高一般不应超过 30cm，并且不得遮挡助航灯光和标记牌。植草应当选择不易吸引鸟类和其他野生动物的种类。

割下的草应当尽快清除出飞行区,临时存放在飞行区的草,不得存放在跑道、滑行道的道肩外 15m 范围内。

在升降带平整区内,用 3m 直尺测量,高差不得大于 5cm,并不应有积水和反坡。

在升降带平整区和跑道端安全地区内,除航行所需的助航设备或装置外,不得有突出于土面、对偏出跑道的航空器造成损害的物体和障碍物。

航行所需的助航设备或装置应当为易折件,并满足易折性的有关要求。

升降带平整区和跑道端安全地区内的混凝土、石砌及金属基座、各类井体及井盖等,除非功能需要,应当埋到土面以下 30cm 深。

升降带平整区和跑道端安全地区的土质密实度不得低于 87%(重型击实法)。对升降带平整区和跑道端安全地区的碾压和密实度测试,每年不得少于两次。

除非经空中交通管理部门特别许可,跑道开放使用期间,跑道中心线两侧 75m、导航设备的敏感区和临界区以及跑道端安全地区范围内,严禁从事飞行区割草、碾压等维护工作。

(二)飞行区道面巡视检查

机场管理机构应当依空中交通管理部门(塔台)有关规定,建立跑道、滑行道巡视检查工作制度和协调机制。该制度至少应当包括以下内容。

(1)每日巡视检查的次数和时间。

(2)跑道、滑行道巡视检查的通报程序。

(3)巡视检查人员与塔台管制员联系的标准用语。

(4)巡视检查跑道过程中发生紧急情况的处置程序等。

当跑道、滑行道、机坪上有外来物或者其他异常情况时,机场管理机构应当立即对上述区域进行检查。

1. 跑道检查频率

每日跑道开放使用前,机场管理机构应当对跑道进行一次全面检查。当每条跑道日着陆架次大于 15 架次时,还应当进行中间检查,并不应少于 3 次。全面检查时,必须对跑道全宽度表面状况进行详细检查。

中间检查时间根据航空器起降时段、频度等情况确定。在航空器起降集中的时段前,应当安排一次中间检查。中间检查的区域应当至少包括跑道边灯以内的区域。

对跑道实施检查时,检查方向应当与航空器起飞或着陆的方向相反。采用驾车方式检查时,除驾驶员外,车辆上应当至少有一名专业检查人员,并且车速不得大于 45km/h。

设有能对跑道道面状况进行监控、及时发现跑道上的外来物和道面损坏的监控设施的,中间检查的次数可适当减少。

当跑道道面损坏加剧或者雨后遇连续高温天气时,应当适当增加中间检查的次数。

在跑道、滑行道或其附近区域进行不停航施工,施工车辆、人员需要通过正在对航空器开放使用的道面时,应当增加道面检查次数,确保不因外来物影响飞行安全,并应当制定具体措施,确保施工车辆、人员不影响航空器的正常运行。

每日应当至少对滑行道、机坪、升降带、跑道端安全地区、飞行区围界、巡场路巡视检查一次。

每季度应当对跑道、滑行道和机坪的铺筑面进行一次全面的步行检查。当道面破损处较多或者破损加剧时，应当适当增加步行检查的次数。

雨季来临前，应当对排水系统进行全面检查。暴雨期间，应当随时巡查排水系统。雨后应当对升降带和跑道端安全地区进行检查，对积水、冲沟应当予以标记，并及时处理。

当出现大风及其他不利气候条件时，应当增加对飞行区的巡视检查次数，发现问题应当及时处理。影响运行安全时，应当及时报告空中交通管理部门和其他相关部门，并发布航行通告。

2. 清扫频率

对跑道、滑行道、机坪应当定期清扫。对跑道、滑行道的清扫每月不应少于一次。应当建立机坪每日动态巡查制度，及时清除外来物，对机坪每周至少全面清扫一次。

3. 检查内容

对铺筑面的每日检查应当至少包括以下内容。

（1）道面清洁情况。重点检查可能被航空器发动机吸入的物体，如损坏道面的碎片、嵌缝料老化碎片、石子、金属或塑料物体、鸟类或其他动物尸体、其他外来物等。

（2）道面损坏情况。包括破损的板块、掉边、掉角、拱起、错台等。

（3）雨后道面与相邻土面区的高差。

（4）灯具的损坏情况。

（5）道面标志的清晰程度。

（6）井盖完好情况和密合程度等。

对铺筑面的每季度检查应当至少包括以下内容。

（1）嵌缝料的失效情况。

（2）道面损坏位置、数量、类型的调查统计（含潜在的疲劳损坏裂缝、龟裂、细微的裂缝或断裂，并最好在雨后检查）。

（3）道面与相邻土面区的高差。

（4）道面标志的清晰程度。

（5）跑道接地带橡胶沉积情况。

土面区的每日检查应当包括以下内容。

（1）草高情况。

（2）标记牌和标志物的完好情况。

（3）是否有危及飞行安全的物体、杂物、障碍物等。

（4）土面区内各种灯、井基座与土面区的高差，土面区沉陷、冲沟、积水等情况。

（5）航空器气流侵蚀情况。

（6）允许存在的障碍物的障碍灯和标志是否有效。

四、目视助航设施管理

（一）目视助航设施的运行要求

目视助航设施包括风向标、各类道面（含机坪）标志、引导标记牌、助航灯光系统（含机坪照明）。机场管理机构应当明确目视助航设施的运行维护单位，并确保目视助航设施始终处于适用状态。

各类标志物、标志线应当清晰有效，颜色正确；助航灯光系统和可供夜间使用的引导标记牌的光强、颜色、有效完好率、允许的失效时间，应当符合《民用机场飞行区技术标准》的要求。

机场管理机构应当按照以下频次或情况对机场目视助航设施进行评估，以避免因滑行引导灯光、标志物、标志线、标记牌等指示不清、设置位置不当产生混淆或错误指引，造成航空器误滑或者人员、车辆误入跑道、滑行道的事件。

（1）每三年。

（2）新开航机场或机场启用新跑道、滑行道、机坪、机位前以及运行三个月内。

（3）机场发生航空器误滑，人员、车辆误入跑道、滑行道等事件时。

（4）机场管理机构接到飞行员、管制员、勤务保障作业人员反映滑行引导灯光、标志物、标志线、标记牌等指示不清，容易产生混淆或者影响运行效率时。

评估人员由飞行员、管制员、勤务保障作业人员、机场管理机构人员组成。对于评估发现的问题，机场管理机构应当及时采取整改措施。

在机场开放运行期间，目视助航设施因故不能满足要求时，机场管理机构应当及时向空中交通管理部门说明情况，并在出现问题的当日采取有效措施，使目视助航设施恢复正常。在恢复正常前，至少应当保持下列设施设备的完好、适用。

（1）跑道标志（应当符合航空器在本机场进近时的最低天气标准要求）。

（2）滑行道中线和边线标志。

（3）滑行引导标记牌。

（4）跑道等待位置标志和标记牌。

（4）跑道等待位置标志和标记牌。

（二）助航灯光的运行要求

1. 助航灯光的运行要求

（1）可能危及航空器安全的灯光。机场附近可能危及航空器安全的非航空地面灯应予以熄灭、遮蔽或改装，以消除危险源。

（2）可能危及航空器安全的激光发射。应环绕机场建立以下飞行保护区以保护航空器的安全，使其免受激光发射器的有害影响。

① 一个无激光光束飞行区（LFFZ）。

② 一个激光光束临界飞行区（LCFZ）。
③ 一个激光光束敏感飞行区（LSFZ）。

在建立飞行保护区时可参考图 3-4～图 3-6 来确定足以保护航空器的范围和辐射照度。

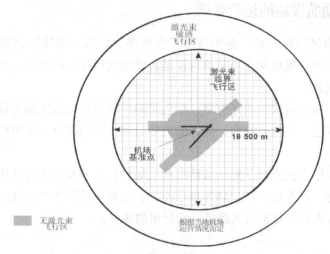

图 3-4　飞行保护区

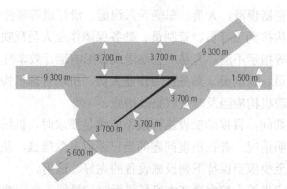

图 3-5　多跑道无激光光束飞行区

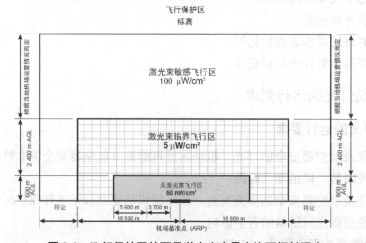

图 3-6　飞行保护区的可见激光光束最大许可辐射照度

在所有可航行空域内,任何激光束(可见的或不可见的)的辐照度均应小于或等于最大许可照射量(MPE)。除非已经将这种辐射通报了有关当局并获得许可。

(3)可能引起混淆的灯光。机场附近的非航空地面灯,凡由于其光强、构形或颜色有可能危及飞行安全、妨碍或混淆对地面航空灯的识别,应熄灭、遮蔽或改装。应特别注意下列地区内的能从空中看到的非航空地面灯。

① 飞行区指标Ⅰ为4的仪表跑道:从跑道入口或从跑道末端向外延伸到至少4 500m范围以内,跑道中线延长线两侧各750m宽的地区内。

② 飞行区指标Ⅰ为2或3的仪表跑道:从跑道入口或从跑道末端向外延伸到至少3 000m范围以内,跑道中线延长线两侧各750m宽的地区内。

③ 飞行区指标Ⅰ为1的仪表跑道和非仪表跑道:进近地区内。

在航空地面灯接近可供航行水域的情况下,须考虑保证这种灯光不致对海员引起混淆。

2. 助航灯光系统的维护

机场管理机构应当定期对助航灯光系统的各类灯具进行检测,保证各类灯具的光强、颜色持续符合《民用机场飞行区技术标准》中规定的要求。

机场管理机构应当做好助航灯光系统的以下供电保障工作。

(1)按照当地供电系统的要求和维护规程,做好变配电设备的维护工作。

(2)做好备用发电机的定期检查、维护和试运行工作,使其持续保持适用状态。每周至少应当进行不少于15min的备用发电机加载试验,每月至少应当进行不少于30min的备用发电机加载试验。加载试验的主要内容如下。

① 检查电压、频率表计读数,输出电压、频率应当符合技术要求。

② 主供电源与备用电源之间的切换设备是否可靠。

③ 发电机试运行过程中是否有喘振或过热情况。

④ 内燃式发动机是否有渗油情况。

每月至少进行一次主供电源与备用电源之间及主、备用电源与备用柴油发电机之间切换的传动试验。电源切换时间应当符合《民用机场飞行区技术标准》的要求。

助航灯光系统的日常运行、维护、检查工作应当严格按照《民用机场助航灯光系统运行维护规程》的要求进行。其他目视助航设施的运行、维护、检查工作可参照该规程的要求进行。主要维护检查项目应当不低于以下要求。

(1)立式进近、跑道、滑行道灯光系统和顺序闪光灯的基本维护。

① 日维护:更换失效的灯泡和破损的玻璃透镜,确保透镜的干净、清洁,检查各个亮度等级上调光器输出电流是否符合技术标准。

② 年维护:灯具紧固件的紧固,灯具锈蚀部分的处理,灯具仰角、水平的检查和调整,插接件的连接可靠性检查,并检查每个灯组的支架及基础情况。

③ 不定期维护:在大风和大雪后可能对助航灯光系统正常运行造成影响时,应当对助航灯光系统进行检查,并调整各类灯具的仰角和水平;清除遮蔽灯光的草或积雪。

(2)目视精密进近坡度指示器的基本维护。除进行上述日维护、年维护、不定期维护项目外，还应当按照有关规定进行空中校验及经民航总局批准的地面校验设备的校验。

（3）嵌入式灯具的基本维护。除进行上述日维护、年维护、不定期维护项目外，还需进行以下维护工作。

① 月维护：检查灯具上盖的固定螺栓扭矩，并对松动的螺栓予以紧固。

② 季维护：测试灯具的输出光强并更换不符合光强要求的灯具。

③ 年维护：检查和清洁灯具的棱镜和滤光镜，检查灯具的密闭性能，更换不符合上述要求的灯具。

机场管理机构应当对目视泊位引导系统进行及时维护、定期校验，保持系统的持续适用。

五、停机坪管理

随着我国民航业的高速发展，机场的规模和业务量日益扩大，活动区（包含机坪和运转区）地面交通流量不断增长，运行秩序日趋复杂。如何确保飞行区内航空器、车辆、人员的运行有序，各项保障作业的安全、正常、高效，是机场正常运行的重要问题，在飞行区的管理中也是至关重要的。生产保障作业绝大部分是在飞行区内的机坪内进行的，而机坪也是航空器、车辆、人员最为密集的地区，因此对机坪内航空器、车辆、人员的运行以及各项生产保障作业，要制定相关的规定并加以规范，以确保机坪运行和管理更加科学合理。

案例导读

停机坪事故频发 印航 ATR、挪威航空 787 "车撞机"

停机坪是事故多发地段，近期停机坪"车撞机""机撞机"的停机坪事故频发，对停机坪的管理提出了更高的要求。2015 年 12 月在印度加尔各答机场，一辆摆渡车撞上了印度航空的 ATR 飞机。据机场官方消息，这架飞机停放在 32 号停机位，准备起飞。捷特航空的巴士司机驾驶的车辆失去了控制，撞进飞机右翼，飞机右侧发动机严重受损，右起落架等多处受损，造成上亿卢比的损失。工程师们搭起气垫，花了 100 个小时才将车辆和飞机完全分离。2015 年 12 月 28 日，挪威航空一架 787-8 飞机也不幸"躺枪"。斯德哥尔摩机场，挪威航空一架即将起飞去往美国奥克兰机场的 787 飞机被一辆除冰车撞到。看到碎片掉落在地上。涉事飞机注册号 LN-LNG，机龄 1.6 年。航班延误数小时。

资料来源：http://news.163.com/air/15/1229/09/BC0BKU4100014P42.html。

（一）停机坪

1. 停机坪能够提供的地面保障服务

停机坪是在陆地机场上为容纳航空器以便上、下旅客，装载货物或邮件，加油，停放或维修而划定的区域。

在停机坪，可以提供航空器日常维护（故障处理）、油料供应、车轮和轮胎、地面的动力供应、除冰和冲洗、冷热气的供应、其他服务、餐食供应。

2. 停机坪作业流程

根据到机场的实际调研情况，对飞机过站作业流程进行分析，大致有如下环节：(1) 牵引车牵引，飞机到位，机务人员放轮挡；(2) 对接廊桥或客梯车；(3) 组织下客；(4) 客舱清洁；(5) 平台车或传送带车靠舱门，卸行李和货物；(6) 加油车靠机加油；(7) 配餐车配餐；(8) 清水车、污水车靠机作业；(9) 任务人员过站检查；(10) 组织上客；(11) 装货物和行李；(12) 值机人员进舱单及配载平衡单等文件；(13) 关舱门；(14) 机务人员指挥拖车拖出飞机。

3. 停机坪的特点

航空器过站作业，从开机门到关机门，涉及众多保障服务类型、保障人员和保障设备。停机坪的主要特点如下。

(1) 停机坪活动面积相对较小。航空器过站作业集中在一个停机位上进行，众多的人员、设备、设施在一个有限的时间和范围内作业，使得停机位变成一个非常复杂狭窄的区域。

(2) 机坪内活动的车辆、人员较多。

(3) 机坪作业有较强的时间限制。在停机坪上要完成航空器的过站服务，不同的机场过站时间不一样，停机坪上的人员和车辆要在有限的过站时间内完成所有的服务，不然会造成航班延误。

(4) 停机坪工作环境相对比较恶劣。由于航空器过站作业集中在一个有限的时间和空间内，涉及众多保障人员、保障设施及天气原因等，使得在航空器过站作业中的操作环境非常复杂，因而也容易导致航空器地面不安全事件的发生。

(5) 机坪工作人员素质参差不齐。

(6) 停机坪保障作业系统性强。

(7) 停机坪内工作单位多，职责界线不明确，管理难度大。航空器过站作业中涉及众多保障部门，包括机场、航空公司、航油公司、餐饮公司、机务维修部门等；涉及各种作业类型不同的保障人员，如加油人员、配餐人员、过站维护人员、勤务车辆驾驶人员、机场管理人员、货物运输人员、清洁人员等，以及不同类型的特种车辆，如加油车、皮带车、餐饮车、运输车、客梯车等。由于这些保障人员和特种车辆分属于不同的单位，因此很难统一进行管理。

(8) 大机场停机坪分属机场和航空公司，缺少统一管理。一些大的机场，将停机坪上的一些固定停机位租赁给驻场大型航空公司，这些停机位的日常管理由航空公司负责，而其他未租赁的停机位由机场管理机构进行管理，不能进行统一管理。

(二) 机坪管理

机坪管理通常是指在机坪上对航空器、车辆运行及人员活动的管理。机坪运行管理的主要目的是保障运行安全，提高运行效率。由于国家体制的不同、机场资产权的隶属性等诸多因素，全球机场的机坪管理模式存在很大的差异。在欧洲、亚洲的一些国家以机场管理当局为主导，负责机坪的全部或大部分服务及管理工作，而在美国，通常是由航空公司来对机坪的运行及服务负责，机场管理当局几乎不参与任何管理。近些年来，国内机场的隶属关系发生了重大变革，基本模式是属地化管理，即机场资产隶属于当地政府，由地方政府委托机场管理机构对机场进行日常管理。在机坪运行管理方面，国内的管理模式基本是统一的，即由空中交通管理部门负责指挥航空器落地及在地面滑行，直至停机位停泊，以及由停机位推出至滑行、起飞的全过程，而机场运行指挥部门负责机坪的运行管理通常是指航空器在地面作业的管理与协调。在机坪地面服务方面，国内的管理模式也基本是统一的，即由航空公司自己的地面服务部门（机构）为本公司的航空器进行服务；机场地面服务部门（机构）为与其签订代理服务协议的航空公司的航空器进行服务；航空公司地面服务部门（机构）为与其签订代理服务协议的其他航空公司的航空器进行服务；或者第三方组建的地面服务部门（机构）为与其签订代理服务协议的航空公司的航空器进行服务。

机坪运行管理主要包括对停机位、机坪的使用实施管理。在规划机坪时，除考虑机坪的自然位置、面积、性能数据因素外，还要考虑机场运行发展的需要，以及符合机型保障的相关要求，同时根据保障工作需要，在完善场道及机坪设施、设备过程中，进行统一组织协调，安排机位和机坪；审定、批准本场飞行区助航标志及停机坪航空器的停放、滑行、引导等标志线，特种车辆、设备的停放位置区和行车路线及其位置、路线的划定等布局方案；对航空器地面运行及作业进行监督管理，也包括机坪无自动引导系统或自动泊位系统时的航空器的引导；对机坪清洁的监督；飞行区内车辆管理，包括核发飞行区内场车牌照或内场车辆通行证，管理飞行区内车辆的行驶与停放等。机坪监管工作包括机坪运行的监管和航空器保障作业的监管，维护机坪运行秩序，促进机坪运行效率和航班正常性的提高。

进行航空器活动区监管的人员应掌握机坪各项保障作业的内容及操作规程，并熟悉各航空公司对于地面保障的要求。

1. 航空器地面运行管理

通常航空器地面运行管理是指对航空器在机坪上的泊位引导、滑行、停放、牵引和维修等作业的规定。了解航空器在地面运行中所遵循的原则，对安全有序的生产是十分必要的。

机场活动区特别是机坪为航空器的重要活动场地，航空器要完成上下旅客、装卸货/邮、加/放油、检修等必要的保障作业。除应急救援情况下或经机场管理机构许可外，航空器不得在机坪机位以外区域上下旅客、装卸行李货物及加油卸油作业。

为避免在此出现事故及不必要的航班延误，必须对其进行全面的监督管理，以确保机坪上的所有作业能够充分地协调配合。航空器地面运行的基本规定如下。

（1）航空器的地面运行，必须严格遵守国家和民航总局颁发的相关条令和运行标准。

（2）凡在民用机场运行的航空器，必须具有有效的航空器适航证、国籍登记证和电台执照。

（3）航空器的任何燃油排泄物和排气排出物要符合有关航空器燃油排泄和排气排出物

的有关规定。

（4）航空器的地面运行，应符合机场噪声限制和相容性的有关规定。

（5）航空器的经营者在机场新辟航线、增加航班或改变使用机型时，除经空中交通管制部门允许外，还应通过通告的形式，通告给机场管理机构。

（6）航空器使用机场的场地、设施设备或接受服务后，须按国家有关规定的收费标准或与机场管理机构签订的协议要求，缴纳相关费用。

（7）由于机场天气原因或其他特殊原因，不能为航空器提供安全起降，机场管理部门将发布公告，机场或所在的区域实施关闭。在此期间航空器不得在机场或区域内运行。

（8）航空器运行须遵循以下优先原则。

① 专机或重要客人乘坐的航空器优先于一般航空器。因为专机或重要客人乘坐的航空器通常是航路、飞行时间等早已安排妥当，其行程比较紧凑，因而是不能延误的。

② 急救飞行优先于普通飞行。这是因为从救死扶伤的原则考虑，急救飞行通常是为了挽救那些危重伤病人员所采取的特殊飞行。所以在这种情况下要使急救飞行优先于普通飞行。

③ 定期航班优先于不定期航班。定期航班通常是指经过民航总局批准对外正式发布的定期航班时刻表的航班，航空公司根据此航班表来执行飞行，它是不能随意更改的。而不定期航班则是航空公司根据旅客量、季节性、节日及包机等实际情况，向民航主管部门申请临时增加的飞行航班。所以，在保证定期航班的前提下安排这类不定期航班，避免因不正常航班起降时间的不固定造成机位资源浪费。

④ 国际航班优先于国内航班。通常国际航班的航空器在飞行的时间和距离上远大于国内航班，同时也有时间差的缘故，这类飞行需要在诸如落地、机位安排、起飞、机务保障等方面优先于国内航班。

⑤ 从空管运行程序上，进港航班优先于出港航班。由于进港的航空器通常已飞行了一段距离，其燃油已消耗了许多，若无特殊情况而让其在机场上空盘旋等待，将会造成燃油的紧张并导致航空器的不安全。出于安全考虑进港航班优先于出港航班。

⑥ 从使用资源上考虑，大型航空器优先于小型航空器。大型航空器在承载人数和货物重量上都多于小型航空器，而占用机坪机位时一个大型航空器所占用的面积虽然要大于一个小型航空器的面积，但也比多个小型航空器所占用的机坪面积要小。因此，大型航空器应优先于小型航空器。

⑦ 发生紧急情况的航空器优先于一般航空器。对于发生紧急情况的航空器（如航空器机械、发动机、电气等故障或航空器上有危急乘客）应优先安排落地及特殊机位。

2. 航空器泊位引导的管理

按照《国际民用航空公约》附件 14 和《民用机场飞行区技术标准》，在固定停机位上一般都设置了相应的停止线。由于机场规模和管理模式的不同，各个机场对于航空器的泊位引导方式也不尽相同，目前主要包括以下三种方式：① 航空器自滑至机位滑行线，由机务引导员运用 GB3010/GB3011 标准手势引导飞机泊位；② 由引导车辆将航空器由滑行道引导至机位滑行线，由机务引导员运用 ICAO 或者 IATA 标准手势引导飞机泊位；③ 航空器自滑至机位滑行线，然后机组按照目视泊位引导系统（VDGS）的指示信号将航空器停靠泊位。

航空器滑入机位停泊前，机场运行管理部门的机坪监管人员或者机务人员应当对机位的适用性进行检查，检查的重点主要包括以下内容。

（1）机位是否清洁，确保机位上清洁、无异物存在。若检查发现机位不清洁，应要求机位附近的保洁人员或通知机坪管理部门安排保洁人员对机位及时进行清扫。

（2）廊桥已准备好且廊桥的活动桥是否已处于收回位置（只适用于安装廊桥的机位）。

（3）为航空器提供服务的各种设备和车辆是否停在划定的机位保障作业等待区内。

（4）持轮挡的地面机务人员是否已到位。

如果在航空器进入机位前发现问题，应当及时组织相关部门进行处理，需要紧急停用机位时，应立即向塔台或者机场运行管理部门说明情况，由机场运行管理部门决定是否停止使用该机位，并通知空管部门。

航空器由人工指挥滑入停机位时，航空营运人员应授权具有相应上岗资格的人员承担指挥协调工作。机务人员指挥协调飞机时，在白天能见度好时应使用指挥牌，夜晚使用能够发光的指挥棒来发出信号，并按照 GB3010/GB3011 中具体的标准手势指挥。

如果航空器进入停机位后停靠位置不当，出现航空器停泊位置超出机位安全区，不能正常使用地面各种服务设施（如地面加油设施），或廊桥不能与航空器正常对接等紧急情况时，机务指挥协调人员应当立即通知飞机牵引车驾驶员将航空器牵引调整到正确的位置，并向机坪运行管理部门报告。

目前我国有相当一部分机场对进港航空器采用了引导车辆引导航空器泊位的办法。在大型机场，一般只对一些特殊条件或要求情况下的航空器进行车辆引导。这些条件或要求主要包括以下内容。

（1）中、外航空公司的专机、要客包机。

（2）首次进出某机场的航班、私人包机及执行临时任务的航空器。

（3）当机场实施低能见度运行或者特殊天气条件下。

（4）机组认为滑行过程中存在困难的。

当机场提供引导车辆引导航空器服务时，机坪运行管理部门与空中交通管理部门应建立必要的协调程序，确定航空器需要引导时的等待点和脱离位置。引导车辆驾驶员在引导航空器的过程中应当注意观察，并确保无线通信与塔台实时联络的畅通。

目前国内外许多大中型机场，在航空器机坪停靠候机楼廊桥时，除用机务人员通过手势指挥飞机的停靠外，为使其停靠得快速准确而普遍采用各种自动停靠系统，其目的在于不仅仅使航空器能够停靠在停止线上，而且还在于使不同机型的航空器被准确地引导到其将停靠的不同停止线上。目前我国仅有北京、上海、广州、宁波、桂林、郑州等机场部分安装和启用了目视泊位引导系统。

由于停靠的飞机种类很多，其前轮停靠的位置也有所不同，若停止的位置不准确，将会直接影响廊桥能否顺利、准确无误地对接到飞机客舱门。它的对接准确性将直接影响旅客是否在最短的时间内进入候机楼并迅速离开机场。因此,对于飞机泊位来讲,能否以精确的位置停靠是提高机场的运营管理水平和服务质量的一个不可忽视的重要环节。

现有自动停靠系统主要采用的技术有对目安全二极管激光扫描识别方法、视频探测图像识别方法、触发式线圈感应检测方法和机械触及型。对目安全二极管激光扫描识别方法是通过对不同机型的飞机头部明显不同特征进行扫描,并经操作员事先选定的机型进行对比来进行确认。视频探测图像识别方法则是采用视频摄像机影像跟踪技术捕捉飞机运行轨迹,即使用三维模型,在每次图像处理循环中,系统把选定飞机的外形包络线和由传感器探测到的飞机轮廓集相比较,通过最大化三维透视模型的覆盖面积和利用完整包络线来确定飞机的机型。而地埋感应(触发式)线圈的原理是应用埋在地面下的感应线圈来确定飞机位置,它是通过探测是否有金属物体(飞机前轮)经过或停留在线圈的上方,并由感应器输出信号至控制箱,来显示飞机的位置。机械触及型则比较简单,在每次航班到达之前,由地面机务人员将安放在停机位右前方(即停放的飞机机头的右前方)的一个可移动和升降的停止软棒(通常为橡胶材料)进行调整,使其高度和位置恰好是在此停靠的飞机机型的机位。飞行员在驾驶飞机由机坪滑进停机位过程中观察停止软棒,当飞机驾驶舱前窗触及停止软棒后,飞行员即可将飞机停止,使飞机恰好停在规定的停靠位置。上述前两个方法均需要预置大量的各种飞机图像、尺寸参数等要素,而且在识别过程中,图像处理所需要的时间相对较长。因此,造成了这类系统的数据库过于庞大,分析计算过程较为复杂等问题。第三种方法虽响应速度快,但误差较大,并要预先将传感器埋设在飞机前轮经过的机坪下。线圈引线的两端连接到电子传感器(线圈探测器)上,引线埋设在停机坪上锯开的槽中,直至控制箱,电子元件容易被压坏,导致系统的可靠性不高。最后一种方法结构简单,但使用起来比较麻烦。目前,无论哪种方法均需要人工事先在飞机停靠前进行机型的再确认。

现在有一种新的技术可以避免如此烦琐的程序和复杂的系统。这种新的发明系统是采用通过在跑道或滑行道、机坪、廊桥等处设置红外光或可见光光电成像器等可采集图像信息的装置,对飞机垂直尾翼上或机身、机翼上规定的标准位置处的飞机号码扫描,并通过发射与接收系统传输到机场计算机处理系统中,经其处理和识别,将机号识别结果与计算机系统中的机号数据库进行比较,以确定飞机的机型和停靠指示信息。机号数据库中的信息只存储各种飞机的机号及对应的机型,所属的国别、航空公司等数据。这种数据库较前两种识别系统的数据库要小得多,也无须进行轮廓尺寸等比较,同时还可以与机场现有的机位分配系统相容,实现信息的共享。

根据上述机号的识别,并与计算机处理系统中的机型数据库进行搜索比较,找出该机号所对应的机型,同时也与机场航班信息系统中预设的停机位信息进行校核,经确认后将此信息通过泊位系统输出到泊位的显示装置和指示装置。在此信息的引导下,飞机驾驶员可根据指示装置的信息,驾驶飞机进入靠廊桥滑行的运行。在飞机滑行过程中,又通过位于停机引导线的尾部、略高出地面的嵌入式位置与速度检测装置,实时检测飞机前起落架上的飞机轮偏移量或对中位置,将位置、滑行的距离信息传递给计算机系统并同时在指示装置上显示。

3. 航空器在机坪内滑行的管理

当航空器在机坪上滑行时，必须经过当地机场空中交通管制部门的允许，并通过无线电通信设备与塔台保持联系，按照空中交通管制部门（塔台管制室）指令和地面指挥，严格遵循地面标志、灯光或引导车引导的路线行驶。航空器在推出或安全自滑直至预定地点时，必须有航空器运营人委托的机务代理公司的机务人员进行监护。在航空器准备滑出或被推出停机位前，机务监护人员应确认其他设备及人员均已撤离至不影响航空器移动的区域外，廊桥已完全回撤至收缩状态，方可通过标准手势通知飞行员或牵引车驾驶员可进行航空器的活动。

航空器在机坪区域内的滑行速度不得超过 50km/h，在障碍物附近滑行时其速度不得超过 15km/h，当翼尖距离障碍物小于 10m 时，必须有专门引导人员观察与引导或者停止航空器的滑行。

航空器在滑行过程中，不得使用任何助推器突然改变速度运行，不得用大速度转弯或一个（一组）机轮制动转弯，以避免航空器转弯发生倾斜。航空器在跟进滑行时，后机不得超越前机；后机与前机之间的距离，应符合相应机型的机动要求和尾流间隔规定。

航空器在夜间滑行时，必须打开航行灯和防撞灯，或间断使用滑行灯慢速滑行。

若航空器在跑道和滑行道区域发生故障，航空器营运人及其代理人应当及时向空管部门和机场管理机构通报情况，并尽快使航空器脱离跑道、滑行道区域。

4. 航空器停放的管理

通常许多机场特别是作为航空公司基地的机场，均在规定的位置停放航空器。有些航空公司的航空器由于技术原因需要临时将其停放在机场的机坪，甚至需要过夜或更长时间停留。无论何种缘故航空器的所有运营人（承运人及代理人）都要依据民航总局《民用机场使用许可规定》（156 令）（CCAR-139CA-R1）、MHT 3010—2006/MHT 3011—2006 等要求，在熟悉并遵守《机场使用手册》的相关规定前提下，与机场管理机构签订协议，方可将航空器在机场停放和过夜。

各类航空器的停放，必须严格按照所停放机场的机位使用分配原则、停放规定、安全标准停放。

由于机场运行的实际需要，要对机坪使用进行适当的调整。当机场发生应急救援、航班大面积延误、航班长时间延误、恶劣气象条件、专机保障以及航空器故障等情况时，机场管理机构有权指令航空运输企业或其代理人将航空器移动到指定位置。拒绝按指令移动航空器的，机场管理机构可强行移动该航空器，所发生的费用由航空运输企业或者其代理人承担。

当有特殊需求（超长或超宽）的航空器需在机场停放时，通常采用合并机位、相邻机位限制停放以及划定临时停放区域等处理方法以满足其停放要求。对其停放必须采取可靠的保护措施并符合国际民航组织和民航总局的相关标准，在其滑入停机位时，必须保持慢速且有专人指挥。

航空器在滑行、停放时，与障碍物之间、机坪道面边缘之间的净距必须符合表 3-8 所示的要求。由于机场的天气原因，会遇大风、雨雪等恶劣天气，在此气候条件下停放航空器时，其所有起落架的前后轮都必须按规定使用轮挡固定，必要时须使用地面系留设施加以固定，而轻型航空器则必须使用系留设施固定或提前转场。

表 3-8 航空器停放的最小安全净距

飞行区指标 II	F	E	D	C	B	A
机坪上停放的飞机与主滑行道上滑行的飞机之间的净距/m	17.5	15	14.5	10.5	9.5	8.75
在机坪上滑行通道上滑行的飞机与停放的飞机、建筑物之间的净距/m	10.5	10	10	6.5	4.5	4.5
机坪上停放的飞机与飞机以及邻近的建筑物之间的净距/m	7.5	7.5	7.5	4.5	3	3
停放的飞机主起落架外轮与机坪道面边缘的净距/m	4.5	4.5	4.5	4	2.25	1.5
机坪服务车道安全线距停放飞机的净距/m	3	3	3	3	2	1

在航空器处于安全靠泊状态后，机务人员须按照 GB3010/GB3011 规定，向廊桥操作人员或客梯车驾驶员给出手势，廊桥操作人员或客梯车驾驶员方可操作廊桥或客梯车对接航空器。

航空器安全靠泊状态是指：① 发动机关闭；② 防撞灯关闭；③ 轮挡按规范放置；④ 航空器刹车松开（轮挡放好后，机务人员应当向航空器驾驶员发出松刹车信号）。在确认航空器处于安全靠泊状态后，机务人员应当在航空器的关键位置摆放警示标志，为地面保障人员提供警示信号。一般的做法是在距航空器发动机前端 1.5m 处，机头、机尾和翼尖在地面的水平投影处设置醒目的反光锥形标志物（高度不小于 50cm，重量能防止 5 级风吹移，超过 5 级风时可不摆放反光锥形标志物）。

5. 航空器在机坪内牵引移动的管理

由于航空器起飞前或机务保障作业的需要，在机坪内使用飞机牵引车实施对航空器的牵引。采用此方法是保障地面人员和航空器在机坪上运行的安全，同时也是减少航空器在地面的排放污染。航空器在机坪内牵引移动前必须征得空中交通管制部门（塔台管制室）的同意，牵引航空器的工作人员要服从空中交通管制部门（塔台管制室）的指挥。在机务人员的监护下，使用核准的且与所牵引的航空器相适应的牵引车和牵引杆，沿指定的移动路线顶出或牵引航空器。

当航空器在机坪内牵引移动时，操作人员应严格遵守航空器与航空器、航空器与建筑物的安全净距要求，应由机务人员分别在航空器的前后左右观察，确保航空器与其他航空器的安全间距和无任何障碍，当发现异常时应按照 MHT3011—2006《民用航空器维修（地面安全）》规定的手势，迅速通知飞机驾驶员和飞机牵引车驾驶员。直行牵引时速度不得超过 10m/h，转弯牵引时不得超过 3km/h。

牵引过程中如发生通信联络中断，应停止牵引航空器，并在第一时间通知空中交通管制部门（塔台管制室），报告当时航空器所在位置。

夜间牵引航空器时应打开航行灯。如航行灯故障，航空器两侧应有专人监护航空器。

特殊天气，如遇有大雾、大雨、沙尘暴、特大风、雪等复杂天气条件下，航空器的牵引应在能确保从牵引车的驾驶舱至所牵引航空器机翼间、尾翼间的视线清晰的情况下牵引航空器；牵引航空器时，维修作业人员要加强地面指挥和引导，注意对机头、翼尖、机尾等部位的观察监护。

6. 航空器在机坪上的维护与维修管理

通常航空器飞行一定架次或时间后，按照适航要求需要进行不同等级的机务维护与维修。因此航空器要在机坪或专用机位及专用机库进行维护与维修作业。按照 MHT3010—2006《民用航空器维修（管理规定）》的规定，除因特殊情况经机场管理机构特别许可外，航空器不得在跑道、滑行道内实施维修作业。

航空器维修单位要在机场指定的机坪机位上进行航空器的维护与维修作业。在航空器维护排故、添加润滑油和液压油及其他保障工作时，不得影响机位的正常调配及对机坪内其他运行保障工作构成影响，并应当采取有效措施防止对机坪造成污染和腐蚀。航空器的清洗、试车、维修等工作，一般情况下不得占用客（货）机坪上的停机位，如遇特殊情况，必须得到机场管理机构的批准。

在不影响机坪正常运行使用的前提下，原则上航空器的航前、短停、航后、每日工卡工作时间不超过两小时的航线维护工作，可在原停机位上进行。

航空器的周检、小 A 检、更换 APU、更换风挡玻璃、工程指令（EO）、周期性工卡、非例行工作等时间较长的维护维修工作，须在维修机坪或经机场管理机构指定的位置进行。而航空器的大 A 检及以上级别（C 检、D 检）定检工作，则必须在机库、维修机坪进行。在特殊情况下，可在机场管理机构指定的位置进行。

航空器在进行雷达测试等可能对人体或其他物体造成损伤的维修工作时，必须严格遵守操作规程，且必须在机场管理机构指定位置及方向进行。

在航空器的维护、检修工作中需使用高空作业车等特种设备时，不得突出障碍物限制面，不得影响导航设施的工作，不得影响机坪的运行使用。所有在机坪上进行航空器维护与维修作业的单位和人员在作业结束后，必须及时将现场清理干净。

在对航空器的发动机进行维修后需要进行航空器发动机的试车测试。因而，发动机大功率试车应在试车坪或机场管理机构指定的位置和时间段内进行。对于任何类型的试车，必须有专人负责试车作业现场的安全监控，并且应当根据试车种类设置足够醒目的"试车危险区"警示标志（或指派人员监控），以防止无关人员和车辆进入试车危险区。发动机怠速运转、不推油门的慢车测试和以电源带动风扇旋转、发动机不输出功率的冷转测试，应在机场管理机构指定的位置进行。

机场在条件允许的情况下应当设立试车坪，试车坪应当设有航空器噪声消减设施，应当具备安全防护措施。

当航空器推出后或在机坪上启动时，航空器启动产生的尾气流或螺旋桨尾流的导向，不得对机坪上的人员、车辆、设备、建筑物及其他航空器造成威胁与伤害。

(三)机坪车辆运行及人员管理

1. 机坪车辆运行管理规定

航空器活动区特别是机坪作为航空器、各种作业车辆、人员最为密集的区域,在该区域内的各种运行作业必须遵照《民用机场航空器活动区道路交通安全管理规则》(第170号令)及《机场使用手册》相关管理规定中的要求,安全有序地进行。航空器活动区道路交通安全管理主要包括车辆牌照的颁发、运行车辆的要求、驾驶员的培训、驾驶员证件的颁发、交通标志与标识、驾驶员违章处理等内容。

(1)航空器活动区交通安全管理机构。《民用机场航空器活动区道路交通安全管理规则》(以下简称"民航总局第170号令")规定,民航总局对全国民用机场航空器活动区道路交通安全实行统一监督管理,民航地区管理局对本辖区内民用机场航空器活动区道路交通安全实行监督管理,而机场管理机构则具体负责本机场航空器活动区道路交通安全管理。

由于我国机场的管理体制正处于改革和发展时期,目前各机场航空器活动区交通安全管理机构也不尽相同,绝大部分机场目前航空器活动区交通安全管理职责在公安部门,而另一部分则部分或全部在机场管理机构。由于机场空侧的航空器活动区主要承担着航空器各类专业的运行作业,它具有一定的行业特殊性,其作业内容、车辆的种类、作业要求也和普通车辆的运行作业有很大的区别。从安全运行角度出发并按照国际上机场运行的惯例,航空器活动区交通安全的管理全部交给机场负责管理,这有利于机场的安全运行。

(2)航空器活动区机动车辆牌照的管理。在空侧尤其是在机坪运行的各种车辆与陆侧的车辆有着很大的区别,主要在于这些车辆是为航空器保障服务、具有特殊结构和特殊功能的特种车辆。因此,这类特种车辆必须要根据《民用机场使用许可规定》(第156号令)及所在机场相关规定的内容办理相关证件和年检手续,才能进入空侧隔离区。

当在航空器活动区为航空器运行提供保障服务单位的车辆需要申领航空器活动区车辆牌照时,一般应具备以下条件。

① 符合机动车国家安全技术标准并符合机场管理机构规定的车辆行驶安全标准。

② 必须具有民航总局《民用机场专用设备使用管理规定》(第150号令)所规定的特种车辆使用证。

③ 车辆喷涂单位名称和标识,并在顶端安装黄色警示灯。

④ 喷涂统一的安全标志(大部分是在车身上喷涂黄色作为警示色)。

⑤ 配备有效的灭火器材。

⑥ 提供机动车保险有效凭证。

⑦ 提供机动车合法来源凭证。

申领航空器活动区机动车牌证应提交下列凭证。

① 国产机动车的《车辆整车出厂合格证》。

② 进口机动车的《货物进口证明书》。

③ 法人代码证书。
④ 车辆购置发票。
⑤ 机动车保险有效凭证。

领取机动车登记表并填写正确后由所属单位签署意见，交机场航空器活动区机动车管理部门。航空器活动区机动车管理部门对申领航空器活动区机动车牌证的车辆进行检验合格后，发放牌照，办理行驶证。

对地方牌照车辆改挂航空器活动区机动车牌照的申请，除要符合上述条件外，还要将地方牌照及行驶证交公安车管所办理车辆停驶，并将地方牌照及行驶证交机场航空器活动区机动车管理部门封存。

凡悬挂民用机场航空器活动区机动车车辆号牌的机动车报废、产权变更的，使用单位应按照有关管理办法报告机场航空器活动区机动车管理部门，上交车辆号牌、行驶证，由机场航空器活动区机动车管理部门办理相关手续。对车辆号牌、行驶证丢失的，使用单位应当立即向机场航空器活动区机动车管理部门报失。

具有航空器活动区机动车牌照的车辆每年应接受机场航空器活动区机动车管理部门组织的年度检验或随机查验，发生事故的车辆还应当接受事故审验。机场航空器活动区机动车管理部门对各类审查不合格车辆应当暂扣其在航空器活动区机动车牌证，直至审验合格。未按规定检验或检验不合格的车辆，不得在机场航空器活动区行驶。

（3）航空器活动区机动车驾驶证的管理。对于航空器活动区机动车驾驶证的颁发，依据航空器活动区机动车驾驶证管理规定，具备以下条件的驾驶员可以领取航空器活动区机动车驾驶证。

① 持有机场航空器活动区通行证。
② 持有相应准驾车型的中华人民共和国机动车驾驶证并拥有两年以上驾龄。
③ 参加所在单位组织的专业培训。
④ 参加航空器活动区机动车管理部门组织的驾驶员培训。
⑤ 通过航空器活动区机动车管理部门或民航行业特有工种职业技能鉴定部门组织的驾驶员考试，考试包括理论笔试和实际操作的考核。

凡参加考试的人员由所属单位负责审核、培训，填写机场航空器活动区机动车驾驶员相关信息表，向航空器活动区机动车管理部门申请，并经考试合格者，发给机场航空器活动区机动车驾驶员驾驶证。

民用机场航空器活动区机动车驾驶证有效期 4 年。有效期满前到航空器活动区机动车管理部门办理换证手续，未办理手续的将予以注销。

已取得民用机场航空器活动区机动车驾驶证的驾驶员，因工作需要调离航空器活动区机动车驾驶工作岗位时，由该驾驶员所在的原单位负责收回其民用机场航空器活动区机动车驾驶证，交到航空器活动区机动车管理部门办理注销手续。

仅持有中华人民共和国驾驶证和航空器活动区通行证而未持有民用机场航空器活动区机动车驾驶证的人员，不得在航空器活动区驾驶机动车辆。

（4）航空器活动区车辆的交通管理。航空器活动区内的所有车辆在该区域作业或行驶时，必须遵守机场航空器活动区车辆交通管理的规定。特别强调的是，任何进入此区域的车辆驾驶人员应禁止吸烟、饮酒、服用国家管制的精神药品或麻醉药品。患有妨碍安全驾驶车辆的疾病和过度疲劳影响安全驾驶的驾驶员，不得驾驶车辆。各种车辆、货柜以及货架所运载的货物必须固定，以防在运送过程中掉落，影响航空器及人员、车辆的安全。驾驶航空器活动区机动车辆时必须携带民用机场航空器活动区机动车驾驶证；不得涂改、伪造、冒领、挪用、暂借航空器活动区机动车号牌、驾驶证、行驶证、车辆通行证；不得驾驶与所持驾驶证准驾车型不相符合的车辆；不得驾驶安全设施不全或不符合技术标准等具有安全隐患的机动车；按指定的通行道口进入航空器活动区，自觉接受监管和检查人员的查验、指挥；按照航空器活动区机动车管理部门指定的时间和地点接受年度审验，未按规定审验或审验不合格的，不得在航空器活动区驾驶机动车。航空器活动区内的车辆应当严格按照交通标志、标线行驶，昼夜开启车辆黄色警示灯；夜间行驶还应开启近光灯、示宽灯和尾灯，雾天开启防雾灯，禁止使用远光灯。车辆行驶时应符合机场航空器活动区内各个区域相关规定的行驶速度。除此以外，还需遵守其车辆作业程序及操作的相关行驶速度要求。特别要指出，车辆沿划定的道路行驶到客机坪、停机坪、滑行道交叉路口时，必须停车观察航空器动态，在确认安全后，方可通行。遇有航空器滑行或被拖行时，在航空器一侧安全距离外避让，不得在滑行的航空器前200m内穿行或50m内尾随。车辆接近航空器时，速度不得超过5km/h。

特殊情况下，机动车辆在非划定的行车道路上穿行跑道、滑行道、联络道或在跑道、滑行道、联络道作业时，应当事先征得空中管制部门和机场运行指挥部门或航空器活动区机动车管理部门同意，按指定的时间、区域、路线穿行或作业。驶入跑道、滑行道、联络道作业的机动车辆应当配备能与塔台保持不间断通信联络的有效双向通信设备，作业人员则应按规定穿戴机场机坪作业人员可视性反光服进行作业。

在航空器活动区行驶的车辆，遇有执行任务的应急救援指挥车、消防车、救护车、工程抢险车、警车以及护卫车队时，应当主动减速避让，不得争道抢行、穿插或紧随尾追。而执行紧急任务的救援指挥车、消防车、救护车和警车及工程抢险车等，在确保安全的前提下，可不受行驶路线与速度限制。

航空器活动区车辆在机坪行驶时，必须遵守以下避让规则。

① 一切车辆、人员必须避让航空器及其引导车。
② 发生紧急情况时，所有车辆避让应急救援车辆。
③ 一般车辆、机场特种车辆避让警卫车队。
④ 一般车辆避让摆渡车辆。
⑤ 一般车辆避让特种车辆。
⑥ 特种车辆按作业流程避让。
⑦ 临时进入航空器活动区的车辆避让航班服务车辆。

由于民航运输体制的变化，在《机场使用手册》中有关安全管理制度中，依照《中华人民共和国民用航空法》和《中华人民共和国民用航空安全保卫条例》中的要求，制定了有关非航空器活动区车辆及人员进入航空器活动区的限制规定。其宗旨是保证机场安全、正常、有序地运行，无论任何人任何情况，都不得以各种理由破坏机场的安全正常运行。在特殊情况下，需要驾驶非航空器活动区车辆进入航空器活动区的，应当按照严格的审批程序经机场管理机构批准，并由指定的机场单位负责引导和全程陪同。

机动车驾驶员在航空器活动区若违反相关安全运行规定，则实行记分处罚制。通常有些机场采取违规累计 6 分时，机坪管理部门要向违规者下达学习通知，违规者则要向机坪管理的培训部门交纳一定的学费和考试费，到指定的学习班进行一定时间全脱产式的安全教育学习与考试。违规者完成规定的学时，通过考试合格后方能允许重新持证上岗。但原有的 6 分继续保留，若再有违规将在原有的 6 分基础之上累加记分。年度累计达 12 分的，机场管理部门将收回其驾驶证，6 个月内不得再申领民用机场航空器活动区机动车驾驶证。其他严重违规的要按照"民航总局第 170 号令"的相应条款处理。

有关政府部门、地方人民政府都应与民航机场密切配合，共同维护民用航空安全。如规定只有国家领导人（包括必要的随行人员）和规定的专车以及特勤部队的人员及车辆，在机场管理当局规定的行车路线进入航空器活动区。除此以外，其他级别的国家或地方部门的领导和车辆是不允许进入航空器活动区的。通常机场会根据相应的级别，安排这些人员（包括迎送人员）在贵宾区休息和通过安全检查上下飞机，其所乘坐的车辆必须停放在机场陆侧区指定的停车区域内。

禁止未悬挂民用机场航空器活动区机动车牌的机动车进入航空器活动区。悬挂中华人民共和国机动车号牌的车辆，因生产工作需要确需进入的，应获得航空器活动区机动车管理部门许可及发放的临时牌证，并由航空器活动区机动车管理部门安排有关人员和车辆引导。

2. 航空器活动区内车辆和设备作业及停放的管理

航空器活动区内车辆的作业主要是为航空器在地面停留时提供各种保障及维护的，提供这些作业的保障车辆主要有飞机电源车、飞机气源车、飞机空调车、飞机管式/罐式加油车、航空（配餐）食品车、飞机清水车、飞机污水车、飞机牵引车、升降平台车、行李传送带车、行李拖车、旅客摆渡车、机组人员专用车及 VIP 专用车等。如图 3-7 所示为各种服务车辆作业的位置。各种作业应按照 MHT 3010—2006/MHT 3011—2006 等要求安全作业。

当一架飞机停留在机坪，需要进行机务保障和必要的客舱服务。通常按照航空公司的保障要求，对飞机的服务是要有一定时间要求的，超过规定的时间会造成航班的延误，会给旅客及航空公司带来一定的经济损失。所以，作为地面保障单位和人员是不希望此类情况发生的。

从图 3-7 可以看出近机位的地面保障车辆与设备在同一时间内所处的位置，也不难看到在繁忙的机坪作业时，车辆与车辆、车辆与设备之间是非常拥挤的，稍不注意就会造成地面事故。因此，航空器活动区车辆的作业应严格遵守其作业的程序和顺序。只有在确认航空器处于安全靠泊状态，其他保障车辆方可超越机位安全线，实施保障作业；提供保障作业的车辆不得影响相邻机位及航空器机位滑行通道的使用。

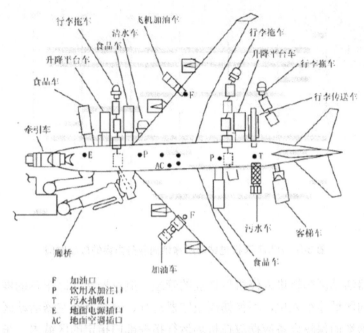

图 3-7 特种车辆地面保障位置示意图

　　图 3-8 和图 3-9 所示分别是 IATA《机场运行手册》中所提供的为 B747 及 B737 在过站时地面特种车辆为其服务所需要的最小时间。从图中不难看出，各种车辆都希望在这短暂的时间内完成自己应做的工作。若各个作业的特种车辆都在同一时间段靠近航空器，必然会出现混乱，甚至会导致航空器与车辆、车辆与车辆、车辆与人员碰撞的航空器地面事故。因而，机坪的作业也是有章可循的，要根据不同的机型和服务内容，按照一定的先后顺序接近飞机作业，从而在规定的时间内完成所有地面作业服务项目。

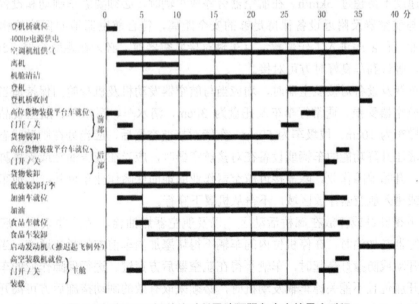

图 3-8　B747 飞机过站时所需地面服务内容的最小时间

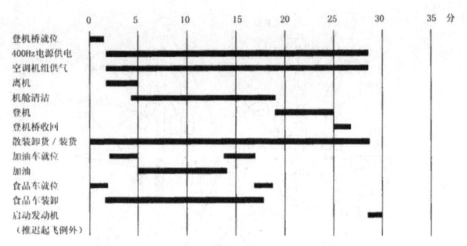

图 3-9　B737 飞机过站时所需地面服务内容的最小时间

（1）航空器活动区车辆进入停机位作业的管理。航空器活动区车辆的停放或等待作业时应按照规定的区域停车入位，不得妨碍航空器滑行、停靠及航空器活动区内道路的畅通和安全。航空器地面保障设备应摆放在机场运行指挥部门指定的区域内。车辆、设备停放区的设置不得影响道路的畅通和运行安全。在保障作业期间，除为航空器提供地面保障作业的车辆、设备或持有机坪运作区准入证（通行证）的车辆外，其他车辆、设备不得进入机位安全区；当航空器正在进入或推出机位时，车辆不得进入机位安全区（正在推出航空器的牵引车除外）。根据作业顺序要求，除地面电源车、牵引车等必须在发动机未关闭之前进入机位安全区的车辆外，其他服务车辆必须停在保障作业等待区外等待，直到航空器挡上轮挡且驾驶员关闭发动机，防撞灯关闭或机务给予可以保障作业的手势为止，其他作业车辆方可靠近航空器实施作业。车辆接近、对接航空器作业时，应当有专人指挥，靠近航空器的速度不得超过 5km/h。在航空器旁停放车辆时，必须要驻车制动和设置轮挡，并确保车辆与航空器及附近设备保持足够的安全距离，符合航空器地面保障的相关操作规程。按作业流程依序进入工作位置，且车辆对接航空器前，必须在距航空器 15m 的距离先试刹车，确认刹车良好时方可对接。

保障车辆及设备对接航空器时，均应当与航空器发动机及机身舱门保持适当的安全距离，以免航空器受损。通常行李车及托盘为 30cm，清水车、污水车、航空食品车、传送带车、客梯车为 10cm，垃圾车为 50cm。车辆对接航空器后，应当处在制动状态和设置轮挡；具有液压升降功能的车辆或设备在对接航空器时，应当在液压油缸或支撑脚架达到工作位置后，开始保障作业。除需接近航空器作业的地面保障作业车辆外，其他车辆不得接近航空器或进入航空器停放区域，不得从机翼下穿行。

车辆不得驶进或停放在廊桥活动区，以及航空器燃油栓、消防井禁区。应当特别注意，当航空器在加油时，在停机位内的车辆不得堵塞加油车前方的紧急通道，当航空器发动机正在开动或防撞灯亮起时，车辆不得在航空器后方穿过。进行保障作业的车辆驾驶员如确需离开座位且不能关掉车辆发动机时，必须采取有效的制动措施后方可离开座位。在停机位内作业的车辆不得倒车，确需倒车的，必须有人观察指挥，以确保安全。航空器准备顶推作业时,除航空器牵引车外,其他作业车辆均要远离停机位,停放在指定停靠区。车辆应当停放在机场管理机构指定的设备区或停车位,且按照停车位地面标明的方向停放。除经特别许可外,畜力车、三轮车、摩托车、自行车以及履带式机动车辆,不得进入机坪区域。

(2)航空器活动区车辆及设备停放区域的划定。为了使机坪运行有序,机场一般都会在机位附近划定各类航空器活动区车辆及设备的停放区域。各区域的标志在划定时要用不同的规格来体现出不同的用途。根据 ICAO 和 IATA 的标准,机场管理机构应该根据机场的实际情况在机坪划定各类区域。机场管理机构可采用如表 3-9 所示的划定方法进行划设。

表 3-9 机位各区域功能规格表

序 号	名 称	功 能	规 格
1	机位安全线	保证航空器与其他车辆及设备保持足够的安全距离	宽度为 15cm 的红色连续实线
2	车辆行驶道线	用于机坪上机动车辆行驶的引导和限制	宽度为 10cm 的白色连续实线
3	保障车辆作业等待区域标志	为保障航空器的车辆提供临时停放区域	宽度为 10cm 的白色网格线
4	车辆及设备固定停放区域标志	用以规定在机坪上停放车辆及设备的安全界限	宽度为 10cm 的白色连续封闭实线
5	登机桥活动区域标志	仅供登机桥使用,同时禁止任何机动车辆停放、穿越此区域	宽度为 10cm 的红色网格线
6	禁止停放区域标志	禁止任何车辆及设备停放	宽度为 10cm 的黄色网格线

机位附近的设备停放区必须围绕机位安全线进行划设,要充分利用机位的空间合理规划,达到各类设备有位可停、车辆运行与设备停放互不干扰的机坪运行良好环境。图 3-10 所示为典型机位地面标示线。

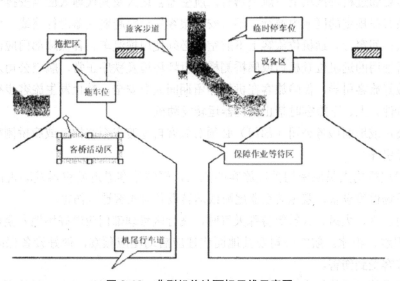

图 3-10 典型机位地面标示线示意图

（3）航空器活动区车辆及设备停放的管理。因保障作业区需要放置于机坪内的特种车辆（含牵引车拖把）、行李托盘和集装箱托盘等特种设备、集装箱等，应当停泊或放置于机场管理机构指定的区域内，不得超出规定的范围，并接受机场管理机构的统一管理。

在保障工作结束后，各保障部门应当及时将所用设备放回原区域，并摆放整齐。车辆及设备在停放时，必须使用驻车制动或有效的制动方法使其不发生失控滑动现象。

不得在标有禁停标志的区域内停放任何车辆及设备。任何车辆及设备，不得停放或堵塞通往消防站、消防水池或消防栓的道路；不得堵塞救援车辆，包括消防车、救护车等应急车。在廊桥活动端移动范围内应采用红色或者黄色线条网格设置禁区，禁止任何车辆和设备进入。禁区内应当标识廊桥回位点（框），廊桥和机位应当设有系留地锚，当遇到大风天气有可能对廊桥和停场航空器造成影响时，必须对廊桥和航空器进行系留。航空器营运人或者其代理人负责实施航空器的系留。

（4）机坪人员管理。按照"民航总局第 170 号令"的规定，所有在机场空侧控制区从事勤务保障的人员，均应当接受场内道路交通管理、岗位作业规程等方面的培训，并经考试合格后，方可在机场空侧从事与其职责相关的活动。持有进入机场空侧控制区证件的行政管理等其他人员，应当接受空侧控制区管理的相关培训。

人员培训和考核的内容由机场管理机构确定，培训和考核的方式由机场管理机构与驻场单位协商确定，并以协议的方式予以明确。机场管理机构应当建立所有在空侧从事相关活动人员的培训、考核档案记录，其他单位也应当建立本单位人员的培训、考核档案记录。

所有在机坪从事勤务保障的人员，均需按规范佩戴工作证件，并穿着本单位的工作服，工作服没有反光标识的，应当单独穿着反光背心或者外套。

参与勤务保障作业的人员应当具备相应的安全操作技能和资格，各类车辆和设备应当处于良好的技术状态。

机坪内各保障作业部门，应当按有关规定为员工配备足够和有效的防护用品。

旅客需要通过机坪区域上下航空器时，航空器营运人及其代理人应当安排专人引导和保护，使旅客在规定的区域内通行，不得安排旅客步行穿越航空器滑行路线，任何车辆不得在旅客队伍间穿行。远机位旅客上下航空器必须使用摆渡车。各保障部门应确保远机位出港旅客所使用的远机位登机口或廊桥侧梯、机坪环境及秩序正常，航空公司及其地面代理机构应做好旅客引导，保障旅客在机坪停留期间人身安全，禁止发生旅客步行横穿机坪和滑行道事件。上、下旅客时禁止航空器运转发动机。

航空公司或地面服务公司（部门）必须对旅客自摆渡车至客梯车或廊桥侧梯上下航空器过程进行引导。

地面代理机构人员应密切关注旅客的流向，严防旅客靠近航空器发动机前后、机翼下，接触现场保障设备，避免航空器尾流或运转设备对旅客造成伤害。

遇有雨、雪、大风、大雾等特殊天气时，飞行区管理部门应做好场地安全保障工作，避免地面积水、积冰。航空公司及其地面代理应启动相应预案，做好设备保障和旅客服务，避免旅客受到伤害。

未经机场管理机构批准，任何人不得在航空器活动区内引燃明火、释放烟雾和粉尘。

任何人员不得在机坪内吸烟（包括各类车内人员和航空器内人员）。任何人员不得损坏、擅自挪动机坪消防设施设备。任何人员发现机坪内出现火情或发生大量燃油溢漏等重大火险隐患时，均应当迅速向消防部门或者机场管理机构报告，并有义务采取灭火行动。

（5）机坪环境管理。

① 机坪外来物管理。外来物被认为是松散材料（诸如沙、石、纸、木、金属和路面的碎块）的散碎片块。航空器发动机易吸入松散物质，使发动机叶片或螺旋桨受到严重破坏。由杂物引起的航空器损伤被称为外来物损伤。机场管理机构和各驻场单位均应加强机坪上外来物的管理，预防外来物对航空器造成的损伤。

通常航空器活动区管理部门按照 MHT 3010—2006《民用航空器维修（管理规定）》中的相关规定，对机场航空器活动区外来物进行管理，监督并实施对跑道、滑行道和机坪等道面的表面定期进行检查与清扫，及时发现并处理道面上的杂物。

在机坪安全的部位应放置足够的垃圾桶，供机坪作业人员及时处理机坪外来物使用。

对机坪巡视检查人员及承包商的保洁人员进行培训，指导其如何判断机坪外来物并对外来物进行及时处理。

航空器活动区管理部门对机坪上各保障作业中单位进行监督检查和评价，对于不遵守环保规定或造成机坪外来物损伤航空器的单位和个人进行制止、讲评和处罚。

各驻场单位负责对本单位全体员工进行机坪环境卫生管理的培训，理解机坪外来物的危害，明确在机坪作业环境卫生方面的责任。机坪上所有人员均有责任及时清除机坪上的外来物，对于无法清移的外来物，应及时通报机场航空器活动区管理部门。发现有人随意丢弃垃圾，有义务制止或报告机场航空器活动区管理部门。

进行航空器清洗前，必须通报航空器活动区管理部门进行监控，得到批准后方可按照批准的时间和机位进行清洗作业。航空器清洗作业完毕后，航空器运营人或其代理人负责将机位上的清洁剂和其他溢出物清洗干净，使机位恢复到正常使用状态。航空器的清洗、试车、维修等工作，一般情况下不得占用客（货）机坪上的停机位，如遇特殊情况，必须得到机场管理机构的批准。若在指定的机位以外机坪清洗航空器，除要被责令清除污染面或支付清除污染面的相关费用外，还将上报民航主管部门进行处罚和通报。

配餐服务和航空器维护部门必须严格管理为临时遮盖货物和保护航空器部件而在机坪使用的聚乙烯袋和膜，避免其成为机坪外来物，对航空器发动机造成损伤。

清洁航空器货舱时，不允许直接将货舱杂物清扫在机坪上。对于装卸过程中散落在机坪上的各种物品、包装材料、货舱杂物由当事人负责清理干净。严禁在客机坪上清扫货运车辆。

机上杂物装袋后须及时装车，航空公司或其地面代理公司负责将航空器上的垃圾清理出航空器活动区，禁止丢入机坪垃圾桶或在机坪、廊桥上长期堆放。垃圾包装应严密，流质垃圾如处理不善会污染机坪、廊桥，必须及时清理干净。临时放置的垃圾应有专人看守。

航空器活动区清理出的杂物、垃圾禁止露天堆放或藏匿于机坪上，禁止在航空器活动区内对杂物、垃圾进行填埋或焚烧处理。

严禁在机坪上进行就餐活动。

货运区运作的单位和个人应保持该区域的清洁。在经常有夜间活动的地方，须保持该地区的照明，以便该区域保持清洁。在货物处理过程中，应特别注意对板条箱或其他集装箱掉出的铁皮条、钉子、纸片或木料等的管理。

应及时有效清除机坪上用于清除泄漏燃油或机油的砂子。应及时清除冬季机坪上残留的冰块。

机坪区域施工现场应当按照规定采取防止污染环境的有效措施。施工所需物资、设备须于核准的地点堆放，并定期清理施工产生的废弃物、渣土及剩余物料等。应采取苫盖、洒水等措施防止施工产生扬尘，避免尘埃散播至其他区域。施工车辆须保持清洁（如保持轮胎清洁），所载物料不得高出货车两侧围板，并稳固系妥。施工物料运输过程中不得在飞行区内遗撒任何物体，必要时指定专人负责定期检查并及时清扫。

机坪区域内原则上不得悬挂、张贴宣传品。因迎送或庆典活动必须悬挂横幅标语等时，须经机场航空器活动区管理部门审查并经机场管理机构批准后方可实施。举办方严格按照航空器活动区管理部门的要求进行活动（仪式）准备工作。活动实施过程中，举办方须积极配合航空器活动区管理部门的工作，以避免影响正常生产。活动结束后应及时清除宣传品。

进入航空器活动区作业的车辆必须保持车况良好，车辆清洁，各连接部位可靠，无滴油、漏油现象。任何车辆、设备在机坪区域发生故障，必须尽快组织脱离，严禁就地进行维修作业。

机坪作业人员在完成保障作业后，应及时对机坪现场进行清理，严防抛撒、丢失的杂物影响航空器安全。

为保证航班按时离港，可将航空器常规航线维护工作安排在停机位内进行。在机坪内进行航空器维护排故、添加润滑油和液压油及其他保障工作时，不得影响机位的正常调配及对机坪内其他运行保障工作构成影响，并应当采取有效措施防止对机坪造成污染和腐蚀。维修作业结束后，维修作业部门应当及时将现场清理干净。

② 放水及漏油的管理。机坪油污易对环境造成污染，并且污染、腐蚀机坪标志标线，同时易引起火灾。驻场各单位应当主动清除机坪油污污染。负责航空器加油的操作人员作业时必须严格遵守民航总局的有关行业标准和操作规范，一旦燃油泄漏应当立即停止操作。严禁机务人员将燃油、滑油遗洒在机坪及其附属设施（如加油井、排水沟等）内。所有在飞行区行驶的机动车，驾驶员应确保机动车完好，防止车辆在飞行区内漏油事件的发生。在机坪上的作业人员一旦造成漏油事件，应当立即通知机场航空器活动区管理部门。漏油的清理由责任单位负责，责任单位委托机场相关部门进行清理时，责任单位应承担相应的费用。

机场航空器活动区管理部门在得到机坪内发生漏油及漏水事件的通报后，应立即通知消防部门或相关保障单位进行处理，处理的相关费用由责任单位或人员承担。

③ 机坪上其他物体的管理。机坪上有加油井、消防井、电缆井、供水井等，各类井盖数量较多，为了给地面运行的车辆人员予以警示，各类井盖应该划设警示标志。一般的做法是在井盖四周涂刷边框线，边框线宽度不小于20cm，颜色宜为黄色或者红色。

车辆设备的行驶及停放都应当尽可能避开井盖。当井盖开启时,应当在井盖旁设置醒目的反光警示标志物。

机场内易被行驶车辆刮碰的建筑物、固定设施等,均应当设置黄黑相间的防撞警示标志、限高标志,重要的建筑物构件、设施设备应当设有防撞保护装置。

当机场管理机构获知在航空器活动区发现有疑似航空器零件的异物时,应当尽快通知机务部门进行判断,若初步判断为航空器零件,则应尽快将信息告知空管部门和各机务部门。

第二节 航站区运行

航站区是机场的一个非常重要的组成部分。航站楼的布局和设置直接和旅客相关,航站楼机坪数目的多少等也会对机场的日常运营产生重大影响。

航站区是机场的客货运输服务区,是为旅客、货物、邮件空运服务的。航站区是机场空侧与陆侧的交接面,是地面与空中两种不同交通方式进行转换的场所。航站区主要由三部分组成:① 航站楼、货运站;② 航站楼、货运站前的交通设施,如停车场、停车楼等;③ 航站楼、货运站与飞机的联结地带——机坪。下面主要对航站楼和航站楼机坪,货运站和交通设施单独设置章节进行讨论。

一、机场航站区的规划

(一)航站区的规划原则

航站区是机场的一个重要功能区,在规划中应遵循以下原则。
(1)与机场总体规划相一致。
(2)坚持"一次规划,分期实施",使其规模与旅客运输量相适应,各区域容量平衡,并具有未来扩建发展的余地。
(3)相对于飞行区和机场的其他功能区的间距、方位合理。
(4)航站区陆侧应便于交通组织,并与城市地面交通系统有良好的衔接。
(5)航站区空侧应根据飞机运行架次、机型组合、地面保障服务设施等因素合理规划,使飞机的运行安全、顺畅、高效。
(6)航站区应地势开阔、平坦,排水条件好,并尽可能少占地。
(7)注意航站区的群体建筑效应,注意绿化、美化和保护航站区及其周围环境。

(二)航站区的位置确定

在考虑航站区具体位置时,尽管有诸多影响因素,但机场的跑道条数和方位是制约航站区定位的最重要因素。航站区-跑道构形,即两者的位置关系是否合理,将直接影响机场运营的安全性、经济性和效率。在考虑航站区的位置时,应布置在从它到跑道起飞端之间的滑行距离最短的地方，并尽可能使着陆飞机的滑行距离也最短，即应尽量缩短到港飞机从跑道出口至机坪，离港飞机从站坪至跑道起飞端的滑行距离，尤其是离港飞机的滑行距离（因其载重较大），以提高机场运行效率，节约油料。在跑道条数较多、构形更为复杂时，要争取飞机在离开或驶向停机坪时避免跨越其他跑道。同时，尽可能避免飞机在低空经过航站上空，以免发生事故而造成重大损失。

交通量不大的机场，大多只设一条跑道。此时，航站区宜靠近跑道中部，如图 3-11（a）所示。

如果机场有两条互相平行的跑道（包括人口平齐和相互错开）且间距较大，一般将航站区布置在两条跑道之间，如图 3-11（b）和图 3-11（c）所示。

若机场具有两条呈 V 字形的跑道，为缩短飞机的离港、到港滑行距离，通常将航站区布置在两条跑道所夹的场地上，如图 3-11（e）所示。

如机场的交通量较大，乃至必须采取三条或四条跑道时，航站区位置如图 3-11（e）和图 3-11（f）所示。

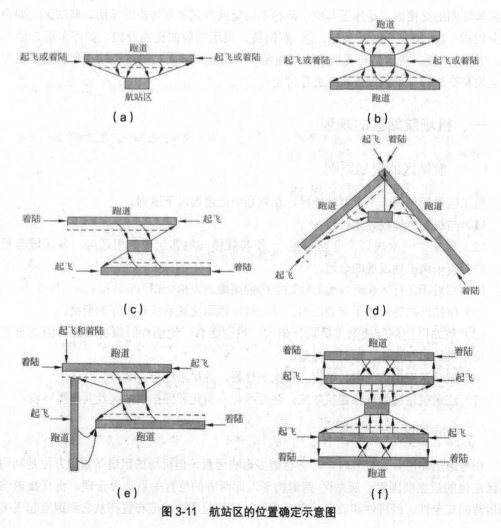

图 3-11　航站区的位置确定示意图

二、航站楼

航站楼是航站区的主体建筑，是一个地区或国家的窗口。航站楼通过各种服务与设施，不断地集散着旅客及其迎送者。

（一）航站楼的规划设计

航站楼是航站区最主要的建筑物。特别是国际机场，航站楼在一定意义上就是一个国家的大门，代表着国家的形象。因此，在建筑上要求它具有一定的审美价值、地域或民族特色，并做豪华的装饰，这也是与航空旅行这种迄今为止仍为最高级的旅行方式相适应的。

在航站楼建筑设计中，我国历来比较注重其外形、立面的民族、地方特色或象征意义。应该说这也是一种设计风格，运用得当，的确能给一个机场，甚至一个城市增色许多。但在设计中，要反对那种庸俗化、表面化的地方特色和象征手法。相比之下，世界上的发达国家更重视航站楼内功能、环境效应、艺术氛围以及人与自然的和谐统一，其设计风格的成功之处，也是我们应该汲取的。不管航站楼采用何种设计风格，归根结底，是服务于航空客运的功能性交通建筑物。因此，其规划、设计、布局应本着方便旅客、利于运营和管理的原则来展开。

航站楼的规划设计，在技术上应注意以下问题。

（1）确定合理的规模和总体布局概念（集中式或单元式），以便航站楼设施与当前以及不远的将来的客运量相适应。

（2）选择合理的构形，便于空侧与飞机、陆侧与地面交通进行良好地衔接，并具有未来扩建的灵活性，扩建时尽可能较低程度地影响航站楼运营。扩建的灵活性对航站楼来说非常重要。因为机场的建设不可能毕其功于一役，随着客、货运量增加，机场做分阶段扩建在投资和运营等方面都有其合理性。

（3）航站楼设施要先进，流程要合理，流程应简捷、明确、流畅，不同类型的流程有良好的分隔，各控制点设施容量均衡协调，使旅客、行李的处理迅速、准确。

（4）航站楼结构与功能要协调，内部较大的营运区应具有可隔断性（采用大柱网），以适应灵活多变的布局。航站楼结构应便于各种建筑设备（供电、照明、供热、空调、给排水、垂直和水平输送设备、消防、监控等）的布置与安装，还应在采光、结构、建筑材料等方面注意建筑节能。

（5）适应商业化趋势，提供多方面、多层次的旅客消费、休闲、业务等服务设施。航站楼要合理地进行功能分区，使相关的功能区既具有相对独立、不相干扰的特点，又能实现方便、迅捷的联系。适应建筑智能化趋势，在投资许可的条件下，提高航站楼的智能化程度。

（6）航站楼的主要功能是便利、迅速和舒适地实现两种交通运输方式的转换。航站楼规划要体现这一点，必须一方面处理好它与停机坪和地面交通运输系统的布局关系；另一方面，要安排好楼内各项设施单元的布局，使楼内的各项设施与出入机场地面交通系统的通过速率匹配。

航站楼的具体规划过程大致可分为以下四个阶段。

（1）确定设计旅客量。根据机场总体规划时预测的年旅客量，可初步估计航站楼的规模。确定各项设施所需建筑面积时，应依据高峰小时旅客量来计算。典型高峰小时旅客量与年旅客量有一定的比例关系，一般为年旅客量的 0.03%~0.06%。表 3-10 所示是美国 FAA 给出的高峰小时旅客量与年旅客量的比例关系。

表 3-10　高峰小时旅客量与年旅客量的关系

年旅客量（×1 000 人次）	高峰小时旅客量占年旅客量的比例/%
≥20 000	0.030
10 000~20 000	0.035
1 000~10 000	0.040
500~1 000	0.050
100~500	0.065
<100	0.120

（2）估算面积。面积估算是为航站楼及其各项设施提出尺寸要求，并不要求确定各单元的具体位置。

各项设施所需面积，应根据其功能和特点来确定。表 3-11 所示是 FAA 提出的设计标准。

表 3-11　各项设施的空间设计标准

国内航站楼设施	所需面积/（m²/高峰小时旅客量）	国际航站楼	所需外加面积/（m²/高峰小时旅客量）
办票大厅	1.0	设施	1.5
航空公司经营办公室	4.8	健康	1.0
行李提取	1.0	移民	3.3
候机厅	1.8	海关	0.2
饮食设施	1.6	来宾候机室	1.5
厨房和储藏室	1.6	流通、行李、公用设施、墙	7.5
其他特许经营	0.5		
厕所	0.3		
流通、机械、维护、墙	11.6		
总计	24.2	总计	15.0

航站楼的面积要求与预期达到的服务水平有关。美国 FAA 建议航站楼总面积为每个年登机旅客 $0.007~0.011m^2$，每个设计高峰小时旅客 $14m^2$（国内航线）或 $20.5m^2$（国际航线）。我国目前的实际控制数为高峰小时旅客 $14~30m^2$（国内航线）或 $24~40m^2$（国际航线）。

（3）制定总体布局方案。估算出各单元设施面积后，结合匡算的航站楼总面积，按不同功能区对各项设施进行组合。组合时，应使旅客的流动路线简单、明显、短捷，各项设施的功能要分明。同时，根据总规模、预期的旅客舒适程度要求和方便运营等因素制定总体布局方案。

（4）提出设计方案。这一阶段是根据估计面积和总体布局方案，绘出航站楼的各项平、立面图。图上要标明各单元位置、形状和尺寸，从而建立起各单元、各功能区间的联系，并按规定的要求进行评价。评价的内容如下。

① 旅客和行李的流动路线是否短捷；有无其他流动路线干扰或交织，是否有层位的变化等。

② 设立的检查或控制点是否有重复，可否减少。

③ 旅客能否依靠自己行进，能相继认清各种导向标志。

④ 各单元的容量能否满足具体需要，它们的流动速率是否相互匹配等。

⑤ 可扩展性。根据评价的结果和航站楼的具体功能要求，进行反复修改，方能得到较理想的方案。

（二）航站楼的水平布局概述

航站楼的水平布局是否合理，对航站楼运营有至关重要的影响。确定航站楼水平布局时，要考虑许多因素，主要有旅客流量、飞机起降架次、航班类型、使用该机场的航空公司数量、场地的物理特性、出入机场的地面交通系统等。为合理选择平面布局方案，应处理好以下三个问题。

第一，集中和分散（见图 3-12）给出了集中和分散航站楼的概念示意，分散式航站楼也叫单元式航站楼。所谓集中，是指一个机场的全部旅客和行李都集在一个航站楼内处理。目前，我国大多数机场都采用集中式航站楼。随着客流量迅猛增长，集中航站楼的规模越来越大。

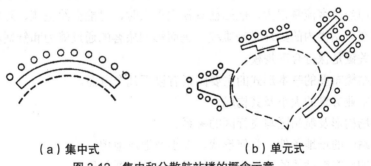

（a）集中式　　　　　　　　（b）单元式

图 3-12　集中和分散航站楼的概念示意

例如，芝加哥奥黑尔机场航站楼两个相距最远的门的距离达 1.5km。同时，集中航站楼陆侧的停车设施规模也往往比较庞大。这样，旅客在航站楼内外的步行距离常常很远，有时甚至到了无法容忍的程度。

为使旅客舒适地进行航空旅行，参照 IATA 的建议，目前普遍认为应将旅客在航站楼内的步行距离控制在 300m 左右。但是，当客流量非常大时，如仍沿袭集中航站楼的概念就很难达到要求，于是便出现了分散式航站楼或单元式航站楼的水平布局概念。具体思路是：在一个机场，设若干个（两个或两个以上）单元航站楼，每个航站楼的服务旅客类型相对单一化。例如，分设国内旅客航站楼、国际旅客航站楼，不同的航空公司使用不同的航站楼，等等。美国达拉斯的福特·沃尔斯机场就是一个比较典型的具有分散式航站楼的机场，该机场共设 14 个单元航站楼。

形成单元式航站楼格局可能有两个缘由。有的机场一开始就是设计成单元式的，如福特·沃尔斯机场、法国戴高乐机场、加拿大多伦多机场等。有的是随着客运量增加，扩建原有的航站楼不可能或不合适，又新建了航站楼，如英国希思罗机场、法国奥利机场、西班牙马德里机场等。我国北京首都国际机场，1999 年新的航站楼竣工并投入运营，成为我国第一个拥有分散式航站楼的机场。随着 2008 年 3 月 26 日上海浦东国际机场的 T2 候机楼和北京首都国际机场的 T3 候机楼投入使用，分散航站楼或单元航站楼概念在我国得到进一步发展。

没有一种方案能满足所有的要求。单元航站楼的优点是加速了整个机场的旅客通过能力，每个航站楼及停车场等旅客通过能力，每个航站楼及停车场等设施都能保持合理规模，旅客在航站楼内外的步行距离也能保持合理的长度，等等。但是，单元航站楼的突出弊端是，每个单元航站楼都要配置几乎相同的设施，规模经济效益差。如果单元航站楼之间相距较远（如福特·沃尔斯机场最远的两单元相距竟达 4.5km），会给中转旅客和对机场不熟悉的旅客带来极大的不便。为此，有时必须考虑能够沟通各单元的捷运交通系统，这无疑又增加了额外投资，并使航站区交通变得越发复杂。采用单元航站楼时，航站区一般占地较大，不利于节约土地。因此，在决定采用单元航站楼概念时务求慎重。只有大型枢纽机场在客运量确实太大（一般认为年客运量大于 2 000 万人次）时才有必要考虑单元式航站楼的水平布局设计概念。集中式航站楼的优点是显而易见的，它可以公用所有设施，投资和维护、运营费用低，便于管理，占地较少，有利于航站楼开展商业化经营活动，等等。但当旅客流量很大，航站楼规模也很大时，可能会给空侧、陆侧的交通组织和旅客、行李在航站楼内的处理带来难度，进而影响旅客的通过能力和舒适程度。因此，集中航站楼的关键是保持合理规模。

影响航站楼布局的基本形式的主要因素有以下几个方面。

- 航空业务量的大小及其构成。
- 机场构形及航站区与飞行区的关系。
- 航站区的场地条件、几何形状、大小及地形地貌。
- 近期旅客航站楼的建设规模及机场未来的发展前景。
- 进出旅客航站楼的地面交通系统。

第二，航站楼空侧对停靠飞机的适宜性。航站楼空侧要接纳飞机。一般情况下，停靠飞机以上下旅客、装卸行李所需占用的航站楼空侧边长度，要比按旅客、行李等的空间要求所确定的建筑物空侧边长度大，特别是飞机门位数较多时更是如此。为适应空侧机门位的排布要求，一般航站楼空侧边在水平面要做一定的延展和变形，以适宜飞机的停靠和地面活动。

第三，航站楼陆侧对地面交通的适宜性。由于航站区地面交通的多样性（如汽车、地铁、轻轨等），在考虑航站楼水平布局时，必须使方案便于航站楼陆侧与地面交通进行良好地衔接。当进出航站区的旅客以汽车作为主要交通工具时，航站楼设置合理的车道边（长度、宽度）对陆侧交通非常重要。

（1）航站楼水平布局种类。为妥善处理航站楼与空侧的关系，人们曾提出过许多种航站楼水平布局方案。这些方案可归纳为以下四种。

① 线型。线型是一种最简单的水平布局形式。航站楼空侧边不做任何变形，仍保持直线。飞机机头向内停靠在航站楼旁，旅客通过登机桥上下飞机，如图 3-13 所示。楼内有公用的票务大厅和候机室（也可为每个或几个门位分设候机室，但此时要设走廊以连接各候机室）。

这类航站楼进深较浅，一般为 20～40m。在机门位较少时，旅客从楼前车道边步入大厅办理各种手续后步行较短距离即可到达指定门位。客流量增大时，航站楼可向两侧扩展，这样可同时增加航站楼的空侧长度（以安排机门位）和陆侧长度（延长车道边）。但扩建后，如机门位较多，必然使旅客的步行距离增加许多。在这种情况下，可以考虑将航站楼分为两个大的功能区，如国际区、国内区，各有一套办理旅客手续的设施单元和若干个门位。

目前，我国大多数机场客运量较少，因此普遍采用这种水平布局。

② 指廊型。指廊型也称廊道型。为了延展航站楼空侧的长度，指廊型布局从航站楼空侧边向外伸出若干个指形廊道。廊道两侧安排机门位，如图 3-14 所示。这种布局的优点是，进一步扩充门位时，航站楼主体可以不动，而只需扩建作为连接体的指廊，因此在基建投资方面比较经济。缺点是，当指廊较长时，部分旅客步行距离加大；飞机在指廊间运动时不方便；指廊扩建后，由于航站楼主体未动，陆侧车道边等不好延伸，有时会给交通组织造成困难。通常，一条指廊适合 6～12 个机位，两条指廊适合 8～20 个机位。机位超过 30 个时，宜采用多条指廊。

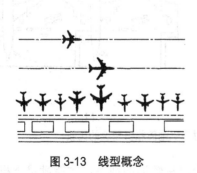

图 3-13 线型概念

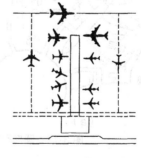

图 3-14 指廊型概念

③ 卫星型。这种布局是在航站楼主体空侧的一定范围内，布置一座或多座卫星式建筑物。这些建筑物通过地下、地面或高架廊道与航站楼主体连接。卫星建筑物上设有机门位，飞机环绕在它的周围停放，如图 3-15 所示。

卫星式布局的优点是，可通过卫星建筑的增加延展航站楼空侧；一个卫星建筑上的多个门位与航站楼主体的距离几乎相同；便于在连接廊道中安装自动步道接送旅客，从而并未因卫星建筑距办票大厅较远而增加旅客步行的距离。

最早的卫星建筑都设计成圆形,旨在使卫星建筑周围停放较多数量的飞机。但后来发现,圆形卫星建筑具有一定的局限性。

首先,不好扩建(见图 3-16)。扩建时,要么拆掉旧的再建一个直径更大的圆形建筑,这显然是不合理也不经济的;要么采用在已有圆形建筑旁附设圆形或者矩形建筑的做法。但是,如果飞机的起降架次没有达到一定的数量,建设第二个卫星厅不免有些浪费。

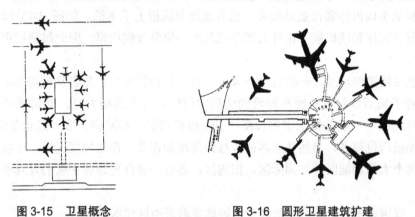

图 3-15　卫星概念　　　　　　　图 3-16　圆形卫星建筑扩建

其次,对圆形建筑旁两架相邻飞机进行地面服务时,往往非常拥挤。如图 3-17 所示是圆形建筑旁和矩形建筑旁对飞机做地面服务时的情况比较。显然,矩形建筑旁的飞机地面服务更好安排,更有秩序。

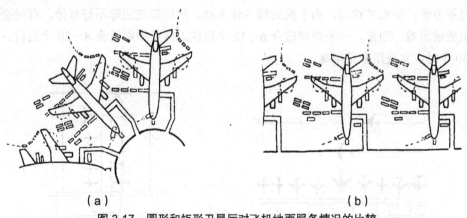

图 3-17　圆形和矩形卫星厅对飞机地面服务情况的比较

再次,未来的大翼展飞机必须停在距圆形卫星较远的地方,才能满足飞机间距的要求。这样,登机桥就必须加长。最后,远停的大飞机还会对其他飞机在机位滑行道或机坪滑行道上的运行造成影响。因此,现在许多机场已采用矩形卫星建筑。

④ 转运车型。在这种布局下,飞机不接近航站楼,而是远停在站坪上,通过接送旅客的转运车来建立航站楼与飞机之间的联系,如图 3-18 所示。

这种方案的优点如下。

- 可以高效率地使用航站楼，只需要有供地面转运车辆用的门位，而不需要有供飞机用的门位，因而可降低基建和设备（登机桥等）投资。如果采用可以升降的转运车，那么连舷梯车的费用都可以节省。
- 提高了航站楼的利用率，增加了对不同机位、机型和航班时间的适应性。
- 航站楼扩展方便。

但利用转运车，使旅客登机时间增加，易受气候、天气因素影响，舒适感下降。

（2）概念的结合与变化。实际上，许多机场并非单一地采用上述基本布局或方案，而是多种基本形式的组合。而且，随着旅客数量的增长、飞机大型化、航班增加等因素的影响，在航站楼设计的发展过程中，由最初适用于旅客量小、机型小、航班少的简单航站，而逐渐发展成线型、指廊型、卫星型和转运车型几种基本概念。在这几种概念的基础上，产生了由它们演变的概念。关于航站楼水平布局设计概念的组合与变化如图 3-19 所示。显然，水平布局方案有多种选择，设计者必须全面、综合地考虑各个因素，方能做出在技术上合理的方案。

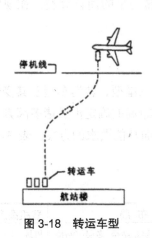

图 3-18　转运车型

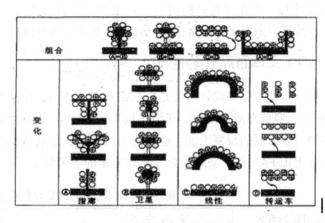

图 3-19　航站概念变形及组合

（三）航站楼的竖向布局

根据客运量、航站楼可用占地和空侧、陆侧交通组织等因素，航站楼竖向布局可采用单层、一层半、二层、三层等方案。

（1）单层方案。进、出港旅客及行李流动均在机坪层进行。这样，旅客一般只能利用舷梯上下飞机，如图 3-20 所示。

（2）一层半方案。出港旅客在一层办理手续后到二层登机，登机时可利用登机桥。进港旅客在二层下机后，赴一层提取行李，然后离开，如图 3-21 所示。

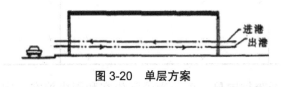

图 3-20　单层方案

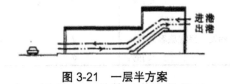

图 3-21　一层半方案

（3）二层方案。旅客、行李流程分层布置。进港旅客在二层下机，然后下一层提取行李，转入地面交通。出港旅客在二层托运行李，办理手续后登机，如图3-22所示。

（4）三层方案。旅客、行李流程基本与二层方案相同，只是将行李房布置在地下室或半地下室，如图3-23所示。

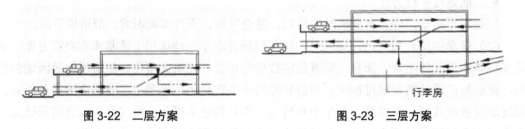

图 3-22　二层方案　　　　　　　　图 3-23　三层方案

在实际应用中，除去旅客流程和行李流程的设计外，还要考虑餐饮、酒吧、商店等特许经营，航空公司和联检机构必要的用房，有时把地铁和停车设施引入楼内。因此，航站楼的设计是一个非常复杂的过程。以上四种方式只是在竖向布局里的简化分类，在现实中，可能要复杂得多，但都是在这四种的基础上进行演变。

（四）总体布局方案的选择

航站楼的总体布局，主要是指水平布局（线型、指廊型、卫星型、转运车型及其变形与组合）、竖向布局（层数、车道边层数）。显然，航站楼总体布局的确定涉及诸多因素，必须经过多方面的反复论证才能确定出可较好满足航站楼各方面功能要求的方案。表3-12所示是美国 FAA 关于航站楼总体布局方案的参考意见。

表 3-12　旅客航站楼布局方案的选择

年登机旅客数 ($\times 10^3$ 人数)	平面布局				竖向布局				登机高度	
	线型	廊道型	卫星型	转运车型	单层路边	多层路边	单层航站楼	多层航站楼	机坪	飞机
<25	√				√		√		√	
25～75	√				√		√		√	
75～200	√				√		√		√	
200～500	√	√			√		√		√	
500～1 000										
始发—终程旅客>75%	√	√	√		√		√		√	√
<75%	√	√	√		√		√		√	√
1 000～3 000										
始发—终程旅客>75%		√	√	√		√		√		√
<75%		√	√		√		√			√
>3 000										
始发—终程旅客>75%		√	√	√		√		√		√
<75%		√	√		√		√			√

进行航空旅行的旅客，根据其旅行是否跨越国界，可分为国际旅客和国内旅客。国

内、国际旅客可进一步分为以下四类。

（1）出发旅客。这些旅客通过城市地面交通系统抵达航站楼，然后经过办票、交运行李等程序，准备登机离港。

（2）到达旅客。他们在机场结束航空旅行，下机后到航站楼提取行李，再经有关程序后离开航站楼，转入地面交通。

（3）中转旅客。这些旅客只在机场转机，即由一个到达航班换乘另一个出发航班。这类旅客可再细分为四种：国内转国内；国内转国际；国际转国内；国际转国际。其中，第三类旅客较多。

（4）过境旅客。这类旅客所乘航班只在机场做短暂停留，旅客可以下飞机到过境候机室休息，准备登机。

在上述四类旅客中，中转和过境旅客只在空侧进出航站楼，不与地面交通发生联系。过境旅客无行李的转运问题。

在航站楼中，不同类型的旅客所经历的程序是有差异的。图 3-24 所示是一个比较典型的航站楼旅客流程图。

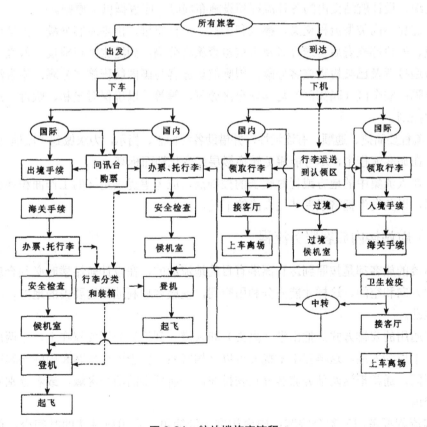

图 3-24　航站楼旅客流程

在上述流程中，安全检查是由公安部门实施的对旅客及所携行李、物品的检查，防止将武器、凶器、弹药和易燃、易爆等危险品带上飞机，以确保飞机和乘客的安全。卫生检疫是对国际到达旅客及所携动、植物进行检查，以防人的传染病或有害的动、植物瘟疫和病菌等从境外带入，造成危害性传播。海关的职能是检查旅客所带的物品，以确定哪些应该上税。出、入境检查，由移民局或边防检查站负责执行，其主要职责是检查国际旅客出入境手续的合法性，其中最重要的内容是护照检查。

由于各国政府政策和控制力度的不同，不同国家的机场要求旅客经历的程序和检查的严格程度也是有差异的。例如，欧洲大多数国家机场的海关，改善以后的检查过程几乎使人感觉不到强迫性。而在有些国家，机场海关检查是非常严格的。

旅客旅行目的的不同和旅客类型的差异等因素，都会影响航站楼的流程设计和设施配置。例如，因公旅行的旅客，一般对航站楼设施、程序及航班动态等了解得比较清楚。因此他们在航站楼内逗留的时间较短，而且很少有迎送者，所带行李亦较少。而因私旅行（旅游、探亲）的旅客则恰恰相反。另外，特殊旅客成分，如要客 VIP、残疾人等，也会对航站楼流程、设施等造成影响。

（五）航站楼流程的组织原则

在组织、设计航站楼内的各种流程和设施布局时，应遵循以下原则。

（1）避免不同类型流程交叉、掺混和干扰，严格将进、出港旅客分隔；出港旅客在海关、出境、安检等检查后与送行者及未被检查旅客分隔；到港旅客在检疫、入境、海关等检查前与迎接者及已被检查旅客分隔；国际航班旅客与国内航班旅客分隔；旅客流程与行李流程分隔；安全区（隔离区）与非安全区分隔，等等，以确保对走私、贩毒、劫机等非法活动的控制。

（2）流程要简捷、通顺、有连续性，并借助各种标志、指示，力求做到"流程自明"。

（3）在旅客流程中，尽可能避免转换楼层或变化地面标高。

（4）在人流集中的地方或耗时较长的控制点，应考虑提供足够的工作面积和旅客排队等候空间，以免发生拥挤或受其他人流的干扰。

（六）航站楼内旅客服务流程

航站楼的旅客都是按照到达和离港有目的地流动的，在设计航站楼时必须合理安排旅客流通的方向和空间，这样才能充分利用空间，使旅客顺利地到达要去的地方，不致造成拥挤和混乱。

目前通用的安排方式是把出港（离去）和入港（到达）分别安置在上、下两层，上层为出港，下层为入港，这样互不干扰又可以互相联系。由于国内旅客和国际旅客所要办理的手续不同，通常把这两部分旅客分别安排在同一航站楼的两个区域，或者分别安排在两个航站楼内。

旅客流程要考虑三部分旅客：国内旅客手续简单，占用航站楼的时间少，但流量较大，因而国内旅客候机区的候机面积较小而通道比较宽。国际旅客要办理护照、检疫等手续，行李也较多，在航站楼内停留的时间长，同时还要在免税店购物，因而国际旅客的候机区要相应扩大候机室的面积，而通道面积要求较小。中转旅客是等候衔接航班的旅客，一般不到航站楼外活动,所以要专门安排他们的流动路线,当国内转国际航班或国际转国内航班的旅客较多时流动路线比较复杂,如果流量较大,空港当局就应该适当考虑安排专门的流动线路。

图 3-25 所示是一个机场典型的旅客流程图,图中未画出足够的旅客等候区,由于延误和高峰时段及其他原因,经常会发生大量旅客积压的情况。因此,实际上各个空港航站楼在设计时必须留出较大的空间,以备高峰及延误时旅客候机或疏散时使用。

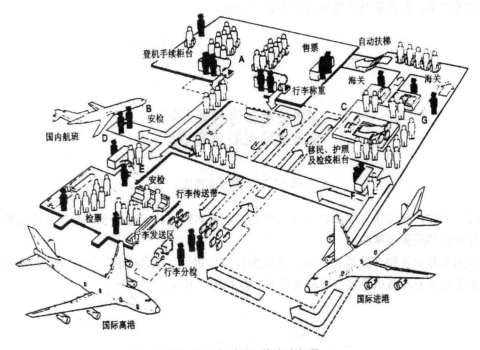

图 3-25 典型机场旅客流程图

图 3-26 给出了航站楼中各种类型流程的示意。

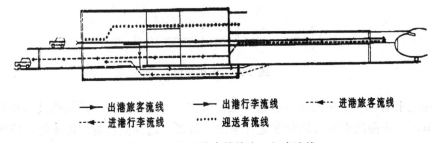

图 3-26 航站楼内的旅客、行李流线

(七)航站楼的基本设施

航站楼的使用者可分为四类,即旅客及迎送者、航空公司人员、机场当局及有关工作人员、商业经营者。航站楼及设施应该最大限度地满足上述四类人员,特别是旅客及迎送者的各种需求。航站楼的基本设施包括以下内容。

(1) 车道边。车道边是航站楼陆侧边缘外，在航站楼进出口附近所布置的一条狭长地带，如图 3-27 所示。其作用是使接送旅客的车辆在航站楼门前能够驶离车道，做短暂停靠时方便上下旅客、搬运行李。旅客较少时，航站楼可只设一条车道边。客流量较大时，可与航站楼主体结构相结合，在不同高度的层次上分设车道边。例如，我国北京首都国际机场，就是分别在一、二层设到达、出发两个车道边。总之，车道边的长度、层次，应根据航站楼体型、客流量及车型组合等因素来确定。

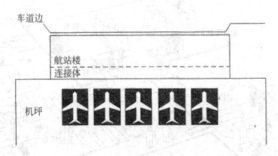

图 3-27　航站楼车道边

(2) 大厅。航站楼大厅用以实现以下功能：旅客值机、交运行李、旅客及迎送等候、安排各种公共服务设施等。

作为多数出发旅客的最初目标，值机柜台应一进大厅就能看到，如图 3-28 所示。旅客在值机柜台办理值机手续，将行李称重、挂标签、托运。

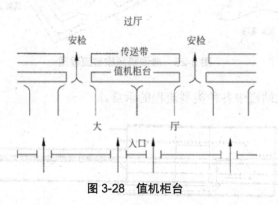

图 3-28　值机柜台

值机柜台和行李传送带的布置通常有三种形式，即正面线型、正面通过型和岛型，如图 3-29 所示。正面线型柜台的背面是行李传送装置，这种柜台是最传统的，虽然它能直接看清旅客，但是等候的队列使空间不能得到有效的利用，而且一旦旅客办理完手续就得往后退，以致穿过仍在等候的队伍。正面通过型柜台提供一种使旅客单向移动而不后退的流动方式，虽然其不需要像正面线型那么宽阔的空间，但是需要纵深的大厅，因此，通常在设计阶段就得考虑。岛型柜台办理手续能更加有效地使用传送机，但是等候的旅客与办理完手续准备离开的旅客又会发生矛盾冲突。

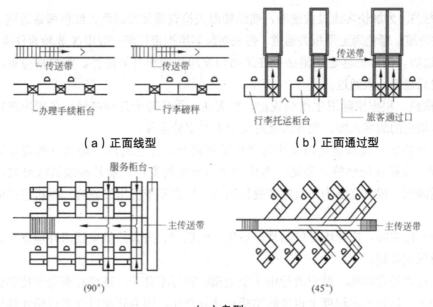

图 3-29 办票柜台布置方案

值机区域的面积、办票柜台的数量、布置形式,与高峰小时客流量、旅客到达航站楼的时间分布、柜台工作人员办理手续的速度及行李处理设施水平等诸多因素有关。

大厅通常还设有问讯台,各航空公司售票处,银行、邮政、电信等设施以及供旅客和迎送者购物、消闲、餐饮的服务区域。

(3)安全检查设施。出发旅客登机前必须接受安全检查,安检一般设在值机区和出发候机室之间,具体控制点可根据流程类型、旅客人数、安检设备和安检工作人员数量等做非常灵活的布置。目前,我国许多繁忙机场常常在安检口拥堵,致使安检成为阻塞客流的瓶颈。因此,安检在选点、确定设计时要根据客流量认真筹划。

常用的安检设备有磁感应门(供人通过时检查,如图 3-30 所示)、X 光机(查手提行李)、手持式电子操纵棒等。

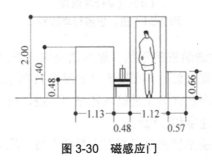

图 3-30 磁感应门

(4)政府联检设施。政府联检设施包括海关、边防和卫生检疫,是国际旅客必须经过的关卡。各国的管制要求和办理次序不尽相同。我国要求的次序是:出发旅客先经海关,再办票,然后经过边防;到达旅客先经边防,再经检疫,最后经过海关。

① 海关。为加快客流过关速度，航站楼海关检查通常设绿色、红色两条通道。红色为主动报关通道，绿色为无须报关通道。海关对旅客所携带行李一般用 X 光检查仪检查。

② 边防。国际旅客进出港必须在边防口交验护照和有关证件。为严格检查，检验口通道一般只能容一人通过。

③ 检疫。根据国际卫生组织规定，对天花、霍乱等十几种疫情，各国应严密监控，严禁患传染病的旅客入境。旅客入境时要填表并交验证件。

（5）候机室。候机室是出发旅客登机前的集合、休息场所，通常分散设在航站楼机门位附近。候机室应宁静、舒适。考虑到飞机容量的变化，航站楼候机区可采用玻璃墙等做灵活隔断。候机室要为下机旅客提供通道，使之不干扰出发旅客。候机室还应设验票柜台。

当贵宾较多时，应考虑在航站楼专设贵宾候机室。贵宾候机室要求环境幽雅、舒适，有时还设保安装置。

（6）行李处理设施。航空旅行由于要把旅客和行李分开，遂使行李处理比其他交通方式复杂许多。这在一定程度上也使航站楼设计复杂化，因为要配置许多设施才能保证旅客在航站楼内准确、快速、安全地托运或提取行李。

进、出港行李的流程应严格分开，其具体流程细节如图 3-31 所示。

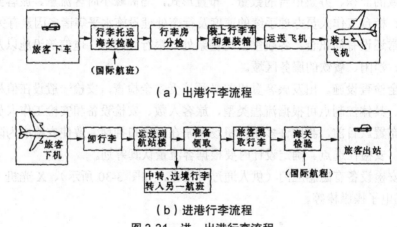

图 3-31　进、出港行李流程

按在行李提取层行李输送装置的形状，旅客的提取行李装置可分为直线式、长圆盘式、跑道式和圆盘式四种布置方案。其布置情况如图 3-32 所示。

除了必要的输送设备，现在许多先进机场还采用了进、出港行李自动分拣系统，从而大大提高了机场行李处理的速度和准确性。

（7）机械化代步设施。航站楼内每天都有大量的人员在流动。为方便人们在航站楼的活动，特别是增加旅客在各功能区转换时的舒适感，航站楼常常装设机械化代步设备。常见的机械化代步设备有电梯、自动扶梯、自动人行步道等。自动人行步道运行安全平稳，使用后可大大增加人的交通量并避免人流拥挤。断电停运时，可作为路面供人行走。图 3-33 所示是厦门高崎国际机场航站楼内通往卫星厅的自动人行步道。

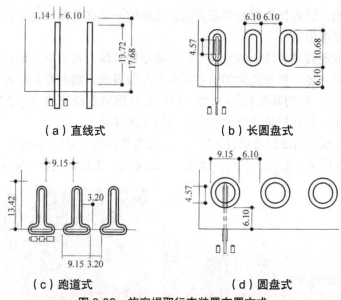

图 3-32 旅客提取行李装置布置方式

图 3-33 厦门高崎国际机场自动人行步道

自动化代步机械的发展，不仅会提高旅客在航站楼内的舒适感，还会对航站楼设计概念的发展和变化造成影响。

（8）登机桥（廊桥）。通常，航站楼在空侧要与飞机建立联系，登机桥就是建立这种联系的设备，它是航站楼门位与飞机舱门的过渡通道。采用登机桥，可使下机、登机的旅客免受天气、气候、飞机噪声、发动机喷气吹袭等因素影响，也便于机场工作人员对出发、到达旅客客流进行组织和疏导。

登机桥是用金属外壳或透明材料做的密封通道（见图 3-34），桥本身可水平转动、前后伸缩、高低升降，因此能适应一定的机型和机位变化。

登机桥需由专职人员操纵。与机舱门对接后，通常规定桥内通道向上和向下坡度均要大于 10%。

（9）商业经营设施。应该指出，对航站楼内是否应该开展商业性经营曾经是有争议的。反对者认为，机场的商业经营会干扰航站楼的正常业务，也使航站楼的建设投资无谓地加大。但是，随着航空客运量的迅猛增加，特别是率先在航站楼开展大规模商业经营的机场的巨大成功，许多人已改变了看法，认为在航站楼设计、经营中，确实需要更新观念。商业经营设施，既应作为对旅客服务的航站楼的一个有机构成部分，也应作为机场当局创收的一个重要渠道。

目前，在商业经营卓有成效的机场，如哥本哈根机场、希思罗机场、新加坡樟宜机场等机场，都有项目完备、规模庞大的航站楼商业经营设施。商业经营收入一般都占到机场总收入的 60%以上，有的甚至高达 90%。机场航站楼商业经营的收益会完全消除或减少政府对机场的补贴，弥补机场在航空业务方面的经营亏损。

航站楼可以开展的商业经营项目是繁多的，如免税商场（见图 3-35）、银行、保险、会议厅、健身厅、娱乐室、影院、书店、理发店、珠宝店、旅馆、广告、餐厅、托儿所等。

图 3-34　登机桥

图 3-35　航站楼免税店

一定规模的商业经营设施，势必对航站楼设计、运营、管理乃至建设集资等带来一系列新的影响。

（10）旅客信息服务设施。旅客信息服务设施主要指旅客问讯查询系统、航班信息显示系统、广播系统、时钟等。

（11）其他设施。以上所列举的设施都直接与旅客发生联系。实际上，航站楼的运营还需要许多其他设施，如机场当局、航空公司、公安以及各职能、技术、业务部门的办公、工作用房和众多的设施、设备。

三、航站楼机坪

航站楼空侧设机坪，供飞机操纵滑行、停靠机门位以上下旅客。

（一）门位数目

机门位数目与机场高峰小时起降架次、每架飞机占用门位时间和门位使用率有关。门位数目的具体计算有多种方法，计算结果也有一定的差异。美国的 Robert Horonjeff 给出的计算公式为

$$G = CT/u$$

式中：G——机门位数（个）；

C——到达或出发飞机设计量（架次/小时）；

T——加权平均占用门位时间（小时）；

U——门位利用系数，0.5～0.8。

根据经验,大部分机场的机门位数变动于每年百万旅客量3~5个之间。

(二)飞机驶停方式

飞机进、出站坪机位,既可依靠自身的滑行(滑入、滑出),也可依靠飞机牵引车(拖入、推出),还可依靠自身滑行与牵引车相结合的方式(滑入、推出)。

飞机停靠后相对机门位可有四种方式:机头向内、机头斜角向内、机头斜角向外和机头平行于航站楼,如图 3-36 所示。

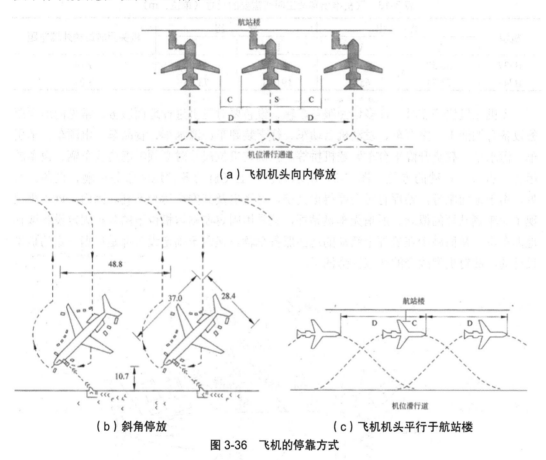

图 3-36 飞机的停靠方式

飞机自行操纵进入,机头向内,由牵引车推动飞机后退到机坪滑行道,同时转 90°后驶离。这种方式所需机位尺寸最小,机头到航站楼的净距较小,噪声低,对航站楼没有喷气吹袭,便于与登机桥相接,因而是一种较有效的方式。其主要缺点是需要牵引车设备和驾驶员。

飞机自行操纵进入和推出,机头斜角向内停放时,由于飞机推出时要转 180°,所需的机位尺寸较大。同时,它产生较大的噪声。其主要优点是不需要牵引车。但是,飞机启动的喷气吹袭和噪声指向航站楼。

飞机自行操纵进入和推出,机头平行航站楼停放时,会占用很大的机位尺寸。

（三）机位尺寸

机位尺寸主要取决于飞机的大小（翼展和机身长度）和选出机位的驶停方式；为飞机服务的各项设施所占的范围，即考虑地面服务的方便；停放飞机与相邻停放飞机、滑行飞机或建筑物之间的净距。

飞机在推出、滑出时所需要的尺寸如表 3-13 所示。

表 3-13　飞机推出和滑出时所需要的尺寸（单位：m）

机型	推 出		滑 出		机头距航站楼外墙净距
	L	W	L	W	
B737	36.57	34.44	44.39	43.06	9.14
B747	73.71	65.73	191.41	73.35	3.04

飞机在机位停靠时，许多地面服务车辆、设备要对飞机进行地面服务。常见的地面服务设备有加油车、空调车、发动机启动车、行李装卸车、清水车、食品车、电源车、牵引车、污水车、载货升降平台车、登机桥等。在确定机位尺寸时必须考虑这些车辆、设备的运行、就位、移动的方便。图 3-37 所示为机坪上飞机的各种地面服务车辆、设备。可见，由于地面服务，站坪有时会显得很拥挤，对飞机及其安全运行不利。因而，近年来出现了无车辆站坪的概念。所谓无车辆站坪，就是用固定在站坪机位下的各种固定设备取代地面车辆，从而减少在机坪上活动的地面服务车辆。但由于固定设备都是根据一定的机型设计的，故对机型改变的适应性降低了。

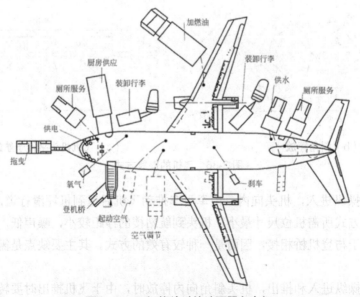

图 3-37　飞机停放时的地面服务车辆

确定机位尺寸时，飞机与相邻的停放飞机、滑行飞机、建筑物或固定物的净距应符合要求，如表 3-14 所示。

表 3-14 飞机在机坪上的净距要求

单位：m

飞行区指标 II	A	B	C	D	E
主滑行道上滑行飞机与机坪上停放飞机的翼尖间距不小于	6	7.5	10.7	16.5	16.5
机坪上滑行飞机的翼尖与停放飞机或建筑物的间距不小于	4	6	8	10	10
停放飞机之间及停放飞机与相邻建筑物或固定物体之间的最小间距不小于	3	3	4.5	7.5	7.5
主起落架外轮边缘与机坪道面边缘的净距不小于	1.5	2.5	4	4.5	4.5

第三节　航站楼陆侧交通系统运行

很显然，机场是一个开放系统。在空侧，机场通过跑道、停机坪、飞机等与外界进行客货交流；在陆侧，机场又借助各种道路、停车场、车站、各种车辆与外界实现沟通。只有空侧、陆侧交通的各个环节达到均衡，机场才能正常运营。由于地面交通形式的多样化和航站区陆侧的多功能，使机场陆侧交通的组织及与城市交通系统的衔接变得非常复杂，非经妥善、全面地规划难以得到圆满的方案，甚至成为制约机场发展的瓶颈。

一、机场陆侧交通问题

对早期的航空旅客来说，出入机场的陆侧交通是没有任何问题的。20 世纪二三十年代的民用机场，大多位于所服务城市的边缘，旅客到机场的路途较近。加之当时航空旅行费用较火车等交通方式高许多，故只有少数人在经济上能够接受。于是，为数不多的旅客行进在交通量很小的通往机场的道路上，交通不会出现问题。

第二次世界大战以后，各国的科技和经济都发展很快。到现在，航空旅行已变得非常快捷、舒适，成为受众人青睐的一种交通方式。机票价格也不再高得令人生畏，加之个人拥有小汽车在一些国家已非常普遍。于是，许多旅客、公务人员自己驾车出入机场，通往机场的道路再不像以前那样宁静了，许多机场进出道路交通拥挤，乃至时常堵塞，成为机场等有关方面十分头痛的问题。

图 3-38 所示是 1990 年和 1950 年旅客做同样的短途旅行所花费总时间的构成与对比示意。显然，由于飞机速度提高所节省的时间，几乎已被进出机场的陆侧交通时间增加给抵消了。现在，大中型运输机的巡航速度一般都在 900km/h 左右，因而国内航线乘机时间大都在 1～3h。由于机场陆侧交通不畅，航空旅行时的地面交通时间与乘机时间持平甚至超出已是司空见惯。长此以往，势必减少航空旅行对中、短途旅客的吸引力。

许多人认为机场陆侧交通设施只是服务于旅客。实际上有相当一部分机场，进出人员中旅客只占少数。机场进出人员的成分是比较复杂的，主要包括旅客及其迎送者、观光者、机场工作和服务人员。不同机场，各类人员构成的比例可能相差悬殊，这主要与机场的规模、性质、坐落位置等有关。表 3-15 给出了一些机场的人员构成情况。值得说明的是，即使是同一个机场，在不同时间人员构成比例的变化也是较大的，表中给出的数值是平均值。

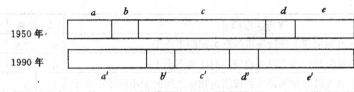

a、e —— 赶到、离开机场所花时间
b、d —— 在航站楼所花时间
c —— 空中飞机时间

图 3-38 短途航空旅行总花费时间对比

表 3-15 机场人员构成概况

机 场	旅 客	接送机者	工作人员	其 他
法兰克福（Frankfurt）	0.60	0.06	0.29	0.05
维也纳（Vienna）	0.51	0.22	0.19	0.08
巴黎奥利（Paris Orly）	0.62	0.07	0.23	0.08
阿姆斯特丹（Amsterdam）	0.41	0.23	0.28	0.08
多伦多（Toronto）	0.38	0.54	0.08	不计在内
亚特兰大（Atlanra）	0.39	0.26	0.09	0.26
洛杉矶（Los Angeles）	0.42	0.46	0.12	不计在内
纽约肯尼迪（New York JFK）	0.37	0.48	0.15	不计在内
波哥大（Bogota）	0.21	0.42	0.36	忽略不计
墨西哥城（Mexico City）	0.35	0.52	0.13	忽略不计
库拉索（Cura Cao）	0.25	0.64	0.08	0.03
东京 Haneda（Tokyo Haneda）	0.66	0.11	0.17	0.06
新加坡巴耶拉巴（Singapore paya Labar）	0.23	0.61	0.16	忽略不计
墨尔本（Melbourne）	0.46	0.32	0.14	0.08

民用机场，特别是枢纽机场的规模是很大的，拥有众多的雇员。例如，伦敦希思罗机场拥有雇员 48 000 人；法兰克福国际机场，41 000 人；洛杉矶国际机场，35 000 人。这样的人数，即使不算旅客及迎送者，也接近一个小城市的人口规模。在机场内部和附近，其交通要求与一个城市差不多，甚至有些方面更复杂。根据对洛杉矶国际机场的一项调查，每天仅出入航站楼附近的交通量就达 120 000 辆。由此不难理解，在机场规划、运营中，陆侧交通是一个十分重要的方面。

机场陆侧可采用多种交通方式，如个人小汽车、出租车、租用车、机场班车、包租车、公共汽车、火车、地铁，甚至直升机、轮船等。每种方式都各有特点，都需要相应的设施。为了方便旅客，还需在城区合理地布设集散点（站）。根据目前的统计，大部分机场至少有不低于 70%的交通量是由公路来承担的。

因为并非人人有汽车（在美国这个私车拥有率最高的国度里，仍有 1/4 的人没有自己的汽车），或即使有车，由于存车等问题旅客也未必开自己的车去机场。因此，在机场采用某种公共交通方式来输送旅客是必要的。对某些机场，公共交通还是缓解陆侧交通压力的最有效措施。

二、机场陆侧交通方式

国内外枢纽机场对外连接的方式是多种多样的，既有高速公路，又有大运量轨道交通，并且同时拥有发达的地面公共交通系统，有些机场还通过水运线路与周边地区连接，大型枢纽机场已经成为各种交通方式汇集的重要区域综合交通枢纽。本节将介绍常见的交通方式及其特点。

（一）小汽车

在世界各地，特别是发达国家，个人或工作单位的小汽车已成为进出机场的最普遍交通工具。小汽车的优点是具有极大的灵活性。人们可以驾车从家一直行驶到航站楼附近，如果旅客行李较多，或旅客是老人、孩子或残疾人，使用小汽车的便利更是显而易见的。在公路交通顺畅时，小汽车可以很快地往返机场。尤其是几个人同乘一辆车时，经济上更是划算。

这种交通方式的缺点之一是易受公路交通状况影响，交通拥挤或发生阻塞时，到达机场的时间没有保障。再就是对机场的道路和停车设施有较高的要求。为了容纳小汽车，必须在本已十分拥挤、繁忙的航站楼前划出一大片场地做停车场，给陆侧交通组织带来很大困难。如果将停车场置于距航站楼较远的地方，又会给旅客，特别是携带大量行李的旅客带来不便。

（二）出租车

出租车也是机场常见的交通方式，特别是当因公旅行的旅客较多或机场距市区较近时。出租车的优点类似小汽车，缺点是个人花费较大，也需占用道路和交通设施，容易受到非机场交通车辆的影响而被迫减速或停滞。出租车本身也可能在航站楼附近造成交通问题。例如，出租车在招揽生意或停车下客时，常常会较长时间地占用道路、车道边而影响交通。为此，在有些繁忙的机场，常常在距航站楼一定距离范围内专门给出租车划出一块集结区域，当航站楼出口有人要车时，管理人员才放行。这样，就避免了长龙似的出租车在航站楼陆侧造成拥塞。

（三）包租公共汽车

在节假日，欧洲的许多机场常常有飞往地中海或冰雪地区的度假包机，接送包机乘客往往用包租公共汽车。包租车从起点发车后中途不设站，可较快地往返机场。包租车载客率较高，乘客的花费并不大。与小汽车相比，包租车不会给机场道路带来明显的交通压力，但在机场航站区要为包租车安排上、下乘客的车站。若包租车很多，机场还需专设停车场，如奥地利的维也纳机场。包租车只能为一小部分特定旅客服务，其他人不能享用。如公路出现交通问题，包租车当然也会受影响。

（四）公共汽车

在有些城市，人们可以乘公共汽车进出机场。这样，公共汽车就将机场与城市交通网联系起来，这在一定程度上会给旅客，特别是机场的工作和服务人员带来方便。当较多的机场人员和旅客乘公共汽车时，机场的停车数量会大为减少。但实际上，为了缓解航站区的交通压力，公共汽车站往往设在距航站楼较远的地方，这样就给到达和出发旅客带来了不便。公共汽车中途设站较多，运行时间长。航空旅客要与许多其他乘客混杂在一起，有时非常拥挤。凡此种种，都给旅客，尤其是携带许多行李的旅客造成很大麻烦。因此，利用公共汽车进、出机场的旅客并不多。

（五）机场班车

机场班车也是机场中常见的交通方式。通过在市区内定点设立的车站，机场班车将这些车站与机场联系起来。机场班车的票价比出租车要便宜许多。由于中途很少设站，运行时间较公共汽车要短得多。

机场班车的缺点是只能给在班车站附近的旅客带来较大方便。班车在公路上行驶时并无优先权，也易受到公路交通状况的影响。除非乘客较多，一般班车的车次间隔较大，这使得有些旅客的等候时间加长。为了方便旅客，有些机场已将班车站扩展到市郊，但因载客率锐减，运营成本大大提高，有的不得不提高票价。

（六）火车

有些机场临近铁路，于是接铺一条较短的支线即可将铁路与机场联系起来，且这种建设方式投资非常少。与铁路相通的机场目前还不多，但一些有铁路车站的大机场，如法兰克福、苏黎世和伦敦盖特威克等机场确实受益匪浅。铁路不像公路，交通非常可靠，可由市中心直达机场车站，而不像有的城市捷运车辆，中途设许多站。另外，机场火车站一般无须太多的专有设施，这是一个突出的优点。

火车尽管速度快、中途不设站，但由于车次少，乘客等候时间长，所以旅客往返机场的交通时间不一定短。火车在市区的车站一般设在临近市中心处，故也是市中心附近的旅客感觉最方便。通常，即使是非高峰交通时间，往返机场的旅客都要与其他乘客碰在一起，上下车、搬运行李之不便可想而知。另外，这种交通方式只解决了旅客的一段路途问题，往返市区火车站还需借助其他交通工具。

（七）城市捷运公交系统

城市捷运公交系统指有轨公共交通工具，如地铁、有轨电车、单轨车辆等。在有些机场，如戴高乐机场、亚特兰大机场、华盛顿国家机场等机场，都有与市区交通系统沟通的捷运公交系统。有的城市，市区也有四通八达的捷运公交系统，这样旅客可从城市不同地点利用捷运公交非常方便地进出机场。

与汽车相比，城市捷运公交系统行车线路交通通畅，不会出现拥塞，行驶速度也较快。与汽车相同的是，旅客也要与其他乘客混在一起，且中途设站较多。值得注意的是，捷运系统在机场的车站要十分靠近航站楼，这样旅客才乐于搭乘；否则，难以实现预期的交通分流。伦敦希思罗机场是较成功地利用了城市捷运公交系统（地铁）的范例。相形之下，有的机场，如法国奥利机场、美国波士顿机场等因为捷运系统车站距航站楼太远，乘客便不愿乘坐。为充分利用捷运公交，机场当局不得不在捷运车站与航站楼之间开行穿梭公共汽车。结果收效并不显著，因为旅客不愿拖着行李屡次遭受上下车之累。

（八）机场专用捷运系统和专用高速公路

机场专用交通系统的优点是显而易见的，它能在市区和机场之间提供中途无站的、快速而可靠的交通。交通舒适性大为提高，特别是专用捷运交通车辆的舒适程度堪与航空旅行相媲美。

专用捷运交通线的建设一定要慎重，必须在建设前对载客量做详细的调查、分析和预测。有人曾就美国的 20 个最繁忙机场和英国的 13 个机场建设专用捷运交通线的可行性做过研究（英国的 13 个机场不包括服务于伦敦的 5 个机场，这些机场因为诸多因素根本排除了建专用交通线的可能性）。尽管两个国家的机场、机场周围城市及人口构成等情况差异较大，但得出的结论是类似的。表 3-16 是该研究通过调查所得到的各机场距中商区（中心商业区）的距离和由机场去中商区旅客的比率。从表中不难看出，各机场去中商区的旅客通常不超过 30%。也就是说，大部分旅客分布在城市不同地点。这些人一般是利用小汽车、出租车进出机场的。因此，如果贸然建设专用捷运公交线，因载客量小，可能达不到预期的交通分流。例如，在日本东京市内与羽田机场间的专用有轨快车就是因为乘客少而导致入不敷出的。根据成本分析，专用捷运系统的年载客量只有达到 300 万～500 万人次，运营起来才会有较好的效益。因此，只有大型机场才有必要考虑这种交通方式。

相比之下，许多机场为了解决陆侧交通问题，往往与市政当局合作，更青睐于专用高速公路的建设。高速道路是连接机场和城市间传统的交通方式，但随着机场业务量的迅速增大，交通拥堵日益严重，同时，受天气和其他突发因素影响，高速公路的可靠性日益降低。为了提高公路交通的可达性和可靠性，大型枢纽机场一般都建设了两条以上对外联络高速道路，伦敦希思罗机场有 M4、M32、A4、A30 共四条高速公路与之相接；纽约肯尼迪机场也有 JFK Express Way 和 Van Wyck Express Way 两条高速公路与机场接驳；日本东京成田机场虽然只有一条高速公路对外连接，但有一条与之平行的国道承担了部分交通量，起到了一定的分流作用。

表 3-16 从机场到中商区（CB）乘客的比率

	从机场到中商区的距离/km	去中商区乘客比例/%
美国		
洛杉矶（LAX）（Los Angeles）	11.0	15
纽约（JFK）（New York）	11.5	47
亚特兰大（Atlanta）	7.5	24
旧金山（San Francisco）	12.0	25
迈阿密（Miami）	10.0	35
华盛顿（Washington）	2.0	25
波士顿（Boston）	2.5	14
费城（Philadelphia）	6.3	14
丹佛（Denver）	7.5	30
英国		
利物浦（Liverpool）	6	37
曼彻斯特（Manchester）	8	11
格拉斯哥（Glasgow）	6	28
伯明翰（Birmingham）	7	25
纽卡斯尔（New Castle）	6	17
伦敦（希思罗）（London Heathrow）	15	29
伦敦（盖特威克）（Lodon Gatwick）	24	21

（九）轨道交通

交通问题是国际大都市普遍面临的问题，城市的扩展、人口的增长使得到达机场的可达性越来越差，高速公路不再是一种可以充分信赖的交通方式，而轨道交通所具有的快速、大运量、准时可靠等特性决定了它对航空乘客具有很强的吸引力，长远来看能够成为机场公交集疏运体系中的重要角色。区域枢纽机场也应该注重与轨道交通的高效衔接，以此引导人们选择轨道交通。为了提高交通运输的可靠性和安全性，国内外大型枢纽机场建设了多种方式的轨道网络，包括连接国家高速铁路网、机场快线、市内轨道和城际轨道等。

（十）直升机

采用直升机运送往返机场的旅客也许是最快捷、最不受地面交通状况影响的交通方式了。20世纪40年代后，美国联邦政府通过资金补贴，鼓励在纽约、芝加哥和洛杉矶三个城市利用直升机运载航空旅客。1964年，旧金山也出现了这种交通方式。尽管大部分直升机承运公司都因资金、事故和客源少等原因而惨淡经营，但在美国得克萨斯州的NASA、休斯敦之间和英国希思罗机场、盖特威克两机场之间的直升机运营却非常成功。事实证明，如城市和机场之间存在天然屏障（如大山、河流等），或二者之间的地面交通非常糟糕，采用这种交通方式也许是比较合适的。

直升机的优点是快捷、方便、舒适，但对旅客来说价格太高，故只能吸引那些为公务目的旅行的人。由于直升机的目的地就是机场，遂导致客源进一步减少。另外，直升机的噪声也是这种交通方式的一个致命弱点，其起落点附近的公众是绝对反对开展这种经营的。

（十一）水运

如果机场靠近江河海湾，可以考虑以水运方式运送旅客。通过这种特殊的进出机场方式，旅客还可以欣赏沿途风景，就像在威尼斯马可·波罗国际机场和伦敦城市机场那样。但如果水运的码头设施不完备，有可能给旅客带来不便。旧金山机场曾试图利用穿梭于旧金山湾的气垫船来载客，但其服务的可靠性常常不令人满意。

三、机场陆侧交通的总体考虑

由于种种原因，机场当局或机场规划者无法对机场外的交通实施完全控制。但显而易见的是，机场内外的交通是相互作用、相互影响的。为使进出机场的交通畅行无阻，机场附近的道路必须具备容纳高峰交通量的能力。不幸的是，机场高峰交通时间与城市高峰交通时间是重合的，都是每天早晚的上下班时间。这在一定程度上增加了机场附近道路的交通压力，因为除非是专用道路，否则道路上会有许多与机场无关的车辆行驶。在进行机场内外各种道路、公交线路的规划或扩充时，规划设计者必须对各种交通设施的交通能力有所了解。

机场陆侧交通设计受到机场构形和场址的限制。从机场运营角度，其陆侧交通至少应与目前空侧交通容量相平衡。但是，根据以往的经验，考虑到机场的发展潜力，陆侧交通应具有一定的超前性。如果可能，甚至应使陆侧交通能力与机场远期规划相适应。因为机场具有一定的规模和设施后，陆侧交通的扩充是非常困难和麻烦的。

航站楼陆侧区域，应拿出一部分作为停车场或建停车楼。过去，曾有一些机场在商业利益的驱使下在航站楼前建起了旅馆、会议中心等。结果，给旅客停车、航站区交通组织及扩建带来很多困难，最后不得不将这些建筑拆除。

许多机场已认识到，在未来一段时间内，汽车仍会是机场陆侧的主要交通方式。因此，在机场内外合理布设公路是每个机场必须面对的问题。有些机场的公路交通能力扩充已非常困难，此时除可考虑发展捷运公交系统外，增加公共汽车交通也是对策之一。为克服公共汽车的缺点，可在公路上为其开辟专用车道（至少在高峰交通时间这样做）。若机场公共汽车站距航站楼较远，可考虑由机场当局或特许经营者在航站楼和公共汽车站之间开行机场公共汽车接送旅客。

随着科学技术的进一步发展和人们对交通系统认识的深化，机场陆侧交通肯定会发生较大的变化。目前，一些欧洲国家和美国已提出"一体化交通系统"的概念并已开始付诸实施。所谓一体化交通，就是把一个城市或地区，甚至一个国家的交通系统作为一个整体进行统一规划，使航空、铁路、公路、水路等各种交通方式集成为一个协调一致的统一体，这样就可避免配合不当、相互脱节。这种全新的交通概念必然会对航空运输和机场陆侧交通提出新的要求。

第四章

机场运行模式

本章学习目标

- 掌握机场所有权的模式并了解国外机场所有权存在的主要形式及发展；
- 重点掌握机场管理与运行模式的主要内容；
- 了解机场运行与管理方面的运作方式。

 导读

我们的 AOC 我们的新机场

指挥调度系统（以下简称 AOC）已经运行几个月了，AOC 系统改变了我们以前固有的工作模式，将信息化和智能化带到了航空器保障工作中，手持终端实现了一线员工在外场作业时对航班动态信息的掌控，PC 端的 AOC 系统可以有效地掌握各保障环节的时间节点，控制保障时间。

2015 年 9 月，习近平主席去美国访问购买的 300 架飞机和最近中国低空空域的即将开放预示着民航发展又将提速前进，国家对民航发展的顶层设计也将同步推出，而对于机场而言航班量也会随之增加，我们各保障部门的生产压力也将随之上升。因而现有的工作模式在新机场中将无法满足生产需求，AOC 的诞生将传统的人与人的两点式工作模式转变为人、终端、PC 端三点式，将人为工作模式的不可控因素逐渐转化为智能信息终端的固定工作模式，从而降低工作差错率。

对于未来的 AOC 和新机场我们都充满了很多梦想和期盼，未来 5 年将是科技革命爆炸式发展的 5 年，工业 4.0、大数据和互联网+已经开始影响我们的生活，智能化机场也是我们每一个人的目标，对于 AOC 笔者也有一些自己的建议和想法。

（1）AOC 系统中保障工作的时间节点是关系到各保障部门工作效率和质量的一个关键问题，而目前系统中的时间节点并不能反映出生产环节的真实保障情况，所有的节点时间应该按照机型、停机位、飞机滑行距离等不同因素通过实际航班运行情况，通过调研统计，计算出实际保障时间节点。例如飞机放置轮挡的保障节点时间是按照飞机落地后 2 分钟之内完成，2 分钟的保障时间要包含飞机滑行距离，飞机停止后关闭发动机的时间，还有人员放置轮挡和警示锥的时间。合理的保障时间应该通过调研计算出不同道口到各停机位的滑行距离，然后加上飞机关闭发动机所用的时间，再结合不同机型放置轮挡和警示锥的不同时间，综合得出保障时间节点，而不能将所有保障时间节点统一设置。

（2）AOC 系统的组建是青岛机场大运控体系的基础，目前都是以各部门为单位进行试点，飞机过站保障工作需要各保障部门协调工作，传统的工作模式都是用语言和手势进行交接工作，而 AOC 系统的运行可以逐渐替代传统工作模式，从而按照流水线的工作模式按照系统提示进行下一步工作。例如可以按照保障环节中的放置轮挡为整个飞机保障流程的起点，以放置轮挡结束时间为靠廊桥的开始时间，当放置轮挡工作在手持终端中点击结束后，靠廊桥的工作人员手持终端中会显示可以工作的提示。这样可以将所有工作流程全部串联起来,加强各部门之间的协调配合能力。

(3) AOC 系统中派工可以实现人员效率最大化,新机场预计建设 171 个停机位,是现在机场停机位的近 3 倍,人员车辆在保障飞机时的行驶距离可能也会增加 2~3 倍,为了提高工作效率,减少中间环节浪费的时间,所有人员和车辆的调动应该统一调配,各部门二级调度应该通过 AOC 系统准确掌握人员和车辆动态信息,这就要求系统更加的人性化,并提高系统的可操作性。

AOC 系统将是新机场运行的一个标志,信息科技的进步将给我们带来许多意想不到的改变,比如将所有的文字交接内容转化为二维码扫码交接,各类预案的启动和停止如何结合 AOC 系统更好的操作,虽然有些建议并不实际,但是与如果人们不想要光明就不会去发明电灯一样,所有的改变只能通过理论和实践去摸索前进,智能化机场将改变我们每一个人的工作习惯,AOC 系统不仅仅是给我们的工作带来便利,更是为了新机场的运行做好充分准备。新机场、新航程、新梦想将是青岛机场的一个新起点,它包含着我们每一个人的期望,愿它成长而有我陪伴。

资料来源:http://news.ccaonline.cn/hqtx/46413.html

第一节 机场所有权

传统上,机场的所有权归国家所有。随着航空运输量的扩大,机场的所有权和管理模式也在发生变化。机场的私有化(我国多称股份制改造)是一种趋势,但各国的私有化方式有所不同。例如,美国机场典型的私有化同英国的私有化就有很大的区别。尽管进行私有化,机场运营的很多方面还是必须由政府控制,这是因为机场带有很大的公益性质。政府进行管理或政府作为股东参与决策,仍然是未来机场运行的主要模式。

一、机场所有权的模式

当今世界上机场的所有权模式主要有以下几种。

(一) 国家所有并由政府控制

全世界大多数国家采用的是这种模式,通常是由运输部所属的(有时是国防部所属的)民用航空部门经营全国的所有或大部分机场,同时也负责提供空中交通管制服务或气象服务。采用这种类型所有制形式的大多是第三世界国家,但一些发达国家也是如此,如加拿大、希腊、瑞典和挪威等。

还有的属地化(地方政府)所有权。这种形式的地方公共所有权在美国、英国和德国比较流行。例如,在美国市、县政府拥有的机场往往设立经营主体,由对市政委员会负责的局或处经营管理。

（二）通过机场当局管理的公共所有权

有些政府和市政府虽然保留对机场的所有权，但觉得如果机场拥有更多的自主权，经营管理就更有效。这样做的目的是设立更加专业的管理机构来完成长期的计划和投资，政府只是在宏观决策中行使所有人的权利。这些国家有以色列、泰国和墨西哥等。有些国家或地区则建立区域性机场当局，如法国的巴黎地区机场当局、美国阿拉斯加和夏威夷等四州的机场当局。

（三）公共和私有所有权混合

国外有些机场由机场当局或公司经营管理但所有权既有公共的也有私人的。例如，意大利的一些大机场。美国则有些地方机场是公共所有权但机场候机楼为私营公司所有并经营。

（四）私人所有权

完全私人所有的机场无论是数目和规模上都有限，一般限于小机场。在美国，这类机场在通用航空和航空俱乐部之中比较流行。

私人所有权机场一个大的突破是英国20世纪80年代末期的私有化，如英国伦敦西斯罗机场就通过股票上市而私有化。

二、机场私有化的法律问题

如同航空运输一样，世界上早期的机场一般都被认为是政府的臂膀。有两种理论主宰了各国政府对机场的控制，一是航空运输是公用事业；二是数家经营理论。进入这个领域受到限制，因为：（1）投资巨大；（2）机场的建设关系到国家的总体安全布局，需要经营许可。少数经营，就像垄断经营一样，其价格和服务都受到政府的操纵。

以英国为例，早期的机场绝大部分归政府所有。1982年以后，英国的法律规定，各类机场由不同的部门负责建立和拥有，民用机场归运输部门，军用机场归国防部门，当地政府、个人或公司不能经批准而建立其他机场，民用航空当局不得建立或取得任何新的机场，但可以经营已经向其转让或先前其已经获得的机场。1986年英国制定了机场法，规定公共机构，如英国机场当局和地方当局将其资产、权利和责任向私营公司转让。

美国商业机场传统上有两个特点，一是国家不控制机场，而是由当地政府来拥有和运行；二是私营公司，特别是航空公司有很大的发言权，可以通过与机场租赁合同中的多数利益条款来否决某些机场改造项目。通常意义上的私有化就是将政府所拥有的财产出售给私人，进而改变对相关企业的控制。现代意义上的机场私有化，既可以是两者的结合，也可以是分别进行。例如，澳大利亚政府就将悉尼机场出租给私人企业50年，政府不干预日常管理，但重大的改造、服务价格的制定和提供须经政府批准。私有化的方式主要有产权出售、外包、公私合营、长期租赁和特许经营等。

机场完全私有化迄今没有，也不合适。例如，私有化程度比较高的英国，机场的收费由英国垄断和并购委员会控制，机场的重大建设项目（如希思罗机场第五条跑道的建设）需要举行多次听证会，实际上由中央政府决定。

按照现代意义上的私有化标准来看，美国的机场的私有化程度很高，尽管美国的主要机场仍然由政府实体所拥有。美国地方机场当局通常牵头提出机场重大建设的建议，驻场私人企业包括航空公司拥有很大发言权，因为它们是机场设施的主要承租人和投资人。在美国机场，当局雇佣的员工一般只占机场工作人员的 10%~12%，机场的大部分员工来自航空公司和其他私营企业。

国外的经验表明，机场的所有权私有化后，大多数政府并不允许机场制定运营标准和收费标准，并且要求对所有私营企业开放使用。

出售机场所有权的私有化并非提高经济效益的最佳选择，但各国政府也越来越注意到公共设施和服务的私有化能带来效益，特别是政府预算和财政收入偏紧时。尽管如此，由于航空公司和联邦航空局的反对，美国机场私有化进展缓慢。航空公司主要担心的是，一旦私有化，机场使用费就会增加。经修正的美国 1998 年联邦机场和跑道改进法案，没有禁止私人控制的公共机场取得收益，但法律通过时也并没有私人控制的公共机场。同样的情况是，联邦航空局自己的机场一致性要求手册规定可以将机场总体租赁给私营企业，但又规定只适用于非公共机场。美国各航空公司不厌其烦地就此问题游说联邦航空局和运输部，因为美国大部分机场的收费比正常的低（如果考虑服务成本和服务价值）。由于经营状况不佳，航空公司需要维持比较优惠的收费结构。

美国联邦航空局也十分关注机场资产的出售或租赁，租赁给私营公司可能导致机场收益的偏离和缺乏长期投资，这样一来对国家航空运输基础设施的保护和成长不利。此外，联邦航空局也习惯于同政府实体和公共机场打交道，而一旦私有化，如何处理同机场的关系就没底。航空公司对私有化要么保持中立，要么反对。当地拥有机场政府实体的航空部门，通常认为私有化是对他们工作效率的批评，挑战他们的工作和地位。

三、我国机场的所有权与经营权的演变

长期以来，我国民用机场产权和管理模式十分单一，完全由中央政府集中拥有和管理。改革开放以来，单一管理的所有权模式被打破，主要是由于地方政府、航空公司和外商都积极参与机场建设。我国机场所有权逐步从单一的全民所有制向多种形式过渡情况如下。

（1）由中央政府投资、控制并进行股份制改造的机场，如北京首都国际机场。

（2）地方政府和其他投资人投资管理的机场，主要有厦门高崎国际机场、珠海金湾机场、深圳宝安国际机场、三亚凤凰国际机场以及一些小型机场。

（3）由中央政府投资，通过行政划拨划归地方政府的机场，如上海虹桥国际机场。

（4）中央和地方实行股份制管理。

（5）由中央和地方政府联合投资建设，根据《中华人民共和国公司法》，按投资比例

实施股份制管理。有的由地方政府控股,如南京禄口国际机场、福州长乐国际机场为地方控股,而杭州萧山国际机场、广州白云国际机场则由民航控股。

按国务院批准的 2003 年 9 月 4 日国务院批复民航总局《省(区、市)民航机场管理体制和行政管理体制改革实施方案》,将来绝大多数机场将由地方政府委托下属的公司管理,并通过引进内外资、上市等进行资本化改造。

现阶段,我国法律允许外商投资建设的项目如下。

(1) 民用机场飞行区,包括跑道、滑行道、联络道、停机坪、助航灯光。

(2) 航站楼。

外商投资方式有如下三种。

(1) 合资、合作经营(简称"合营")。

(2) 购买民航企业的股份,包括民航企业在境外发行的股票以及在境内发行的上市外资股。

(3) 其他经批准的投资方式。

此外,外商投资民用机场,应当由中方相对控股。所谓的相对控股,可以理解为不管有多少股东,中方应当是其中最大的股东。例如,一个机场有四个股东,各占 25%的股份,就违法,但如果中方占 26%,其余三家分别为 25%、25%和 24%,那中方就是相对控股。新的规定没有说明外商关联企业是否可以参股,若可以,外商就可以间接控股。这个问题说明我国的立法在某些方面还不够完善,甚至有漏洞。

第二节 机场管理模式

纵观世界机场的管理,各航空大国将机场定位为不以赢利为目的,其机场的运行管理无一不是建立在政府主导基础上的,政府所有并监管、政府投资规划建设、政府优惠政策给予经营补贴、政府引导资源开发等。机场始终是政府通过不同形式的授权赋予一定的职能,代表政府行使对机场这一基础性公共设施的经营或管理。而机场的经营和获利主要是在政府土地授权的基础上,通过专营、特许经营等方式收取专营权或特许经营权费实现,并以此保持机场公平的平台,提高机场范围内专业化管理和优质服务水平。

一、我国国内机场的经营管理模式

(一) 从机场运营管理架构的角度划分

从机场运营管理架构的角度,机场运营管理模式可以总结为以下六种。

1. 省(市、区)机场集团模式

省(市、区)机场集团模式是一种以省会机场为核心机场,以省内其他机场为成员机场的机场集团组织架构。即进行机场属地化管理，其中分为两种情况，第一种是成立了省（区、市）机场管理集团公司或管理公司，并由机场公司统一管理区域内的所有机场，如上海、天津、海南；第二种是成立了省（区、市）机场管理集团公司或机场管理公司，但机场公司只管理区域内部分而不是全部机场，如重庆、广东、四川。

以省为单位将全省的机场统一管理，存在很多优点：一是省政府可以把全省的资源调动起来扶持省内各机场的建设和发展；二是可以从全省的角度统一规划机场布局，统一考虑全省机场的建议，避免各地市各自为政；三是把全省的航空运输和机场的建设统筹考虑，一体化发展，更好地服务于全省的社会经济发展需要；四是能够发挥省机场集团公司的优势，在管理、人员、资金等方面形成规模优势，以大带小，有利于省内小型机场的生存和发展。省（市、区）机场管理集团最大的优势就在于省内资源的统一。当然，这种模式也会在一定程度上造成机场所在地的地市政府缺乏扶持机场建设和发展的主动性和积极性。

云南机场——一体化管理、集群效应

云南机场数量多、分布面广，机场发展水平梯次结构性强，全省机场实行一体化管理，即云南机场集团把全省机场的安全、服务、规划、建设、运行、资源、体制等作为一个整体来考虑，合理配置资源、统一规划建设、统一标准制度、科学协调发展，从而实现共同发展、整体发展、和谐发展。既可以发挥集团管理、统筹规划、集群效应的优势，又可以加强机场与地方经济社会协调发展的紧密程度，更符合西部机场发展的要求。

2. 跨省机场集团模式

跨省机场集团模式是一种超越省机场管理集团的运营管理架构，是由几个省的机场管理集团通过资产重组，组建为一个跨省的机场集团。目前，首都机场集团收购、托管、参股的机场，分布于 10 个省（市、区），成员机场达到 35 家；西部机场集团管理了 4 个省（自治区）的 11 家机场。

跨省收购的主要目的是要在资源配置、航线网络、人力资源等方面发挥超省机场集团的更大规模效应。这种模式体现出的优势表现在以下几个方面：① 集团公司将成员机场的地面服务、商贸、广告等非航空性质业务实行了一体化经营和管理，发挥了专业化公司的规模优势；② 在人员使用和资金运作方面，统一调配，统一运作，提高了运营效率；③ 利用机场集团公司的管理优势，一定程度提高了小型机场的管理水平。但跨省机场集团模式存在以下不足：① 降低了成员机场所在省、市政府投资机场建设和扶持机场发展的积极性；② 机场集团公司归当地国资委管理，当地的国资委没有动力和义务把机场集团公司的资金投入其他省份的机场；③ 集团公司将成员机场的非航空性业务采用专业化公司的模式实行条条管理，航空性业务则由各成员机场分块管理，不利于机场的安全运行和服务水平的提高；④ 当地政府把机场交给省外的跨省机场集团公司管理后，没有了机场建设投资的压力，往往要求机场建设的标准要高、规模要大，超出了适度、合理的范围，同时也给跨省机场集团公司造成资金等方面很大的压力。

首都机场——大集团化管理模式

首都机场由民航总局直属，目前已全资、控股、参股 8 省市机场，托管内蒙古机场，所拥有的机场占全国民用机场的 10%，旅客吞吐量占全国总量的 30%。首都机场利用自身品牌和管理经验，对所管理的机场设立相同的服务、运营效率及安全标准，吸引更多的航空公司在首都机场集团所属机场起降，最终集中到首都枢纽机场。大集团化管理有利于整合资源形成整体优势，相应减轻了地方政府的负担。但同时，在一定程度上也削弱了地方政府与机场互动发展的积极性。

3. 省会机场公司模式

省会机场公司模式是一种在没有以省为单位成立机场管理集团的情况下，省政府只负责管理省会机场，其他机场由所在地市政府管理的模式，如江苏、山东、浙江等地。目前，有 3 个省会机场由省政府管理，省内其他机场则由所在地市政府管理。

省会机场由省政府管理，优势在于能够调动全省的资源和力量来扶持省会机场的建设和发展。但这种模式的不利之处是：我国各省会机场一般都是本省业务量最大的机场，省会机场资源优势明显，管理水平也较高，而省内其他机场大部分是小型机场，资源匮乏，经营困难，管理水平也不高，如果不利用省会机场的优势来带动这些小型机场，势必造成这些机场难以很好的发展。而且，省政府直接管理省会机场，也不利于充分发挥省会城市建设、发展机场的积极性。

广东机场——省属市管、融资建设

广东机场实行领导人事省管、经营建设市管的双重行政管理模式。广东省机场集团股东分别为广东省政府和广州市政府，机场的建设和运营两级政府均给予大力支持。政府对机场建设投资给予大力支持，并通过免税收等措施增加建设资本的投入，机场扩建工程中部分项目采取由股份公司代建，通过上市融资投入建设，以此减少机场集团资金负担，通过政府支持和资本市场运作增加建设资金投入，使机场得以快速发展。

山西机场——一个机构、两块牌子

民航机场属地化管理时，山西省政府即批复同时设立山西省民航机场管理局和山西省机场集团公司，形成了一个机构、两块牌子的模式。作为管理局，是省政府直属机构，主要按照国家有关法律法规，对全省民航机场进行行业管理，制订发展规划、产业政策，协调有关部门、地方以及各驻机场单位，确保安全等职责；作为集团公司，是省政府直属企业，由省政府授权经营，负责机场及所属企业的经营管理，承担国有资产保值增值责任。

4. 市属机场公司模式

市属机场公司模式即机场由所在地市政府管理，如深圳、厦门、无锡、南通、绵阳、南充、攀枝花、宜宾、泸州、万州等地。目前，共有 31 家机场由所在地市政府管理。

市属机场公司这种模式，在不同的城市，情况也不相同。如果机场所在城市的经济实力强，当地政府又重视和大力扶持机场，机场就发展得好，如深圳、大连、青岛、厦门、宁波等地的机场。但是，除了上述几个机场外，其他 26 个机场业务量普遍较小，机场所在地经济欠发达，地方政府的财力也有限，往往是"心有余而力不足"，客观上欠缺足够的资源支持机场。

深圳机场——挂牌上市、发展联运

通过机场集团控股的机场股份公司挂牌上市，获得机场的发展动力，并借助海陆空中枢优势发展综合现代化联运空港。同时，为了支持和规范机场的管理，深圳市政府常务会议通过并已实施《深圳市宝安国际机场管理办法》，成立了深圳市空港委员会办公室，主要是从总体上就机场建设、发展、管理中的重大问题进行决策、协调、指导和监督；为支持机场货运的快速发展，市政府设立专项基金补贴扶持货运。

5. 航空公司管理模式

目前，有 14 家机场分别由 4 家航空公司直接或间接管理，海航集团管理了甘肃机场集团（兰州中川国际机场、敦煌国际机场、嘉峪关机场、庆阳西峰机场，不包括天水麦积山机场）和海口美兰国际机场、三亚凤凰国际机场、东营胜利机场、宜昌三峡机场、安庆天柱山机场、满洲里西郊国际机场、潍坊南苑机场等 11 个机场，深圳航空公司管理常州奔牛国际机场，南方航空公司管理南阳姜营机场，厦门航空公司管理武夷山机场。这 14 个机场中，除海口美兰国际机场、三亚凤凰国际机场和兰州中州国际机场外，其他 11 个都是小型机场。这种模式的代表为海航集团管理的机场。

从这 4 家航空公司管理机场的情况看，航空公司管理机场，有利于小型机场利用航空公司的优势来增加航线航班，培育市场，提高机场的业务量，促进小型机场发展。对于大中型机场，这种优势就不太明显。相对而言，把机场交给航空公司管理，不利的方面较多，主要有：① 机场交给航空公司，机场所在地政府容易产生"但求所在，不求所有"的思想，投资建设机场的积极性被削弱；② 对于航空公司投资管理机场，法规规定航空公司的股权不得超过 25%，这是法律形式的限制。

6. 委托管理模式

委托管理模式有两种情况：一是内地机场委托内地机场进行管理，如黑龙江机场集团和内蒙古机场集团委托首都机场管理；二是内地机场委托港资管理，仅有珠海机场一家。

机场被委托有利于被委托机场利用受托机场的经营机制和管理优势来提高经营管理水平（包括安全、服务、效率等）。但委托管理也因受托方往往缺乏主人翁意识，探索、规划所管理机场长远发展战略的积极性不高，容易产生短期行为。

（二）以所有者和管理机构相结合的模式划分

以所有者和管理机构相结合作为我国机场管理模式划分的依据，机场可分为以下四种。

1. 中央政府直接管理

属地化改革时，国家保留了首都机场、西藏自治区机场的所有权，由民航局、中国民用航空西藏自治区管理局管理。这种管理模式体现了机场对于国家政治稳定的重要意义，经营管理过程更多反映了国家政府的意志。

2. 地方政府直接管理

机场大多为中小城市机场,规模较小但是在服务地区经济发展和居民出行中发挥着不可或缺的作用,地方政府承担起机场管理的责任,并成立专门的部门。

3. 地方政府委托管理

地方政府拥有是属地化改革后我国机场的主要特征,不同地方政府对于机场的管理采取不同的方式,其中委托代理是普遍的方式。这种方式下政府将经营管理权交由三类委托对象:机场集团公司(首都机场集团、省机场集团、西部机场集团等)、机场管理公司、航空运输企业(海航、深航等)。

4. 混合所有委托管理

混合所有是伴随市场经济发展我国机场呈现的新特征,尤其是放宽了民营资本进入机场业之后。我国机场通过上市、引进民资、引进外资等方式实现了投资主体和股权多元化,拓展了机场的资金来源,拓宽了机场的发展空间。

(三)从股权角度划分

从股权角度看,机场又有两种模式,目前有3家中外合资机场,6家上市机场公司。

1. 000089 深圳机场

深圳机场集团是本公司的独家发起人。深圳机场集团是深圳市市属大型重点国有企业,负责深圳机场的投资建设与经营管理。截至1996年年底,空中有87条航线通往国内外57个城市。水路有国际客货运班轮连接中国香港,陆上有专营车队通过高速公路进行连接机场和深圳市区的陆路运输。深圳机场自开航以来,经过五年的发展,航空业务量持续高速增长,现已成为中国第四大航空港,是华南地区重要的航空枢纽之一。

2. 600004 白云机场

广州白云国际机场股份有限公司是根据《中华人民共和国公司法》等有关法规,经中国民用航空总局"民航体函〔1998〕64号"文、"民航政法函〔2000〕478号"文和中华人民共和国国家经济贸易委员会"国经贸企改〔2000〕826号"文批准设立,于2000年9月19日在广东省工商行政管理局注册登记的股份有限公司,企业法人营业执照注册号为4400001009676。

3. 600009 上海机场

上海国际机场股份有限公司(以下简称"本公司")于1997年5月16日经上海市人民政府依"沪府〔1997〕28号"文批准设立,由上海机场(集团)有限公司作为独家发起人改组而成。本公司于1998年1月15日公开发行每股面值人民币1元的人民币普通股("A股")并于1998年2月18日在上海证券交易所上市。截至2007年6月30日,本公司的股本为1 926 958 448元。

4. 600897 厦门空港

厦门国际航空港股份有限公司（以下简称"本公司"）原名厦门机场发展股份有限公司，是由厦门国际航空港集团有限公司独家发起并公开募股设立的股份有限公司。厦门国际航空港集团有限公司以其当时拥有的分公司，即厦门国际航空港集团候机楼分公司、全资子公司厦门国际航空港集团广告有限公司以及在建中的 3 号候机楼的全部资产、负债及净资产经评估作价后投入本公司，上述净资产根据厦门市财政局"厦财国管〔1996〕03 号"《关于设立厦门机场发展股份有限公司国有股权设定方法的批复》折成 8 100 万股国有法人股，根据中国证券监督管理委员会"证监发审字〔1996〕23 号"《关于厦门机场发展股份有限公司申请公开发行股票的批复》，本公司通过上海证券交易所公开发行社会公众股 2 700 万股。

二、从机场运营模式角度分析经营型机场与管理型机场的管理模式

（一）经营型机场

所谓经营型机场，主要是指以自营方式为主，以垄断性经营、"大而全"模式以及管理与经营一体化为特征的、经营机场范围从保障性的航空业务到经营性的非航空业务的一个相对完整独立的机场经营主体。主要做法是：经营项目主要采取自己铺摊子、招人马的方式经营，主营业务资源的开发主要依靠投入更多的生产性资金，购买先进的设施设备，招聘更多的人员；非主营业务主要是不断增加延伸服务项目和业务范围，组建相应的经营开发单位，不断增加相应人员，通过人员和部门的不断增加拉动非主营业务的收入。从我国机场的发展历程来看，经营型机场模式在特定的情况下曾经促进我国机场的发展，特别是在大型机场的发展初期，曾经较快地提升机场经济收入总量，使机场经营者有能力加大对机场基础设施设置的投入，最终提升了机场运营保障能力，较快地扩大了机场的业务生产规模。同时，机场经营项目的细分与增加也大大提高了员工的收入，提高了员工的生产经营积极性；而增加单位与部门，则锻炼和培养了机场的管理干部与员工队伍，同时解决了内外各类人员的就业问题。可以说，经营型机场模式对我国机场早期发展产生了历史性的促进作用。但随着我国机场生产业务规模的不断扩大，社会经济环境的变化以及枢纽机场的建设发展，机场的投资主体出现变化，机场的所有权与经营权出现事实的分离，经营型机场模式逐步体现出与机场发展的不适应性，并最终演变成为大型机场运营发展的"瓶颈"效应。

（二）管理型机场

所谓管理型机场，主要是指机场运营当局脱离机场经营者的角色，回归机场管理者的本位，在机场特许经营权的法律环境具备的条件下，基于市场公平原则，不直接从事面对机场用户的经营性业务，而转变为主要为机场服务业务的供应者提供正常运行的资源和环境，创造公平经营的平台。机场管理机构应逐步过渡到不直接从事经营性业务，而是通过

对经营性业务实施专业化、市场化的运作，采取业务外包的形式，将这些业务交由专业公司去做，自身则成为这些业务的监管者，专心从事机场的规划、建设和管理，为航空公司提供一个公平运营的平台。

管理型机场的最大特点是所有权与经营权分离，行使所有权的运营当局要逐步摆脱具体的生产经营事务，主要承担机场总体规划、安全监督、服务与运行效率监管、航空市场与服务项目拓展、机场商业开发、机场设施建设、机场国土资源管理职责，着力抓好制定各种专业规范和标准、特许经营制度，成为机场"游戏规则"的制定者和监督者，成为机场运营的决策中心、资本运营中心和调控中心。而经营权则通过特许经营等业务外包形式交与专业公司，吸引专业公司成为机场运营的利润中心，主要从事机场业务的生产经营与服务，通过主动走向市场、开拓发展，创造良好的服务和经济效益，实现机场运营价值的最大化。

三、经营型机场和管理型机场的比较

经营型机场和管理型机场的比较如表 4-1 所示。

表 4-1　经营型机场和管理型机场的比较

比较项目	经营型机场	管理型机场
企业制度	所有权与经营权混合，既是经营主体又是管理主体，多重身份	所有权与经营权分离，经营与管理机构分立，自主经营，自负盈亏
激励与约束	缺乏有效制衡和激励手段	能有效地制衡和激励
管理手段	直接干预，具体操作	间接干预、宏观操作
管理观念	从既得利益和眼前利益出发，自主经营	专业化管理，以服务保障为主，航空公司与机场的利益一致性
经营管理方式	自行铺摊子、招人马，设立更多的单位和部门自己经营机场的各项业务	管理机构退出经营，通过特许经营的方式引入专业化公司运营机场业务
经营效益	规模大、人员多、成本高，机场业务收入高，成本越庞大，经营效益越差	经营业务通过竞争形式外包，收费稳定，投入少，规模小，效益稳定
收入来源	机场收费及自营项目收益，项目越多、规模越大，收入越高	机场收费及特许经营收费，资源价值越大，收费越多
机场当局的角色	既是机场相关业务的经营者，又是管理者，并试图垄断从事机场区域内的经营项目，经营状况整体不佳	作为机场的所有者和管理者，着力于制定各种专业规范和标准、特许经营制度，并承担监管者角色
与航空公司的关系	竞争关系的存在使机场的运营难以中立，在对航空公司的资源使用方面有失公平，使航空公司在机场的运营受到制约，机场与航空公司关系恶化	机场的运营是中立的，地面服务是在机场监管下为航空公司提供同一标准的优良服务，机场运营的目的就是为航空公司营造良好的平台
其他专业经营公司	难以独立进入机场垄断市场，或是以合营的方式获取机场的优质资源，与机场运营当局分享利润	作为经营者负责机场业务运作，通过协议方式取得机场业务经营权，成为机场经营利润中心

所谓经营型机场和管理型机场，主要是指机场的运营管理模式的异同，更具体地说，是由于机场资源的运营模式的异同而产生的两种机场运营管理模式。从这个角度看，通过所有权与经营权分离而采用社会化资源管理模式的机场是管理型机场。对应地，在所有权与经营权混合的体制下采取自营模式的经营型资源管理模式的机场即是经营型机场。管理型机场与经营型机场相比，有诸多的优势。从表 4-1 所示的比较可以看出，机场由生产经营型向管理型转变是机场私有化、企业化经营及社会专业化水平提高的必然结果。实现由机场"直接生产经营型"向"资源经营管理型"转变，是要最终实现其与具体业务经营主体的彻底脱钩，通过引入竞争机制、逐步建立优胜劣汰机制，理顺与航空公司运营的关系，达到优化场内资源配置、追求效益最大化的目的。

四、经营型机场和管理型机场的实例分析

当前，大多数机场经过多年的探索，普遍认识到经营型机场的不足，同时对管理型机场也有了一定的认识，都在努力实现从经营型机场向管理型机场的转变。

下面以中国澳门机场为例具体分析管理型机场。

中国澳门机场业主、管理者、经营者的定位如下。

（1）机场业主：澳门国际机场专营公司（CAM）获澳门特区政府赋予机场产权、特许专营权的管理，是澳门机场的投资主体，也是澳门机场的业主。该公司同世界上大多数机场业主一样，具有浓厚的政府色彩，其 54.8%的股权由澳门特区政府所有。

（2）管理者：澳门机场管理有限公司（ADA）是由机场业主选择、聘请，并对澳门机场进行日常经营管理的专业公司，按合同约定对机场提供相关的管理服务。

澳门机场管理有限公司基本属于管理型的经营公司，它的直接管理范围只限于自己最精通的业务，对不是自己精通的业务，则通过招标再选择出专业公司，并授予其相应经营权。例如，该公司的机场运行部门将机场地勤服务委托澳门机场服务公司（MASCOGDEN）经营，清洁业务委托怡信清洁公司经营；工程管理部门则委托 Y&T 负责土建和机械项目，委托 CTM 负责通信、导航设备和电子维修项目；保安管理部门只负责制定保安规定，委托私人护卫公司进行澳门机场大量护卫工作。

（3）经营者：上面已提及澳门机场的各项专营专业公司都是澳门机场的经营者。其中该机场主体专营业务由澳门机场服务公司经营，该公司隶属于总部设在苏格兰的明捷航空服务有限公司（MENZIES），为澳门机场提供客运、停机坪、货运、地勤服务以及飞机维修服务。

综观澳门机场管理模式，它是一种典型的管理型模式，可以人尽其才、物尽其用，使社会资源得到很好的配置。这种管理模式能够使机场实现协调、高效、专业化运转。因此，管理型的运营模式对于我国大型机场管理模式的选择具有重要的借鉴意义。

第三节　机场主要运行模式

目前，国内机场运行模式主要有两种，一是传统的指挥中心协调运行模式，另外一种是 AOC/TOC 区域化运行模式。

一、传统的指挥中心协调运行模式

"统一指挥、统一调度"的传统运行模式，在机场只拥有"一个航站楼、一条跑道"的情况下，基地航空公司参与不足时有较为突出的优势。

（1）有利于统一发布航班信息、更新航班动态信息。

（2）有利于统一发布资源分配信息、更新资源动态信息。

（3）有利于各方资源的统一控制、统一协调。

但是随着机场规模的日益扩大，许多机场面临"多航站楼、多跑道"的管理新格局，越来越多的基地航空公司、地面代理公司参与航空日常保障事务。若仍采用严格的调度模式会凸显部门之间协调困难、流程执行效率低下、指挥中心的工作负荷饱和等众多弊端。

传统的指挥中心协调运行模式具有以下问题。

（1）传统的机场运营结构布局分散，环节较多，如图 4-1 所示。一线服务和保障部门由于各自业务的不同性质不同，导致各单位的办公及值班区域在位置布局上不尽合理，相关运营部门在空间位置的选择方面受条件所限，很难顾全空间布局对运营流程执行效率的影响，加上具体业务部门人员分散值班，见面的机会少、时间短，遇到突发问题只能通过对讲机或电话进行沟通，进而影响应急反应的效率及应急处置的效果。

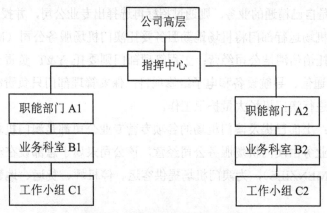

图 4-1　传统机场运营组织机构

直线职能型组织架构在正常情况下，两个二级机构通过指挥中心协调配合工作，过多的中间环节会极大地影响信息的传递速度和准确度。类似的情况同样出现在航站楼内，同样是影响候机楼服务质量提升的一个重要问题。

（2）信息在各部门之间传递准确性差，效率较低。信息在不同的环节传递的过程中，由于中间传递人的知识背景不同、工作经历各异以及对信息的接收与理解的差异，信息产生偏差在所难免，加之中间传递人可能不了解工作现场的具体情况，极易使信息产生变化与失真。经过专家研究，语言信息经过五个以上的口头传递环节，信息失真度可超过 50%。

业务单位在空间上布局分散，专业人员无法当面沟通，以及相互之间信息传递环节较多，导致各职能部门沟通、协调效率大大降低。尤其是需要不同专业之间相互紧密配合才能完成的复杂工作，处置速度和完成质量往往难以令人满意。

（3）具体业务部门反应缓慢，指挥部门协调困难。当机场遇到恶劣天气及航班大面积延误等突发情况时，快速、合理的应急反应及高效的客流疏导是保障机场正常运转及减少旅客有效投诉的最佳应对策略。但机场公司现有的职能式组织结构及过多的层级设置使得组织自身的反应较慢，无法满足旅客和航空公司对响应速度的要求；又因为指挥中心和运输候管部在行政级别上与公司其他二级机构平级，组织协调的力度就会受到一定的限制；尤其是在需要多个服务与保障部门互相配合，共同处理某一突发事件时，无论是各部门的反应速度，还是不同部门之间配合协调能力，都有待大幅的提高。

往往会看到以下情形：一方面，旅客大面积滞留机场，因得不到确切的航班信息和及时的食宿安排，导致投诉、争吵事件大幅增加；另一方面，公司领导亲临一线，协调指挥各生产保障单位，解决各种具体问题，充任救火员与调度员的角色，昼夜不息。

航班大面积延误时的应急处理流程是：每个职能部门都直接向公司高层汇报具体情况，然后将上级指令层层传达到生产一线。此时，公司高层领导为提高运营流程的效率，成为各种生产信息的交汇点，而高层的各种决策信息要想最终转化成一线员工的具体行动，可能又要经过两到三个层级的传递。而每一层级的信息传递，又包括信息接收与理解，任务分析与分解，制定实施步骤，向下一层传递或具体实施四个环节。

可以发现，除了因高层的现场拍板而指挥效果明显外，由于运营结构设置不尽合理，信息传递层级过多及部门之间配合效率较低，当高峰期来临和航班大面积延误时机场运营的整体效率是较低的。而且，随着时间的推移，受到体力、精力的限制，依赖大量人员加班加点维系机场正常运转的运营效率会快速下降。因此，这种应对策略只能是权宜之计和应付一时之需。结构性缺陷阻碍机场运营效率进一步提高，阻碍机场效率提高的因素主要有业务单位布局分散、业务单位之间沟通协调困难、消息传递环节多、信息失真度比较高、协同效率低、应急反应缓慢。

通过上述分析，在机场现有的直线职能型组织结构框架下，现场指挥中心和候机楼管理部在生产运营和候机楼事务方面的指挥协调功能在转楼后已经尽了全力，再单纯地依赖增加岗位和人员设置，已经无法满足机场快速发展和枢纽战略的客观需要。

AOC/TOC 运行管理模式旨在提高机场的运行管理效率，这使得国内机场在参与行业内的竞争时，除了增扩基础设施这一硬手段外，还多了一项软技能。改变机场现有的运行管理模式和架构，打破原有的、带有行政色彩的、条块分割的职能型组织结构，借鉴国内外知名机场的模式，机场建立 AOC 和 TOC，从而大幅提升机场的运行保障能力，AOC/TOC 运行管理模式为运行管理效率的提升明确了方向。

二、AOC/TOC 区域化运行模式

(一) AOC 和 TOC 的概念

功能中心（AOC/TOC）是指以区分机场运行管理区域和业务运行性质为基础，将机场运行管理划分为不同层次，按照机场全局运行管理、航站楼运行管理、场区运行管理等不同维度，达到分层次的功能中心既独立运行，又相互协作的管理新格局。各功能中心负责相关区域内的业务协调、推进，形成对内和对外的明确责任主体，对外统一提供服务。

AOC（Airport Operation Center，机场运行中心）作为机场运行控制中心和飞行区区域运行管理主体，负责机场运行现场和飞行区安全运行管理。它是机场运行管理和应急指挥的核心，是机场日常航班安全生产和旅客服务现场的最高协调管理机构。其主要任务是：机场全局的运行指挥、制订航班计划、航班动态更新和发布、资源分配、资源动态更新和发布、各功能中心的协调管理以及外场管理和飞行区安防等。

TOC（Terminal Operation Center，航站楼运行管理中心）是机场航站区运行的区域管理者，是航站楼内日常运营、安全生产和服务保障的核心机构，是整个航站楼现场运行的指挥中心，负责航站楼相关的日常生产运行、服务质量监督、安全防范以及楼内各类设备的运行管理等。它是航站楼管理的核心，是楼内旅客服务和驻场单位服务的最高协调管理机构。其主要任务有楼内服务管理、楼内资源分配管理、楼内商业管理、楼内安全管理和楼内设备设施监控管理。

(二) AOC 和 TOC 的运作模式简介

1. AOC 的运作

AOC 的核心模式是：集中指挥+分级管理。集中指挥体现在由 AOC 统一管理整个机场关键性的业务，负责各中心之间的协调、应急事件的统一指挥；各中心指挥所属区域的日常运行、服务与安全。分级管理体现在 AOC、各中心及各中心指挥体系下各部门的管理与运作。

AOC 单体的主要功能又分解为营运指挥中心、应急指挥中心和信息中心三个核心功能，如图 4-2 所示。

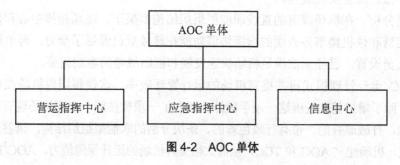

图 4-2 AOC 单体

营运指挥中心的功能定位设计主要为所辖范围内（飞行区）资源分配管理、飞行区秩序管理和飞行区保障生产业务的常态管理，并承担对基地航空公司、空管等的对外沟通协调，以及对业务和资源管理界面上出现业务链断裂或者不清（或者管理范围不明确）的状况的指挥协调。一旦出现大范围或者影响重大的安全生产事故，则 AOC 启动应急指挥程序，进入非常态的应急指挥管理状态，进行全范围的指挥调度协调，因此应急指挥中心在功能设计上，必须考虑常态和非常态（战时状态）两种应用情景。信息中心集中了机场生产运行的主要 IT 信息系统，如集成、离港等，是信息的获取中心以及集中处理中心。

AOC 机场运行指挥平台是一个充分利用各种技术手段和设施，整合指挥业务流程，来达到高效日常运作和快速处理各种应急事件的集中平台。为了建设枢纽机场，配套的指挥平台必须"面向未来"，其先进性应与国际水平的机场运行中心相配套。应完全立足于机场生产运营管理、系统安全保障和旅客信息服务，建设好的指挥控制中心和机房总体上要求具有完善的系统功能、科学的结构设计，合理的工作单元组合，恰当的操作界面安排，美观协调的环境设计及色调配置，为计算机系统设备及指挥、IT 等工作人员创造一个良好的工作环境，相应的配套工程应提供包括能源、环境、安全、可靠、监控、指挥和自动化等方面的使用环境，并提供可扩展的条件。各系统建设的投资原则应在满足高性价比和合理投资的前提下，在功能和性能上满足实用性、经济性、安全性、先进性、可靠性、布局合理性、美观性、舒适性、灵活性与可扩展性、可管理性、标准化和环保型等要求。

2. TOC 的运作

TOC 是航站楼运行管理的核心机构，集中管理航站楼的各类业务，提高响应能力、运行效率及服务质量，在各管理职能之间及时沟通，信息共享。作为整个机场运行管理的关键管理单元从属于 AOC 的统一调度和指挥。特别是当有重大突发事件发生时。

TOC 主要负责管辖范围内航站楼的日常生产运行、服务质量监督、安全防范以及所有楼内系统、机电设备的运行、管理、维护和火灾的防范等。主要职责内容如下：

（1）设备设施运行管理。
（2）机场候机楼航班信息发布管理。
（3）值机柜台、行李分拣及到达转盘资源分配及管理。
（4）航站楼空防及安全管理。
（5）服务质量监督管理。
（6）根据应急预案规定，完成候机楼突发事件的处理。

TOC 按其功能分为以下两大部分。

（1）核心操作管理区。核心操作管理区由四大区域（协调指挥区、航班运行区、设备设施监管区和安全监管区）、两个操作用房（广播操作室和服务报修接听室）及辅助管理用房组成。其中四大区域承担航站楼主要的管理运行职能。

① 协调指挥区：作为航站楼生产调度的指挥核心，总体协调航站楼内各部分的生产运作及指挥调度，并负责与 AOC 及其他中心协调处理各项重大事件，负责候机楼内的航空公司与旅客服务、协调、监督等。

② 航班运行区：包括系统操作，如航班信息显示管理、航站楼内资源的分配（包括值机柜台、行李装箱转盘、行李提取转盘/出口）、广播服务、航空业务统计管理等。

③ 设备设施监管区：负责候机楼内设备设施的监控与管理，包括电梯、楼宇自控、登机桥等。

④ 安全监管区：负责候机楼内安全监控与管理，包括生产安全监督、空防安全监控管理、出入权限管理和消防报警管理。

（2）机房及系统维护管理区。机房及系统维护管理区主要为候机楼各系统维护及保障区域，主要包括以下区域。

① 联合设备机房：集中设置候机楼大部分系统主机、存储及网络等设备。

② 系统设备维护区：负责候机楼内的信息、机电等设备及系统的维护维修。

③ 系统调试室：候机楼各系统测试及调试机房。

④ 商业监控区：负责候机楼内商业出租管理和监控。

⑤ 其他：会议室、资料室等。

在充分研究国内外 TOC 的管理模式的基础上，归纳 TOC 的管理模式主要分为以下两种类型。

（1）分散型。分散型是指由不同管理职能的管理单位派相关人员进入 TOC 实施管理，在这些来自不同职能部门的人员之上再设立 TOC 的主管人员，负责 TOC 的日常工作。由于来自不同的基层单位，其优点是对不同职能的深入了解比较深刻；其缺点是可能会引起各自为政的局面，TOC 的主管人员协调面对的不同部门，其效率相对会有所降低。与传统的机场管理相比，其不同点只是这些不同的职能部门坐在了一起，物理距离相对拉近了，但并没有实质性地改变其管理的理念。典型的运用实例是广州白云国际机场。

（2）集中型。简单地讲，集中型管理模式是由专门的 TOC 运行管理单位，设置 TOC 管理机构，由 TOC 主管负责航站楼日常所有事务的协调和决策（其权限范围内）。其下根据各席位的不同设立不同的岗位，负责各自的管理。其他的管理部门均作为它的支持部门，听从 TOC 的调度，协同配合 TOC 部门的工作。典型的运用实例是法兰克福机场、多伦多机场及中国香港机场等。

（三）AOC/TOC 的运作模式与传统调度模式的区别

从管理方式来看，从"统一指挥、统一调度"向"集中指挥、分级管理"转变。传统的指挥调度模式强调机场范围内所有事务都服从统一指挥、统一调度的原则，指挥中心既要负责飞行区范围内的管理，还要兼顾候机楼内各项资源的协调，工作量大，管理界面模糊。由于汇报关系多层，导致处理事件流程复杂、流程处理效率低下。而功能中心管理模式则坚持机场全局层面必要的统一指挥，将不同区域的职能和责任下放到各分区功能中心，由各功能中心牵头负责协调处理各区域内的事务，有利于提升服务质量，加强机场流程执行过程的监控和跟踪。

从管理理念来看，从"以任务为导向"向"以服务为导向"转变。传统的观念认为服务只是直接面向旅客、航空公司和驻场单位一线部门的事情，与其他部门没有太大关系。

实际上，各业务部门都是价值链上的主要一环，任何环节的缺失或瑕疵都会最终影响机场提供的服务质量。功能中心设置的主要目的就是为了区分不同的服务对象和服务区域，如TOC是以为楼内旅客、航空公司以及驻场单位提供优质服务为目标，而AOC则以保障航班生产安全为己任。在各功能中心牵头下的各业务保障单位，都有义务、有责任为所属的客户提供高效、便利的服务。

从管理责任来看，从"部门负责制"向"流程负责制"转变。传统的指挥调度模式强调职能部门"各安其事、各负其责"的纵向管理方式。实际上，机场接到旅客投诉那一刻起，便调动了旅客服务部门、候机楼保障部门等多个部门的处理和协作，但整个过程却缺乏明确的责任相关人进行监管和跟踪，导致事务处理的过程无法得到有效的监控和反馈。而功能中心则是明确其负责区域内的责任主体，如TOC承担了航站楼内服务管理、设备维修等具体事务的跨部门协调、质量跟踪、过程推进的任务，若整个过程某项环节出现问题，可明确找到相关责任人，追溯其相关责任。

从业务部门的协同机制来看，从"紧耦合"向"松耦合"转变。原来指挥调度模式下业务部门之间遵循严格的行政隶属关系，业务活动都在严格框定的职责范围内进行，一旦业务流程发生变化会造成组织机构较大的变动。在功能中心的模式下，各业务部门之间可以机动协同，业务之间可以灵活多样组合，有利于未来业务的拓展和改进。

AOC/TOC运营模式最大的特点是实现了"统一指挥、分区管理"，并且打破了原有部门之间行政管理关系的桎梏，建立了业务部门之间有效的协调机制、推进机制和监督机制。实际上，功能中心的理念正是流程管理思想的体现，在AOC和TOC层面上设立的联合处理席位在本质上就是其职责范围内的"流程负责人"。由于"流程负责制"和"分区管理"的逐步实施，必定会对机场原有的流程有再造和优化的要求。例如，指挥中心原先负责对机场全局范围内的资源管理和资源分配，但是当实现功能中心后，由AOC负责外场资源（如机位、桥位）的分配，而TOC则负责楼内资源（如值机柜台、行李转盘）的分配，资源分配处理流程将有重新改造的要求。

三、国内外实施 AOC/TOC 区域化运行模式的案例

（一）法兰克福机场

法兰克福机场的运行主要由三个中心——机场空侧运行管理中心（AOC）、航站楼运行管理中心（TOC）和枢纽控制中心（HCC）共同负责机场的日常运营。其中，AOC和TOC由机场负责管理，HCC由汉莎航空公司负责投资和管理，但有机场的人员一起值班。AOC负责机场空侧的所有事务，共分为两层，上层为机坪运行现场指挥和调度，下层主要处理航班信息和资源分配，包括计划航班和临时航班的更改和资源动态调整。法兰克福机场的两个航站楼只设一个TOC，其主要负责航站楼通行管理、运营和 $1\,200\text{m}^2$ 陆侧区域内的旅客服务、航空安全、交通执勤管理、设施设备管理。TOC又分成两个部分，分别分布于对应的两侧。第一部分是对航站楼整个运行情况，如每天起降架次、旅客吞吐

量、天气情况等,以及设施设备运行情况进行监控。第二部分是通过 CCTV 对旅客流程上的服务情况进行监控,并协调安检、海关和移民局。

(二)仁川机场

仁川机场的运行由机场运行管理中心(AOC)和航站楼运行管理中心(TOC)负责。AOC 负责机场运行资源的分配、管理和协调,而 TOC 负责行李、登机桥、电梯、有线电视、航显等设备的监控和管理。

(三)广州白云国际机场

广州白云国际机场的运行管理模式特点是:以现场运行管理部(应急救援指挥中心)为该机场运行业务核心。现场运行管理部的应急救援指挥中心指挥室为物理聚集核心,将机场的安防管理部门(含安检护卫、消防)、旅客服务部门、航站楼管理部门等多家单位围绕在应急救援指挥室周围,集中位置运行保障。现场运行管理部的运行指挥室设立在机场塔台上,借用了空管的一层楼空间,对机场运行的外场业务进行统一指挥管控。

(四)上海浦东国际机场

与国外机场的管理模式最相近的应该是上海浦东国际机场。为保证集中监控、协调管理的有效性,降低复杂度,上海浦东国际机场按地域、专业进行划分,形成 AOC(飞行区运行指挥中心)/TOC(航站区运行指挥中心)/TIC(交通信息中心)/MC(市政管理中心)/PCC)公安指挥中心)五个运行中心。其中 AOC/TOC 运行管理的核心模式是"集中指挥+分级管理"。在这种运行模式下,AOC 管理整个机场的关键业务与各中心之间的协调,而各中心承担所属区域的日常运行、服务与安全的指挥与管理。

AOC 从目前处理机场运行日常事务中解脱出来,集中精力管理好整个机场运行的关键性业务,如航班的信息收集、处理,飞行区的管理,空防安全的监控等,而将日常运行、安全保障和服务交给各中心管理。通过 AOC 的这个平台建立起与主要枢纽运作航空公司的对口管理与协调机制,有利于航空公司与机场的沟通及在机场的中枢运作。

总结来看,国外大型机场采用的 AOC/TOC 管理模式应该是目前效率最高的机场管理模式,国内机场运行指挥体系管理模式的发展应该向这个方向靠拢。而 AOC/TOC 管理模式的核心理念是"集中指挥+分级管理",即以分块化的运行机制为基础,坚持机场群全局层面的统一指挥,通过对业务流程的梳理和优化,最大限度地减少多机场之间的协调工作量,将区域管理的职能和责任下放给分区的管理中心。

通过以上机场的情况可以看出,国内外大型机场的管理都向 AOC/TOC 管理模式发展。一般来说,AOC 负责航班信息的发布、机桥位分配、飞行区飞机滑行的调度指挥,所以 AOC 基本配置了航班信息管理系统、桥位分配系统、二次雷达和场面监视雷达;而 TOC 则负责候机楼内的航显信息、广播的发布以及行李登机桥、电梯、楼宇等设施设备的监控和报修、安全服务质量的监管,所以 TOC 基本配置了航显发布操作终端、广播控制、行李处理等设备的监控终端、CCTV 系统等。

第五章

机场运行规划

第一节 概　　述

机场是组织航空运输生产的重要场所。在这里，飞机起飞、着陆、停放；旅客下机、领取托运行李、办理乘机手续、候机和登机以及转机；到达的货物卸下和转运，离港的货物分理、打包、装箱和装机。这里一片繁忙，人来客往，车辆穿梭，如果没有高效的组织，很难想象这里的运输生产可以有条不紊地进行。

机场分为陆侧（Landside）和空侧（Airside）两部分。航站楼和地面到达系统组成陆侧部分，是旅客转换交通模式的地方；跑道、滑行道和停机坪组成空侧部分（也称飞行区），是飞机活动的场所，有时也把终端区甚至进近区域（Terminal Area）划归机场空侧部分。机场组成的示意图如图5-1所示。

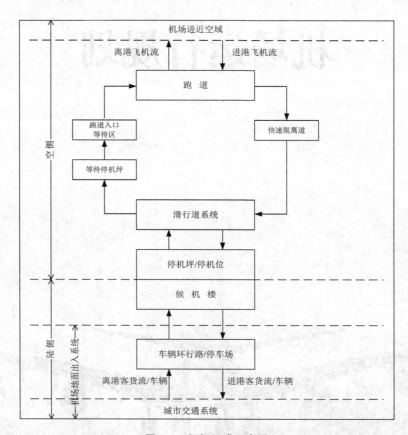

图 5-1　机场组成示意图

旅客运输生产从旅客到达航站楼入口处开始，国内航班旅客通过值机和安检，即可进入候机厅候机，航班出发前20min左右开始登机；国际旅客则除了值机和安检外，还需要办理出关手续（包括海关申报、检验检疫和边防检查）。到达目的地机场后，国内航班旅客下机后到行李认领厅领取行李，然后转乘陆路交通离开机场；国际航班旅客还必须办理入关手续,首先通过边防检查,然后领取行李,接受卫生检验检疫和海关申报后,转乘陆路交通离开机场。

货物运输生产首先由货代收集货物,分理打包,向航空公司申请货舱舱位,再运送至机坪装机;到达目的地机场的货物下机后运到货站,在货站进行分理,然后用货车运往最终目的地。如果是国际货物,还必须办理出入报关手续,通过海关和检验检疫检查。

所以,除了运输途中飞行以外,航空客货运输生产都在机场完成,运输生产的效率主要体现为机场生产组织的效率。上述的生产组织活动将在本章做详细讨论。

机场可以分为陆路到达系统、航站楼系统和飞行区系统,航站楼系统的旅客流程又可以分成处理设施、等待设施和流通设施三种功能设施。值机柜台、安检通道、边检通道和登机门等是处理设施,旅客在每个处理设施处接受服务时,可能需要排队等待,所以一般每个处理器处都配有等待设施,以容纳等待的旅客,两个处理设施之间设计有通道。飞行区又可分为跑道系统、滑行道系统和停机坪三个功能设施,飞行区功能是为飞机运行服务而建设。

机场运行规划是指为机场的生产运行所制订的计划和规则,包括生产流程的设计和分析、生产资源的配置以及生产调度计划的制订等内容。

在进行机场运行规划时,需要分析机场系统各子系统、各功能实施的容量和效率。容量是生产能力的体现,效率是管理水平的体现。通过运行规划,可以帮助机场管理者掌握生产组织的各种关系,提高服务水平和改善机场运行质量。

ICAO推荐了机场规划基本步骤,如图5-2所示,可以看出,容量评估是机场规划的第一步,其基础性作用在于机场规划人员不仅需要正确分析现有容量水平和容量瓶颈环节,找准生产流程需要改进甚至改造的地方,提出改造方案,还要掌握未来交通流量需求下的机场容量水平。在这一过程中,交通需求被不断反馈到机场容量的规划中,影响容量规划的制定和修订。

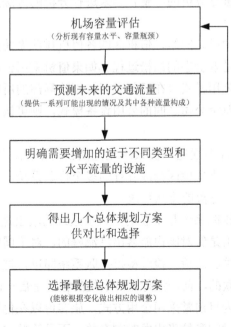

图 5-2 机场运行规划流程图

第二节　机场运行规划基础

一、排队网络

由各种排队系统通过串联和并联方式连接成的网络，叫作排队网络。航站楼系统的旅客流程、飞行区的飞机流程是一种排队网络，如图 5-3 所示。

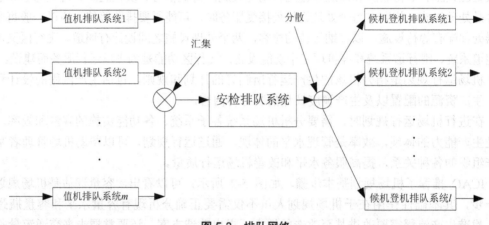

图 5-3　排队网络

对航站楼旅客流程的研究都是针对单个流程环节进行的，例如绝大多数的研究是针对旅客值机环节或安检环节进行分析的，整合起来进行分析的方法主要是运用计算机流程模拟的方法。

对于航站楼旅客流程的排队网络，值机区的各值机排队系统是并行的排队系统，这样的排队系统旅客输入过程是非稳态的泊松过程。如果值机采用公用设备模式，则整个值机区是一个排队系统；如果公用模式只在局部实行，则该局部的所有值机柜台构成一个排队系统；如果不实行航班和航空公司之间的公用设备模式，则可认为每个航班的值机过程都是一个排队系统。

安检排队系统尽管有许多通道，但采用完全的公用形式，因此可认为是一个排队系统。如果每通道一个队列，则安检区构成并行的多个排队系统。国际和国内航班由于候机区域的分开，其安检流程是分离的排队系统。

值机排队系统和安检排队系统是串联的，值机系统的输出是安检系统的输入。图 5-3 展示的航站楼旅客排队网络是针对国内旅客出港流程的，对于国际旅客，只要在值机和安检两个排队系统间加上海关、边检、检验检疫排队系统即可，这三个排队系统与值机排队系统、安检排队系统是串联的，前一流程排队系统的输出是后一流程排队系统的输入。

对于机场候机厅，因为目前常采用公用方式，旅客可以在他愿意的候机厅等待，也可能去商店购物。登机开始时间和航班出发时刻有关，不是简单的泊松过程，候机登机排队系统比较复杂，需要另外加以分析。

（一）稳态串行排队网络的排队论分析

若排队系统是 M/M/k 系统，并且利用率小于 1，则它的输出率等于输入率，在这种情况下称之为稳态的排队系统，由稳态的排队系统构成的网络称为稳态排队网络。旅客流程作为一种排队网络，是一种开环网络，叫作中网络。在串行排队网络中，如果第一个排队系统的到达时间间隔服从参数为 λ 的指数分布，各个阶段服务台的服务时间服从指数分布，并且各阶段具有无限量的等待空间，那么各阶段的排队系统到达时间间隔都服从参数为 λ 的指数分布。

（二）非稳态排队网络的分析

排队论研究了稳态排队系统的平均指标计算方法。在稳态排队系统中，平均到达率和服务率至少在一段时间内是不随时间变化的常数，排队系统各指标也都与时间无关。

在机场实际运行过程中，各排队系统有时可能不是稳态的。航空公司和机场需要根据队列的长度适时调配资源量（服务台数），一旦等待服务的乘客数量超过一个特定的限制水平（由公司规定遵守的服务水平决定），航空公司或机场运营者可以激活一个或多个额外的服务台。当等待的旅客数回落到该限制水平以下，将减少开放的服务台数。在此情况下排队网络的构成随时间而变，各阶段排队系统服务率也随时间变化。同时，旅客的到达率也和一天内不同时刻的航班计划密切相关，有高峰，有低谷，因此到达率也随着时间而变化。因此航站楼旅客排队系统可能是非稳态的串并联混合式开放网络。

对于非稳态的排队网络问题，排队论难以解决，一个常用的工具是累积图。累积图法的前提是假设系统的输入均匀到达。而系统的到达率本身就是一个相对的概念，只要时间短划分合理，在某一时间段下，影响到达的外部因素基本不变的情况下，可以假设其为均匀到达。在此情况下，我们可以运用累积图的方法对航站楼的串并混式排队网络进行研究。

二、高峰小时的定义

高峰小时是指功能设施在繁忙情况下具有代表性的时间段。高峰小时是根据历史记录的出现频率来定义的。用于机场规划的基本参数是机场高峰小时需求，又叫作典型高峰小时，或设计小时、高峰小时（DPH）。高峰小时的几种定义如下。

（1）年度的第 20、30 或 40 个最繁忙的小时。
（2）年度高峰月的平均日高峰小时。
（3）年度两个高峰月的日平均高峰小时。
（4）年度每百繁忙日的第 95 天的高峰小时。
（5）年度第 7 或 15 个繁忙日的高峰小时。

其中第（1）种定义多用于英国，第（2）种定义用于美国，第（3）种是 ICAO 推荐的。

高峰小时不是一年中最繁忙的小时,但超过高峰小时(超负荷)的运转次数只有很少的几天。

根据统计数据分析发现,每年需求随月份的变化具有相似性,每天各小时需求的变化也具有相似性。因此高峰小时的需求可以用年度预测需求近似计算,转换系数可取0.03%~0.05%的某个值,平均值大约为 0.033%。机场的年吞吐量越大,峰值越平坦,因此转换系数越小。反之,机场的年吞吐量越小,峰值越显著,转换系数越大。

三、机场服务质量标准

服务水平代表了旅客在航站楼所经历的相关服务的质量和状况。诸如等待时间、处理时间、走动时间及堵塞时间等服务水平的衡量标准之间是相互关联的。服务水平所要达到的目标非常重要,因为它直接关系到机场的运营成本等经济性因素,以及机场的对外形象。事实上,机场能长期保持某一服务水平对于吸引客源是非常有帮助的,这同样也能够反映地方和国家所追求的目标。

机场陆侧的每个组成部分都有它们独特的运作特征及需求,因此很难用某一种方式定义服务水平。为了详细说明服务水平的定义,专家建议,依据机场陆侧各种设施的类型,以不同的方式衡量潜在的拥塞,比如根据处理设施、等待设施及流通设施分类给出衡量标准。根据分析设施的类别,有三种评估潜在拥塞的基本方法,具体定义如下。

(1)静态容量:用来描述等待设施的存储容量,通常以某一时刻可以容纳的旅客的数量来表示。静态容量是有关总的可利用空间及所需服务水平的一个函数,即每位旅客所需的空间。

(2)动态容量:是指单位时间内旅客穿过某一子系统的最大处理效率或者流通速率。作为测量指标的实际时间单位(如分钟或小时)的选择取决于设备的自然属性和运作情况。

(3)持续容量:用来描述在一个持续的时间段内满足交通需要的子系统的总容量,同时它还需满足特定的服务水平和时间空间标准,是一种综合考虑了设备静态容量和动态容量的研究方法。

为了细分服务水平,用字母 A(极好)~F(不可接受)来表示,具体如表 5-1 所示。

表 5-1 国际航空运输协议服务水平标准

服务水平	标准描述		
	质量和舒适度	人流状态	延误
A	极好	自由无限制	无
B	很好	稳定的	非常少
C	好	稳定的	可接受
D	一般	不稳定的	尚可接受
E	较差	不稳定的	不可接受
F	不可接受	间断流	服务中断

值得注意的是，尽管每个服务水平的描述区别不大，但是子系统有着不同的空间需求，系统管理者和设计者应该详述服务水平的需求，通常 C 档被认为是基本要求，D 档被认为是繁忙时段的可忍受水平。表 5-2 和表 5-3 分别是航站楼服务质量空间和时间标准。

表 5-2　IATA 航站楼服务质量空间标准

服务水平等级	A	B	C	D	E
1．极少旅客托运行李，不用行李车（队列宽 1.2 米）	1.7	1.4	1.2	1.1	0.9
2．每位旅客 1～2 件行李，不用行李车（队列宽 1.2 米）	1.8	1.5	1.3	1.2	1.1
3．多数旅客使用行李车（队列宽 1.4 米）	2.3	1.9	1.7	1.6	1.5
4．每位旅客带有两件及以上的重行李，绝大多数旅客使用行李车（队列宽 1.4 米）	2.6	2.3	2.0	1.9	1.8

表 5-3　IATA 航站楼处理设施时间标准

服务水平	最短—可接受/min	可接受—最长/min
经济舱值机	0～12	12～30
公务舱值机	0～3	3～5
到达护照查验	0～7	7～15
出发护照查验	0～5	5～10
行李认领	0～12	12～18
安检	0～3	3～7

四、动态排队系统分析

排队论研究了稳态排队系统的平均指标计算方法，稳态排队系统要求到达率和服务率在平均意义上是不随时间变化的常数。如果平均到达率和平均服务率随时间而变化，相关计算公式将不能使用。图 5-4 表示了顾客到达率不变、服务率变化情况下队列长度的变化。

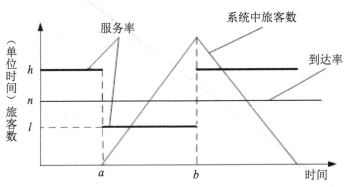

图 5-4　服务率变化引起排队长度的变化

从图 5-4 可以看出，在时刻 a 之前，服务率 $h>$ 到达率 n，因此队列长度等于 0，在时间区间[a,b]上，服务率降为 l<n，队列长度以速率(n-l)逐渐增加，直到时刻 b，到达最长队列(n-l)(b-a)=(n-l)T，之后服务率又恢复到高水平 h，队列长度以速率(h-n)逐渐缩短，直到 b+(n-l)T/(h-n)队列才消失。队列存在了 T_q=[(n-l)/(h-n)+1]T=(h-l)/(h-n)T 的时间。

所有旅客总延误为图 5-4 中三角形的面积，等于

$$T_d = \frac{1}{2}(n-l)T\frac{h-l}{h-n}T = \frac{(n-l)(h-l)}{2(h-n)}T^2$$

被延误总旅客数为

$$N_q = nT_q = \frac{h-l}{h-n}nT$$

平均每旅客延误

$$\overline{T}_d = \frac{T_d}{N_q} = \frac{n-l}{2n}T$$

该式表明平均每旅客延误时间和高水平服务率无关，与服务水平降低的时间长度成正比。

再来看这种情况下的旅客到达累计曲线和旅客离开累计曲线，如图 5-5 所示。由于旅客到达率为常数，因此旅客到达累计曲线是直线，斜率为 n。由于服务率是分段常数，因此旅客离开累计曲线是分段直线。旅客到达累计曲线和离开累计曲线分离的部分表示了队列的存在，其中两曲线纵坐标之差为队列长度，横坐标之差为某旅客的逗留（延误）时间。可以计算出时刻 t=a+lT/n 到来的第(na+lT)位旅客的延误时间最长，延误时间为T(n-l)/n。其他旅客的延误时间可以同理算出，其分布如图 5-6 所示。

一般情况下，不但服务率可能变化，而且顾客到达率也会发生变化。一般情况下的旅客到达累计曲线、旅客离开累计曲线可能如图 5-7 所示。

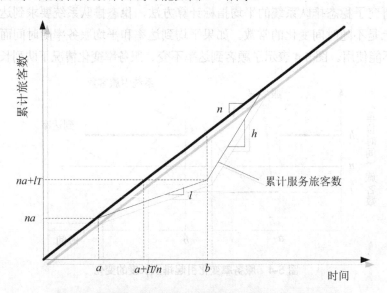

图 5-5 服务率变化引起排队长度变化情况下的累计曲线

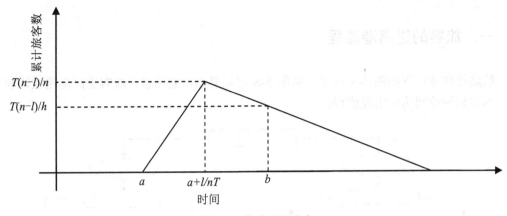

图 5-6　旅客延误分布

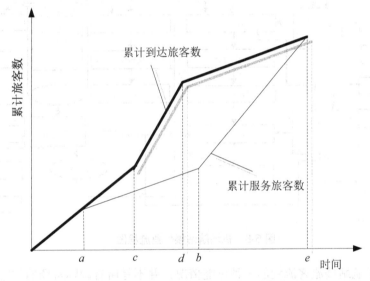

图 5-7　一般情况下的旅客累计曲线

把累计曲线进行分段线性近似，可以计算出各分段时间区间端点的旅客排队长度和相应的排队时间，并由此计算总延误人数和平均延误时间。

第三节　航站楼运行规划

航站楼是旅客和行李转换运输方式的场所，其功能就是要经济、有效地让旅客舒适、方便和快速地实现由地面向航空运输方式的转换，行李可靠、安全、及时地和旅客同步实现运输方式的转换。航站楼内旅客进离港路线比较复杂，包含国内出发、国际出发、国内到达、国际到达、过境和中转流程等多种旅客流程。流程是否顺畅对于航站楼的高效运行非常关键。

一、旅客的进离港流程

航站楼作业流程如图 5-8 所示。从图 5-8 可以看出,航站楼内旅客进离港路线比较复杂,本节只讨论到达和出发流程。

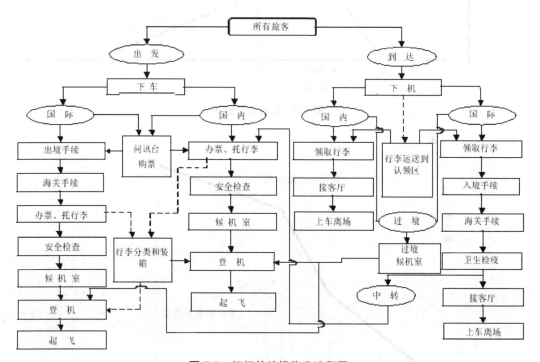

图 5-8　机场航站楼作业流程图

图 5-8 只是航站楼旅客流程的一种可能情况,并不是所有国际机场的旅客流程都必须如此,流程某些环节的顺序是可以调换的。例如上海浦东国际机场,国际旅客值机后才通过海关通道进入隔离区,这和图 5-8 中的流程顺序略有不同,而广州白云国际机场目前的流程与图 5-8 所示相同。旅客流程中两个最为复杂的流程是值机流程和安检流程,旅客的出港流程由于值机和安检等流程的存在,远较进港流程复杂。

(一) 值机流程

值机流程包括核对旅客身份证和电子行程单信息、打印登机牌。如果旅客有行李交运,则为其办理行李托运手续。简单地说,值机需要完成"办票"和"行李托运"两项服务。值机流程涉及的关键问题有以下几个。

1. 值机柜台的分配方式

值机柜台的分配有两种方式:专用式和公用式。

采用专用值机方式时,各柜台只办理指定航班的旅客值机手续。采用公用值机方式时,各柜台可办理各航空公司各航班的旅客值机手续。一般来说,公用式值机的效率高于专用式。目前，各个国际大型机场所采用的一般是介于专用式和公用式之间的方式，也就是某航空公司所使用的柜台可以办理本航空公司或其代理航空公司的所有航班的值机手续。

采用哪种方式取决于以下两个因素。

（1）机场管理当局的资源分配政策。有些机场规定值机柜台不租用，由机场统一安排，采用公用方式值机，有些机场则将值机柜台租给航空公司专用，也有些机场两种方式同时存在。航空公司租用的值机柜台，也可采用各航班之间公用的形式。

（2）离港系统是否统一。有时由于基地航空公司使用了不同的离港系统，值机柜台只能租给航空公司专用。

2. 旅客排队队列的形式

至于旅客队列形状，柜台采用专用方式时，值机一般采用一个柜台一个队列的排队形状，形成一个个单服务台单队列排队系统；采用公用方式时，旅客值机队列有以下两种形式。

（1）一个柜台一个队列。

（2）多个柜台一个队列。

对于第二种队列形状，在值机刚开放时，队列常常较长。为充分利用值机大厅空间，须使用活动栅栏一类的隔离设施进行队列形状规划，一般规划成蛇形队列，并有服务员引导。

排队论已经指出，第二种队形比第一种队形更有效率。但在值机刚开放时，往往由于等候的旅客较多，第二种队形会给旅客一种错觉，好像队列很长，排队时间一定也很长，因而引起旅客不满。实际上这种队列看上去长，旅客的平均排队时间比单队列要短许多。

3. 航班值机开放时间和关闭时间

不同的机场、不同的航空公司甚至不同的航班，对值机开放时间有着不同的规定，有的规定航班起飞前 2.5h，有的规定 2h；国际航班可能规定提前 4h，有的国外大型机场甚至没有时间限制，随到随办。

根据国家民航局规定，旅客应当在承运人规定的时限内到达机场，凭客票及本人有效身份证件按时办理客票查验、托运行李、领取登机牌等乘机手续。值机人员应该按时开放值机柜台。一般规定 200 座以上机型，在航班到站时间前 120min 上岗；200 座以下，提前 90min 上岗；100 座以下的，提前 60min 上岗。

以下三个运行问题受开放时间规定的直接影响。

（1）行李分拣厅的人力安排。因为目前国内多数机场还是采用人工分拣行李，某航班一旦开始值机，行李厅就必须安排人力进行行李分拣，即使行李很稀少也要安排，这样必然浪费人力。

（2）可能造成候机厅座位紧张。因为如果值机开放时间过早，一个候机厅可能坐有若干个航班的旅客在候机。

（3）对登机门和停机位指派要求高。因为值机时，就已经指定了登机门号，也指派了飞机的停机位。如果值机时间开放较早，就需要对航班的到港时间做出准确预测，否则难以做到准确指派登机口和停机位，可能造成登机口的更换，因而引起旅客不满。

（二）安检流程

安全检查是防止旅客携带可能危及飞机安全的物品登机而进行的检查活动。安检包括两部分：旅客安检和随身行李安检，安检流程如图5-9所示。

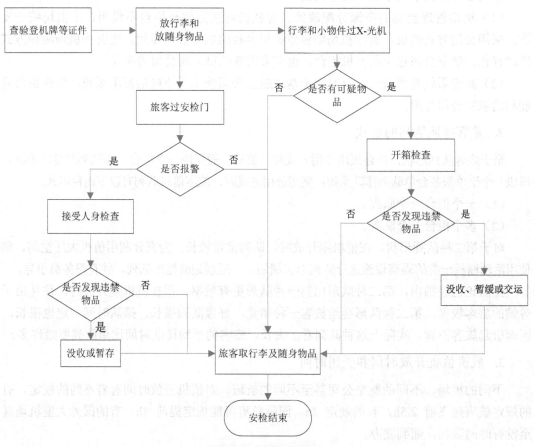

图5-9 安检流程图

安检流程是典型的公用柜台模式，任一柜台可办理任一航班旅客的安检手续。当然，国内和国际旅客由于候机区分开，其安检流程也是分开的。

二、旅客流程规划

为统一处理旅客流程，可以将机场陆侧单元划分为三类：处理设施、等待设施和流通设施三种功能设施。

（1）处理设施：为旅客办理登机手续的场所，包括值机柜台、安检、护照检查、海关和检验检疫检查、登机口及行李认领区等。

（2）等待设施：旅客排队和等待休息的场所，如值机大厅、安检前的安检排队场所、候机厅和行李认领厅等。

（3）流通设施：连接处理设施供旅客行走流通的各种通道。

旅客流程中各环节都涉及处理设施和等待设施，各环节之间都有流通设施。旅客流程的规划可以针对这三种设施分别进行。

（一）处理设施的规划

1. 值机规划

值机规划包括以下内容。
- 值机柜台数的确定。
- 值机柜台的分配。
- 旅客队列结构优化。

下面分别进行论述。

（1）值机柜台数的确定。确定值机柜台的数量是机场航站楼规划中的重要内容，这里给出两种开放式值机柜台数量的计算方法。

① IATA 建议方法。

第一步：计算高峰半小时内需要提供值机服务的旅客需求（X）。当航班计划时刻表和值机柜台旅客到达分布不可获得时，可以令：

$$X = P_{HP} \times F_1 \times F_2$$

其中，P_{HP} 为高峰小时经济舱出发旅客数；F_1 为高峰半小时旅客数占高峰小时旅客总数比例，可通过表 5-4 查得；F_2 为高峰小时前后的出发航班所产生的额外值机需求，可通过表 5-5 查得。

表 5-4 高峰半小时旅客数占高峰小时总旅客数比例参照表

高峰小时航班数	国内旅客/短途国际旅客	国际长途旅客
1	39%	29%
2	36%	28%
3	33%	26%
≥4	30%	25%

表 5-5 高峰小时前后的出发航班所产生的值机需求

高峰小时前后 1 小时旅客量占高峰小时总人数比例的平均值	国　　内	申根（Schengen）/短途国际旅客	长途国际旅客
90%	1.37	1.43	1.62
80%	1.31	1.40	1.54
70%	1.26	1.35	1.47
60%	1.22	1.30	1.40
50%	1.18	1.25	1.33
40%	1.14	1.20	1.26
30%	1.11	1.15	1.19
20%	1.07	1.10	1.12
10%	1.03	1.06	1.06

第二步：根据 X 和允许最长排队时间（Maximum Queuing Time，MQT）查图，得标准曲线下 X 对应的值机柜台数的参考值（S），如图 5-10 所示。

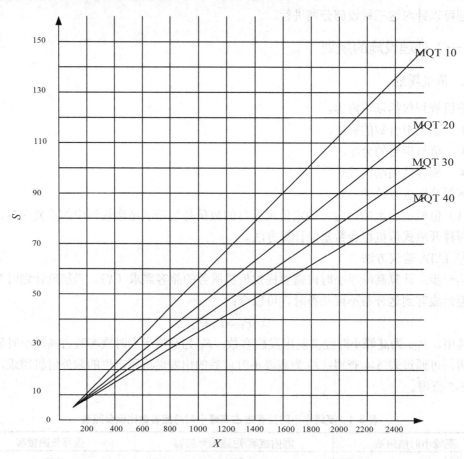

图 5-10　不同最长排队时间下的 X 与 S 的标准参考曲线

第三步：计算经济舱的开放式值机柜台数量（C_{IY}）

$$C_{IY}=S\times T_P/120$$

其中，T_P 为平均值机服务时间（s）。

第四步：计算值机柜台总数（包括商务舱服务柜台）（C_I）

$$C_I=C_{IY}+C_{IJ}$$

其中，$C_{IJ}=0.2\times C_{IY}$ 是公务舱旅客需要的值机柜台数。考虑公务舱需要的值机柜台数不超过经济舱的 20%，这里采用最大可能值进行计算，其结果偏于保守估计。

② 简易计算方法。

第一步：获得高峰半小时内需要提供值机服务的经济舱旅客数（X）。

第二步：计算开放式经济舱值机柜台数量（C_{IY}）

$$C_{IY}=\frac{XT_p(T_{MQ}+T_P)}{30T_{MQ}}$$

其中，T_{MQ} 为最长排队时间（min），T_P 的单位也是 min。

第三步：计算总体的值机柜台数量（C_I）

$$C_I = C_{IY} + C_{IJ}$$

其中，$C_{IJ} = 0.2 \times C_{IY}$。

【例 5-1】 设高峰小时 10 个国际航班的始发旅客为 2 500 名，其中包括 15% 的商务舱旅客。最长排队等待时间为 20min，高峰小时之前一小时的旅客流量为 1 900 名（占 P_{HP} 约 80%），高峰小时之后的一小时内的旅客流量为 1 500 名（占 P_{HP} 约 60%），航班值机平均服务时间为 150s，所有的值机服务为开放式值机。试计算应该设置多少个值机柜台可以满足服务要求。

解：首先采用 IATA 计算方法。

第一步：计算高峰半小时内需要提供值机服务的旅客需求（X）。

由于没有特定的关于高峰半小时的航班信息和旅客到达值机柜台的分布信息，需要按照 IATA 提供的计算公式来进行高峰半小时需要接受值机服务的旅客数量。因为共有 10 个国际航班，故从表 5-4 可得 F_1=25%。又高峰小时前后一小时的旅客流量的平均值为 1/2(80%+60%)=70%，从表 5-5 查得 F_2=1.47，因此高峰半小时内需要提供值机服务的经济舱旅客需求：

$$X = 2\ 500 \times 85\%（经济舱旅客数）\times 25\% \times 1.47 = 781（人）$$

第二步：在考虑最大排队时间 T_{MQ} 条件下，确定标准曲线下 X 对应的柜台数参考值（S）。本例中 T_{MQ} 为 20 min，查相应的标准曲线（见图 5-10），可以得到 S=36。

第三步：计算开放式经济舱的值机柜台数量。

$$C_{IY} = S \times T_P / 120 = 36 \times 150 \div 120 = 45$$

第四步：计算总体的值机柜台数量（包括商务舱服务柜台）。

$$C_{IJ} = 0.2 \times C_{IY} = 0.2 \times 45 = 9$$

$$C_I = C_{IY} + C_{IJ} = 45 + 9 = 54$$

因此共需要 54 个值机柜台，以达到最大排队时间为 20 min 服务水平。

再采用简易计算方法。

第一步：经济舱高峰半小时旅客数 X=781（人）。

第二步：计算经济舱旅客需要值机柜台数。

$$C_{IY} = \frac{XT_P(T_{MQ} + T_P)}{30 T_{MQ}} = \frac{781 \times 2.5 \times (20 + 2.5)}{30 \times 20} = 73$$

第三步：计算值机柜台总数。

$$C_I = 1.2 \times C_{IY} = 1.2 \times 73 = 88$$

可见简易方法计算结果比 IATA 方法的计算结果大。从实际情况看，IATA 方法计算结果偏小，简易方法计算结果稍偏大。

（2）值机柜台的分配。对于每天航班量比较多的航空公司，机场通常会将值机柜台租给航空公司，这部分采用航空公司专用方式；而对航班量较少的航空公司则采用公用方式。可根据各航空公司的市场分担率进行柜台的分配。

某机场如果有 100 个值机柜台，有三家基地航空公司，其市场分担率分别是 0.3、0.2、0.1，其他所有航空公司占 0.4，这样原则上三家基地航空公司应分别分配 30、20 和 10 个值机柜台，剩下的 40 个柜台为公用柜台。

从提高设备利用率的角度来优化柜台分配，应当采用公用方式。公用方式提高了柜台的共享程度，减少了设备的不平衡使用，从而提高了利用率。根据排队论的结论知，设施的共享程度越高，它的利用率就越高。因此在有条件时，值机柜台应当尽量采用公用方式。

（3）旅客队列结构优化。对于旅客排队形式，专用式值机一般采用单柜台单队列排队系统；公用方式值机旅客值机队列有两种形式——单柜台单队列和多柜台单队列。排队论已经指出，第二种队形比第一种队形更有效率。但在值机刚开放时，往往由于等候的旅客较多，第二种队形会给旅客一种错觉，好像队列很长，排队时间一定也很长，因而引起旅客不满。实际上这种队列看上去长，旅客的平均排队时间比单队列要短许多。

2. 安检规划

安检规划包括以下几项。
- 安检通道数的确定。
- 安检通道结构设计。
- 安检-值机协调规划。

安检通道数的确定（IATA 的方法）。

安检通道数量的计算步骤如下。

第一步：计算值机手续结束后的高峰 10min 内的旅客流量（S_M）。

$$S_M = C_{IY} \times (1 + J\%) \times 600 / T_P$$

其中，C_{IY} 为经济舱值机柜台数量；J 为商务舱旅客的比例；T_P 为值机服务时间（s）。

第二步：计算安检通道数量（S_C）。

$$S_C = S_M \times T_{PS} / 600 = C_{IY} \times (1 + J\%) \times T_{PS} / T_P$$

其中，T_{PS} 为平均安检时间（s）。

第三步：计算最大队列长度。

$$M_{QI} = M_{QT} \times S_C \times 60 / T_{PS}$$

其中，M_{QT} 是标准规定最大排队时间（min）。

【例 5-2】 已知条件同例 5-1，又已知安检平均服务时间为 12s。试计算此时的安检柜台数量和最大排队等待时间为 3min 时的最大队列长度。

解：根据 IATA 的计算步骤和公式进行计算。

第一步：计算值机手续结束后的高峰 10min 内的旅客流量（S_M）。

$$S_M = C_{IY} \times (1 + J\%) \times 600 / T_P = 45 \times 1.15 \times 600 / 150 = 207$$

第二步：计算安检手续办理柜台数量（S_C）。

$$S_C = S_M \times T_{PS}/600 = 207 \times 12/600 = 4.14 \approx 4$$

因此总共需要 4 个安检通道。

第三步：计算最大排队等待时间为 3min 时的最大队列长度（M_{QI}）。

$$M_{QI} = M_{QT} \times S_C \times 60 / T_{PS} = 3 \times 4 \times 60 / 12 = 60（人）$$

此时的安检柜台前各队列最大队列长度之和为 60 人，每队列 15 人。

（二）等待设施的容量设计

已知的输入量有旅客在等待设施的平均逗留时间（ADT），等待区域面积，旅客数量（Pax），接送人员数量（NWW）。在估计进入等待区域人数时，必须同时考虑旅客数量和接送人员数量：

$$AP = Pax + NWW$$

式中：AP 是进入等待区域的人数。

空间服务指数的计算方法和往常一样。在休息区和等待区或者会议区，上述模型即是最常规的方法。值得注意的是，在计算等待设施人数时，当该区域位于航班离场情况下安检之后，或者位于到达情况下海关检查之前，送行人员数量为零。当然如果可以得到更加详细的信息，上面的公式可以更加精细。机场航站楼的等待设施主要包括候机厅、行李认领厅及到达大厅，详细的介绍如下。

1. 候机厅的容量设计

候机厅的容量主要是指可供有座位旅客人数和无座位旅客人数的面积之和，它与航班的客座率有较大关系。按照 IATA 的 C 级服务标准，候机厅的面积计算公式为

$$G_{HS}（m^2）=[80\%飞机容量 \times 有座位旅客比例（\%）\times 1.7]$$
$$+[80\%飞机容量 \times 无座位旅客比例（\%）\times 1.2]$$

【例 5-3】 已知飞机容量为 420，80%旅客有座位，20%旅客站立，试计算某一停机位对应候机厅面积。

解：$G_{HS}=80\% \times 420 \times 80\% \times 1.7 + 80\% \times 420 \times 20\% \times 1.2 = 538（m^2）$。

2. 行李认领厅的容量设计

行李提取处占用面积计算公式为

$$B_A = 高峰小时进港旅客人数 \times 每位旅客平均逗留时间（min）$$
$$\times 每位旅客所需要面积（C 级标准为 1.2m^2）/60$$

【例 5-4】 设某机场高峰小时进港旅客为 2 500 人，平均每位旅客在行李提取处逗留 15min，试求 B_A。

解：$B_A = 2\,500 \times 15 \times 1.2 / 60 = 750（m^2）$。

3. 到达大厅的容量设计

到达大厅的面积计算公式为

$$A_A = S_{PP} \times (A_{OP} \times P_{HP}/60) + S_{PP} \times (A_{OV} \times P_{HP} \times V_{PP}/60)$$

其中，S_{PP} 为每位旅客所需要面积（按 C 级服务标准为 $2.0m^2$）；A_{OP} 为每位到港旅客在到达厅内的逗留时间（min），或设为 5min；P_{HP} 为高峰小时到港旅客数；A_{OV} 为每位迎客者在候机厅内的逗留时间（min），或设为 30min；V_{PP} 为每位旅客的迎客者人数。

【例 5-5】 设高峰小时到港旅客数为 2 400 人，且每位旅客有 0.7 位迎客者，试计算 A_A。

解：A_A=2×(5×2 400/60)+2×(30×2 400×0.7/60)=2 080（m^2）。

（三）流通设施的容量设计

分析流动设施的模型时会用到"行人密度"的概念。计算服务水平的输入参数有旅客交通量（Traffic Volume，TV）和通道宽度（Corridor Width，CW）。这里的通道宽度是指通道有效宽度，即通道实际宽度减去 1.5m（即不考虑通道设施的边缘空间）。流通设施的服务指数可以用每米宽度的旅客数量表示：

$$IOS = TV/CW$$

流通设施即连接两个处理设施的通道，它的容量 C_L 取决于宽度 B：

$$C_L = B \times V_P$$

其中，V_p 是旅客行走的平均速度，通常成年人的步速约 1m/s。

通道的宽度由高峰小时旅客流量 X 计算

$$B = \frac{1.2X}{3600v_P} B_P$$

其中，B_P 是旅客平均肩宽（m）加上提行李所需宽度，成年人肩宽一般为 0.45~0.55m，提行李宽度一般为 0.7m。

【例 5-6】 高峰小时某过道（连接器）的流量为 3 600 人/h，旅客平均行走速度是 0.7m/s，平均肩宽为 0.52m，行李平均宽度为 0.7m，试计算该过道宽度。

解：根据公式，计算得该过道的宽度为

$$B=1.2\times3\ 600\times(0.52+0.7)/(3\ 600\times0.7)=2.1（m）$$

三、行李流程

在机场运行系统中，旅客行李的处理是基本要素，如果离港或到港行李发生了问题，就会影响机场的正常运行，并引起旅客的不满。随着机场规模的急剧扩大，行李处理过程出现的问题日益突出。大型机场行李处理系统的建设成本和运行成本占航站楼总成本的三分之一左右，如果行李流程运行效率不高，将显著增加机场、航空公司和旅客的成本。

（一）出港行李流程

行李处理系统是机场航站楼的重要组成部分，它的主要功能是正确处理进出港和中转旅客携带的行李。

对于离港航班，旅客在办理值机手续时交运行李，并由值机员对行李进行称重和打印条形码，然后经过 X 光机的检查，如果没有发现可疑物品，则行李通过传送带传送至分拣大厅装车，否则由安检人员开箱检查，查无违禁物品/或没收违禁物品后放回传送带传送至分拣大厅装车。

在分拣大厅，行李或由自动分拣系统分拣，或由人工分拣。我国目前基本上还是由人工分拣，因为如果分拣系统采用条形码进行识别，则出错率较高，如果采用无线射频识别技术（RFID），则成本较高。采用人工分拣时，传送带上的行李被传送到一个一个的行李转盘上，由分拣工识别后将行李上的条形码撕下一条，贴在核对单上，然后将行李放到行李车上。到本航班的最后一件行李都已到达后，行李车开至机坪，待货物装完后，再装上飞机货舱靠近门口的地方。

关于出港行李流程还需要注意以下几个问题。

（1）在值机时，值机员将为每件交运行李打印三条条形码，一条贴在旅客的登机牌上，两条留在条形码带上，再粘挂在行李上，到行李分拣厅分拣时，撕下一条贴在核对单上，还有一条随行李托运到目的地后，供旅客认领行李和检查员核对用（与登机牌上的条形码核对，所以如果旅客有行李托运，登机牌应带好，不可遗忘在飞机上）。贴在分拣核对单上的条形码用以与值机行李核对单的核对，以及行李出错时的查找和值机旅客未登机时行李的查找（此时未登机旅客的行李必须卸下）。

（2）行李传送带的速度一般为 0.7m/s，值机后一般需要 2~4min 才能传送到值机大厅，如果航班出发前 30min 关闭值机后还有旅客到达，行李分拣工必须等待这些行李的到达，然后才能开行李车送至停机坪，这种情况很容易引起航班延误。

（3）值机一开放，行李分拣员就必须到岗分拣行李，不允许发生行李在转盘上转圈而无分拣员在场的情况发生。所以值机开放时间太早，将多使用行李分拣员。

（4）为方便行李查找，装机时必须先装货邮，后装行李。

（二）进港行李流程

到港行李，必须先卸行李，后卸货邮。行李卸下后直接用行李车运送至行李分拣厅，然后将行李卸到已经指派好的行李转盘上（此时转盘有一端在分拣厅，大部分在行李认领厅）或传送带上，由传送带再传送至行李认领厅的行李转盘上。旅客在行李认领厅认领自己的行李。

第四节　机场货邮运行规划

一、机场货站功能与规划

机场货站是开展航空货运的最重要场所。它不但是民用机场基础建设的一个重要的、必不可少的组成部分，而且它的建设、运营和发展将对整个机场的运行功能、经济效益以及行业中的地位产生深远的影响。

（一）机场货站系统与设备

机场货站是航空货物的重要集散地，是国家海关监控货物进出口的重要站点。机场货站为航空公司、货代公司和货主提供了进港、出港、转运货物和邮件的理货、分拣等实物操作服务，提供了货物运输类文件、报关文件、货物跟踪查询等信息服务。机场货站经营的主要目标是为航空公司、货代公司和货主提供优质可靠的服务，提供先进的物流解决方案和出众的服务质量。硬件设备是影响货站操作效率的重要因素，机场货站要不断地改善货站硬件设施水平，提高货站的经营管理水平，以达到能为顾客提供快捷和高效的货物处理服务。国内有一些机场货站已经采用国际先进水平的自动化立体仓库技术，如浦东机场货站、中国货运航空公司的货站。自动化立体仓库技术是由一套完全由计算机控制的高度精密的货物操作系统，通过集装货物处理系统、散货处理系统、控制系统和其他辅助设备来组板或者分解货物。

（1）集装货物处理系统。集装货物处理系统完成集装货物的分解、组合、装运等作业。根据航空货物的运输特点可将集装货物处理系统分为进出港货物分解组合子系统、国际邮件处理子系统、国际出港组合系统、国际进港分解系统。集装货物处理系统的机械设备包括同一轨道运行的 ETV（Elevating Transfer Vehicle，自动垂直升降转运车）、有轨堆垛起重机、存储货架、TV（Transfer Vehicle，水平转运车）、转运台、动力辊台、无动力轨道台、旋转直角转向台、轮式工作站、进出输送辊道。

（2）散货处理系统。散货处理系统完成散货的自动化存储和控制作业。散货处理系统的机械设备包括散货立体货架、有轨堆垛起重机、有轨堆垛起重机地面控制台、有轨堆垛起重机手动控制台。散货处理的控制方式分为计算机在线自动控制、单机自动控制和手动控制三种。

（3）控制系统。集装货系统的控制分为堆垛机上的程序控制和货库各出口处的操作程序控制，各程序控制与计算机服务器通过网络联结在一起。集装货系统的监控调度由计算机负责，并通过通信接口与各设备控制系统中的程序控制进行通信。在每个货物进出口处设有终端操作台，用于输入进出货箱/货板的数据和操作指令。这些数据由主机汇集处理，并与集装货系统的监控计算机交换数据。散货处理系统中货架两端各设一套控制站，对高架堆垛机进行自动控制，对货架内的货位进行管理。控制系统通过与货站计算机系统接口连接，散货系统的计算机通过通信接口与每一台堆垛机控制系统进行通信，对其进行实时监控。各巷道口均设有操作台，分别控制巷道堆垛机及巷道口货台，也用于输入散货货箱数据指令。

（二）机场货站作业流程

机场货站主要承担货物组合、分解等作业。一般情况下，机场货站将处理国内货物和国际货物的区域分开，再将出港和进港货物分开处理，以避免混乱。出港货物经过理货后有一部分转入集装货组合区处理，另一部分货物则直接进入待装区。集装货到达后，一部分在分解后直接由客户取走，另外一部分分驳到货运代理库区。图 5-11 和图 5-12 所示分别为机场货站国内出港和进港货物处理流程图，国际出港和进港货物流程与此类似。

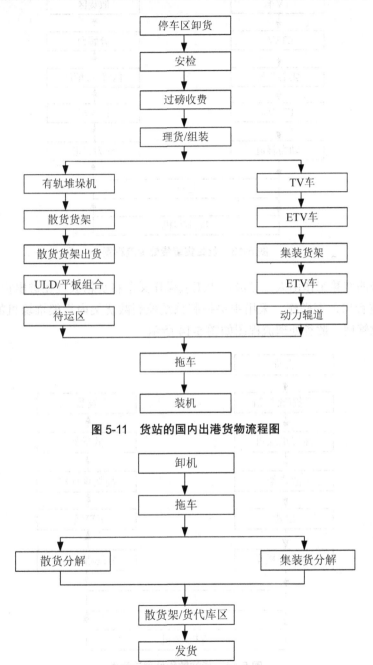

图 5-11 货站的国内出港货物流程图

图 5-12 货站的国内进港货物流程图

集装货的组合和分解由人工完成，集装器（United Load Device，ULD）（包括集装箱和集装板）进库由 TV 车接驳，由操作员控制货架内堆垛机以自动寻址完成存货或者取货作业。集装货处理流程如图 5-13 所示。

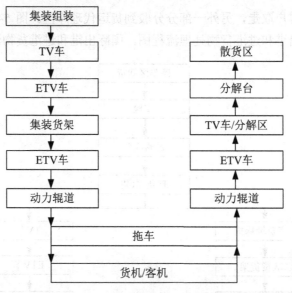

图 5-13 货站集装货处理流程图

散货系统的装箱工作由人工完成,由工人操作叉车将货箱放置在进出货台或重进出货台取走货箱进行出入库操作。采用中央控制系统控制散货架内高架堆垛机的取/存货和寻址及监控货位管理。散货处理流程图如图 5-14 所示。

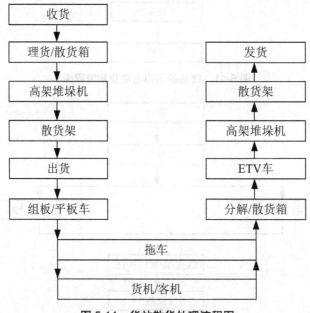

图 5-14 货站散货处理流程图

二、国际进港货邮业务流程及作业介绍

航空货物运输的业务流程是为了满足货物运输消费者的需求而进行的从托运人发货到

收件人收货的物流、信息流的实现和控制管理的过程。航空货物运输业务流程的环节比较多，如市场销售、委托运输、订舱、标签、报关、交接发运、航班跟踪、信息服务、费用结算等。航空货物运输业务流程包括货邮进港和出港两大部分。货邮进港业务流程分为国内货邮进港和国际货邮进港两种业务流程。在航空货物运输发展的不同阶段，货运流程呈现不同的特征，在中国目前的航空货运实践中，各地区航空货物发展水平差别较大，流程也不尽相同。本节介绍航空货运发展最为成熟的流程，其他流程虽然有所不同，但核心流程是相似的，并且只介绍国际货邮运输业务流程，因为国内货邮业务流程可以看作国际货邮业务流程的子集，相对比较简单，在此不多叙述。

国际货邮运输进港业务流程的环节主要包括航空货邮进口运输代理业务程序和航空公司的进港货邮的操作程序。其业务流程图如图 5-15 所示。

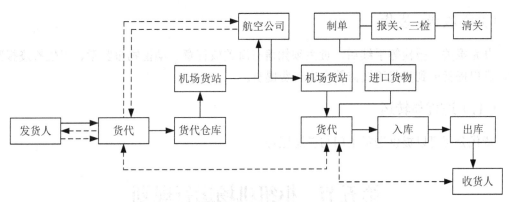

图 5-15 国际货邮进港业务流程图

国际货邮航空进口运输的业务流程主要有以下几个环节。

（一）代理预报

在国外发货前，由国外代理公司将运单、航班、件数、重量、品名、实际收货人及其地址、联系电话等内容发给目的地代理公司。

（二）交接单、货

由航空公司承运发货人的货物，到航空货物入境时，与货物相关的单据也随机到达，运输工具及货物处于海关监管之下。货物卸下后，存入航空公司或机场的监管仓库，进行进口货物舱单录入，将舱单上总运单号、收货人、始发站、目的站、件数、重量、货物品名、航班号等信息通过计算机传输给海关留存，供报关用。同时根据运单上的收货人地址寄发取单、提货通知。

（三）理货与仓储

机场货站对进港货物进行理货，并提供基本的仓储与保管服务。理货可按大货、小货、重货、轻货、单票货、混载货、危险品、贵重品、冷冻品、冷藏品等标准进行操作。

当进港货物进入货代公司仓库，货代公司也需要对货物进行理货与仓储操作。

（四）理单与到货通知

货运代理公司整理运单，给收货人发出到货通知。

（五）制单、报关

制单、报关、地面运输有多种形式：货代公司代办制单、报关和地面运输；货主自行办理制单、报关和地面运输；货代公司代办制单、报关，货主自办地面运输；货主自行办理制单、报关后，委托货代公司进行地面运输；货主自办制单，委托货代公司报关和办理运输。

（六）收费、发货

办完报关、报检等手续后，货主须凭盖有海关放行章、动植物报验章、卫生检疫报验章、进口提货单到货代所属监管仓库付费提货。

（七）送货与转运

货代公司可以提供送货上门与转运服务。

第五节　枢纽机场运行规划

航空枢纽是在航空公司运行中枢航线运营模式的基础上产生和发展起来的，最早出现于 20 世纪 70 年代的美国。1978 年，美国放松航空管制政策后，一些大型航空公司希望提高竞争力，求得最佳经济效益，这种新型的航线布局模式便应运而生，它是经济发展与技术进步的产物。枢纽航空系统是当今世界大型航空公司和机场普遍采用的一种先进的航空运输生产组织形式。它具有优化航线结构、合理配置资源、增强企业竞争力、促进机场繁荣等多重作用。

一、枢纽机场概述

（一）枢纽机场的定义

枢纽机场是指国际、国内航线密集的机场。旅客在此可以很方便地中转到其他机场。

枢纽机场是能提供一种高效便捷、收费低廉的服务，从而让航空公司选择它作为航线目的地，让旅客选择它作为中转其他航空港的中转港。枢纽机场既是国家经济发展的需求，也是航空港企业发展的需求。

（二）枢纽机场的分类

国际上对于枢纽机场的分类没有权威性的标准，美国盖兰德公司在我国最早引入了枢纽机场的概念，并将枢纽机场分为国际枢纽、国内枢纽和复合式枢纽。国际枢纽机场多处于国际航线网络的中心地带，主要承担国际转国际的中转业务，较少涉及国内中转；国内枢纽机场主要承担国内转国内的中转业务；而复合式枢纽机场则具有庞大的国际、国内航线网络，承担着国际国内相互中转的业务。从航空公司的角度来看，枢纽机场则是航空公司航线网络的中心，既是绝大多数航线起始的交汇节点，也是大量航班汇聚的场所。

枢纽机场是中枢航线网络的节点，是航空客货运的集散中心，目前行业中最常见的枢纽类型主要有以下三种。

（1）单一航主导枢纽（Fortress Hub）。即单一航司市场份额在 70%以上的枢纽机场。例如亚特兰大国际机场，其基地航司达美航空在机场的市场份额达到 80%，航班使用全场所有航站楼/卫星厅，全场中转比例为 66.9%，机场发展主要依托基地航司及其中转业务，航站区布局以"弱主强卫"的模式规划建设。

（2）航空公司核心枢纽（Primary Hub）。这里枢纽通常是航空公司的主要基地，但在市场份额上未必保有主导权。例如巴黎戴高乐机场，其基地航司法航市场份额约占到 50%，航班使用 T2E/F/G 航站楼，全场中转比例为 39.5%，机场发展周期较久，航站楼构形依托不同时期的民航背景，组成航站楼群。

（3）航空联盟枢纽（Alliance Hub）。联盟成员主要汇集点，但不局限于成员的主要基地。例如星空联盟在伦敦希思罗机场，在无基地航司的情况下，其市场份额达到 20%，航班集中使用 T2 航站楼，年中转量单向达到 47 万人次，2014 年全场航站楼改扩建完成后，星空联盟在新的 T2 形成"同一屋檐下"。需要指出的是，这里的航空联盟不单单只是大家熟悉的三大航空联盟，更广义的其实也包含了两家航空公司自己的合作关系。

高效的枢纽运作在枢纽机场建设过程中起到关键的作用，高效的枢纽运作主要表现在以下方面。

（1）高效的地面保障。枢纽机场要有高效的进离港系统、行李系统、安检设备、值机柜台及配套的航班服务（如现代化高效的航油供应、航空食品供应、航空货物装卸和快捷的飞机维修服务等地面服务保障体系）。

（2）快捷的中转流程。业务流程是根据机场服务的市场来设计的，目的就是使机场陆侧的客货（包括中转客货）能够更高效、更安全、更方便地离开或到达。

（3）良好的空域发展能力。

（4）便捷的通关政策。

（5）特殊的航班计划。当今航空公司航线网络、航班数量及机队规模的不断扩大，使得通过枢纽航线网络来提高航空公司在枢纽机场资源使用效率和经营效益非常有限。因此为了提高航空公司的效率及效益，同时提高枢纽机场的中转效率，机场需要合理、科学地规划航班起降时刻分布。

（三）枢纽机场运行的特点

枢纽机场与普通机场相比有以下几个特点。

（1）中转旅客量大，在航站楼内，不但有出发旅客流和到达旅客流，还有中转旅客流。

（2）中转行李量大，由于中转旅客量大，所以中转行李量也不少。

（3）航班波运作。航班波运作时，航班的到达和出发比较集中，不像普通机场那么均衡，这就造成了枢纽机场生产资源的使用集中化。要求机场有足够的生产资源，包括值机柜台、候机厅、登机口、停机位、行李传送带和转盘等，以提供航班波足够的生产保障能力，但航班波过后生产资源可能闲置。

目前世界上大型枢纽机场执行的特殊航班计划主要是航班波。作为 21 世纪机场发展的重要研究内容之一，对航班波结构的更深入研究将揭示它对机场需求的影响规律，航班波可以提高旅客的中转效率，减少旅客的中转等待时间，让机场的软硬件资源及机场的空域得到充分的利用，并减少延误。这不仅可以使机场的运营成本下降，还能够吸引更多的客源。因此可以看出航班波的设计是枢纽机场运营管理的发展趋势。

航班波运作的目的主要有：① 给旅客提供更多的转机选择；② 尽可能减少旅客转机时间。

为达此目的，枢纽机场运行应解决如下问题。

（1）中转旅客流程设计。

（2）中转行李流程设计。

（3）航班波的生产资源调度和指派，特别是停机位指派。

二、枢纽机场航班波的构建

（一）航班波的概念

航班波是将枢纽机场的进港航班和出港航班分开，一个时段安排进港航班，紧接着另一个时段安排出港航班，在时间上将进港航班和出港航班有效衔接起来。枢纽机场的航班波设置在一个固定时段，在规定时段内进港的航班称进港波，在规定时段内出港的航班称出港波。

（二）航班波的分类

国际上大型机场在向中转枢纽的迈进中，都经历了航班波的构建过程。这主要是当机场的进出港时刻形成航班波后，由于有了清晰的起降规划，机场内的中转航班衔接更加紧凑，使得中转时间大大缩短，能够充分发挥枢纽机场的中转功能和机场容量的潜能，并有效利用机场的各种资源，实现旅客中转的无缝衔接。因此，构建成形的航班波才是枢纽机场发挥中转功能并解决机场容量问题的核心。

航班波根据其枢纽机场的中转功能可分为国际转国际航班波、复合式航班波（即国内转国际航班波和国际转国内航班波）以及国内转国内航班波三种类型。应根据机场类型、机场辐射区经济现状和发展前景、机场中长期规划、机场地理位置、机场现有航班情况等因素定位机场所要构建的航班波类型。

（三）航班波构建的步骤

构建航班波应该考虑以下几个因素：从满足旅客需求的角度来看，航班波应该满足旅客的出行需求和中转需求；从航空公司的角度出发，航班波要能促进航空公司枢纽航线网络的长期发展，促进、提高航空公司及其联盟整体的收益，因此航空公司也要提供能配合机场航班波运行的航班计划；从机场运行的角度出发，航班波应该与机场软硬件设施相配套，要能充分发挥机场的枢纽中转功能且不给机场运行带来负担；同时还要考虑机场的空域容量及航班目的地机场的容量限制。因此，成功地构建枢纽机场航班波需要机场、航空公司及管理当局三方共同计划与协商。

航班波的构建以一天为周期。要在枢纽机场现有航班时刻基础上构建航班波，则应事先规定由于特殊原因不宜进行时刻调整的航班类型。特殊航线航班时刻、旅客认可的航线航班时刻以及航空公司品牌航线的航班时刻在构建航班波的过程中不宜对其进行时刻调整。航班波的构建过程主要分为以下三个步骤。

（1）计算航班波特征参数。根据枢纽机场空侧、陆侧容量，机场中转能力及机场现有航班量等因素计算出机场航班波的特征参数：航班波的密度、航班波的幅度、航班波的波长等。

航班波的密度由航班波的数量，更确切地说是由机场可利用航班时刻数量决定的，机场的可利用航班时刻数量越多，航班波的密度越大。但航班波的密度同时也受到机场中转能力，也就是MCT（中转流程最小最短衔接时间）的限制，机场的MCT越长，航班波的密度越小。同时要注意，为了不给机场的空侧和陆侧资源带来过大的运营压力，航班波的幅度不要过于接近机场的运营限度。如果航班量大，可以增加的密度从减少航班波的幅度来缓解机场的运营压力。这些特征参数是设计航班波的基础，它们的确定直接影响航班波的品质和技术参数。

（2）优化航班波分布时段。首先分析现有航班时刻中国际进出港航班时刻集中时段的分布与特点。其次考虑进港波和出港波以及国际航班与同内航班的衔接问题，先确定国际进港波与出港波，再反推与之衔接的国内航班波。航班波内最后一个进港航班和最早一个离港航班的时间间隔由 MCT 决定。但不能一味考虑缩短航班与航班之间的衔接时间，旅客在中转时所需的准备时间也是要考虑的重要因素，要在为旅客留出必要准备时间的基础上，尽量降低最短转机时间的值。航班波内最早进港航班与最迟离港航班由最长转机时间决定，最长转机时间如果太长，会导致部分旅客在机场等待转机的时间过长。要注意的是，在选择航班波分布时段时要考虑航班波的密度、机场的中转能力和 MCT 等因素的限制。

（3）调整航班时刻。进入时刻调整阶段首先要建立枢纽机场可用时刻的时刻池。航班时刻的调整主要依据航班波时段的分布，通过对时刻池内航班的调整来确定波内航班与波外航班以及这些航班在波内和波外的时刻分布。

三、中转旅客流程的规划

中转旅客的流量在一定程度上体现了机场的中枢水平,一般认为枢纽机场的中转旅客应当达到30%以上。有的枢纽机场的中转旅客达到了60%以上,达到了相当高的中枢水平。

中转旅客流程设计是枢纽机场建设的关键要素,与旅客最短衔接时间(航空公司进行航班波设计时应保证出发波的第一个航班与到达波的最后一个航班之间的间隔不小于最短衔接时间)、旅客中转的效率等都有密切关系。中转旅客流程设计的基本要求是:中转手续尽可能简捷;旅客中转行走距离尽可能短。为实现这些要求,设计中转旅客流程应遵守以下原则。

(1)中转流程与到达流程、出发流程隔离。例如设置专门的中转航站楼或专门的中转楼层,旅客可以在同一层楼中办完中转手续,并且与其他流程不相互干扰。

(2)中转流程都设在隔离区内,减少流程长度。

(3)国际中转旅客免除过境签证,不用重新经过边防检查。

(4)中转值机柜台设在旅客最为方便的候机厅两侧,以方便旅客办理中转手续。

(5)如果旅客在起点站即已办好中转登机手续,应设有地面引导人员引导旅客登机。

(6)应使用廊桥上下机。

(7)中转标志设置应当醒目清晰,避免旅客因信息不清而耽误乘机。

如果是线形集中式航站楼,应把航班波的航班停靠在同一个或相邻指廊的廊桥上,中转旅客的行走距离将是最短的。

中转旅客流程如图5-16所示。

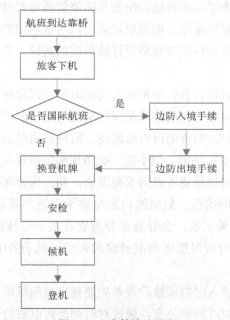

图5-16 中转旅客流程

四、中转行李流程的规划

由于一架到港的飞机上载有中转到多个航班上的旅客，同时又将载着来自多个航班的中转旅客出港，行李必须随着旅客一起飞行，人与行李不能分离。因此一个航班到达后，必须对行李根据中转的下一个航班进行分拣。对于到达的航班，将行李按照到达和中转分别进行分拣，再将中转行李运送到将要出发的航班上；对于将要出发的航班，应当结集来自各到达航班的行李。这个流程需要仔细设计，以防止行李的错送、漏送和破损。

如果未采用行李自动分拣系统，中转行李的流程如图 5-17 所示。

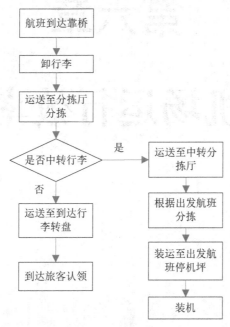

图 5-17　中转行李流程

如果采用了行李自动分拣系统，行李卸机后用行李拖车运送至行李分拣厅，卸放在行李分拣系统的传送带上，自动分拣系统通过采集和分析行李上的 RFID 芯片/条形码的信息进行自动分拣，并将到达行李送至到达行李转盘上，中转行李分送至各出发航班行李拖车上。自动分拣系统能自动分析各出发航班行李是否已结集齐，若已完成结集，拖车将中转行李拖运至出发航班停机坪，然后装机。

由此可见，如果采用了行李自动分拣系统，中转行李的分拣流程是自动完成的。但对于非自动分拣系统，行李分拣主要靠人工完成。为防止出错和有秩序地开展中转行李分拣工作，在行李分拣厅应当设置中转行李分拣区，该区的分拣转盘专门用于分拣中转行李。航班到达后，从飞机腹舱卸行李时，装卸工根据行李上的标签识别是否为中转行李，然后将到达行李独装一节车厢，与中转行李分开。行李装运至行李分拣厅后，到达行李运送至到达行李转盘，中转行李运送至中转行李分拣区的指定分拣转盘上进行分拣，由人工分拣后运送至出发航班停机坪装机。

第六章

机场运行效率

第六章 机场运行效率

本章学习目标

- 掌握机场运行效率指标；
- 理解并掌握机场运行效率的相关概念；
- 掌握飞行区地面运行效率指标；
- 掌握机场航班地面保障作业关键环节及时间要求；
- 掌握航站楼运行效率指标；
- 掌握机场航站楼旅客流程各环节保障时间要求。

导读

全面提升机场运行效率 着力打造丝路"好机场"

2017 年 2 月 23 日，习近平总书记在视察北京新机场建设时指出："新机场是国家发展的一个新动力源。"这表明机场建设对我国经济社会发展的拉动作用上升到了一个新高度。世界级机场群的打造，可以有力助推世界级城市群建设。中国民航报刊发了民航局王志清副局长《着力构建四个管理体系 切实提升航班正常水平》的文章，提出要着力构建"以运行控制为核心的航空公司运行管理体系、以提升运行效率为核心的机场保障管理体系、以流量管理为核心的空管运行服务管理体系、以考核机制为核心的政府监督管理体系"，提升航班正常水平。其中就提升机场运行效率问题，指出："好机场"应该具有尽可能多的近机位、尽可能短的旅客步行距离、发达的跑滑系统、高度的信息化集成、便捷的综合交通体系、充足的设备和人力储备等六个特点。这一科学论述，为我们机场管理者指出了未来机场运行保障能力提升的方向，具有很强的启发性。正如民航局王志清副局长在文章中提到的，航班正常工作是一项重大民生工程。作为机场当局，应该主动将航班正常的责任扛在肩上，以习近平总书记系列重要讲话精神为指引，认真贯彻落实民航局"真情服务"底线要求，着力推进"四个体系"建设，努力提升机场运行效率，着力打造丝路"好机场"，以实际行动为民航强国战略做出更大的贡献。

资料来源：张军. 全面提升机场运行效率 着力打造丝路"新机场"[EB/OL]. (2017-09-13) [2018-11-08]. news.carnoc.com/list/418/418438.html.

第一节 场运行效率概述

根据 2017 年我国民航机场生产统计公报，我国境内民用航空（颁证）机场共有 229 个（不含香港、澳门和台湾地区，下同），其中定期航班通航机场 228 个，定期航班通航城市 224 个。2017 年我国机场主要生产指标继续保持平稳较快增长，全年旅客吞吐量超过 11 亿人次，完成 114 786.7 万人次，比 2016 年增长 12.9%。分航线看，国内航线完成 103 614.6 万人次，比 2016 年增长 13.4%（其中中国内地至香港、澳门和台湾地区航线完成 2 710.9 万人次，比 2016 年下降 1.9%）；国际航线完成 11 172.1 万人次，比 2016 年增长 9.2%。

完成货邮吞吐量 1 617.7 万吨，比 2016 年增长 7.1%。分航线看，国内航线完成 1 000.1 万吨，比 2016 年增长 2.7%（其中中国内地至香港、澳门和台湾地区航线完成 99.0 万吨，比 2016 年增长 5.8%）；国际航线完成 617.6 万吨，比 2016 年增长 15.2%。

完成飞机起降 1 024.9 万架次，比 2016 年增长 10.9%（其中运输架次为 872.9 万架次，比 2016 年增长 10.0%）。分航线看，国内航线完成 938.0 万架次，比 2016 年增长 11.3%（其中中国内地至香港、澳门和台湾地区航线完成 19.2 万架次，比 2016 年下降 5.4%）；国际航线完成 86.9 万架次，比 2016 年增长 7.3%。随着机场设施规模扩大和飞机起降架次的快速增长，我国大型机场地面运行效率问题已开始显现。连续的增长带来一个严重的问题——延误。

根据 Vari Flight（飞常准）庞大和及时的全球航班动态数据整理的 2017 年 4 月的《全球机场出港准点率报告》，4 月全球中型机场放行准点率中，日本鹿儿岛机场以 97.75%的放行准点率排名第 1，其起飞平均延误时长为 5.08min。2017 年 4 月中国大陆千万级机场的放行准点率中，兰州中川 84.01%、乌鲁木齐地窝堡 80.46%和重庆江北 79.63%，位列三甲。排名 13 以后的机场，准点率都不超过 65%，我国最繁忙的北京首都国际机场和上海浦东国际机场 2017 年 4 月的准点率更只有 34.97%和 39.22%。不断增加的延误不仅影响乘客的出行，还对社会资源造成巨大的浪费。机场地面运行系统庞大，关键设施的跑道、滑行道、服务车道之间相互交叉，运行条件非常复杂，如何在这种庞大而又复杂系统条件下确保地面运作的安全、高效和顺畅一直以来是机场管理当局和学者研究的问题。

一、机场运行效率相关概念

航空运输系统的枢纽化运作为枢纽机场带来了大量的客源和效益，同时对机场的运行保障提出了更高的要求，提高运行效率和机场容量将是枢纽机场的重要问题之一。

从美国中大型机场近 15 年的运行经验来看，运行组织上的任何差错都将会造成航班延误率的提高。美国 31 个大型枢纽机场的旅客吞吐量占全美国年吞吐量的 70%。1996 年以前，航班延误率一直保持在较为稳定的水平，但是随着机场枢纽化水平的提高，2001 年，按照美国运输部的航班延误标准，平均上述机场每个航班延误时间为 6.5min；同时，当机场实际吞吐量接近设计容量时，航班延误率会快速上升。在欧洲，同样存在的机场容量和运行效率问题，使得人们开始重新考虑枢纽机场的合理性，在《欧洲航空运输 2020 年远景规划》中，预测旅客运输量将会是目前业务量的 3 倍，为保证向公众提供良好的服务，要求机场当局采取各种措施，保证全天候航班正点率达到 99%，同时干线航班旅客 30 分钟前到达机场，支线航班旅客前 15min 到达机场。

（一）效率

《现代汉语词典》（第 7 版）中对效率的解释有两个：一是机械、电器等工作时，有用功在总功中所占的百分比；二是单位时间内完成的工作量。

（二）机场运行

机场运行主要就是为飞机运走旅客与货物做好准备，为飞机送来旅客与货物做好安排。机场的第一服务对象是航空公司，同时也要为旅客和货主（或货代）等服务。机场运行包含诸多方面：机场开放的各种准备、航班高峰处理、飞机在机场的运行、地面服务、航站楼管理、旅客进程、行李处理、机场保安、消防与应急救援、航空货运等。

另外，机场运行也是一个广义的概念，也涉及航空噪声控制、城市进场交通、特许经营以及绩效等。

对机场运行效率的研究主要分为经济效率和航班运行效率。经济效率是指机场的运营效益，如通过经济主体的投入量与产出量的比率来评价效率；航班运行效率则是通过衡量航班实际运行航迹和最优无干扰轨迹之间的差别来评价效率，这个差别会导致飞机更多的飞行时间和燃油消耗。本书中所阐述的机场运行效率的研究主要指航班运行效率。

（三）航班运行效率

航班运行效率衡量飞机实际运行和最优不受干扰运行之间的差别。这个差别导致航空公司更多的飞行时间和燃油消耗，当用时间来表示这个差别时，则称为基于时间的航班运行效率，另外这个差别可以用燃油消耗或对环境的影响来表示。

从以上效率的定义中可以看出完成某个任务过程中所浪费的资源越少或无用功越少，那么效率就越高。针对机场来说，想要达到无用功越少，则是实际运行和理想状况下的最优运行越接近。具体到每天在机场中起落的飞机来说，即是航班的实际运行和理想最优运行差别越小，那么航班的运行效率则越高。

（四）机场放行班次

每一个航班离港起飞为一个放行班次。

二、机场运行效率指标

从目前国际上对机场运行效率研究的焦点来看，机场运行效率的主要指标包括：机场空间和拥挤程度（空间、舒适程度）；延误时间；客货地面处理速度；顺畅方便的处理流程；各种突发事件反应效率（紧急事件、碰撞和鸟击航空器等）；基础设施、设备存在的缺陷。其中，延误时间是航班运行效率的重要指标，机场空间和拥挤程度是航站楼运行效率的重要体现。其他指标反映的是地面保障运行效率的重要指标。

（一）航班运行效率指标

《现代汉语词典》对延误定义为延迟耽误，针对航班，延误则是指一个航班在其运行过程中的延迟耽误。延误越多则浪费更多的时间、燃油、材料等资源，因此延误的大小反映了航班运行效率的高低。

《民航航班正常统计办法》里规定了航班延误时间和平均延误时间。

（1）航班延误时间：航班实际到港时间晚于计划到港时间 15min（含）之后的时间长度，以分钟为单位。计算公式为

航班延误时间=航班实际到港时间-(计划到港时间+15min)

（2）航班平均延误时间：反映航班总体延误程度的指标，即不正常航班总延误时间与计划航班的航段班次之比，以分钟为单位。计算公式为

航班平均延误时间=不正常航班总延误时间/计划航班的航段班次

这里应该注意以下两点。

（1）航班总延误时间等于所有不正常航班对应的延误时间之和，发生返航、备降、当日取消的航班不正常情况用"无延误时间"表示。

（2）当日取消航班应列入当日计划总数之内。

一个航班的运行经历多个环节，每个环节延误的多少反映了相应环节航班运行效率的高低。因此本节则根据航班运行各个环节的延误，对效率指标进行分解。

航班在实际运行过程中要进行地面滑行和空中飞行等各个阶段。一般情况下，按照工作任务的不同，运输航班运行阶段可以分为旅客登机、关舱门（准备好）、撤轮挡、推出、滑出、起飞、爬升、巡航、下降、落地、滑入、开舱门 12 个阶段。在进行航班运行效率统计分析时，基于精细化管理的需要，欧美等航空发达国家的通行做法是分成离港、滑出、飞行、滑入、进港五个阶段。

首先分析一个航班从起飞机场停机位到落地机场停机位运行各个阶段及其延误，如图 6-1 所示。一个航班受落地机场拥挤、航路天气等因素影响，不能在停机位按时推出，而必须在停机位进行等待，这种情况下的延误被称为地面等待延误；当被允许推出后，飞机从停机位滑行到跑道头，得到起飞许可后从跑道起飞离地。这个过程中可能会受不同因素的影响导致滑行时间比畅通滑行时间更长，这其中包括地面排队拥挤的影响、落地飞机占用跑道的影响等，这个延误被称作滑行延误；在航路飞行阶段的延误被称作航路延误；当飞机将要到达目的机场前下降高度进入目的机场终端区开始进近，进近过程中会受到进近排队拥挤影响或目的地机场容量饱和等影响，导致进场延误；飞机落地后滑行至停机位，这个过程的延误为滑行延误。所以一个航班从起飞机场到目的地机场整个运行过程有五个阶段，采用每个阶段的延误来表示其相应阶段的航班运行效率。

图 6-1 航班运行各个阶段及其延误

针对一个机场，航班运行相关环节包括进场、滑入、地面等待和滑出。一个航班在某个机场中运行的四个环节分别对应进场延误、滑入延误、地面等待延误和滑出延误。

（二）欧美机场航班运行效率指标

1. 欧洲机场航班运行效率指标

欧洲空管局（EUROCONTROL）性能分析部（Performance Review Unit，PRU）制定了航班运行效率的五个指标，如表 6-1 所示。

表 6-1　欧洲机场航班运行效率的五个指标

指标	计算方法	出处
离场前延误	总延误/所有离场航班数	PRU
流量控制延误	总流量控制延误/所有受限制航班数	PRU
流量控制时隙使用率	实际起飞时间和计算起飞时间之差在-5～10 min 可接受延误窗内的所有航班数/所有被分配流量控制时隙的航班数	PRU
滑出延误	每个分类下的平均滑出延误和滑出延误中位数	PRU
进场延误	每个分类下的平均进场延误和进场延误中位数	PRU

2. 美国机场航班运行效率指标

美国 FAA 采用了三个指标来分别描述机场效率，如表 6-2 所示。

表 6-2　FAA 机场运行效率指标

指标	计算方法	出处	
机场系统效率	一个机场的离场效率和到达效率的加权平均值	FAA	ASPM
终端区进场效率	通过效率计算得到的到达飞机数除以到达需求和到达流量中较小的一个	FAA	ASPM
终端区离场效率	实际离场飞机数除以离场需求和离场率中较小的一个	FAA	ASPM

（三）我国机场航班运行效率指标

在《2016 年全国民航航班运行效率报告》统计指标中，机场运行效率相关的效率指标主要有以下四个。

1. 机场日交通量

机场日交通量是指每天起飞和降落架次的总和。

2. 机场放行正常率

机场放行正常率是反映机场保障能力的指标，即机场放行正常班次与机场放行总班次之比，用百分比表示，计算公式为

$$\text{机场放行正常率} = \text{放行正常班次}/\text{放行总班次} \times 100\%$$

注意：实际统计中，实际起飞时间以空管部门拍发的航班起飞电报（或民航局认可的其他方式）报告的时间为准（下同）。

这里所指的放行正常航班是指符合下列条件之一的航班。

（1）航班在计划离港时间后规定的标准机场地面滑出时间之内起飞。

（2）前序航班实际到港时间晚于计划到港时间的，航空器在计划过站时间内完成服务保障工作，本段航班在规定的标准机场地面滑出时间之内起飞。

3. 机场地面滑行时间

（1）航班滑行时间：反映单个航段班次地面运行效率的指标，分为滑出时间和滑入时间。滑出时间指航班从实际离港时间至起飞时间之间的时间；滑入时间指航班从落地时间至实际到港时间之间的时间。航班滑行时间以分钟为单位。

注意：实际统计中，实际落地时间以空管部门拍发的航班落地电报（或民航局认可的其他方式）报告的时间为准。

计算公式为

$$滑出时间=实际起飞时间-实际离港时间$$
$$滑入时间=实际到港时间-实际落地时间$$

（2）机场平均滑行时间：反映航空器在机场地面运行效率的指标，分为机场平均滑出时间和机场平均滑入时间。机场平均滑出时间是离港航班滑出总时间与离港航段班次之比；机场平均滑入时间是到港航班滑入总时间与到港航段班次之比。

计算公式为

$$机场平均滑出时间=离港航班滑出总时间/离港航段班次$$
$$机场平均滑入时间=到港航班滑入总时间/到港航段班次$$

注意：① 离港航班滑出总时间等于所有离港航班滑出时间之和；到港航班滑入总时间等于所有到港航班滑入时间之和。② 对发生滑回、中断起飞、返航、备降的航班，在发生上述事件的机场不进行滑行时间统计。

4. 航班离港正常率

（1）离港正常航班是指在计划离港时间后 15min（含）之前离港的航班。

（2）离港不正常航班是指不符合航班离港正常条件的航班，或者未经批准航空公司自行变更预先航班计划的航班。

（3）航班离港正常率：反映航班离港阶段正常情况的指标，是离港正常航班的航段班次与计划离港航班的航段班次之比，用百分比表示，计算公式为

$$航班离港正常率=(离港正常航班的航段班次/计划离港航班的航段班次)\times 100\%$$

注意：实际统计中，实际离港时间以机组为执行航班，松开停留刹车时航空器自动拍发 ACARS 电报（或民航局认可的其他方式）报告的时间为准（下同）。

从欧美民航业的发展经验和我国目前航空运输业的发展速度来看，任何一个机场都应当十分关注本机场的运行效率和机场容量问题，采取诸如机场改扩建、优化运行流程、采用新技术等措施，为旅客和航空公司提供优质的服务，同时保证本机场的良好效益。

机场的健康运行还要对运行成本和生产效率加以良好的控制，从我国近几年中型机场经营统计数字来看，相同规模的机场在航空主业收入、机场运行成本方面的差异很大，规律性不明显，目前很多机场还处于亏损状态。因此提高机场生产效率是机场生存和发展的重要条件。

5. 机场运行效率保障目标的主要指标

机场运行效率的评判一般从分析机场飞行区（Airside）和航站区（Landside）两部分入手，除影响运行效率的流程因素以外，目前我国民航管理当局正在着手出台地面服务（Ground Handling）和机场服务质量相关的政策和标准。从国际民航组织的推荐措施来看，设置两家以上的地面客货代理机构或者由航空公司自行处理地面服务，会大大提高机场的运行效率和服务质量；同时，避免过多的服务商带来的机场安全和保安问题。

第二节 飞行区运行效率

机场主要由飞行区、航站楼、地面交通三个部分组成。飞行区指机场内供飞机起飞、着陆、滑行和停放的地区，是机场系统中的关键区域，高效的飞行区运行管理主要表现在足够的航空器起降能力，航空器可以在机场区域内进行无交叉（等待、绕行）滑行，同时尽可能消除航空器地面等待时间。使用机场飞行区另外一个主要客户是飞行区的各种车辆，应当尽量消除车辆行驶路线中和滑行道的交叉，为旅客、货物和行李的运输以及配餐、油料等车辆提供方便。

一、飞行区航班运行效率

（一）飞行区航班运行效率指标

根据民航局运行监控中心的统计数据，我国 21 个时刻协调机场离港航班平均滑出时间和航班平均延误时间呈逐年增长趋势。目前飞行区飞机运行的效率主要采用平均滑出时间和平均延误时间来表示，平均滑出时间和平均延误时间的概念在第一节中已经详细地介绍过，在此不再赘述。

滑行是一个航班在机场运行的重要阶段，从落地滑入停机位，再从停机位滑至跑道头起飞，滑行将空中运行和地面运行连接在一起。滑行阶段的效率很大程度上反映了整个机场航班的运行效率。国内公布的效率指标只是简单统计了机场平均出港滑行时间，但无法反映不同机场、不同停机位、不同起飞跑道造成的运行差异，因此有必要考虑机场的地面布局、停机位跑道组合对滑行阶段的效率进行研究。

当航班实际运行时间和最优运行时间差别越小时，表明运行效率越高。要想知道滑行阶段的航班运行效率，首先需要确定一个最优滑行时间，或者称为畅通滑行时间，通过比较实际滑行时间和畅通滑行时间之间的差别就能衡量航班的滑行效率。确定最优滑行时间不仅仅是计算滑行效率的前提，也是重点。

美国联邦航空局（Federal Aviation Administration，FAA）对滑行时间的定义为：飞机从推出停机位到起飞离地过程的时间；对畅通滑行时间的定义为：在不受机场地面拥挤、天气等可能影响飞机滑行时间的因素干扰下，一架飞机的滑行时间。畅通滑行时间是表征机场运行性能的重要参数，在美国，畅通滑行时间按照航空公司和季节来划分。以此为基础，FAA和欧洲空管局（EUROCONTROL）都采用实际滑行时间和畅通滑行时间之差来评价机场拥挤和滑行效率。国内目前还没有畅通滑行时间这个指标，只是规定了各个大型机场的平均滑行时间，如首都机场、上海虹桥机场等的滑行时间为30min。显而易见，这种笼统的规定无法充分考虑不同跑道、不同停机位带来的差异。因此想要对机场地面运行效率进行更深入分析，建立畅通滑行时间标杆是必须的前提和基础，FAA与EVROCONTROL的实践也证明这一指标的适用性。

（二）畅通滑行时间计算方法

1. 仿真法

根据每一架飞机的滑行路线、机场跑道布局、停机位分配等详细历史运行数据，采用TAAM、SIMMOD等仿真软件对机场地面的运行情况进行仿真，得出畅通滑行时间。

2. 拥挤指数法

将拥挤指数小于某个拥挤阈值下的飞机作为不受拥挤影响的飞机，计算这些不受拥挤影响飞机的平均滑行时间即为畅通滑行时间。EUROCONTROL性能分析部即是用此方法对畅通滑行时间进行计算，步骤如下。

（1）对航班按照机型、机位、起飞跑道进行分类。

（2）计算飞机拥挤指数。拥挤指数旨在刻画每架飞机滑行阶段遭受的拥挤程度。定义为针对某架飞机，在其推出到起飞过程中所有其他落地和起飞的飞机数量。

（3）确定拥挤阈值。在飞机滑行阶段，拥挤指数被认为是影响飞机滑行时间的重要指标。随着拥挤指数的增长，滑行时间也相应增加。EUROCONTROL性能分析部指出当拥挤指数超过某一阈值时，滑行时间和拥挤指数呈线性增长关系，而小于这个阈值，滑行时间基本恒定不变。小于这个拥挤阈值的航班在滑行过程中不受拥挤的影响，即无障碍滑行航班。拥挤阈值的计算公式为

$$拥挤阈值 = 50\% \times [(机场小时最大起降架次 \times UT)/60]$$

其中，UT表示把所研究所有离场飞机按照滑行时间大小排列，取第20百分位数即为UT。

（4）确定畅通滑行时间。根据步骤（3）得到的拥挤阈值，拥挤指数小于这个值的航班则为畅通滑行航班。将这些畅通滑行航班按照滑行时间由小到大排列，取第10百分位数和第90百分位数之间的航班，计算它们的平均滑行时间即为畅通滑行时间。

3. 回归模型法

采用计量经济学的方法来估计畅通滑行时间，通过建立关于起飞排队飞机数和落地滑

入飞机数的滑行时间线性回归模型，当某架飞机推出时没有地面起飞排队飞机和落地滑入飞机，则表示此架飞机的滑行时间不受到影响。此时所建立回归模型的常数项即为畅通滑行时间。美国 FAA 即是用此方法对畅通滑行时间进行计算。

通过对以上三种方法分析可知，仿真法不仅需要大量实际数据，而且仅能按照指定规则仿真少数几种情况。拥挤指数法和回归模型法完全基于实际运行数据分析，更具参考意义。

二、影响飞机运行效率的因素

与美国主要机场相比，我国机场的平均滑出时间要高出不少。例如，亚特兰大机场五条平行跑道构形与上海浦东国际机场是一样的，亚特兰大机场飞机起降架次是上海浦东国际机场的 1.65 倍，但地面滑行时间却只有上海浦东国际机场的 0.65。虽然影响飞机滑出时间的因素很多，但可以从总体上反映出我国主要机场的地面运行效率与美国等国家还有较大差距，如表 6-3 所示。

表 6-3　2016 年 8 月中国和美国机场平均滑出时间对比

机场名称	平均滑出时间/min	离港班次
亚特兰大（ATL）	16.9	34 166
芝加哥（ORD）	19.4	22 226
丹佛（DEN）	16.1	20 884
洛杉矶（LAX）	19.1	19 726
达拉斯（DFW）	18.9	17 277
首都机场（PEK）	26.5	24 709
浦东机场（PVG）	26.2	20 657

数据来源：1. 美国运输部交通统计局（BTS）；2. 民航局《关于 2016 年 8 月份航班正常情况的通报》。

影响飞行区航空器运行效率的因素很多，滑行道排队、等待机位或者跑道、避让滑行航空器等因素都会使得飞机在地面等待，具体可以归纳为下面五项因素。

（1）航空器机型种类和各种机型的比例。航空器的尾流强度随航空器重量的增大而增大，为了规定航空器的尾流间隔标准，按照航空器的最大起飞重量，将航空器分为以下三类。

① 最大起飞重量等于或小于 7 000kg 的航空器为轻型航空器。

② 最大起飞重量大于 7 000kg 而小于 136 000kg 的航空器为中型航空器。

③ 最大起飞重量大于或等于 136 000kg 的航空器为重型航空器。

前机是波音 757 型时，按照前机为重型机的尾流间隔执行。

所谓航空器机型比例，是指进（离）场飞机流中的重、中、轻三种机型所占的比例。机型的不同，主要影响进离场航空器尾流间隔标准和跑道占用时间。

尾流是航空器在飞行过程中在其尾部形成的气流。当航空器在地面滑行时，主要考虑前方航空器发动机喷流对后方航空器的影响；而航空器在空中飞行时，对后方航空器产生影响的尾流主要是翼尖涡流。在离场航空器起飞抬前轮的那一刻开始形成翼尖涡流，直至该航空器着陆时前轮接地的那一刻才开始消失，因此管制员在发布起飞、着陆许可时，必须考虑在该航空器前面起飞或着陆的航空器所形成的尾流对将要起飞或着陆航空器的影响。

根据《中国民用航空空中交通管理规则》（2017年第30号令）第250条规定，当前后进近着陆的航空器为重型机和中型机时，其非雷达间隔的尾流间隔不得少于2min。当前后进近着陆的航空器分别为重型机和轻型机时，其非雷达间隔的尾流间隔不得少于3min。当前后进近着陆的航空器分别为中型机和轻型机时，其非雷达间隔的尾流间隔不得少于3min。当前后进近着陆的航空器分别为A380-800型机和其他重型机时，其非雷达间隔的尾流间隔不得少于2min。当前后进近着陆的航空器分别为A380-800型机和中型机时，其非雷达间隔的尾流间隔不得少于3min。当前后进近着陆的航空器分别为A380-800型机和轻型机时，其非雷达间隔的尾流间隔不得少于4min。当前后进近着陆的航空器在起落航线上且处于同一高度或者后随航空器低于前行航空器时，若进行高度差小于300m的尾随飞行或者航迹交叉飞行，则前后航空器的尾流间隔时间应当按照上述有关规定执行。

跑道占用时间分为进场跑道占用时间和离场跑道占用时间，是指航空器在跑道上着陆或起飞时所占用跑道的时间。

进场跑道占用时间由四个阶段构成。
① 从飞越跑道入口到主起落架接地的空中时间。
② 从主起落架接地到前起落架完全接地所需的过渡时间。
③ 从起落架完全接地开始采取增阻减速措施，直到将要从快速脱离道口转出所需的时间。
④ 从航空器转出到滑行道完全脱离跑道所需的时间。

同样的，离场跑道占用时间也由四个阶段构成。
① 离场航空器对准跑道的时间。
② 从开始松刹车到前轮离地的时间。
③ 从前轮离地到航空器完全离地的时间。
④ 从航空器离地至达到安全飞行高度的时间。

（2）运行程序：滑行路线、滑行距离。路径规划是运筹学研究的问题，目前手机和车载导航软件已经具备这方面的功能，它可以提供给用户多种选择方案，如路线最短、时间最短以及其他偏好选择等。事实上，飞机在地面的滑行路线优化与车辆道路交通线路选择是类似的，按照到达飞机的预计落地时间、离港飞机的预计从通道滑出时间，实时预判进入滑行道系统的飞机数量，然后根据确定的滑行模式、滑行道上飞机流量、每架飞机实时位置和速度、冲突预判等，采用计算机模型不断运算在各种可选择滑行路径情况下的总滑行时间，选取最短时间方案。

从机场规划建设角度来看，多跑道机场航站楼构形选择对于飞机地面滑行效率影响是显而易见的。以两条宽距平行跑道、航站楼位于两条跑道之间这种布局为例，传统的单体式航站楼布局方式，停放在航站楼中部机位的航班需要到另一侧跑道起飞时，需要从两侧联络道绕滑较长距离才能到达跑道端等待起飞，不仅滑行距离长，而且冲突点多，相比之下卫星式航站楼布局（如亚特兰大、希斯罗T5、仁川等），由于每个卫星厅之间设置了单条或者多条滑行通道，进离场飞机可直接穿越无须绕滑，距离和时间可明显降低。按照广州白云国际机场运行经验，绕滑飞机可能比单侧滑行飞机增加60%以上的地面滑行时间。

（3）滑行道使用。我国很多机场的航站楼采用指廊式构形，如图6-2所示，这种构形的航站楼优点是在相同场地条件下可以建更多的近机位（廊桥机位），但存在两条指廊之间的"港湾地区"多个机位共用一条滑行通道问题，进位、离位飞机滑行通道占用时间冲突的概率较高。

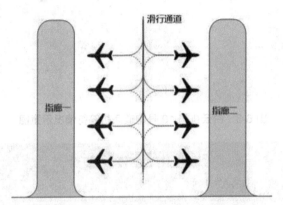

图6-2　指廊式航站楼港湾地区机位布置图

滑行通道占用时间冲突存在三种形式，即同时离位时间冲突、同时进位时间冲突、进位与离位时间冲突，如何定义上述三种冲突状态与航空器滑行规则有关。一种相对保守的规则就是在一条通道上只允许一架飞机进位或者离位；另一种规则就是在满足安全间距条件下，可以允许一架飞机先推出然后等待开始滑行指令，另一架飞机可以按照既定路线滑行进位。采用上述第一种规则，飞机可以达到的安全系数很高，但是牺牲了效率；采用第二种规则，难点在于安全间距的控制，地面管制人员通过目视或者经验判断显然无法满足安全运行要求，这就需要更强大的系统支撑。

（4）跑道使用。以跑道系统及配套设施规划建设、跑道运行模式角度，从跑道等待位置设置、跑道入口设置、跑道快速出口设置、跑道穿越道和绕滑道设置、多跑道运行模式下跑道使用均衡性等方面探讨跑道系统运行效率问题。

① 跑道等待位置设置。繁忙机场，离场飞机在跑道端等待起飞现象非常普遍，当跑道端部等待空间不足时，排队等待飞机会占用滑行道空间，造成滑行道堵塞。例如，广州白云国际机场在西跑道北端空间有限，等待起飞的飞机经常在T4滑或者F滑上排队，对于从东侧落地需要通过T4滑绕行至西区机位的进港飞机造成堵塞，如图6-3所示。

② 跑道入口设置。增加跑道入口数量可以为飞机进入跑道提供更多选择，当前面飞机故障或其他特殊原因无法进入跑道起飞时，其他飞机可以通过侧边入口进入跑道，不会造成堵塞。国内机场一般只在跑道端设置一个或者两个跑道入口，而美国机场一般会根据使用情况在跑道端设置多个入口，如图6-4所示的达拉斯机场，在35L号跑道端设置了三个入口。

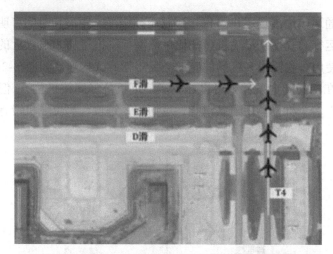

图 6-3　白云机场 19 号跑道飞机等待情况示意图

图 6-4　达拉斯机场 35L 号跑道的等待坪

③ 跑道快速出口设置。合理的跑道出口应当是落地飞机在减速到适当速度（标准上，飞机在 93km/h 速度下可以从 30°角的快速出口脱离跑道）时就能够找到相应出口脱离跑道，尽可能减少落地飞机的跑道占用时间，提高跑道使用效率。美国 FAA 曾资助弗吉尼亚理工学院对跑道快速出口位置设置问题做过深入研究，从跑道物理特性（标高、坡度等）、气象条件（大气温度、风向、风速）、机型组合（各种型号飞机所占比率）、飞机着陆性能（使用减速板、刹车、反喷等）、跑道干湿条件（干跑道和湿跑道所占比率）等因素入手，研究飞机着陆过程，建了跑道快速出口优化模型，优化目标就是研究机队加权平均跑道占用时间最短条件下的出口位置、数量和类型（角度）。

国内机场在规划设计时，一般是按照经验，如在距离跑道端 1 900m、2 300m、2 700m 位置设置夹角为 30°的出口，而不是根据上述因素详细计算得出快速出口的最佳位置。因此，在实际运行过程中，跑道出口效率并不是处于最佳状态。

④ 跑道穿越道和绕滑道设置。在近距平行跑道构形条件下，外侧跑道落地的飞机需要穿越内侧跑道才能到达停机坪，内侧跑道起飞飞机必须留出足够的时间间隔来满足飞机

穿越要求。因此，当飞机穿越量不断增加后，对内侧跑道起飞时刻的占用会不断增加，跑道运行效率受到一定影响。为减小飞机穿越对跑道时刻占用影响，一种方案是在内侧跑道两侧修建多条穿越道，多架落地飞机在穿越道口等待，当内侧跑道留出足够穿越间隔时，多架飞机同时穿越，减少穿越次数；另一种方案就是在跑道端修建绕滑道，到达飞机无须在穿越道口等待，可通过绕滑道到达机坪，如图6-5和图6-6所示。

图6-5 达拉斯机场35L和35C跑道绕滑道

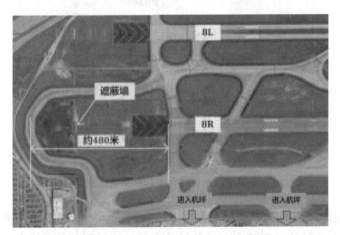

图6-6 亚特兰大机场8R跑道绕滑道

绕滑道设置要考虑两方面因素，一个是进近面和起飞爬升面的限制，另一个是要避免从跑道另一端起飞飞机目视到绕滑飞机（机组可能会误以为绕滑飞机是跑道入侵飞机）。亚特兰大机场采取了下面方案来解决这个问题，其8R跑道绕滑道距跑道端仅480m，为了避免绕滑飞机垂直尾翼穿透进近面或起飞爬升面，采取降低绕滑道标高、限制B757以下机型通行的方式，同时，在距跑道端约325m位置修建遮蔽墙来阻挡飞行员视线。

⑤ 跑道使用均衡性。在多跑道运行条件下，要尽量保持跑道使用的均衡，这种均衡表现在两个方面，一方面是各条跑道使用量相对平衡，一旦使用量向其中一条跑道倾斜，就可能会导致一条跑道在满负荷或者超负荷运行，大量飞机在排队起飞或着陆，另一条跑

道则负荷较低甚至处于空闲状态；另一方面是时间上的相对平衡，要将起降时刻按照更小的时间区间加以细分（以往都是以 1h 间隔来排时刻），例如在 1h 的区间内起降量是低于跑道系统容量的，但是细分到 15min 时就可能会超容。

一般地，国内机场跑道使用与空中走廊口使用相对应，而走廊口又与航线相对应，因此，要做到跑道使用均衡，就需要在航班计划时刻编排时将时间区间平衡性和航线分布平衡性两个因素考虑在内。

（5）泊位分配。在航班停放机位的优化编排方面，目前国内机场的机位分配管理系统，一方面只关注单一机位自身的冲突情况，不关注相邻机位的使用和滑行通道的占用情况，在这种分配模式下，通道冲突情况可能会变得非常普遍，进港飞机在通道外等待进位或者离港飞机在机位上等待推出情况变得严重；另一方面是优化分配模型基本未发挥作用，基本是人工或半自动分配状态。

因此，要提高飞机在机坪区域运行效率，可以从以下几个方面入手。

① 在可接受安全水平条件下，研究建立更加高效的机坪滑行通道使用规则。

② 将滑行通道使用规则作为约束条件，加入机位分配模型中。

③ 航班机位预分配的优化编排，如同一通道两侧机位的始发（早离港）航班，离港时间间隔相互错开 15min 以上，如图 6-7 所示。

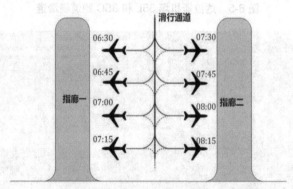

图 6-7　始发航班机位优化编排结果（理想条件下）

④ 机位和通道冲突的实时监控和预警。根据航班运行时间的动态变化，通过系统手段实时监控机位和通道的冲突状态，按照机位容量、区域限制等约束条件，自动搜索并形成调整目标机位列表，为机位管理人员提供决策依据。

三、地面保障运行效率

 **案例导读**

东航西北分秒必争　28 分钟过站时间创造纪录

民航资源网 2011 年 4 月 3 日消息：4 月 3 日凌晨，清明节小长假第一天，中国东方航空股份有限公司（China Eastern Airlines Corporation Limited，简称"东航"）西北分公司飞行签派部一片忙碌。

中国东方航空江苏有限公司（China Eastern Airlines Jiangsu Ltd.，简称"东航江苏公司"）执飞的 MU2770 航班由乌鲁木齐经停西安飞往南京，机上 118 人，其中过站旅客 52 人。由于流控影响，原计划 2 日 14:55 就应该从乌鲁木齐起飞的航班一直延误到 22:44 才起飞，预计 01:20 在西安落地。起飞后不久东航南京签派打来电话说南京机场凌晨 03:00 要关闭机场，这个航班可能在西安落地后要取消了。节日期间，各公司运力都很紧张，一旦航班取消，因为跨零点的航班机组休息时间为 10 个小时，那么这架飞机至少 10 个小时不能使用，江苏分公司运力会大受影响。东航西安签派的值班签派员与带班主任仔细研究之后，认为只要处理得当，尽量缩短过站时间，这个航班还是可以飞完的。

时机转瞬即逝，必须立刻行动起来。东航西安签派的值班签派员和带班主任按照预先考虑好的方案：与空管部门协商，请求尽量为该航班安排直飞；与机场指挥中心联系，安排合适停机位；通知地面部，过站旅客不下飞机以节省时间；要求配餐车、客梯车、加油车必须提前到位；要求现场协调部派骨干到停机坪现场指挥，地面部多派两名服务员引导旅客。这些部署完毕，这架飞机马上就要落地了。

01:19，飞机落地。

01:35，地面服务部报告乌鲁木齐到西安的旅客已经引导下机完毕。

01:37，现场协调部报告机舱门关闭。

01:47，飞机起飞。

起飞后，机组联系西安签派，对签派的大力配合表示感谢。最后该航班于 03:02 在南京顺利落地。从落地到起飞，只有短短 28 分钟。公司规定的 A320 机型过站时间是 1 个小时，还未包括滑行时间。这是西安签派部创纪录的保障航班最短过站时间，这短短 28 分钟里，涉及了机场、公司、航管、油料等所有民航单位的通力协作。航班的过站时间可以反映机场和航空公司的运行效率。机场地面保障效率越高，航空器的过站时间越短，合理的过站时间不仅能够有效提高航班正点率和旅客满意度，同时还能减轻航班延误对航班计划的影响，以及改善机场运行能力，提高机场运行效率。

案例来源：http://news.ifeng.com/mil/air/hkxw/detail_2011_04/03/5543733_0.shtml

地面保障运行效率指标主要包括客货地面处理速度、顺畅方便的处理流程、各种突发事件反应效率-消防车反应时间（2min、最长 3min 到达跑道顶端）；残损航空器搬移能力；危险品处理能力；冬季运行除冰除雪能力；备用电源转换时间等，这些指标的高低都反映在航空器过站时间上。

航班过站时间是衡量航空公司和机场运行效率的重要指标之一。由于飞机地面保障的环节复杂多变，且航班时刻表由于受到突发状况的影响比较大，如空管流控、旅客误机、要客保障等，一旦飞机地面保障的服务能力跟不上航班计划，就必然会出现飞机"趴地"，导致航班地面延误的情况出现，因此提高地面保障运行效率，提高机场以及航空公司的运行效率至关重要。

过站时间是衡量地面服务质量好坏的重要标志之一，也是保证航班飞行正常的重要组成部分。通常,过站时间包括最小过站时间和过站松弛时间。最小过站时间包括飞机清洁、加油、上下客等。航空公司在制订航班计划时往往会给地面过站时间设置一个冗余时间,即过站松弛时间(Connect Slack Time)。其作用是当发生延误时,过站松弛时间可以吸收航班网络中的延误,缓解由于计划过站时间不足带来的影响。为了使运营成本降低,最大化地提高飞机的利用率,航空公司往往会把过站时间最小化。过站时间通常有计划过站时间和实际过站时间之分。计划过站时间不能小于最少过站时间,这是因为如果计划过站时间小于最少过站时间,飞机的过站地面操作任务可能来不及完成,因而引起下一个航班延误。一般情况下最少过站时间与机型及航班类型有关,机型越大,最少过站时间越长;国际航班比国内航班的最少过站时间长。《民航航班正常统计办法》规定,机型最少过站时间是指某种机型在某机场计划过站需要的最少时间。机型最少过站时间与飞机的座位数密切相关,不同机型的最少过站时间如表6-4所示。

表6-4 机型最少过站时间

单位:min

座 位 数	代 表 机 型	机 场	
		两条及以上跑道或年旅客吞吐量2 000万人次(含)以上	其他机场
60座以下	E145、AT72、CRJ2等	40	30
61~150座	CRJ7、E190、A319、B737(700型以下)等	50	40
151~250座	B737(700型含以上)、B752、B762、B787、A310、A320、A321等	60	45
251~500座	B747、B763、B777、A300、A330、A340、A350、MD11等	75	65
500座以上	A380	120	120

注意区分以下几个概念。

- 计划过站时间:前段航班到达本站计划到港时间至本段航班计划离港时间之间的时段。
- 实际过站时间:前段航班到达本站实际到港时间至本段航班实际离港时间之间的时间。
- 计划离港时间:预先飞行计划管理部门批准的离港时间。
- 实际离港时间:机组得到空管部门推出或开车许可后,地面机务人员撤去航空器最后一个轮挡的时间。
- 计划到港时间:预先飞行计划管理部门批准的到港时间。
- 实际到港时间:航班在机位停稳后,地面机务人员挡上航空器第一个轮挡的时间。

航空公司在安排航班计划时,既要满足机型最少过站时间的限制,也要针对航班延误的分布规律利用过站时间实现对部分延误的吸收,减轻延误对航班计划的影响。因此,充分掌握机场对航班过站的保障情况显得尤为重要。

（一）机场航班地面保障运行分析

机场地面保障涉及的员工、设备等资源种类繁多，不同的航空器类型差异比较大，此外，由于航班时刻的不确定性，从而带来了地面保障时间的不确定。

不同的保障环节需要不同的技术人员和保障设备来完成。目前，我国民用航空飞机地面保障设备大概有 23 种，此外，对于不同的机型，同种保障设备的不同型号，其所提供的服务能力也是不一样的，例如对过站航班利用管线加油车进行加油，C 类和 D 类飞机只需要一辆管线加油车，标准用时约 19min，而 E 类飞机需要两辆管线加油车，标准用时约 22min。

关于各种机场地面保障设备的介绍如下。

（1）装卸平台车。装卸平台车是用来调节机坪与机舱门之间高度差的液压气动机械装置，主要用来装卸飞机腹舱的行李货物等物品。它是机场机坪上最常见的设备，按照大小分类，可分为大平台装卸车和小平台装卸车，不同的机型对装卸平台车有着不同的需求，机型越大，所需的装卸平台车数量就越多。

（2）传送带车。传送带车主要的功能是把行李等散舱货物传送到飞机腹舱或者把行李等散舱货物从腹舱传送到机坪，不需要人力搬运。它是中型飞机必备的保障设备之一，如波音 737 系列飞机一般都是前舱和后舱各配置一台传送带车。

（3）电源车。电源车可在地面提供足够的电源来保证飞机机载设备的正常运转，虽然目前辅助动力装置已被民航飞机广泛安装，但由于成本较高，所以在保障时间充裕或者辅助动力装置出现故障的情况下较多地使用电源车。

（4）空调车。空调车是将一定流量的适温空气送往飞机内部以保持飞机内部温湿度在规定范围之内，使工作人员进入座舱后保持良好的精神状态；可以使电子设备的工作环境温度得到控制，保证其正常工作，提高设备工作可靠性，延长工作寿命。此外，在进港飞机到机位后，通常刹车片的温度都比较高，如果过站时间比较短，为了保证刹车的性能，空调车也可向刹车片输送冷气。

（5）气源车。气源车可以提供压缩空气，帮助飞机启动设备，而飞机本身通常都是自带辅助动力装置的，因此与电源车的作用类似，保障时间充裕或者辅助动力装置出现故障的情况下使用较多。

（6）廊桥空调和电源。现在很多大型机场（如香港国际机场和广州白云国际机场）采用了桥载空调和电源，就是把电源车和气源车的功能部件搭载到登机廊桥上，这样飞机在停靠廊桥时就可以直接使用，免去呼叫空调车或者电源车的麻烦。

（7）清水车。清水车是通过车载设备，为飞机提供清洁饮用水的自行式机场地面专用设备，自带升降平台，可以携带数吨清水，清水加注口通常在飞机的尾部。

（8）污水车。污水车是通过专用车载设备，向飞机提供卫生间清洗用水，接受飞机卫生间污水的自行式机场地面专用设备，自带升降平台，污水车接口通常在飞机的尾部。

（9）垃圾车。垃圾车属于一种处理垃圾的装置，具体地说是一种带有升降平台的专用于飞机场处理民航客机生活垃圾的特种设备。

（10）配餐车。配餐车是一种用于民航机场为飞机运送旅客配餐食品的机场地面专用车，自带升降平台，可与飞机对接。

（11）客梯车。客梯车是供旅客上下飞机的机场专用设备，通常在飞机远机位停靠时使用。

（12）残疾人升降车。该设备主要供远机位的残疾人等无法通过客梯车登机的旅客使用，该种设备在我国比较少见，目前首都国际机场一共只有三辆该设备。

（13）除冰车。该设备的作用是以一定压力喷洒加热到一定温度的除冰液，以便对飞机局部结冰部位或飞机全身进行除冰，通常具有可伸缩的高空作业装置，可以对飞机全方位除冰。

（14）摆渡车。旅客摆渡车使用于机坪内，是一种向机场旅客乘客提供往返于航空器和候机口之间的交通运输车辆。

（15）加油车。主要有两种类型的加油车，分别是管线加油车和油罐加油车，管线加油车就是连接机坪机位上的出油口和飞机上的加油口，为飞机加油，其自身并不携带燃油。

（16）消防车。由于很多过站航班的保障时间不够，出现了既加油又上客的情况，根据机坪管理的规定，就必须有消防车在场，保障旅客的安全。

（17）放水车。对于冬季在机场过夜的航班，为避免飞机水系统水箱中多余的清水结冰而对飞机结构造成损害，放水车对飞机进行放水工作。

（18）9M平台车。对于宽体飞机或者机身比较高的飞机，机务维修、检查机翼或尾翼时其他设备很难提供到一个合适的高度，而该设备的升降平台便可以提供足够的高度供机务使用。

（19）高梯。该设备也是供机务使用。例如机务需要打开发动机盖整流罩等，可以爬上高梯，完成检查维修。

（20）集装器。集装器是一种容器或载体，航空货运时专用，没有海运和陆运的集装箱那么庞大，它是专为飞机设计的，特点是轻便、小巧，规格包括集装板和集装箱，型号多种多样，使用时根据飞机型号和货物体积大小来选择。

（21）散斗。用于运输散件行李或者货物的设备。

（22）集装器托盘。用于运输集装器的保障设备，通常一个集装器托盘可以运输数个集装器。

（23）拖车。拖车的作用是把飞机推出或者推入机位，一方面民航飞机的发动机无法反推，即无法倒车；另一方面，使用拖车拖曳航空器相对省油，节约成本。拖车主要有两种类型：抱轮式和拖把式，目前大部分航空公司都是用抱轮式拖车，该种类型的拖车与拖把式拖车相比，拖曳的流程更方便，耗时更少，效率更高。

（二）机场航班地面保障流程

1. 机场航班地面保障作业关键环节

机场地面保障主要是指在停机坪上进行的加油、加水、配餐等作业。始发出港航班、进出港过站航班和航后进港航班的保障流程有较大的区别，但都包括以下关键作业，这些关键作业反映了航空器滑入停机位后整个保障过程。

（1）航空器挡轮挡/摆锥桶。

(2) 机务给手势。

(3) 廊桥/客梯车对接操作。

(4) 货/客舱门开启。

(5) 卸货邮行李/航食配送。

(6) 客舱清洁/航食配送。

(7) 航油/污水/清水作业。

(8) 装货邮行李/旅客登机。

(9) 货/客舱门关闭。

(10) 撤离廊桥/客梯车。

(11) 撤前轮挡/锥桶。

(12) 航空器牵引车对接。

(13) 撤后轮挡/锥桶。

(14) 航空器推出。

2. 机场航班地面保障流程的类型

机场航班地面保障流程，按照航班性质不同，主要分为以下三种类型。

1) 航空器始发出港地面保障。始发出港航班与进出港过站航班相比，减少一些机上清洁、污水处理等环节。该类作业通常在上一班次飞行任务结束已经完成，波音 757 型飞机始发出港航班地面保障主要流程如图 6-8 所示。

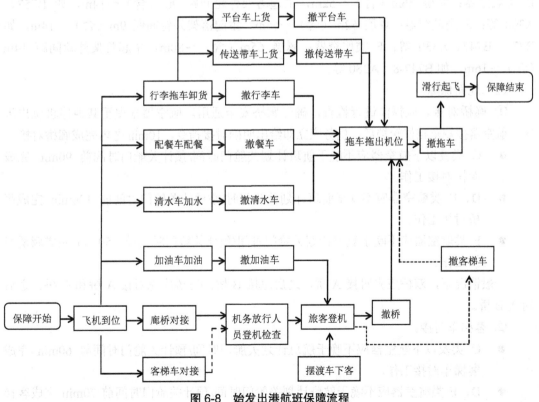

图 6-8 始发出港航班保障流程

《机场航班运行保障标准》中给出了预计/计划开关舱门时间的定义，航空器地面保障作业时间确定都是以预计/计划开关舱门时间为节点的。

- 计划开舱门时间是指按照航班原定计划开舱门的时间。
- 预计开舱门时间是指航空公司根据航班保障作业情况推测开舱门的时间。
- 计划关舱门时间是指按照航班原定计划关舱门的时间。
- 预计关舱门时间是指航空公司根据航班保障作业情况推测关舱门的时间。

始发航空器保障作业关键环节作业时间要求如下。

（1）始发拖曳。

机务应在航空器拖曳前完成拖曳检查工作。在出港机位提供使用后，航空器完成拖曳时间要求如下。

① C 类航空器拖曳至出港机位（挡轮挡）时间不应晚于航班计划关舱门时间/预计关舱门时间前 90min。

② D、E 航空器拖曳至出港机位（挡轮挡）时间不应晚于航班计划关舱门时间/预计关舱门时间前 120min。

③ F 类航空器拖曳至出港机位（挡轮挡）时间不应晚于航班计划关舱门时间/预计关舱门时间前 150min。

注意：此处的航空器的分类是按照《机场航班运行保障标准》中规定：C 类航空器：翼展 24m（含）～36m，主起落架外轮间距 6m（含）～9m，如 B737 系列、A320 系列；D 类航空器：翼展 36m（含）～52m，主起落架外轮间距 9m（含）～14m，如 B757、A300 等；E 类航空器：翼展 52m（含）～65m，主起落架外轮间距 9m（含）～14m，如 B777、B747、A330 等；F 类航空器：翼展 65m（含）～80m，主起落架外轮间距 14m（含）～16m，如 B747-8、A380 等。

（2）地面保障。

① 廊桥对接。应提前进行检查，确保廊桥安全适用。航空器拖曳至其他停机位出港时，航空器按规范挡好轮挡后，机务应立即给出明确对接指令，10min 之内完成廊桥对接。

- C 类及以下航空器应不晚于航班计划关舱门时间/预计关舱门时间前 90min 完成廊桥对接工作。
- D、E 类航空器应不晚于航班计划关舱门时间/预计关舱门时间前 120min 完成廊桥对接工作。
- F 类航空器应不晚于航班计划关舱门时间/预计关舱门时间前 150min 完成廊桥对接工作。

一般情况下，双桥应先对接 A 桥，之后对接 B 桥；三桥应先对接 A 桥和 C 桥，之后对接 B 桥。

② 客梯车对接。

- C 类及以下航空器应不晚于航班计划关舱门时间/预计关舱门时间前 60min 完成客梯车对接工作。
- D、E 类航空器应不晚于航班计划关舱门时间/预计关舱门时间前 70min 完成客梯车对接工作。
- F 类航空器应不晚于航班计划关舱门时间/预计关舱门时间前 120min 完成客梯车对接工作。

③ 航空器监护。航空器监护人员应在廊桥、客梯车对接前到位。

④ 电源、空调和气源设备提供。根据机组需要，应及时提供地面电源、空调和气源设备。

⑤ 客舱门开启。客舱门应在廊桥或客梯车对接完成后 1min 内开启。

⑥ 摆渡车到位。首辆摆渡车应在开始登机前 5min 到达登机口，其他摆渡车应在前车驶离后 2min 内到位。地面服务人员应做好旅客引导工作，避免旅客在摆渡车上长时间等待。

⑦ 货舱门开启。货舱门（含散舱 BULK 舱门）应在开始装货时开启。

⑧ 客舱清洁。客舱清洁程度应符合航空公司的相关标准和要求。客舱清洁操作应在开始登机前完成。

⑨ 清水操作。在廊桥或客梯车对接完毕后可以开始清水操作。清水操作完成时间不晚于航班计划关舱门时间/预计关舱门时间前 15min。

⑩ 餐食配供。餐食配供在廊桥或客梯车对接完毕后进行。餐食配供应在开始登机前完成。

⑪ 航油加注。航油加注应在廊桥或客梯车对接完毕，由航空公司代表确认后进行。航空公司代表或机组应提前确认并允许加油。
- C 类及以下航空器应在航班计划关舱门时间/预计关舱门时间前 60min。
- D、E 类航空器应在航班计划关舱门时间/预计关舱门时间前 90min。
- F 类航空器应在航班计划关舱门时间/预计关舱门时间前 120min。

一般情况下，航油加注操作应在开始登机前 5min 完成。

⑫ 机组及乘务组保障。机组及乘务组到达机位时间一般应不晚于航班计划关舱门时间/预计关舱门时间前 60min。如果因航油加注、餐食配供等保障环节需要机组提前到达的，应根据双方协议执行。

⑬ 配载及舱单上传。舱单应不晚于航班计划关舱门时间/预计关舱门时间前 5min 完成上传或送达。如配载发生变化，应及时重做舱单并完成上传或送达。

⑭ 客舱门关闭。客舱门关闭操作在旅客登机完毕、单据交接完毕、边防手续交接（适用于国际航线）确认完毕和地面保障人员全部下机后进行。

客舱门关闭操作时间不应超过 1min。客舱门关闭时间不晚于航班计划关舱门时间/预计关舱门时间。

⑮ 货舱门（含散舱 BULK 舱门）关闭。货舱门（含散舱 BULK 舱门）关闭操作在货物、邮件、行李装卸完毕，且无须翻找和加减行李后执行。货舱门（含散舱 BULK 舱门）关闭操作时间不应超过 2min。货舱门（含散舱 BULK 舱门）应在航班计划关舱门时间/预计关舱门时间前 2min 关闭。

⑯ 廊桥撤离。撤离廊桥应在航班关闭客舱门后开始。如使用桥载设备，应在桥载设

备撤离后开始撤离廊桥。一般情况下，双桥应先撤 B 桥，之后撤离 A 桥；三桥应先撤 B 桥，之后撤离 A 桥和 C 桥。

廊桥撤离作业时间如下。

- 单桥撤离操作时间不超过 2min。
- 双桥撤离操作时间不超过 4min。
- 三桥撤离操作时间不超过 6min。

⑰ 客梯车撤离。客梯车撤离应在航班关闭客舱门后进行。客梯车撤离操作时间不应超过 4min。

（3）放行推出。

① 牵引车、机务、拖把到位。到位时间不晚于航班计划关舱门时间/预计关舱门时间前 5min。

② 前轮挡和前锥桶撤离。前轮挡和前锥桶的撤离操作在客、货舱门关闭、廊桥/客梯车撤离完毕，且牵引车到位后进行。前轮挡和前锥桶撤离操作时间不应超过 1min。

③ 牵引车对接。一般情况下，牵引车对接应在前轮挡和前锥桶撤离完毕后进行。牵引车对接航空器操作不应超过 3min。

④ 主轮挡和其他锥桶撤离。一般情况下，主轮挡和其他锥桶撤离操作应在牵引车对接操作完成后进行。主轮挡和其他锥桶撤离操作时间不应超过 2min。

⑤ 航空器推出。机组应在客、货舱门关闭和牵引车、机务、拖把到位后，向塔台申请航空器推出。在机组收到塔台准予推出的指令后进行航空器推出操作。从接到指令到航空器开始推离机位不应超过 5min。

2）航空器进出港过站地面保障。进出港过站航班的保障是指在从航空器接地着陆、滑行道滑行、抵达预定停机位到再次被拖车拖出、滑行道滑行、离地起飞的过程之中，对航空器进行的一系列保障航班安全和保证运输服务品质的作业，在机场实际运行过程中，通常过站航班都分配有两个不同的航班号。波音 757 型飞机进出港过站航班地面保障主要流程如图 6-9 所示。

（1）地面保障。

① 到港航班引导。因特殊情况航空器需要引导时，塔台管制员应在航班落地前 10min 向航空器引导车通报引导信息。航空器引导车应在航班落地前到达指定引导位置。

② 航空器入位。国内航班机务应在航班计划开舱门时间/预计开舱门时间前 10min 到达机位，并对机位适用性进行检查。

国际航班机务应在航班计划开舱门时间/预计开舱门时间前 15min 到达机位，并对机位适用性进行检查。

③ 轮挡与锥桶放置。

- C 类及以下航空器轮挡与锥桶放置的操作时间不应超过 2min。
- D、E 类航空器轮挡与锥桶放置的操作时间不应超过 3min。
- F 类航空器轮挡与锥桶放置的操作时间不应超过 4min。

第六章 机场运行效率

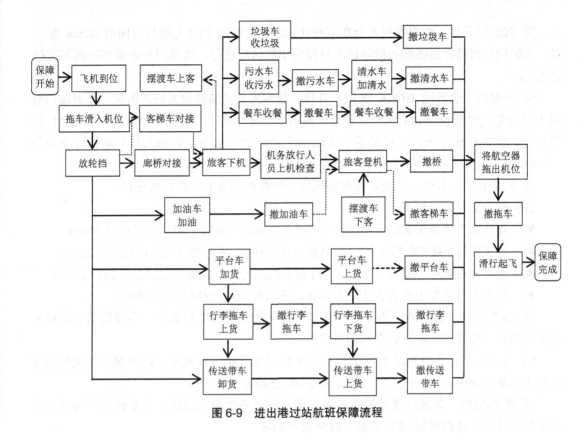

图 6-9 进出港过站航班保障流程

④ 电源、空调和气源设备提供。根据机组需要，应及时提供地面电源、空调和气源设备。

⑤ 廊桥对接。
- 使用单桥及双桥时，廊桥操作人员在航班计划开舱门时间/预计开舱门时间前 10min 做好廊桥检查及准备工作；使用三桥时，廊桥操作人员在航班计划关舱门时间/预计关舱门时间前 20min 做好廊桥检查及准备工作。
- 廊桥对接操作应在机务给出对接指令后进行。
- 一般情况下，双桥应先对接 A 桥，之后对接 B 桥；三桥应先对接 A 桥和 C 桥，之后对接 B 桥。
- 廊桥对接作业时间如下。
  - ➢ 单桥对接操作时间不应超过 2min。
  - ➢ 双桥对接操作时间不应超过 5min。
  - ➢ 三桥对接操作时间不应超过 9min。

⑥ 客梯车对接。客梯车应在航班计划开舱门时间/预计开舱门时间前 5min 到达机位。客梯车对接操作时间不应超过 4min。

⑦ 航空器监护。航空器监护人员应在廊桥、客梯车对接前到位。

⑧ 摆渡车。首辆摆渡车应在航班计划开舱门时间/预计开舱门时间前 5min 到达机位，其他摆渡车应在前车驶离后的 2min 内到位。

⑨ 客舱门开启。地服接机人员在航班计划开舱门时间/预计开舱门时间前 10min 到位。客舱门开启操作应在廊桥或客梯车对接完毕确认后进行。客舱门开启操作时间不应超过 1min。

⑩ 货舱门（含散舱 BULK 舱门）开启。装卸人员及装卸设备应在航班计划开舱门时间/预计开舱门时间前 5min 到位。发动机关闭、防撞灯关闭、航空器刹车松开、轮挡按规范设置、锥桶摆放完毕后，机务应立即给出允许作业的指令，装卸人员开始执行货舱门（含散舱 BULK 舱门）开启操作，并立即开始卸行李、货物、邮件。

⑪ 到港行李。行李、货物、邮件卸机操作应在航班货舱门开启后进行。

首件行李交付时间如下：

- 年旅客吞吐量 1 000 万（含）人次以上机场，不宜晚于航班挡轮挡后 30min。
- 年旅客吞吐量 500 万（含）～1 000 万人次机场，不宜晚于航班挡轮挡后 25min。
- 年旅客吞吐量 100 万（含）～500 万人次机场，不宜晚于航班挡轮挡后 20min。
- 年旅客吞吐量 100 万人次以下机场，不宜晚于航班挡轮挡后 30min。

⑫ 客舱清洁。客舱清洁程度应符合航空公司的相关标准和要求。客舱清洁应在旅客下机完毕后立即进行，在开始登机前完成。

⑬ 污水操作。在廊桥或客梯车对接完毕后可以开始污水操作。污水操作完成时间应不晚于航班计划关舱门时间/预计关舱门时间前 15min。

⑭ 清水操作。在廊桥或客梯车对接完毕后可以开始清水操作。清水操作完成时间不晚于航班计划关舱门时间/预计关舱门时间前 15min。

⑮ 餐食配供。餐食配供应在旅客下机完毕后进行，在开始登机前完成。

⑯ 航油加注。航油加注应在廊桥或客梯车对接完毕，由航空公司代表确认后进行。航空公司代表应在加油车到达作业位置 5min 内提供所需油量。如需载客加油，加油车应在航班计划开舱门时间/预计开舱门时间前 5min 到达机位。载客加油应满足《民用航空器加油规范》（MH/T 6005）等相关规定的安全要求。

一般情况下，航油加注操作应在开始登机前 5min 完成。载客加油或特殊情况下应在航班计划关舱门时间/预计关舱门时间前 5min 完成。

⑰ 机组及乘务组。机组及乘务组到达机位时间一般不应晚于航班计划关舱门时间/预计关舱门时间前 60min。如果因航油加注、餐食配供等保障需要机组提前到达的，应根据双方协议执行。

⑱ 配载及舱单上传。舱单上传或送达不应晚于航班计划关舱门时间/预计关舱门时间前 5min 完成。如配载发生变化，应及时重做舱单并完成上传或送达。

⑲ 出港摆渡车。首辆摆渡车应在开始登机前 5min 到达登机口，其他摆渡车应在前车驶离后 2min 内到位。地面服务人员应做好旅客引导工作，避免旅客在摆渡车上长时间等待。

⑳ 客舱门关闭。客舱门关闭操作在旅客登机完毕、单据交接完毕、边防手续交接（适用于国际航线）确认完毕和地面保障人员全部下机后进行。客舱门关闭操作时间不应超过 1min。客舱门关闭时间不应晚于航班计划关舱门时间/预计关舱门时间。

㉑ 货舱门（含散舱 BULK 舱门）关闭。货舱门（含散舱 BULK 舱门）关闭操作在行李、货物、邮件装卸完毕，且无须翻找和加减行李后进行。货舱门（含散舱 BULK 舱门）关闭操作时间不应超过 2min。货舱门（含散舱 BULK 舱门）关闭应在航班计划关舱门时间/预计关舱门时间前 2min 完成。

㉒ 廊桥撤离。撤离廊桥应在航班关闭客舱门后开始。如使用桥载设备，应在桥载设备撤离后开始撤离廊桥。一般情况下，双桥应先撤 B 桥，之后撤离 A 桥；三桥应先撤 B 桥，之后撤离 A 桥和 C 桥。

廊桥撤离作业时间如下。

- 单桥撤离操作时间不超过 2min。
- 双桥撤离操作时间不超过 4min。
- 三桥撤离操作时间不超过 6min。

㉓ 客梯车撤离。客梯车撤离应在航班关闭客舱门后开始。客梯车撤离操作时间不应超过 4min。

（2）放行推出。

① 前轮挡和前锥桶撤离。拖车、机务、拖把到位时间不应晚于航班计划关舱门时间/预计关舱门时间前 5min。前轮挡和前锥桶撤离操作时间不应超过 1min。

② 牵引车对接。一般情况下，牵引车对接应在前轮挡和前锥桶撤离完毕后进行。

牵引车对接航空器操作用时不应超过 3min。

主轮挡和其他锥桶撤离一般情况下，主轮挡和其他锥桶撤离操作在牵引车对接操作完成后进行。主轮挡和其他锥桶撤离操作用时不应超过 2min。

③ 航空器推出。机组应在客、货舱门关闭和牵引车、机务、拖把到位后，向塔台申请航空器推出。在机组收到塔台准予推出的指令后进行航空器推出操作。从接到指令到航空器开始推离机位用时不应超过 5min。

④ 出港航班引导。因特殊情况航空器需要引导时，塔台管制员应在航空器推出前 10min 向航空器引导车通报引导信息。航空器引导车应在接到塔台引导指令后 10min 到达指定引导位置。

3）航空器航后进港地面保障。进港航班与过站航班相比，不需要上客、加油、加水、配餐等保障环节，该类保障通常在执行下一个飞行任务时才进行作业，波音 757 型飞机航后进港航班主要保障流程如图 6-10 所示。

航班保障作业时间要小于机型最少过站时间，各机场及相关保障单位严格执行地面作业关键环节作业时间要求，就不会发生因保障作业引起的航班延误。机场、航空公司、空中交通管理部门等单位应建立信息共享机制，及时向旅客和各航班保障部门提供必要的生产运营信息。机场运行指挥部门应及时将获知的航班起飞、落地时间提供给各航班保障单位。机场运行指挥部门负责发布航班停机位分配信息，并至少在航班到达前 30min 确定停机位。到港航班预计落地前 30min，机场运行指挥部门原则上不得变更停机位。如停机位发生变更，应及时通知各相关航班保障单位。如机场委托其他保障单位执行停机位分配工作，被委托单位应将机位信息及变更信息及时告知机场运行指挥部门，机场运行指挥部门通报各相关航班保障单位。

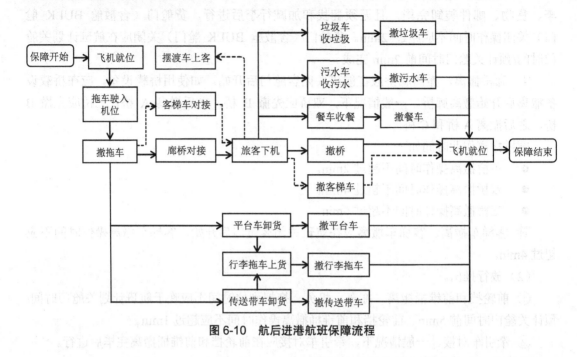

图 6-10　航后进港航班保障流程

第三节　候机楼运行效率

 **案例导读**

机场升级黑科技，将大大提高登机效率

新加坡樟宜机场新落成 T4 航站楼，那里原本是各大廉价航空公司的航站楼，2012 年为了扩大客运量，该航站楼被拆除，从 2013 年起开始修建全新的 T4 航站楼，并于 2016 年年底正式完工。除了客运量大幅提升外，新修建的 T4 最令人关注的当属航站楼内无处不在的各种科技气息了。"畅快通行（FAST）计划"是樟宜机场在 T4 力推的服务，号称"包括值机、行李托运、通关以及登机在内的自助流程将实现自动化"。自助值机和行李托运倒不是什么新鲜事，毕竟这已经是很多机场的标配了。自助通关成为最大的亮点。T4 航站楼在安检处配备了人脸识别设备和断层摄影扫描仪。采用这类扫描仪的优势就是在安检过程中乘客不必将电脑取出背包，如图 6-11 所示。

樟宜机场航站楼包含各种高科技元素，是可玩性颇高的去处。挑高的天花板和开放式的空间设计极具现代感，其余还包括一个"娘惹文化"遗产区和一面展示新加坡风景的电子巨幕。按照计划，国泰航空的 CX659 次航班将成为第一趟从 T4 起飞的航班。韩国航空也将于 2017 年 10 月 31 日开始在该航站楼运营，宿雾、春秋、亚航和越南航空等也将于

11月先后入驻T4。樟宜机场以出色的硬件和服务闻名,连续五年被Skytrax评为全球最佳机场,如今加上安检体验的改善,想必在游客中又能提升一波好感度了。

图6-11　自动安检设备

资料来源:http://www.sohu.com/a/191477710_465925。

旅客候机楼是旅客和行李中转的重要场所,是枢纽机场的重要组成部分,作为为国际旅客提供服务的机场,必须满足国际民航组织对于国际机场旅客候机楼的最低标准,包括60min、45min离场和到达处理时间,以及其他中转达到、中转衔接、步行距离、标志、航班信息显示、广播等推荐措施和要求。

从国外民航管理当局对中型、大型机场运行效率方面的要求来看,在旅客服务方面,关键的运行效率指标包括:拥挤程度;排队时间;旅客服务速度;值机手续;证件检查手续;中转衔接时间;步行距离(任何两项手续间距离);楼层变化(最少),同时提供辅助设施;信息系统(清晰的航班信息显示、标志牌和广播系统)。

为保证候机楼运行的高效和有序,应当合理控制和管理远机位,国际民航组织现在已经开始对国际机场使用远机位提出要求。根据旅客吞吐量增长速度,适时对候机楼机型改建、扩建,保证在中长期时间内,在高峰小时期间,80%的旅客可以通过廊桥登机。

旅客保障流程作业时间要求如下。

一、办理乘机手续

航空公司与机场应共同协商开始办理乘机手续的时间。原则上,国内航班应不晚于航班计划关舱门时间/预计关舱门时间前90min,国际航班应不晚于航班计划关舱门时间/预计关舱门时间前120min。

航空公司与机场应根据实际情况,共同确定结束办理乘机手续时间,严格执行,并向旅客公告。在办理乘机手续柜台、自助办理乘机手续区域摆放适当数量的手提行李标准筐,并告知旅客超标准行李将不能通过安检带上飞机。自助办理乘机手续设备设置标识,明确告知旅客超标准行李将不能通过安检带上飞机。

排队等候及办理时间如下。

（1）95%的国内经济舱旅客乘机手续排队及办理时间不应超过10min。

（2）95%的国内头等舱、公务舱旅客乘机手续排队及办理时间不应超过5min。

（3）95%的国际经济舱旅客乘机手续排队及办理时间不应超过20min。

（4）95%的国际头等舱、公务舱旅客乘机手续排队及办理时间应不超过5min。

二、联检

有国际与地区航班期间，应提供联检服务。机场应与联检单位签订协议。联检应和国际与地区航班进、出港业务流程同步。95%的旅客通过海关、检验检疫和边防流程的总时间不应超过30min。

三、安检

应在每个安检排队区域入口处放置手提行李标准筐，在安检 X 机前端加装手提行李限制筐，避免旅客携带超标准手提行李。

在严格执行航空安保相关规定和标准的前提下，国际/地区航班的安检等候时间应满足以下条件。

（1）年旅客吞吐量 1 000 万（含）人次以上机场，95%旅客等候时间不应超过 10min。

（2）年旅客吞吐量 500 万（含）～1 000 万人次机场，95%旅客等候时间不应超过 8min。

（3）年旅客吞吐量 100 万（含）～500 万人次机场，95%旅客等候时间不应超过 6min。

（4）年旅客吞吐量 100 万人次以下机场，95%旅客等候时间不应超过 5min。

在严格执行航空安保相关规定和标准的前提下，国内航班的安检等候时间应满足以下条件。

（1）年旅客吞吐量 1 000 万（含）人次以上机场，95%旅客等候时间不应超过 12min。

（2）年旅客吞吐量 500 万（含）～1 000 万人次机场，95%旅客等候时间不应超过 10min。

（3）年旅客吞吐量 100 万（含）～500 万人次机场，95%旅客等候时间不应超过 8min。

（4）年旅客吞吐量 100 万人次以下机场，95%旅客等候时间不应超过 6min。

四、登机

（1）登机口开放。登机口应在旅客开始登机前开放。地服人员不应晚于计划关舱门时间/预计关舱门时间前 40min 到达登机口，并做好登机准备。

（2）登机口关闭。航班停放近机位时，登机口关闭时间不应晚于航班计划关舱门时间/预计关舱门时间前 5min。航班停放远机位时，为确保航班正点关舱门，航空公司应根据远机位距离控制登机口关闭时间以及最后一辆摆渡车旅客数量，最迟关闭登机口时间不应晚于航班计划关舱门时间/预计关舱门时间前 10min。

第七章

机场航班运行保障

第七章 机场航班运行保障

 本章学习目标

- 掌握机场航班运行涉及的相关环节；
- 理解并掌握机场航班运行保障中各管理部门及职能分配；
- 掌握航班正常性统计管理过程；
- 理解并掌握不正常航班保障流程；
- 掌握机场运行指挥协调工作内容。

 导读

着力构建四个管理体系　切实提升航班正常水平

航班正常工作是世界性难题，也是中国民航当前面临的重要问题。"十三五"期间，面对快速增长与资源不足的突出矛盾，民航业要始终围绕服务品质抓正常，坚持眼睛向内、不断挖潜，努力提升管理水平和运行效率，以改革创新为动力，着力构建四个管理体系，实现航班正常工作从管理框架向管理体系转变的历史性跨越，夯实航班正常性工作基础，切实提升航班正常水平。

着力构建以运行控制为核心的航空公司运行管理体系

航班运行涉及几十个环节、多个保障部门。随着航空公司机队规模的不断扩大，特别是四大航空集团向超级承运人迈进，控股或分（子）公司众多，"小部队"变成了"大兵团"，运行的复杂性大大增加，对航空公司的运行控制和资源调配能力提出了更高要求。航空公司作为航班正常工作的第一责任人，必须紧紧围绕运行控制这一核心，着力构建高效有力的航班运行管理体系。

要进一步强化运行控制部门的核心作用。航空公司的运控部门不仅是安全运行的管控核心，而且在保障航班正常、提升运行效率和处置大面积航班延误上具有重要作用。通常运控部门在运行组织上，更加注重对安全的管控和保障工作的协调，在涉及指挥调动、航班调整等涉及经济利益问题时则统筹力度不够，有些长期处于从属地位，导致其协调力度差、决策力度不够，作用发挥有限。应该看到：安全品质、运行质量和经济效益的获得最终要靠航班运行链条整体效率的提升来实现。因此，在规模越来越大、资源越来越紧、竞争越来越强的环境下，航空公司必须从"对外扩张"转移到"内部挖潜"，从追求规模效益转变到追求运行效率上来。这就需要围绕发挥运控部门的核心作用来打造安全、运行、效益一体化的生产组织管理体系，进一步整合部门职责，赋予其在航班运行各环节更多的管理权和决策权，使"快速处置是关键"真正落实到位。

要进一步发挥运行控制部门的组织职能。科学的航班计划编排是保障航班正常的基础。一般来说，航空公司的航班编排由市场营销部门主导，往往会出现追求提高飞机利用率而忽视航班运行保障能力的匹配，导致航班编排、运力备份问题而引发的航班延误多发。航空公司应建立健全以运行控制为导向的管控机制，高度关注航班编排与运力备份、保障能力的协调性，建立跨部门的管理团队，综合考虑飞行、市场营销、乘务、机务、地面保障、旅客服务等部门的能力，充分考虑航路情况、运力备份、机组安排、过站时间、风险防控等因素，科学编排航班计划，严密监控、精细调配当日运行情况，合理安排次日飞行计划，在符合性、可行性和协调性上下功夫，切实减少计划性延误，切实提高航班编排和运行管理的水平。

要进一步加强运行控制部门的能力建设。航空公司应加大对运行控制部门的投入力度，完善航班运行控制系统，加强航行情报、气象预报等加强型运行支持系统建设，主动与机场、空管部门共享信息，依靠科技手段，提高运行控制系统能力。同时，应强化运控人员资质能力建设，充分发挥运控部门在航班运行协同决策机制、主动响应机制和风险防控机制中的积极作用，提升其决策的果断性、及时性与准确性。

总之，航空公司要转变生产组织管理方式，进一步整合内部机构，突出运行控制核心地位，抓好系统建设，完善内部考核，形成航班编排科学、运行监控全面、风险预警及时、应急处置有效的航空公司运行控制管理体系。

着力构建以提升运行效率为核心的机场保障管理体系

在目前全国219个颁证机场中，年旅客吞吐量达到3 000万人次以上的有10个，实施多跑道、多航站楼运营的有14个，机场已逐渐从"小场站"变成了"大系统"，这些变化对机场保障资源和地面运行效率提出了更高要求。虽然机场自身直接原因在航班延误中所占比例不高，但机场在资源能力供给、运行协同组织等航班正常工作中的作用至关重要。

机场作为地区经济社会发展的动力源，其经营管理的目的在于为用户提供良好的运营环境，为旅客提供便利的出行环境。什么是"好机场"？如何提高机场运行效率？这是机场当局必须思考的大问题。综合来看，"好机场"应具备六个特点：尽可能多的近机位、尽可能短的旅客步行距离、发达的跑滑系统、高度的信息化集成、便捷的综合交通体系、充足的设备和人力储备。要成为"好机场"，需要机场当局紧紧围绕提升机场运行效率这一关键环节，着力构建机场保障管理体系。

要努力提高机场设施保障能力。大机场要有大胸怀。机场当局要摈弃盲目追求增长、追求效益的理念，始终努力使资源能力与生产发展相匹配，使"资源能力是基础"真正夯实夯牢。当前大型机场的基础设施能力不足是突出问题。由于机场设计和建设跟不上现在的发展实际，存在诸如塔台遮蔽，机坪进出口狭窄，滑行道、联络道不足，安检通道不足，近机位比例偏低等许多问题，严重影响了运行效率的提高；有的机场舍不得投入，牵引车、摆渡车、除冰雪设备配备不够，使保障能力严重滞后，导致运行效率低下。机场当局要突出机场的公益属性，加大资金投入，适度超前规划建设，积极协调空域资源，充裕配备设备人员，不断提高保障能力和服务水平。同时，要切实由经营型向管理型转变，下决心放开地面代理人准入，引入竞争机制，支持航空公司和第三方开展地服代理业务。给用户提供良好的运行环境，给旅客提供舒适的乘机环境。

要加快推进机坪管理移交工作。大机场要有大格局。加快航空器机坪运行管理从空中交通管理部门移交到机场管理机构是强化机场航班运行组织主体地位的重要举措，也是适应形势发展、缓解空中管制压力的有效措施。它将有利于发挥机场的主体作用，提高机场专业化管理水平。然而，一些机场对机坪运行管理移交工作的意义认识不清，仅看到需要机场投入人力物力、增加安全责任，却没有看到对于保证安全和提高运行效率所带来的潜在效益和长远利益。事实上，从已完成移交的福州、厦门、杭州、郑州、海口这5个机场的实际情况看，运行效率明显得到提升，其中海口机场航空器滑出效率同比提升28.41%，滑入效率同比提升30.11%，滑行时间平均缩减近30%。因此，全面推进航空器机坪运行管理移交工作，这既是民航局倡导和推动的重要内容，也是大机场应尽的责任和义务。

要大力提升机场的信息化水平。大机场要有大视野。提升以A-CDM为核心的机场信息化水平是提高机场地面运行效率的有效途径。A-CDM整合了民航生产链的各类信息，提高了机场组织协同能力，有利于在航班运行中发挥以机场为主导的协同联动机制的作用。目前，郑州机场已建立了三级监管体系、组建了17个独立监管单位，相互之间信息互通，任意一点均可把握全局，有效提高了机场地面运行效率。昆明机场的实践证明，A-CDM系统对于资源整合、机坪监控、精准保障等方面大有裨益。2017年，民航局制定了A-CDM实施进度表，要求在旅客吞吐量3 000万以上的机场全面铺开A-CDM系统建设；已经建成A-CDM的机场要与空管CDM系统对接，全面实现空地资源共享、空地保障同步的目标。使"协同联动是根本"真正落到实处。

总之，机场要明确自身定位，深挖内潜，调整组织结构，加快基础设施建设和信息资源整合，以提升地面运行保障能力为核心，形成保障有力、信息共享、运行高效的机场地面保障管理体系。

着力构建以流量管理为核心的空管运行服务管理体系

随着中国民航的持续快速发展，我国已有8个机场进入世界前50大机场行列，京津冀、长三角、珠三角机场群已具备基本形态。从区域来看，空管也由"小塔台"变成了"大终端"，繁忙终端区飞行流量比肩甚至超过美国、欧洲最繁忙空域的飞行流量；从网络来看，空中交通系统跨区域、多层级和多节点的交通复杂特性日益凸显，航路网络流量的平顺与否已成为影响空管效能的重要因素。欧美民航发达国家的运行管理经验表明，飞行流量发展到一定阶段，必须紧紧围绕流量管理这一核心，着力构建强大的空中交通运行服务管理体系。

要从战略层面加强需求分析和保障能力建设。空管部门要以需求为引领，着力推进国家空域管理体制改革，不断拓展与优化空域和航路网络结构，系统谋划保障能力建设方案，加快推进空管流量中心、气象中心、情报中心和数据中心等重点项目的实施。通过基础设施设备和人员队伍建设，不断提升保障能力，从源头上防止超能力运行，保持一定的安全和运行裕度，实现需求与容量的战略平衡。

要从战术层面加强预警发布和保障能力调整。空管部门要依托航班大面积延误应急处置机制（MDRS），一旦天气、空域结构和设备保障等条件影响次日飞行，尽可能采取措施满足次日飞行需求；如无法满足需求，则要发布预警，通知相关单位做好航班延误应对准备，及时调整航班、制定恢复预案，努力实现次日容量与需求的平衡。

要从战术层面加强协同决策和交通秩序优化。空管部门要基于"监视-分析-决策-评估"流程，不断丰富战术流量管理工具，力争在航班、航空情报和气象信息共享的基础上，通过视频会商与机场、航空公司建立协同决策机制，共同面对可能出现的航班延误和航班离场时间跳变问题，优化空中交通秩序，防止旅客长时间机上等待和大面积航班返航或备降出现。

要加快深化空管体制改革，努力提升服务效能。空管部门要按照 2017 年空管工作会的部署，以全面深化空管改革为切入点，按照现代企业管理模式，建立考核机制，逐步建立绩效型人事制度体系，通过目标牵引、绩效引导，最大程度激发员工积极性，在保证航空安全的前提下，提高流量控制水平。

总之，空管部门要以推进民航供给侧结构性改革为主线，以完善流量管理为核心，充分发挥"信息通畅是核心"的中枢作用，通过信息共享，与机场和航空公司建立协同决策机制，实现不同层面容量与需求的平衡，形成协同联动、指挥高效的空中交通运行服务管理体系。

着力构建以考核机制为核心的政府监督管理体系

目前，民航运输主体越来越多，对航班正常日常监管提出了更高要求。实践证明，航班正常考核倒逼机制有效激发了运行主体的自觉性和主动性。行业管理部门要紧紧围绕考核机制这一核心，进一步激发企业内生动力，着力构建科学、完善的航班正常监督管理体系。

要改进航班正常统计。统计数据是考核的基础。要尽快修订航班正常统计办法，充分运用大数据，明确航班延误原因分类标准，细化统计内容，优化统计系统，规范数据填报程序，全面提升数据可靠性、准确性和全面性。

要强化航班时刻管理。要重点对时刻协调机场的时刻编排进行检查、优化。机场时刻放量要全面考虑该机场的地面和空中保障能力，机场放量后正常率明显下降的，要收回放量。要加快修订《民航航班时刻管理办法》，形成与国际接轨、符合中国实际的时刻管理规则。

要完善考核指标措施。2017 年民航局对考核指标和限制措施进行了调整，在原有限制增量措施的基础上，对连续 6 个月不达标的机场要核减机场容量。各地区管理局要负起责任，对辖区内航班正常性低的机场航班总量进行严格控制，特别是要进一步加强对北京、上海、广州三大国际枢纽机场的考核，结合打造世界级机场群，疏解非国际枢纽功能。当然，现行考核指标和限制措施的设定还不完美。这需要在实践中不断研究、改进和完善，逐步建立起更科学、更合理的考核机制，为实现航班正常管理体系的转变奠定坚实的基础。

要严格依法实施监管。治理航班延误要像治理航空安全一样，突出一个"严"字，要敢管、会管、严管，对未能达标的要严格限制，对违反规定的要严厉处罚，对未能落实主体责任的要严肃追责。要制定航班正常监察员手册，明确监察方式、内容、要求，不断提高市场类监察员对航班正常工作的监管能力。要将航班正常监管内容纳入年度行政检查大纲。要进一步细化行政检查计划。要以最新修订的行政机关三级职责分工为依据，设立航班正常专职监察员，切实增强航班正常执法力量。

总之，民航管理部门要明确定位，以完善考核为核心，与资源分配相挂钩，进一步改进工作方式方法，丰富航班正常监管手段，强化一线监管力量，形成法规健全、机制完善、监管有力的航班正常监督管理体系。

航班正常工作是重大民生工程，任务繁重、使命光荣，做好这项工作意义重大。全行业必须秉承"发展为了人民"的理念，认真贯彻民航局党组"真情服务底线"的工作要求，锐意改革，攻坚克难，久久为功，持续改进，以构建"四个体系"为目标，全面提高航班正常率，为人民群众提供更加优质高效的航空服务。

思考：

（1）国家民航局领导的讲话，高屋建瓴，从管理体系的高度，要求做到切实保障航班的正常运行。

（2）保障航班正常运行，除航空公司应尽力做好的工作外，机场的角色同样至关重要，讲话中对机场提出的指示与要求，各机场部门必须予以高度重视并落实，为航班的正常运行做出积极贡献。

资料来源：http://www.caacnews.com.cn/1/1/201707/t20170703/1218231.html。中国民用航空局副局长 王志清，初载于：2017年7月3日 中国民航报

第一节　正常航班运行保障流程

按照《航班正常管理规定》中第二章"航班正常保障"的规定，正常航班运行保障负责的部门及流程要求如下。

承运人、机场管理机构、空管部门、地面服务代理人及其他服务保障单位应当分别建立航班正常运行保障制度，保证航班正点运营。航班正常运行保障制度应当包括航班正常工作的牵头部门、管理措施、考核制度等内容。

承运人应当按照获得的航班时刻运营航班，并且应提高航空器及运行人员的运行能力，充分利用仪表着陆系统或者等效的精密进近和着陆引导系统，积极开展相关新技术的应用，保障航班安全、正常运行。同时要求承运人合理安排运力和调配机组，减少因自身原因导致航班延误。

机场管理机构应当加强对设施设备的检查和维护，保障航站楼、飞行区的设施设备运行正常，减少因设施设备故障导致的航班延误，并与空管部门加强协同，研究优化机坪运行管理，提高地面运行效率，及对所有进出港航班运行进行有效监控。应按照相关规定安装、使用仪表着陆系统或者等效的精密进近和着陆引导系统，积极开展相关新技术的应用，保障航班安全、正常运行。

地面服务代理人、自营地面服务业务的承运人、代理承运人地面服务业务的机场管理机构，应当按照保障业务的实际需求配备足够数量的运行保障设备和人员。

空管部门应当依据职责严格执行空管运行工作程序和标准，加快空中流量，保证航班正常，且应当依据职责积极推动新技术应用，提高运行保障能力，保证航班正常。应加强

天气监测和预报能力建设，按照规定为承运人提供准确的航空气象服务。

航空油料企业、航空器材企业、航空信息企业等服务保障单位，应当做好航油供应、航材保障和信息服务等工作，减少因自身原因影响航班正常。

第二节　运行资源分配与管理

机场的主要运行资源包括航班信息资源、机位资源、登机口资源、值机柜台资源、行李转盘资源、机坪资源等。机场运行指挥部门承担对各种运行资源进行合理利用与分配的职责，确保运行资源利用率的最大化；同时对各种运行资源进行监控管理，实时进行资源的调整分配，保证资源及设备利用的合理化。

一、航班信息资源管理

（一）航班信息的处理与监管

（1）对机场航班计划和动态信息进行采集、接收、确认、修正和发布工作，接收、干预并发布次日航班计划和当日航班计划。

（2）根据信息管理工作标准，对机场航班动态信息的接收实施监控，保证其准确性、及时性与完整性。

（3）航班信息自动系统发生故障时，进行人工操作和信息的接收、发布工作。

（4）根据运行中遇到的实际问题及时采取相应措施。

（二）航显信息的监管

（1）对航显设备（LED、LCD、CRT、PDP等）显示的信息实施监控。

（2）对航空公司航显终端操作情况进行监管。

二、值机柜台、行李转盘资源的分配与监管

（1）根据值机柜台管理规则对值机柜台资源进行分配及日常协调工作。

（2）根据行李转盘管理规则对进港旅客行李提取转盘进行分配及日常协调工作。

（3）对值机柜台、进港旅客行李提取转盘分配情况及适用状态进行监管。

（4）根据运行中遇到的实际问题及时采取相应措施。

三、机位资源分配与监管

（1）根据停机位分配规则和管理规定，以及每日生产运行信息，对停机位资源进行统一分配监管，并就机位问题与相关业务单位进行协调。

(2) 规范资源用户和保障单位的行为，监控机位和登机口资源的使用情况及适用状态。

(3) 根据运行中遇到的实际问题及时调整分配方案。

第三节　航班正常性统计管理

航班正常性是衡量航空服务质量的一个重要标准，提高航班正常性是提升旅客满意度的必然手段之一。

按照《民航航班正常统计办法》中关于工作时限的规定，"（一）航空公司、空管部门和机场应当于每日 15 点前完成前日航班正常统计的汇总、报告和核对工作。对统计原始资料不能达成一致意见的，最迟于 23 点前提出裁定申请。（二）地区管理局应当及时受理辖区内机场离港航班统计原始资料的裁定申请，并于下一个自然月第 2 日的 24 点前完成区内上月所有裁定申请的裁定工作。"

实例

海口美兰国际机场航班正常统计管理系统应用

一、背景及起因

航班放行正常率是当前局方考核机场航班正常性管理工作的主要手段，自 2016 年 2 月份开始对每月航班放行正常率低于 75%（不含）且排名后 3 位的机场进行处罚，受到处罚的机场必须连续两个月符合要求后，才恢复受理加班、包机和新增航线航班申请。局方文件《关于进一步加强机场容量管理工作的通知》，对机场容量调增条件予以了限制，其中一条就是"机场航班放行正常率在最近一年内至少有 9 个月不低于 80%"。因此，本场每月航班放行正常率必须达到 80%以上，否则本场容量调增将受到影响，从而影响年度各项生产指标。

民航局每月公布机场考核结果是通过"民航航班正常统计系统"得出的，由于该系统权限归属于民航局，所有机场只能查看属于自己本场航班的运行信息，不能进行操作，受限于数据源不充分、报表样式由局方统一制定等原因，该系统无法对机场提供更详细、更贴合实际业务需要的统计报表，对本场航班运行分析存在一定阻碍及困难。

基于以上两个因素考虑，美兰机场亟待拥有一套属于自己的"航班正常统计系统"，一方面可以缓解现行大量人力的投入；另一方面可以深入分析航班运行情况，为本场后续的容量调增等工作奠定一定基础，为完成集团每年布置的考核指标做好前期准备工作。

二、举措和亮点

1. 海口美兰国际机场是国内首家在使用局方的"民航航班正常统计系统"的同时还使用自己的航班正常统计管理系统的民航机场，和局方保持统一算法。

2. 通过量身定制个性化需求不断提升美兰机场的航班正常率，在获取局方发布数据的同时，根据本场实际情况收集数据进行分析，如各航空公司放行架次及其放行正常率、各航空公司始发放行架次及其始发放行正常率、各航空公司过站放行架次及其过站放行正常率、针对各目的地进行航线正常率排名、针对同一目的地不同航空公司放行正常率排名、每日统计航班架次和增长关系、记录每天的航班高峰架次观察高峰架次和放行正常率的关系等。

三、案例详情

由于"民航航班正常统计系统"归属于民航局，航班数据的保留时限、机场放行的统计表样式、航班数据的业务规则等都由民航局相关部门确定，无法提供符合海口美兰机场实际需要的系统功能和统计报表。因此需要制作一套符合美兰机场实际的航班正常统计系统。

（一）基本功能

航班数据导入：提供航班数据的批量导入、逐条录入方式。

航班数据编辑：提供航班数据编辑，航班不正常原因填写。

航班信息查询：可通过指定查询日期、时段、航班号等灵活的查询条件筛选出相应的航班信息并显示。

不正常航班查看：支持查看放行不正常航班数据，并可通过灵活的查询条件筛选出相应的航班信息。

数据统计：提供航班放行正常率（含始发航班、指定时段航班）、放行不正常原因分析表、远机位航班放行正常率、远机位明细表、航班差异数据分析表、延误时间统计表、福布斯排名表（按航空公司，按航空公司始发放行架次，过站放行正常率，目的地航线正常率，同一目的地航空公司正常率）。

用户管理：提供用户/用户组管理，包括创建用户、删除用户、修改用户名等，并可根据用户组赋予不同的权限。

操作日志：提供系统操作日志，方便系统稽核。

（二）系统规划

1. 针对各航空公司放行架次，统计其放行正常率。
2. 针对各航空公司始发放行架次，统计其始发放行正常率。
3. 针对各航空公司过站放行架次，统计其过站放行正常率。
4. 针对各目的地，进行航线正常率排名。
5. 针对同一目的地，不同航空公司放行正常率排名。
6. 高峰小时架次统计：航班架次和增长关系，观察高峰架次和放行正常率的关系。
7. 日常生产保障统计：记录每天的航班架次情况；记录每天的飞行任务（运输、专业、训练、试飞等）；记录各个时段航班情况。

（三）非功能性需求

1. 可靠性

充分考虑系统的安全可靠性，保证最大限度提高安全运行时间，系统中处理主机采用双机运行，配置冗余电源、风扇。

2. 易维护性

产品供应商须提供完善的系统运维手册，并对用户维护人员进行培训。系统提供各种查询日志，查询方式简单便捷，查询结果清晰明了。

3. 扩展性

在系统功能性上与功能模块规模上具有功能扩展性，并可通过软件升级方式实现统计数据源格式调整、统计报表样式调整等内容，满足未来变化的统计需求。

四、效果或收益

通过该系统能够获取局方统计数据、统计规则以及权限，有效提高美兰机场航班放行正常率。通过对航班放行数据尤其是放行不正常航班的数据进行深入的分析，借此找出制约航班放行正常的因素，借助系统分析结果采取相应的优化调整措施，提高机场航班放行正常率，提高机场整体的运行效益。

五、总结探讨

为保障机场高效运行，美兰机场引入该航班正常统计系统，计划通过该系统对航班数据进行深入分析，查找制约航班放行因素，并根据系统分析结果采取优化措施，助力航班正常率有效提升。

思考：

（1）创新对服务业价值提升有较大，海航集团所辖机场公司在这方面相对超前。

（2）IT 系统、AI 系统等的应用对于解决现存问题，往往有意想不到的效果。

资料来源：https://xw.qq.com/cmsid/20180321C0L09100，初载于民航资源网。

第四节　不正常航班的保障

一、延误下的一般规定

按照《航班正常管理规定》的要求，延误情况下的处置有以下规定。

要求承运人应当制定并公布运输总条件，明确航班出港延误及取消后的旅客服务内容，并在购票环节中明确告知旅客。国内承运人的运输总条件中应当包括是否对航班延误进行补偿；若给予补偿，应当明确补偿条件、标准和方式等相关内容。应当积极探索航班延误保险等救济途径，建立航班延误保险理赔机制。

承运人委托他人代理地面服务业务或者销售代理业务的，应当在代理协议中明确航班出港延误后的服务内容和服务标准。承运人及其航空销售代理人在售票时应当将旅客联系方式等必要信息准确录入旅客订座系统，并负责及时通告旅客航班动态信息。

承运人、机场管理机构、地面服务代理人应当分别制定备降航班地面服务保障工作程序和应急预案。承运人与备降机场管理机构、地面服务代理人有备降保障协议的，备降机场管理机构和地面服务代理人应当按保障协议做好备降航班服务工作。

承运人签订协议的备降机场无法接收备降，航班需在其他机场备降时，相关机场管理机构应当按照有关规定积极创造条件，在保证安全的前提下，提供备降保障，不得借故不予保障。

航班出港延误或者取消时，承运人、机场管理机构、空管部门、地面服务代理人、航空销售代理人应当加强信息沟通和共享。

承运人应当每隔 30min 向机场管理机构、空管部门、地面服务代理人、航空销售代理人发布航班出港延误或者取消信息，包括航班出港延误或者取消原因及航班动态。

空管部门应当按照规定将天气状况、流量控制和航班出港延误后放行等信息通告承运人和机场管理机构。

机场管理机构应当按照规定将机位、机坪运行情况等信息通告承运人、地面服务代理人和空管部门，且应协调驻场各单位，制定大面积航班延误总体应急预案，并定期组织演练。

承运人、地面服务代理人、空管部门及其他服务保障单位应当分别制定大面积航班延误应急预案。驻场各单位应当服从机场管理机构的组织协调，参加演练，落实各项服务保障工作。

旅客应当文明乘机，合法维权，不得违法进入机场控制区、堵塞安检口、登机口，冲闯机坪、滑行道、跑道、拦截、强登、强占航空器，破坏设施设备，或者实施其他扰乱民航运输生产秩序的行为。出现前述旅客扰乱民航运输生产秩序的情况，承运人、地面服务代理人、机场管理机构等相关单位应当及时报警。

机场公安机关接到报警后，应当依法及时处理，维护民航运输生产秩序。

二、航班出港延误旅客服务

在掌握航班出港延误或者取消信息后，各单位应当按照各自职责，做好以下信息通告工作。

（1）承运人应当在掌握航班状态发生变化之后的 30min 内通过公共信息平台、官方网站、呼叫中心、短信、电话、广播等方式，及时、准确地向旅客发布航班出港延误或者取消信息，包括航班出港延误或者取消原因及航班动态。

（2）机场管理机构应当利用候机楼内的公共平台及时向旅客通告航班出港延误或者取消信息。

（3）航空销售代理人应当将承运人通告的航班出港延误或者取消的信息及时通告旅客。

各单位应当加强协调，及时传递相关信息，确保对外发布的航班信息真实、一致。

旅客对承运人、机场管理机构、航空销售代理人通告的信息真实性有异议的，可在旅行结束后向民航局确认。

航班出港延误或者取消时，承运人应当根据运输总条件、客票使用条件，为旅客妥善办理退票或者改签手续。

旅客要求出具航班延误或者取消书面证明的，承运人应当及时提供。

航班出港延误或者取消时，承运人应当按照运输总条件，做好旅客服务工作。

发生航班出港延误或者取消后，承运人或者地面服务代理人应当按照下列情形为旅客提供食宿服务。

（1）由于机务维护、航班调配、机组等承运人自身原因，造成航班在始发地出港延误或者取消，承运人应当向旅客提供餐食或者住宿等服务。

（2）由于天气、突发事件、空中交通管制、安检以及旅客等非承运人原因，造成航班在始发地出港延误或者取消，承运人应当协助旅客安排餐食和住宿，费用由旅客自理。

（3）国内航班在经停地延误或者取消，无论何种原因，承运人均应当向经停旅客提供餐食或者住宿服务。

（4）国内航班发生备降，无论何种原因，承运人均应当向备降旅客提供餐食或者住宿服务。

在航班出港延误或者取消时，承运人、航空销售代理人或者地面服务代理人应当优先为残疾人、老年人、孕妇、无成人陪伴儿童等需要特别照料的旅客提供服务。

机场管理机构应当在航站楼内为旅客提供医疗服务。

三、机上延误处置

承运人应当制定并向社会公布机上延误应急预案，预案内容应当包括机上延误时的信息通告、餐饮服务提供时间和下机的条件及限制。机上延误应急预案应当与机场管理机构、海关、边检、安保部门充分协调。

发生机上延误后，承运人应当每 30min 向旅客通告延误原因、预计延误时间等航班动态信息。由于流量控制、军事活动等原因造成机上延误的，空管部门应当每 30min 向承运人通告航班动态信息。

机上延误期间，在不影响航空安全的前提下，承运人应当保证盥洗设备的正常使用。机上延误超过 2h（含）的，应当为机上旅客提供饮用水和食品。

机上延误超过 3h（含）且无明确起飞时间的，承运人应当在不违反航空安全、安全保卫规定的情况下，安排旅客下飞机等待。

机场管理机构、地面服务代理人应当协助承运人做好机上延误时的各项服务工作。

四、大面积航班延误处置

机场管理机构及驻场各单位应当共同建立大面积航班延误联动协调机制，包括信息共享、航班放行协调、旅客服务协调等机制。应及时宣布启动大面积航班延误总体应急预案，并协调承运人、地面服务代理人、机场公安机关、空管部门及服务保障单位，共同实施应急预案。

发生大面积航班延误时，空管部门应当按照规定向有关单位通告航班延误原因、预计起飞时间等航班动态信息。应建立大面积航班延误信息发布工作制度及对外宣传平台，实时向社会公布延误及处置情况。发生大面积航班延误时，空管部门应当协调承运人、机场管理机构、地面服务代理人等单位，启动航班放行协调机制。机场管理机构应当启动旅客服务协调机制，协调承运人、地面服务代理人、机场公安等单位，组织实施相关服务工作。

机场管理机构应当协调海关、边防、检验检疫等联检单位，根据进出港航班运行情况，确保旅客快速办理联检手续。

夜间大面积航班延误期间，机场管理机构应当协调相关单位延长机场巴士的运营时间。机场公安机关应当增加现场执勤警力，维护民航运输生产秩序。机场管理机构应当与地方政府建立大面积航班延误处置联动机制，必要时请求地方政府协助。

第五节　运行指挥协调

机场运行指挥部门负责整个机场运行的组织、指挥和协调工作，其业务涵盖整个机场运行的各个方面。机场运行指挥部门的指挥协调对象包括内部保障部门和外部及驻场单位，通过统一的组织、指挥、协调和监管，完成机场各类任务。

各机场在部门及职能划分上不完全一致，但机场运行指挥组织体系在结构上一般分为三级。第一级为机场运行指挥中心；第二级为各生产保障单位，如航站区管理部、飞行区管理部、安全检查站、航空护卫站、各航空公司运行控制部、地面服务公司、油料公司、航空食品公司、消防急救中心等；第三级为各二级部门下属具体作业科室或班组等。

机场运行指挥部门在进行指挥协调工作时，应遵循一定的流程，运行指挥协调的流程如图7-1所示。

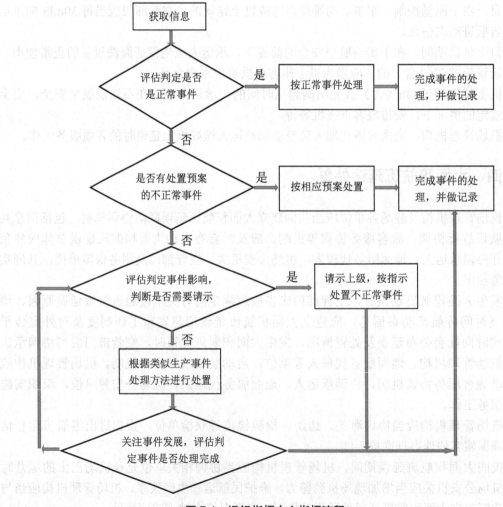

图 7-1　运行指挥中心指挥流程

第七章 机场航班运行保障

（1）收集、获取、分析各种机场运行信息，根据信息的类别，准确、完整、及时地对信息进行记录、评估、上报、传递。

（2）不正常事件是指因旅客、设施、设备、飞行区道面等原因引起的异常事件，机组及航空公司运控部门协议外的非例行服务需求，航空器地面作业不正常情况等。

在具体的机场运行指挥工作中，因各机场部门及职能划分的不同，细节上会存在差异，但总体上基本一致。

机场运行指挥中心负责全部航班的流程控制与总体协调，全面地掌握机场运行的现状和信息，以及机场各生产保障单位的工作状态和存在问题，及时向机场管理层反馈，为领导决策提供依据和参考意见，并将机场领导的决定和指令，及时下达到各生产保障部门。在对外协调和驻场单位关系方面，运行指挥中心主要针对现场作业事项与各外部单位沟通，联系并协调。在资源调配、运行效率和流程管控方面，由机场高管层面与相关驻场单位进行协调处理。

在机场运行指挥中心统一指挥协调下，航班运行的具体流程管理工作按具体保障部门实际业务划分，由各保障单位自行制定业务操作流程规范及监管制度，各单位根据自身业务模式和人力资源配置情况确定考核方式。机场高管层面对安全运行和客户服务进行总体监管。机场运行指挥中心对现场作业实施过程控制，如图 7-2 所示。

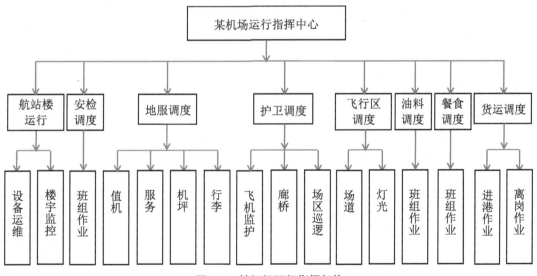

图 7-2　某机场运行指挥架构

运行指挥中心作为机场生产运行的一级调度，主要负责的工作内容有如下。

（1）信息管理层面：根据空管航班计划，制定航班机位排序方案；实时掌握及调整航班动态信息，维护航班运行生产数据并及时向各单位发布。

（2）指挥调度：全流程监控航班运行动态；向二级单位调度下达调度指令；及时向机场高管报告并协调处置不正常情况。

（3）其他业务方面：协调外部驻场单位；应急救援指挥；生产数据汇集与信息处理；

特殊飞行任务协调指挥。

二级调度为各生产保障单位的生产调度指挥机构,主要负责的工作内容如下。

（1）信息管理层面：掌握航班动态信息；监控各自生产部门保障信息管理。

（2）指挥调度：执行运行指挥中心的各项工作指令；向指挥中心上报生产保障完成和异常情况；向部门作业班组下达业务指令。

（3）其他业务方面：处理协调各类不正常情况；完成本部门业务数据统计。

三级调度为各二级部门下属具体作业科室或班组,主要负责的工作内容如下。

（1）信息管理方面：掌握航班动态信息；记录生产作业数据；监控各自生产作业班组信息管理。

（2）指挥调度：对生产作业班组进行排班；指挥班组开展作业保障；向二级调度上报生产作业情况。

（3）其他业务方面：处理协调各类不正常情况；完成班组业务数据统计。

第八章

机场提供的技术服务

民用机场运行控制

 本章学习目标

- 了解机场技术服务的内容；
- 理解机场提供航空气象服务的内容及运行模式；
- 理解机场提供应急救援服务的要求、范围等；
- 掌握机场管制塔台工作的内容及要求等；
- 掌握机场情报服务中常见的航行通告类型、分级等基础知识。

本章将分类讨论在航空运输机场建立起来的各种技术服务。机场技术服务在管制、导航和通信、情报方面与飞机的飞行安全密切相关。《国际民用航空公约》（通称《芝加哥公约》）技术附件（附件 3 国际空中航行气象服务、附件 10 航空电信、附件 11 空中交通服务、附件 15 航空情报服务）中的四个主题就是机场所能提供的技术服务，所以机场技术服务包括空中交通服务、航空气象服务、航行情报服务和航空电信（包括导航系统）服务。

除了上面四种服务之外，所有机场和通用航空飞行场地还要提供应急救援服务，以便在飞机发生飞行事故时，提供消防和救援服务。

第一节　空中交通管制服务

对空中交通进行管制在 1944 年还几乎无人知晓。今天，空中交通管制、飞行情报和告警服务，一并称为空中交通服务，在不可或缺的地面支持设施中占有重要地位，保证了全世界空中交通的安全和高效运行。《芝加哥公约》的附件 11 界定了空中交通服务，并规定了提供这些服务所适用的世界范围的标准和建议措施。世界的空域被划分为一系列连续的飞行情报区（FIRs），并在其中提供空中交通服务。在有些情况下，飞行情报区覆盖大面积空中交通密度相对较低的大洋空域，此时只提供飞行情报服务和告警服务。在另外一些飞行情报区内，大部分空域是管制空域，此时则要提供空中交通管制服务，而不仅仅是飞行情报和告警服务。根据附件的规定，空中交通服务的首要目的是防止航空器相撞，不管是在机动区域内滑行、起飞、着陆、处于航路上，还是在目的地机场的空中等待状态下。附件同时还介绍处理加速并维持空中交通有序流动的方式，并为进行安全和高效的飞行提供建议和情报，为遇险的航空器提供告警服务。为了达到这些目的，国际民航组织呼吁建立飞行情报中心和空中交通管制单位。

一、空中交通服务的目的

安全是国际民用航空压倒一切的关键，而空中交通管理对航空安全做出了巨大的贡献。空中交通管制的目的如下。

(1) 防止航空器相撞。
(2) 防止在机动区内的航空器与该区内的障碍物相撞。
(3) 加速并维持有秩序的空中交通流。
(4) 提供有助于安全和有效地实施飞行的建议和情报。
(5) 通知有关组织关于航空器需要搜寻与援救,并根据需要协助该组织。

二、空域的划分

空域其实是宝贵的国家资源,为了规范航空器在其中的飞行行为,让飞行更加安全、顺畅,空域使用更加有效,避免空域资源的虚耗和浪费,人为地将空域进行了划分。空域划分包括飞行高度层规定和各种空中交通服务区域的划分。规定不同的飞行高度层是为了防止飞机在飞行中相撞。而按照统一管制和分区负责相结合的原则,将空域划分为若干飞行情报区和飞行管制区,并建立相应的机构,对在该区内的民用航空飞行提供空中交通服务。同时,为了对民用航空飞行实施有效的管制,要求飞机沿规定的路线在规定的区域内飞行。因此,在飞行情报区和管制区内划定飞行的航路、航线、空中走廊和机场区域;并对一些禁止飞行和在规定时间与高度范围内禁止飞行的区域,划定了空中的禁航区、限制区和危险区。

空域应当根据航路、航线结构,通信、导航、气象和监视设施以及空中交通服务的综合保障能力划分,以便对所划空域内的航空器飞行提供有效的空中交通服务。根据《中国民用航空空中交通管理规则》规定,我国的空域被分为飞行情报区、管制区、限制区、危险区、禁区、航路和航线。

(一)飞行情报区

飞行情报区(Flight Information Region,FIR)是由国际民航组织(ICAO)所划定,为提供飞行情报服务和告警服务而划定范围的空间。中国大陆一共有 9 个飞行情报大区,加上香港和台湾一共 11 个,它们的代码分别为:ZBPE 北京、ZGZU 广州、ZHWH 武汉、ZJSA 三亚、ZLHW 兰州、ZPKM 昆明、ZSHA 上海、ZWUQ 乌鲁木齐、ZYSH 沈阳、VHHH 香港、RCTP 台湾。

(二)管制区

管制区是一个划定的空间,在其中飞行的航空器要接受空中交通管制服务。根据所划分空域内的航路结构和通信导航气象监视能力,我国将管制区分为 A、B、C、D 四类。

A 类空域为高空管制空域。在我国境内标准大气压高度 6 000m 以上的空间,可以划设高空管制空域。在此空域内飞行的航空器必须按照仪表飞行规则飞行,并接受空中交通管制服务。

B 类空域为中低空管制空域。在我国境内标准大气压高度 6 000m(含)至其下某指定高度的空间,可以划设中低空管制空域。在此类空域内飞行的航空器,可以按照仪表飞行规则飞行，并接受空中交通管制服务；对符合目视气象条件的，经航空器驾驶员申请，并经过相应的管制单位批准，也可以按照目视飞行规则飞行，并接受空中交通管制服务。

C 类空域为进近管制空域。通常是指在一个或者几个机场附近的航路、航线汇合处划设的、便于进场和离场航空器飞行的管制空域。它是高空管制空域或者中低空管制空域与机场管制地带之间的连接部分。在此类空域内飞行的航空器，可以按照仪表飞行规则飞行，并接受空中交通管制服务；对符合目视气象条件的，经航空器驾驶员申请，并经相应的管制单位批准，也可以按照目视飞行规则飞行，并接受空中交通管制服务。

D 类空域为机场管制地带。机场管制地带通常包括起落航线和最后进近定位点之后的航段以及第一个等待高度层（含）以下至地球表面的空间和机场机动区。在此类空域内飞行的航空器，可以按照仪表飞行规则飞行，并接受空中交通管制服务；对符合目视气象条件的，经航空器驾驶员申请，并经塔台管制室批准，也可以按照目视飞行规则飞行，并接受空中交通管制服务。

（三）危险区、限制区、禁区

危险区、限制区、禁区是指根据需要，经批准划设的一定范围的空域。

危险区的意思是，在规定的时间内此空域中可能存在对飞行的危险活动，飞行员可以自行决定是否进入该空域。

限制区是限制、约束等级较危险区高，但比禁区低的一种空域，在该空域内飞行并非绝对禁止，飞行员需要获得批准才能进入该区域。

禁区内禁止一切飞行活动，分为永久性禁区和临时性禁区。

（四）航路和航线

航路，由国家统一划定的具有一定宽度的空中通道，就好像地面上的马路一样。而航线则是飞机飞行的路线，从一个城市飞到另外一个城市，中间会经过哪些地方。四通八达的空中航路组成航路网络，飞行航线都是在航路的基础之上制定的。如果飞机不按照航路来飞，就好像汽车不按照马路来走，不仅交通变得混乱，也容易发生"失联"。

三、空中交通服务的类型

空中交通服务是空中交通管制单位为飞行中的民用航空器提供的服务。空中交通服务是空中交通管理的主要组成部分，包括空中交通管制服务、飞行情报服务和告警服务。

空中交通管制服务的任务是防止航空器与航空器相撞以及在机动区内航空器与障碍物相撞，维护并加速空中交通的有序活动。

飞行情报服务的任务是向飞行中的航空器提供有助于安全和高效地实施飞行的建议和情报。

告警服务的任务是向有关机构发出需要搜寻与援救航空器的通知，并根据需要协助该机构或者协调该项工作的进行。

空中交通管制服务包括机场管制服务、进近管制服务和区域管制服务。

（1）机场管制服务是指为防止航空器相撞以及在机动区内航空器与障碍物相撞，维护并加速有秩序的空中飞行活动，向在机场附近飞行，接受进近管制服务以外的航空器提供的空中交通管制服务。

（2）进近管制服务是指为防止航空器相撞，加速并维持有秩序的空中飞行活动，向进场或者离场飞行阶段接受管制的航空器提供的空中交通管制服务。机场附近进场和离场航线飞行比较复杂，或者一个或几个邻近机场全年总起降架次超过 36 000 架次，应当考虑设立终端或者进近管制区，以便为进场、离场飞行的航空器提供安全、高效的空中交通管制服务。

通常情况下，在终端管制区内同时为两个或者两个以上机场的进场和离场飞行提供进近管制服务，在进近管制区内仅为一个机场的进场和离场飞行提供进近管制服务。

（3）区域管制服务是指为防止航空器相撞，维持并加速有秩序的空中飞行活动，向接受进近和机场管制服务以外的航空器提供的空中交通管制服务。

四、机场管制服务

机场管制服务是为机场交通提供的空中交通管制服务。

机场管制塔台是为机场交通提供空中交通管制服务而设立的空中交通管制单位。对飞机场上和在飞机场区内所规定的空域内起飞和降落的飞机进行管制，向机组提供关于风、气温、气压等气象要素和飞机场上有关飞行的情报以及管制在地面上除停放场地外所有的飞机。

机场管制塔台有的是独立建筑如图 8-1 所示，有的是建在航管楼的顶层。小型飞机场一般将进近管制的任务并在飞机场管制塔台内，不单建进近管制室。飞机场管制塔台应布置在便于观看升降带飞机起飞和降落的地方，最好设在跑道中部附近，结合航站区的规划布置，并服从飞机场的总体规划。

图 8-1　首都国际机场塔台

（一）机场移动塔台服务的职能

1. 一般职能

机场管制塔台为使在机场内和机场附近的空中交通安全、有序和迅速地流通，必须对在其管制下的航空器提供情报及发布空中交通管制许可，以防止在其管制下的航空器与航空器之间、航空器与地面车辆之间及航空器与地面障碍物之间发生相撞。

（1）防止在机场周围的起落航线上飞行的航空器与航空器之间发生相撞。采用正确、有效的方法调整在起落航线上飞行的航空器与航空器之间的间隔，及时向有关航空器发布其他相关航空器的位置情报，使航空器与航空器之间保持安全的间隔在起落航线上飞行。

（2）防止在机动区内运行的航空器与航空器之间发生相撞。合理地安排航空器在地面的滑行路线，为航空器与航空器之间提供安全的滑行间隔，密切注视滑行航空器的动向，确保机动区内的交通安全、有序和迅速地流动。

（3）防止着陆航空器与起飞航空器之间发生相撞。适时向着陆航空器发布着陆许可或复飞指令，向起飞航空器发布进跑道许可、起飞许可或指示其在跑道外按正确方法进行等待及向地面运行的航空器发布穿越跑道的许可或令其在跑道外等待，是防止着陆航空器与起飞航空器发生相撞的有效手段。

（4）防止在机动区内运行的航空器和车辆之间发生相撞。在有关车辆和人员进入机动区之前，适时发布进入许可或禁止进入的指令，合理地安排车辆在地面的运行路线，提供正确的间隔标准，随时与在机动区内使用的车辆之间保持双向无线电通信，密切注视在机动区内活动的航空器及车辆的动态，有效防止相撞事故的发生。

（5）防止机动区内的航空器与该区内的障碍物相撞。当航空器在机动区内靠近有关障碍物滑行时，应提醒航空器驾驶员注意观察，并向其通报有关障碍物的位置，防止航空器与机动区内的障碍物相撞。

2. 提供告警职能

机场管制塔台负责向有关安全服务部门告警，并且当机场上为引导机场交通和航空器机长而设置的任一设备、灯光或其他装置发生失效或不能正常工作时，应将这些情况立即报告有关单位。

航空器被移交给机场管制塔台后未向塔台报告，或报告一次后即失去无线电联络，或在任一情况下，在预期着陆时间之后 5min 尚未着陆，机场管制塔台必须向区域管制中心或飞行情报中心报告。

3. 中止目视飞行规则的运行的职能

由于安全需要，机场所在管制区的区域管制中心、值班机场管制员或有关空中交通服务当局可以中止机场上空及其邻近区域内的任一或全部目视飞行规则的运行。

中止目视飞行规则的运行必须通过机场管制塔台实施或中止运行的指令必须通知机场管制塔台。

目视飞行规则一经中止运行，机场管制塔台必须遵守下列程序。

(1) 停止一切除申报了仪表飞行规则的飞行计划并经区域管制中心批准以外的离场飞行。

(2) 召回一切按目视飞行规则运行的本场飞行或取得按特殊目视飞行规则运行的飞行。

(3) 将已采取的措施通知区域管制中心。

(4) 如果有必要或经请求，将之所以采取此种措施的理由，通知所有的经营人或其指定代表。

（二）机场管制塔台的工作内容

(1) 负责塔台管制区内航空器的开车、滑行、起飞、着陆和与其有关的机动飞行的管制工作。

当航空器处于机场塔台管制范围内某一关键位置时，适时向处于这一关键位置的航空器发布有关空中交通管制许可，一切许可应主动发出，如图 8-2 所示。

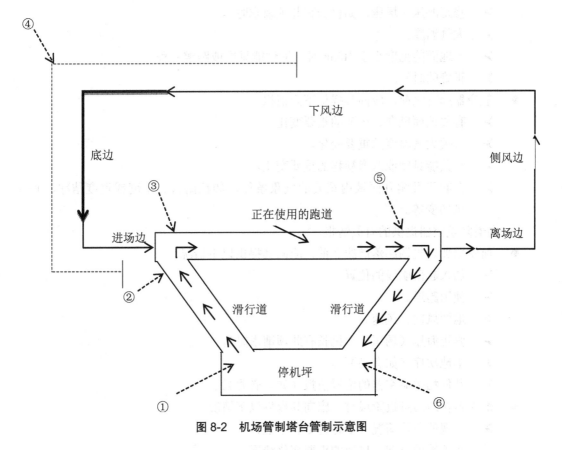

图 8-2　机场管制塔台管制示意图

位置①：航空器主动呼叫，请求起飞前滑行，此时，应发出使用跑道的情况和滑行许可；
位置②：如有与准备起飞的航空器发生冲突的航空器，应要求准备起飞的航空器在此等待；
位置③：如在位置②不易发布起飞许可，应在此位置发布起飞许可；
位置④：在此位置发出着陆许可；
位置⑤：在此发出到机库或停机区的许可；
位置⑥：必要时，在此发出停机指示。

（2）向航空器机长提供起飞、着陆条件，机场情报等飞行情报，如机场飞行繁忙，应设立自动终端情报服务，提供下述飞行情报。

① 向起飞航空器提供的有关情报。
- 向螺旋桨航空器机长提供下列情报。
  - 使用跑道。
  - 地面实际的风向、风速（包括风的变化情况）。
  - 修正海压（场压，如机长有此项请求时）。
  - 当地面能见度小于10km时，提供能见度或跑道视程。
  - 正确的时间。
- 向涡轮喷气式发动机航空器提供下列情报。
  - 使用跑道。
  - 地面实际的风向、风速（包括风的变化情况）。
  - 修正海压（场压，如机长有此项请求时）。
  - 大气温度。
  - 当地面能见度小于10km时，提供能见度或跑道视程。
  - 正确的时间。
- 航空器起飞之前，应向其提供下列情报。
  - 有关地面风向、风速的重要变化。
  - 有关大气温度的重要变化。
  - 有关能见度或跑道视程的重要变化。
  - 在起飞及爬升区域内重要的气象条件，如积雨云、中度或重度结冰、垂直风切变等。

② 向着陆航空器提供的有关情报。
- 航空器加入机场起落航线之前，应向其提供以下情况。
  - 加入起落航线的位置。
  - 使用跑道。
  - 地面风向、风速。
  - 修正海压（场压，如机长有此项请求时）。
  - 落地次序（如有必要）。
  - 其他相关航空器的位置情报（如有必要）。
- 航空器在最后进近阶段时，应向其提供以下情况。
  - 出现的危险情况（如跑道上有车辆）。
  - 有关地面风向、风速的重要变化情况。
  - 有关跑道道面条件的重要变化情况（如跑道上有积水）。
  - 目视或非目视助航设备的变化情况。
  - 跑道视程或能见度的变化情况。

③ 机场情报。向航空器提供有关机场情况的重要情报，对于航空器的安全运行起着

非常重要的作用。

机场情报涉及机动区及其有关设施的状态，它们的状态可能对某一航空器构成危险，因此要求及时报告这种情报以确保航空器安全运行。

机场情报具体内容如下。
- 在活动区内或其紧邻区域内的修建或维修工程。
- 跑道、滑行道或停机坪上不平或破裂的道面（无论有无标志）。
- 跑道、滑行道或停机坪表面的积水。
- 跑道、滑行道或停机坪表面的雪、雪水或冰。
- 吹积或堆积在跑道、滑行道或停机坪附近的雪堆或吹雪。
- 其他暂时的危险，包括停放的航空器及地面和空中的鸟群。
- 全部或部分机场灯光系统的失效或不正常工作。
- 任何其他有关情报。

④ 航站自动情报服务（ATIS）。在飞行比较繁忙的机场，为了降低空中交通服务甚高频陆空通信波道的通信负荷，应提供航站自动情报服务通播，向有关航空器提供有关情报。

（3）被授权担任进近和部分区域管制工作的塔台管制室，还应当提供进近和部分区域管制工作。

如果有必要把进近管制服务同机场管制服务或区域管制服务合并在一起，由一个部门负责实施具体的空中交通管制服务，并且这样合并是可取的，可由机场管制塔台在履行其职责的同时，履行进近管制室及区域管制中心的职责，向有关航空器同时提供机场管制服务、进近管制服务及区域管制服务。

（三）机场管制地带

民用机场应当根据机场及其附近空中飞行活动的情况建立机场管制地带，以便在机场附近空域内建立安全、顺畅的空中交通秩序。

一个机场管制地带可以包括一个机场，也可以包括两个或者两个以上位置紧靠的机场。

机场管制地带应当包括所有不在管制区内的仪表进离场航线，并考虑机场能够运行的所有类型航空器的不同性能要求。划设机场管制地带，不得影响不在机场管制地带内邻近机场的飞行活动。

机场管制地带通常是圆形或者椭圆形的；但是如果只有一条跑道或者是为了方便目视推测领航而利用显著地标来描述机场管制地带的，也可以是多边形的。

划设机场管制地带，通常应当选择机场基准点作为管制地带的基准点。在导航设施距离机场基准点小于 1km 时，也可以以该导航设施的位置点作为管制地带的基准点。

机场管制地带的水平边界通常按照下列办法确定。

（1）对于可供 D 类和 D 类以上航空器使用的机场，如果为单跑道机场，则机场管制地带为以跑道两端入口为圆心、13km 为半径的弧和与两条弧线相切的跑道的平行线围成的区域；如果为多跑道机场，则机场管制地带为以所有跑道的两端入口为圆心、13km 为半径的弧及相邻弧线之间的切线围成的区域。该区域应当包含以机场管制地带基准点为圆心、半径为 13km 的圆。如果因此使得跑道入口为圆心的弧的半径大于 13km，则应当向上取值为 0.5km 的最小整数倍。

（2）对于仅供 C 类和 C 类以下航空器使用的机场，其机场管制地带水平边界的确定办法与（1）项相同。但是该项中以跑道两端入口为圆心的弧的半径以及应当包含的以机场管制地带基准点为圆心的圆的半径应当为 10km。

（3）对于仅供 B 类和 B 类以下航空器使用的机场，其机场管制地带的水平边界为以机场管制地带基准点为圆心、以 10km 为半径的圆。

（4）对于需要建立特殊进近运行程序的机场，其机场管制地带的水平边界可以根据需要适当放宽。

机场管制地带的下限应当为地面或者水面，上限通常为终端（进近）管制区或者区域管制区的下限。如果机场管制地带的上限需要高于终端（进近）管制区或区域管制区的下限，或者机场管制地带位于终端（进近）管制区或区域管制区的水平范围以外，则机场管制地带的上限应当取某个飞行高度层为其值。

机场管制地带提供空中交通管制服务的空域应当设置为 D 类空域。

机场管制地带通常应当使用机场名称加上机场管制地带进行命名。机场管制地带的名称、范围、空域类型以及其他要求的信息，应当按照航行情报发布规定予以公布。

为保护机场附近空中交通的安全，在机场净空保护区域以外至机场管制地带边界内施放无人驾驶自由气球，施放气球的单位或者个人应当征得机场空中交通管制单位的同意。

设立管制塔台的机场应当划设机场塔台管制区。机场塔台管制区应当包含机场管制地带，如果机场在终端（进近）管制区的水平范围内，则机场塔台管制区的范围通常与机场管制地带的范围一致。机场塔台管制区的范围与机场管制地带的范围不一致的，应当明确机场管制地带以外空域的类型。

机场塔台管制区通常应当使用机场名称加上塔台管制区命名。机场塔台管制区的名称、范围、责任单位、通信频率、空域类型以及其他要求的信息，应当按照航行情报发布规定予以公布。

第二节　航空气象服务

航空气象服务工作十分重要，是保障飞行安全的重要手段之一。目前飞机的性能有很大进步，飞机正常起降对气象条件的要求也在降低，但飞机尚不能脱离气象条件的束缚。如果起降或飞行过程中遭遇不利天气，极大概率会发生事故。因此，做好航空气象服务工作，尤其关键。

2016 年 8 月 24 日颁布的《民航局关于加强民用航空气象工作的意见》（民航发〔2016〕94 号）指出，民用航空气象工作是民航事业的重要组成部分，是民航安全、高效发展的重要力量。经过努力，我国民航建立了面向运输航空的基本气象服务体系，气象信息服务和天气预报能力不断提升,有力促进了运输航空安全和正常水平的提高。在此意见中指出了工作目标如下。

2020年年底前向航空运行全过程提供连续、无缝隙的气象服务,气象服务的有效性、及时性和全面性明显提高,气象服务对流量管理、航空公司运行管理、机场运行管理的支撑能力有效增强,气象服务对航班正常的影响力和贡献度显著提高。

2020年年底前具备对机场终端区范围内雷暴、冰雹、大风、强降水、大雾、强沙尘等重要天气的连续观测能力,具备对运输机场地面到3 000m高度间的温度、风向、风速的连续观测能力;实现对强对流天气、强降水、大雾等重要天气的自动识别,对雷暴、大风、强降水、大雾的预警能力明显提升。

2020年年底前全面实现自动气象观测信息、航空器下传数据等基本气象信息行业内外的共享;实现气象雷达观测数据在民航飞行航路的覆盖。向航空公司、机场运行单位、空管部门等用户提供连续的气象观测信息和航空器下传数据;获取国内外精细化数值预报产品的种类和数量逐年增加;获取国家区域观测资料的种类和数量大幅度增加;在民航气象服务过程中广泛使用国家通信资源、计算资源;提升利用国内外高校、科研机构、社会企业的技术和人才资源的能力。

 引例

全国212个机场实现气象实时信息共享

截至2017年1月20日,全国212个运输机场气象自动观测数据分钟级实时信息已联网,实现了实时天气信息、数值天气预报产品、航空器下传数据等气象信息在航空公司、机场、管制单位和气象服务机构四大应用主体之间的在线共享和机场连续变化的天气信息在相关运行和管理单位间的共享。

此次搭建的基于互联网的多元气象信息和预报预警产品共享平台已实现各运输机场间隔2min的气象实时信息共享,及各运输机场跑道视程、风向、风速、气温、气压、降水等连续变化的天气信息在航空公司运行控制、机场运行管理、管制服务等民航运行和管理单位之间的实时共享。

目前,我国民航已建立了面向运输航空的基本气象服务体系,气象信息服务和天气预报能力不断提升,但仍存在民航气象信息共享不充分等问题。从我国民航运行情况统计看,2016年我国客运航空公司因天气原因影响航班正常占比达到了56.52%。民航局空管办有关领导表示,民航气象信息实时共享将有效降低机场、航空公司获取气象信息的时间成本和经济成本,有利于进一步提升气象信息使用的使用效益和应用价值,提高气象预报和天气预警水平,为航班正常性的提高提供及时连续的天气变化信息,有力促进航班正常性和民航服务品质的提高。

资料来源:http://fuwu.caacnews.com.cn/1/1/201702/t20170217_1209473.html。

一、航空气象服务的作用

飞行在大气环境中进行,大气物理要素与天气现象对飞行活动有着重要的影响,因此民航运输飞行的各个环节都需要航空气象服务。机场选址需要气候资料,要考虑天气对空域流量和飞行程序的影响,考虑盛行风对跑道方向的影响;飞行前计划中,需要精确的高空风、温度预报以及航路重要天气预报,用以优化航路并计算用油量;飞机起飞前还需要用地面温度气压计算配载量。飞机起飞降落都依据严格的天气标准,不同的机型、不同的机长和不同的跑道都有不同的标准,飞机起飞、降落标准包括风向风速、能见度(或跑道视程)和决断高度(云底高度或垂直能见度)。飞行过程中,遇有航路或者降落机场影响飞行安全的危险天气时,机长要依据天气情况决定绕航、返航或者备降。

航空气象服务不仅支持管制运行顺畅和飞行安全快捷,为飞行的安全和航班的正常保驾护航,也通过帮助用户正确理解和有效使用航空气象信息,节省民航运输企业的运营成本,实现节能减排,从而创造经济与社会效益。此外,航空气象服务为旅客的出行提供了间接的服务,飞行的安全是旅客乘机出行的基础,航班正常率的提高,可为旅客提供更加方便快捷的旅程,进而减少旅客不必要的花费。

二、民航气象服务运行模式

在民航运输系统安全正常运行的过程中,在保障旅客公众方便快捷出行的系统里,除了大家熟悉的航空公司、机场和空中交通管理等部门,还有一支为飞行安全、正常和正点服务的队伍——民用航空气象系统。民用航空气象系统隶属于中国民用航空局,接受中国气象局的行业管理和业务指导。民用航空气象系统包括三级运行机构:1 个民航气象中心、7 个地区气象中心、158 个机场气象台、9 个国际航空气象监视台和 1 个国际航空气象情报收集与交换中心。

民航气象业务运行模式目前为全国气象中心、地区气象中心、机场气象台(站)构成的三级业务运行模式。

随着我国民航运输业的持续快速发展,航空公司、空中交通管理部门、机场等航空气象用户无论从飞行安全,还是从社会效益和经济效益等角度来讲,都对民航气象服务提出了日益增长的需求,因此,为顺应新的服务需要,民航局于 2008 年成立了中国民用航空局空中交通管理局航空气象中心(简称"民航气象中心"),承担民航气象全系统的运行管理、发布指导预报、统一服务、技术装备维护维修技术支持、科研与培训、国际技术交流与合作等职责,至此,民用航空气象系统形成了"民航气象中心—地区气象中心—机场气象台"自上而下的逐级运行管理、业务指导与技术支持的"一体化"运行体系,基本实现了资源共享、优势互补、协调高效与分级服务。

地区气象中心除承担所在地机场气象台的职责外,还负责制作本地区中低空区域预报,提供相应的区域航空气象服务,承担所在飞行情报区国际气象监视台的职责;并承担本地区预报、服务、技术装备的维护维修、科研与培训等工作。目前，华北地区气象中心除了承担本中心的职责外，还承担了民航气象中心的航空气象情报的国内外交换、高空区域预报和气象数据库运行职责。该中心还与国家气象中心共同建设了"亚洲航空气象服务网"，为亚洲地区欠发达国家提供航空气象服务。

在三级运行体系中，机场气象台是基础，负责探测并监视机场天气，发布机场天气报告，制作并发布机场预报、风切变警报和机场警报等飞行气象情报，负责本机场气象资料的管理整编，提供本机场的气象服务。

三、航空气象服务工作内容

目前航空气象服务工作主要包括以下内容，提供各类航空天气预报以及 24 小时内机场各种气象要素或天气现象，如风向、风速、能见度、云状、云量、云高、气压、温度等，做出可能发生露点结冰、风切变、颠簸等情况的预报。提供航路天气预报，将飞机起飞至降落这一过程中整个航路飞行高度上的气象要素进行预报，包括风向、风速、温度、云顶高、云状等情况，并对这些要素的演变趋势进行分析预报。为飞机降落提供机场 2 小时内的天气变化趋势情报，一般这一情报附着在天气实况报告之后直接对外通播和直接向即将降落的飞机广播。在飞机起飞前提供航班起飞时刻的地面温度、风速、风向、场压等要素，用于做起飞准备。同时提供管辖区域范围相当的区域内的航空天气预报，与航路预报基本相同。就目前来说，我国航空气象服务，空管以及机场都有相同的职能，有飞行员指出我国航空气象服务与国外相比还有较大差距。

在国际机场，通常由气象室向航空用户提供气象情报。各国准备了适当的电信设施，以使机场气象室能向空中交通服务部门和搜寻与援救部门提供情报。气象室与管制塔台或进近管制室之间的电信联络应达到这样的要求，即通常在 15s 内可以与要联系的点建立起联系。航空用户需要机场的报告和预报以履行其职能。机场报告包括地面风、能见度、跑道视程、现行天气、云况、空气和露点温度以及气压，每 0.5 小时或 1 小时发布一次。只要任何参数变化超过预先确定的对运行有重要影响的限度，还将补充发布特殊报告。机场预报包括地面风、能见度、天气、云况和温度，每 3 小时或 6 小时发布一次，有效期为 9~24 小时。有关的气象室对机场预报进行持续监测，必要时还加以修订。

一些国际机场还有着陆预报，以满足着陆航空器的需要。着陆预报附在机场报告后，有效期为 2 小时。着陆预报包括跑道综合区预见的地面风、能见度、天气和云况。为了协助飞行员进行飞行规划，多数国家都提供气象讲解，而其形式越来越多地采用自动系统。讲解包括航路上天气、高空风和高空气温的详细资料，常常以气象图的形式给出，讲解还包括航路上有害的气象现象的警报、目的地机场及备降机场的报告和预报。为了向飞行中的航空器提供重大天气变化的情报，设立了气象观察室。观察室负责准备有害天气状况警报，包括雷暴、热带气旋、严重飑线、大冰雹、严重颠簸、严重积冰、山地波、沙暴、尘暴和火山灰云。此外，观察室还发布可能对航空器或地面设施产生不利影响的机场气象状况警报，如预计的暴风雪警报。观察室还发布爬升和进近航道上的风切变警报。另外，也要求飞行中的航空器报告航路上碰到的恶劣天气现象。这些报告由空中交通服务单位向所有有关的航空器发送。在多数国际航路上，航空器要对高空风和温度做例行观察。由飞行中的航空器发送的这些观察数据可以用于制作预报。航空器对风和温度的观察通过使用空地数据链通信自动完成。

四、航空气象服务工作方式

当前航空气象服务工作方式主要包括以下几个方面。首先，机场内设局域网，方便用户获取航空气象信息，安装显示终端，连线气象中心和部分机场气象台，从而为用户提供服务。其次，例行天气报告、趋势预报以及机场预报通过广播、地空数据链以及航站自动情报服务的方式展开工作。最后，民航气象服务中心、地区气象服务中心通过设立气象服务岗位，每天为用户讲解天气。除此之外，通过电话、短信、微博、微信等手段，分组群发气象服务信息。以气象信息服务系统、天气雷达系统、卫星云图接收系统、MICAPS系统、自动观测系统、数值预报系统、航空气象实况填图、能见度预报等系统构建出气象局域网络层级；以明航气象数据库、传真广播、天气会商、业务监控等系统构建出气象广域网系统层级。

第三节　航空情报服务

航空情报服务（AIS）是支持国际民用航空最鲜为人知但又最重要的作用之一。航空情报服务的目标是保证国际空中航行的安全、正常和效率所必要的资料的流通。

航行情报，是航空器航行的重要依据，是航空器正常安全运行、顺利完成任务必不可少的资料，包括航线、机场、通信、导航、空中交通管制、禁区、限制区、危险区等方面的资料和规定。航行情报工作的主要任务是收集、整理、发布、提供各种航行通告，提供飞行前和飞行后航行情报服务以及空中交通管制工作所必需的航行情报资料，同时负责航空地图、航行资料的供应和管理工作，并将收集、整理、设计、制作的情报资料发布和提供给飞行人员、航行管制人员以及有关业务单位，以便他们在组织与实施飞行的过程中使用。此外，机场选址、通信导航设施布局、机场程序设计、航线规划等都需要航行情报部门提供准确、可靠的资料。因此，航行情报工作是航行业务管理工作的重要组成部分，它与飞行的安全、正常和效益有密切的关系，航行情报包含与飞行有关的大量信息，这些信息是进行有关飞行活动决策的基础。航行情报服务是指收集整理、审校编辑和出版发布为保证航空器飞行安全和正常所需的各种航行资料，主要包括编辑出版航行资料汇编；编绘出版各种航图，收集、校核和发布航行通告；向机组提供飞行前和飞行后航行资料服务。

航行情报与飞行息息相关。机组从飞行预先准备开始到飞行结束为止，每个阶段都离不开航行情报服务。

首先，在飞行前一天的预先准备阶段，情报室需要为机组提供起飞机场、目的地机场、备降场及相关航路所有最新的长期性航行情报资料，包括《航图手册》《机场使用细则》《航路图》《飞行管制一号规定》《导航资料》《地空通信资料》等；涉及本场、本场出发的航路、目的地和备降场的一级航行通告，特别是针对下述情况：机场和有关设备的变动，航路所有导航设备的变化情况，航路各段及航路附近两侧禁区、危险区及限制区的临时活动，重要天气或突发事件造成的机场关闭，机场活动区内的积雪、冰或相当深度的积水情况以及可能影响飞行安全的其他情况等。同时，如遇机组执飞新开辟的航线，情报室须根据《飞行管制一号规定》及其他相关批件，整理制作完整的航线信息供机组准备时使用；对于不经常飞的航线，在预先准备阶段，须对航路信息重新进行全面校核。其次，在飞行前一个半小时的直接准备阶段，情报室需为机组提供起飞机场、目的地机场、备降场及相关航路最新的临时性航行情报资料——飞行前资料公告（PIB），PIB 是指在飞行前准备的对运行有重要意义的现行航行通告资料，PIB 的提取是否及时、准确和完整，将直接影响飞行实施的安全，所以在进行准备时，情报员必须以高度的安全责任感，进行周密、细致的研究与计划，按飞行任务执行的时间和航线准确无误地提取，必要时向机组讲解或提醒。

在直接准备阶段，情报室须会同机组对其随身携带的航行情报资料进行校核，同时机组须接受对其准备情况的检查，航行资料不准确、不齐全，变动的资料不及时更改，都有可能导致飞机迷航、迫降，甚至造成飞行事故。因此，完整、准确的航行情报资料是保证飞行安全的一道屏障。

在飞行实施阶段，情报室要随时掌握机组的飞行动态和情报的最新变化，以便让飞行员及时了解相关的临时性变化，及时修正、调整飞行。

飞行后航行情报服务是航行情报服务工作不可缺少的组成部分。飞行后，情报室须及时收集机组对各种飞行保障设施工作情况的意见，受理机组填写的《空中交通服务设施服务状况及鸟情状况报告单》，将报告单存档，同时将所涉及的问题及时反馈至相关业务部门。此外，情报室还需主动了解机组对于资料准备情况的意见及建议，以完善各项服务措施，提高工作质量。

在日常工作中，机场情报室还担负着以下职责：主动收集各有关业务部门提供的航行情报原始资料，将收集到的原始资料进行校核、整理、编辑，发布本场区域内的一级航行通告或雪情通告和校核电报，为飞行提供及时、准确、完整的第一手航行资料；保管和修订各种航行情报资料，严格按照航行情报资料收发登记制度及时对有关资料进行修订，以确保资料的准确、完整、可靠；协同机场管理部门，随时监护机场净空，以确保飞行安全和发挥本机场的最大经济效益；各飞行大队及管制部门每年的航空资料征订工作，也是情报室工作的重点，面对繁重的训练任务，保证每个初、中、高教机教学小组拥有所飞航线完整的仪表进近图、航路图及航空地图等多种航图就显得尤为重要。

此外，情报室还需保障航行管制任务指挥用图；同时，每年数量众多的专包机飞行任务也离不开航行情报人员的工作和服务。

航行情报部门向各种飞行提供的服务主要是两个方面：一个是航行资料服务，另一个是航行通告服务。其中航行通告服务是大量的、每时每刻都要处理好的经常性工作。

航行通告是用电信方式分发的关于任何航行设施、服务、程序或危险的建立情况和变动的资料的通知，及时了解这种资料对与飞行活动有关的人员是必不可少的。

航行通告的收集、发布和处理工作，分别由民航局航行情报中心国际航行通告室、地区航行情报中心航行通告室和机场航行情报室负责实施。常用的航行通告主要有一级航行通告、二级航行通告（包括定期航行通告）、雪情通告和火山通告等。一级航行通告、雪情通告和火山通告用电信方式发布。二级航行通告（包括定期航行通告），用电信以外的方式发布。

一、签发航行通告的规定

航行情报部门，在任何时候遇到下列对飞行有直接重要意义的资料，应签发航行通告。

（1）机场或跑道的设立、关闭或运行上的重大变动。

（2）航空服务（机场和地面设施、航行情报服务、空中交通服务、通信、气象和搜寻援救等）的建立、撤销或运行中的重大变动。

（3）电子的和其他航空导航设施及机场设施的设置或撤销，包括更改频率，中断或恢复工作，更改已通知的服务时间，更改识别信号，更改方向（方向性设施），更改位置，功率增、减50%以上，更改广播时间或内容，任何电子导航设施和地空通信服务工作不正常或不可靠。

（4）目视助航设施的设置、撤销或重要变动。

（5）机场灯光设备主要组成部分的中断和恢复工作。

（6）空中航行服务程序的建立、撤销或重要更改。

（7）机动区内大的缺陷和障碍物的出现或消除。

（8）有关供应燃料、滑油及氧气的限制或其变化。

（9）可用搜寻援救设施和服务的重要变动。

（10）标识重要航行障碍物的危险灯标的设置、撤销或恢复工作。

（11）需要立即采取措施的规章的更改，如搜寻和援救活动的禁区。

（12）存在影响空中航行的险情（包括障碍物、军事演习、航空表演、航空竞赛以及在公布地点外的大型跳伞活动）。

（13）起飞爬升、复飞、进近区及升降带内对飞行有关的重要障碍物的设置、排除或变动。

（14）禁区、限制区或危险区性质的改变、建立或停止活动（包括开始活动或停止活动）。

（15）存在拦截航空器可能性，并要求在甚高频紧急频率 121.5MHz 上长守的地区、航路或其部分的规定或暂停。

（16）地名代码的分配、取消或更改。

（17）机场正常提供的援救和消防设施保障等级的重要变动。只要涉及改变保障类别和此种改变类别应清楚说明时才应签发航行通告。

（18）由于活动区出现雪、雪浆、冰或水所导致的危险情况的出现、清除或重要变化。

（19）发生传染病需要更改预防注射和检疫的要求。

（20）太阳宇宙射线预报（在有此预报的地区）。

（21）火山活动的重要变化，火山爆发地点、日期和时间，火山灰云的水平和垂直范围，包括移动方向、可能受其影响的飞行高度层和航路或航段。

（22）出现核或化学事件之后，在大气中的有毒化学物质或放射性物质的释放地点、日期和时间，包括移动方向、可能受其影响的飞行高度层和航路或航段。

（23）诸如联合国资助的人道主义救援活动的实施，包括影响空中航行的程序和限制。

二、航行通告的分类、系列和分发

（1）分类。航行通告分为航行通告、雪情通告和火山通告三大类。另外还有公务报和请求报。

【例 8-1】 航行通告。
GG ZJSYOIXX
012320 VMMCYNYX
（A0006/05 NOTAMR A0005/05
Q）ZGZU/QFAXX/IV/NBO/A/000/999/2209N11335E005
A）VMMC B) 0501012319 C) 0501030300 EST
E）CAT II OPERATIONS AT AERODROME UNAVAILABLE DUE TO GENERATOR MAINTENANCE.

注释：
GG：一级航行通告
ZJSY：三亚
OIXX：华东航行通告室
012320：1 日 23 时 20 分
VMMC：澳门
YNYX：民航总局航行通告室
A0006/05 NOTAMR A0005/05：2005 年 0006 号通告取代 2005 年 0005 号通告
ZGZU：广州区域管制中心
QFAXX：
IV：对仪表飞行和目视飞行都有影响
NBO：见 102
A：机场
000/999：无高度限制

2209N11335E005：北纬 22°09′，东经 113°35′，半径 5 海里
VMMC：发生地澳门
0501012319：2005 年 1 月 1 日 23 时 19 分生效
0501030300 EST：估计 2005 年 1 月 3 日 3 时终止
报文内容：由于电力维修原因机场区域二类精密进近不能使用

【例 8-2】 雪情通告。
（SWZB0015 ZBAA 01101530
　　SNOWTAM0015
　　A）ZBAA B）01101530
　　C）18L F）4/4/4 G）30/30/30 H）3/3/3
　　C）18R F）1/1/1 G）20/20/20 H）5/5/5
　　L）TOTAL S）01101730
　　T）RWY CONT 100 PER CENT.）

注释：北京首都国际机场第 15 号雪情通告，1 月 10 日 15 时 30 分观测，从 18L 跑道入口观测：跑道的每 1/3 的地段为干雪，每 1/3 的积雪厚度为 30mm，每 1/3 的地方的摩擦系数为中好；从 18R 观测：跑道 1/3 地段为潮湿，跑道 1/3 积雪深度为 20mm，跑道 1/3 摩擦系数为好；计划清除跑道上的所有积雪。计划下一次的观测时间为 17 时 30 分，被污染的跑道为 51%～100%。

（2）系列和分发。

① 国际分发采用 A、B 系列。A 系列由总局空管局航行情报中心国际航行通告室（以下简称"总局通告室 ZBBBYNYX"）发布，发至同我国建立航行通告交换关系的外国国际航行通告室。B 系列发往相邻国家，我国暂不使用。

② 国内分发采用 C 系列。由总局通告室（ZBBBYNYX）和地区空管局航行通告室发布，发至各主要机场、民航飞行学院以上的航行通告室和航行情报室。

地区空管局航行通告室，根据飞行情况，负责向需要本系列航行通告的所属其他机场转发。

③ 地区分发采用 D 系列。由航管站、空管站、机场、飞行学院的航行情报室发布，通常发至所在地区的航行通告室；遇有紧急情况时，可以直接发至有关的机场航行情报室。

④ D 系列航行通告，由所在地区航行通告室负责用 C 系列转发；如果适合国际分发，则由民航通告室用 A 系列向国际转发。

⑤ 雪情通告由各机场航行通告室直接发往各相关机场、各地区管理局和总局通告室，如果适合国际分发，则由民航总局通告室向国际转发。

注意：目前，与我国交换航行通告的国家有 60 多个，向我国发布航行通告的国家有近 40 个。年对外发布航行通告近 6 000 份，接收处理航行通告近 21 万份。

三、我国航行通告的组织结构和职责

（1）组织结构共分为三级机构，分别为总局国际通告室、地区管理局通告室（7个）和机场飞行服务报告室，最终到达航空公司情报室（用户）。

（2）各级机构的主要职责。

总局国际通告室：① 与其他国家、地区交换航行通告；② 与国内各级航行通告部门交换航行通告；③ 定期出版明语摘要；④ 专机保障。

地区管理局通告室：① 接收各机场发来的航行通告并转发；② 各类航空资料的维护；③ 为机组提取PIB并提供讲解服务。

机场飞行服务报告室：① 发布与本机场和所辖空域有关的D类航行通告；② 各类航空资料的维护；③ 为机组提取PIB并提供讲解服务。

第四节 通信与导航服务

根据《民用航空通信导航监视工作规则》，通信导航监视服务由通信导航监视运行保障单位提供。通信导航监视运行保障单位应当在指定的职责范围内提供通信导航监视服务。

通信导航监视服务保障组织体系由全国、地区和机场通信导航监视运行保障单位等三级运行保障单位组成。

（1）全国通信导航监视运行保障单位负责全国通信导航监视服务及设施设备的运行与管理，以及全国范围内民航专用航空电信网络的运行保障、状态监控和应急处置等工作，负责统一组织协调并提供国家间的相应通信导航监视服务。

（2）地区通信导航监视运行保障单位提供本地区范围内的通信导航监视服务，负责本地区通信导航监视设施设备的运行与管理、应急处置和维护维修等运行保障工作。

（3）机场通信导航监视运行保障单位提供本单位所承担的通信导航监视服务，负责本单位通信导航监视设施设备的运行与管理、应急处置和维护维修等运行保障工作。

民用运输机场应当设置通信导航监视运行保障单位，民用通用机场根据运行需要设置通信导航监视运行保障单位。民用机场设置通信导航监视运行保障单位的，应当按照《民用机场使用许可规定》的要求取得民用机场使用许可证后方可提供通信导航监视服务。

机场是通信导航监视运行保障单位，设置了很多的通信导航设施，为航空器的起飞、着陆及滑行提供通信导航服务，是飞机安全可靠飞行的基本保障。现在机场所配备的通信导航设备越来越全面，性能也有着很大的提高。

机场通信导航设施是飞机场所需的各项通信、导航设施的统称。

一、机场航空通信

机场航空通信有陆空通信和平面通信。

陆空通信是飞机场部门和飞机之间的无线电通信,主要方式是用无线电话;远距离则用无线电报。平面通信是飞机场和飞机场各业务部门之间的通信。早期以人工电报为主,现在则有电报、电话、电传打字、传真、图像、通信、数据传输等多种通信方式;通信线路分有线、无线、卫星通信等。

（1）飞机场无线电通信设施。在城市划定的发讯区修建无线电发讯台,收讯区修建无线电收讯台。无线电中心收发室则建在飞机场航管楼内。发讯台和收讯台、收发室,以及和城市之间都要按照发射机发射功率的大小和数量,保持一定的距离。功率越大,距离要越远。收、发讯台的天线场地以及邻近地区应为平坦地形,易于排除地面水,收讯台址还应特别注意远离各种可能对无线电电波产生二次辐射的物体（如高压架空线和高大建筑物等）和干扰源（如发电厂、有电焊和高频设备的工厂、矿山等）。20 世纪 80 年代,载波通信和微波通信发达的区域,平面通信一般不再利用短波无线电通信设备。无线电发讯台主要安装对飞机通信用的发射设备；也不再单建无线电收讯台,而将无线电收讯台和无线电中心收发室合建在飞机场的航管楼内。

（2）飞机场有线通信设施。有电话通信和调度通信。

二、机场航空导航

航空导航分航路导航和着陆导航。

（一）航路导航

（1）中、长波导航台（NDB）。中、长波导航台是设在航路上,用以标出所指定航路的无线电近程导航设备。台址应选在平坦、宽阔和不被水淹的地方,并且要远离二次辐射体和干扰源。一般在航路上每隔 200～250km 设置一座；在山区或某些特殊地区,不宜用 NDB 导航。

（2）全向信标/测距仪台（VOR/DME）。全向信标和测距仪通常合建在一起。全向信标给飞机提供方位信息；测距仪则给飞机示出飞机距测距仪台的直线距离。它对天线场地的要求比较高。在一般情况下,要求以天线中心为中心,半径 300m 范围内,场地地形平坦又不被水淹。该台要求对二次辐射体保持一定的距离。台址比中、长波导航台的要求严。在地形特殊的情况下,可选用多普勒全向信标/测距仪台（DVOR/DME）,以提高设备的场地适应性。该台的有效作用距离取决于发射机的发射功率和飞机的飞行高度。在飞行高度 5 700m 以上的高空航路上,两台相隔距离大于 200km。

（3）塔康（TACAN）和伏尔塔康（VORTAC）。塔康是战术导航设备的缩写,它将测量方位和距离合成为一套装置。塔康和全向信标合建,称伏尔塔康。其方位和距离信息,也可供民用飞机的机载全向信标接收机和测距接收设备接收；军用飞机则用塔康接收设备接收。塔康和伏尔塔康台的设置以及台址的选择，和全向信标/测距仪台的要求相同。

（4）罗兰系统（LORAN）远距导航系统。20世纪80年代，航空上使用的主要是罗兰-C。罗兰-C系统由一个主台和2～4个副台组成罗兰台链。罗兰-C系统的有效作用距离，在陆上为2 000km，在海面上为3 600km。主台和副台间的距离可达到1 400km。按所定管辖地区的要求设置主台和副台，并按一般的长波导航台选址要求进行选址。

（5）奥米加导航系统（OMEGA）。和罗兰-C一样，奥米加导航系统是一种远程双曲线相位差定位系统。由于选用甚低频波段的10～14kHz工作，作用距离可以很远，两台之间的距离可达9 000～10 800km。只要有8个发射台，输出功率为10kw，即可覆盖全球。罗兰系统和奥米加导航系统不是一个飞机场的导航设施，而是半个地球的甚至是全球性的导航设施。

（二）着陆导航

（1）归航台着陆引导设施。飞机接收导航台的无线电信号，进入飞机场区，对准跑道中心线进近着陆，这样的导航台称归航台。归航台建在跑道中心线延长线上。距跑道入口的距离为1 000m左右的称近距归航台（简称近台）；距离为7 200m左右的称远距归航台（简称远台）。归航台一般都和指点标台合建。指点标台标出该台与跑道入口的距离。在一个降落方向上，只设置一座归航台的（不论是近台还是远台）称单归航台着陆引导设施；如果有近台和远台，则称双归航台着陆引导设施。归航台的选址要求基本上和航路上导航台相同。由于飞机的速度越来越快，机载设备越来越先进，因此归航台引导着陆在中国飞机场已逐步淘汰。

（2）全向信标/测距仪台（VOR/DME）。除可用在航路上作为导航设备外，也可用作机场终端区导航设备。这时，该台应设在跑道中心附近，距跑道中心线不少于150m，距滑行道中心线不少于75m。对周围地形、地物的技术要求，和用作航路导航台时相同。该台也可布置在指定穿云转弯点处，以引导飞机穿云下降。

（3）仪表着陆系统（ILS）。ILS是20世纪70年代国际上通用的着陆引导设备。由航向台（LOC）、下滑台（G/P）、外指点标台（OM）、中指点标台（MM）和内指点标台（IM）组成。航向台向飞机提供航向引导信息；下滑台向飞机提供下滑道引导信息；外、中、内指点标台则分别向飞机提供飞机距跑道入口距离的信息。

仪表着陆系统中，各台台址和跑道间的相互关系如图8-3所示。在下述距离范围内，按技术要求选定。航向台设在跑道中心线延长线上、距跑道终端200～900m，具体位置取决于天线阵前方的场地、天线阵的安装高度和天线所发射的场型。下滑台设在跑道的任一侧，距跑道中心线120～200m，距跑道入口300～450m，具体位置取决于下滑天线前方场地的坡度、场地前方障碍物的高度和下滑角的大小。外、中、内指点标台均设在跑道中心线延长线上，外台距跑道入口7 200±300m；中台1 050±150m；内台300～450m。在指点标台安装有困难的地方，可在飞机场内下滑台处安装精密测距仪，用以起到相当于指点标台的作用。仪表着陆系统中各台的修建，除了确定各台的位置外，还需根据各台所发射的场型分别定出各台天线场地的大小和对周围地形、地物的技术要求。航向台和下滑台的技术要求比较严格：地形要平坦，不被水淹，坡度不大于1%；要防止和避开二次辐射体的干扰；对架空线路、道路、车辆、飞机、栅栏、金属和非金属物体等都有不同的距离要求。

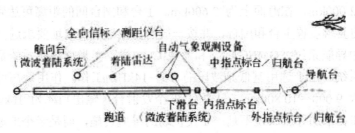

图 8-3 机场通信导航设施

仪表着陆系统的运用性能分为三类：Ⅰ类引导飞机下降到 60m 的决断高度，并在跑道视程不少于 800m 的条件下，成功地进行进近。Ⅱ类引导飞机下降到 30m 的决断高度，并在跑道视程不少于 400m 的条件下，成功地进行进近。Ⅲ类又分Ⅲ类 A、Ⅲ类 B 和Ⅲ类 C，Ⅲ类 A 没有决断高度的限制，在跑道视程不少于 200m 的条件下，在着陆的最后阶段，借助外部目视设施，降落在跑道上，并沿跑道滑行；Ⅲ类 B 与Ⅲ类 A 同，但跑道视程为不少于 50m，不带外部目视设施引导飞机到跑道，之后借助外部目视设施在跑道上滑行；Ⅲ类 C 没有决断高度的限制，不借助外部目视设施引导飞机至跑道和在滑行道滑行。

（4）地面指挥引进系统。由飞机场监视雷达（ASR）和精密进近雷达（PAR）组成。没有飞机场监视雷达则不能称地面指挥引进系统，只能称精密进近雷达（也称着陆雷达）。

① 着陆雷达。在复杂气象条件下引导飞机着陆的辅助设备。有效作用距离，在中雨天气时不少于 15km；一般天气不少于 35km。作用范围：水平面为左右 10°；垂直面为-1°～8°。在着陆雷达有效区域的飞机，根据飞机回波偏离雷达显示器上理想航向线和下滑线的相对位置以及飞机到着陆点的距离，用无线电话指挥飞机下降到决断高度，然后驾驶员用目视着陆。着陆雷达的布置，在一般情况下，只要跑道足够长，在一条跑道两个降落方向上都可使用同一设备。其位置一般定在跑道的中间、距跑道中心线 120～185m。

② 飞机场监视雷达。用来辨别、监视和调配飞机场场区飞行动态。其位置与航管楼距离不要超过设备电缆所允许的长度（一般不超过 2 000m），设在开阔和不被水淹地方，应保证视界遮蔽仰角不得大于 0.5°。对别的雷达设备、测距仪和全向标台等应分别保持一定距离。

（5）微波着陆系统。由方位引导、仰角引导和拉平仰角引导等设备所组成。方位引导是在水平面上可在跑道中心线每边 20°～60° 区域内提供任意要求的航道，仰角引导是在垂直面上可以提供许多下滑道（如 1°～15°），拉平仰角引导基本原理与仰角引导相同，但所发射的是更窄、更薄的波瓣，以便为拉平阶段的飞机提供精确的仰角引导信息，该系统具有提供精密测距信息的能力。微波着陆系统工作在微波波段，空间扫描的波瓣主要依靠天波来形成，受地形和地物的影响较小，因此具有仪表着陆系统无法比拟的高精度、高稳定性、易架设、易调整等优点。

航路系统把以前人工获取和处理信息的方法，改变为自动化设施。装有应答机的飞机提供连续的高度和标记信息，全部信息输入计算装置进行处理，及时修正飞行数据，并以自动目标跟踪的字母数字形式显示在雷达显示器上，将能做到复杂交通的自动预示和预先规划交通流量。在航站区，自动雷达航站系统（ARTS）提供一次雷达目标和信息雷达目标两者的自动跟踪，在雷达显示器上显示每架飞机的字母数字信息。自动化系统能更快速、更精确地进行空中和航站管制。

第五节　机场应急救援服务

进入 21 世纪，世界范围内出现了一系列突发事件和重大危机，如"9·11 事件"、非典暴发、禽流感流行以及印度洋地震海啸等。突发事件和重大危机如果处理不当，将会造成巨大的人员伤亡、经济损失和社会负面影响，有些则是难以估计的、灾难性的。

我国政府认识到，加强突发事件和重大危机的应对工作势在必行。国务院于 2006 年 1 月 8 日发布《国家突发公共事件总体应急预案》，总体预案将突发公共事件分为自然灾害、事故灾难、公共卫生事件、社会安全事件四类。在总体预案中，明确提出了应对各类突发公共事件的六条工作原则：以人为本，减少危害；居安思危，预防为主；统一领导，分级负责；依法规范，加强管理；快速反应，协同应对；依靠科技，提高素质。针对民航领域，1 月 22 日国务院发布了《国家处置民用航空器飞行事故应急预案》，预案指出其编制目的在于：建立健全民用航空器飞行事故应急机制，提高政府应对突发危机事件的能力，保证民用航空器飞行事故应急工作协调、有序和高效进行，最大限度地减少人员伤亡，保护国家和公众财产安全，维护社会稳定，促进航空安全。安全问题一直是民航领域内的重要问题，而突发事件的应急处理则是安全问题中的一个重要环节。我国民航总局历来对突发事件的应急管理工作十分重视，于 1992 年颁布了《中华人民共和国搜寻援救民用航空器规定》，2000 年 4 月 3 日颁布了《民用运输机场应急救援规则》（现已失效），要求各运输机场根据本地和本场实际制订完备的、具可操作性的应急救援计划，以便在紧急的情况下，能及时地对各类意外事件做出快速反应，避免或者减少人员伤亡和财产损失。各机场根据规则，结合机场实际，制订各机场的应急救援计划。以此明确了机场是应急救援的主体。

2016 年 4 月 20 日颁布了《民用运输机场突发事件应急救援管理规则》，此规则适用于民用运输机场（包括军民合用机场民用部分，以下简称"机场"）及其邻近区域内突发事件的应急救援处置和相关的应急救援管理工作。这里所指民用运输机场突发事件（以下简称"突发事件"）是指在机场及其邻近区域内，航空器或者机场设施发生或者可能发生的严重损坏以及其他导致或者可能导致人员伤亡和财产严重损失的情况。其中机场及其邻近区域是指机场围界以内以及距机场每条跑道中心点 8km 范围内的区域。

机场管理机构应当按照国家、地方人民政府的有关规定和本规则的要求，制定机场突发事件应急救援预案，并负责机场应急救援工作的统筹协调和管理。使用该机场的航空器营运人和其他驻场单位应当根据在应急救援中承担的职责制定相应的突发事件应急救援预案，并与机场突发事件应急救援预案相协调，送机场管理机构备案。

机场应急救援工作应当接受机场所在地人民政府（以下统称"地方人民政府"）的领导。机场应急救援工作应当遵循最大限度地抢救人员生命和减少财产损失，预案完善、准备充分、救援及时、处置有效的原则。

一、机场突发事件

（一）机场突发事件类型

机场突发事件包括航空器突发事件和非航空器突发事件。
航空器突发事件如下。
（1）航空器失事。
（2）航空器空中遇险，包括故障、遭遇危险天气、危险品泄露等。
（3）航空器受到非法干扰，包括劫持、爆炸物威胁等。
（4）航空器与航空器地面相撞或与障碍物相撞，导致人员伤亡或燃油泄露等。
（5）航空器跑道事件，包括跑道外接地，冲出、偏出跑道。
（6）航空器火警。
（7）涉及航空器的其他突发事件。
非航空器突发事件如下。
（1）对机场设施的爆炸物威胁。
（2）机场设施失火。
（3）机场危险化学品泄漏。
（4）自然灾害。
（5）医学突发事件。
（6）不涉及航空器的其他突发事件。

（二）航空器突发事件的应急救援响应等级

航空器突发事件的应急救援响应等级包括以下三个。
（1）原地待命：航空器空中发生故障等突发事件，但该故障仅对航空器安全着陆造成困难，各救援单位应当做好紧急出动的准备。
（2）集结待命：航空器在空中出现故障等紧急情况，随时有可能发生航空器坠毁、爆炸、起火、严重损坏，或者航空器受到非法干扰等紧急情况，各救援单位应当按照指令在指定地点集结。
（3）紧急出动：已发生航空器失事、爆炸、起火、严重损坏等情况，各救援单位应当按照指令立即出动，以最快速度赶赴事故现场。

非航空器突发事件的应急救援响应不分等级。发生非航空器突发事件时，按照相应预案实施救援。

二、机场应急救援职责

机场管理机构应当在地方人民政府统一领导下成立机场应急救援工作领导小组。

机场应急救援工作领导小组是机场应急救援工作的决策机构，通常应当由地方人民政府、机场管理机构、民航地区管理局或其派出机构、空中交通管理部门、有关航空器营运人和其他驻场单位负责人共同组成。

机场应急救援工作领导小组负责确定机场应急救援工作的总体方针和工作重点、审核机场突发事件应急救援预案及各应急救援成员单位之间的职责、审核确定机场应急救援演练等重要事项，并在机场应急救援过程中，对遇到的重大问题进行决策。

机场应急救援总指挥由机场管理机构主要负责人或者其授权人担任，全面负责机场应急救援的指挥工作。

机场管理机构应当设立机场应急救援指挥管理机构，即机场应急救援指挥中心（以下简称"指挥中心"），作为机场应急救援领导小组的常设办事机构，同时也是机场应急救援工作的管理机构和发生突发事件时的应急指挥机构。其具体职责如下。

（1）组织制定、汇总、修订和管理机场突发事件应急救援预案。

（2）定期检查各有关部门、单位的突发事件应急救援预案、人员培训、演练、物资储备、设备保养等工作的保障落实情况；定期修订突发事件应急救援预案中各有关部门和单位的负责人、联系人名单及电话号码。

（3）按照本规则的要求制订年度应急救援演练计划并组织或者参与实施。

（4）机场发生突发事件时，根据总指挥的指令，以及预案要求，发布应急救援指令并组织实施救援工作。

（5）根据残损航空器搬移协议，组织或者参与残损航空器的搬移工作。

（6）定期或不定期总结、汇总机场应急救援管理工作，向机场应急救援工作领导小组汇报。

机场空中交通管理部门在机场应急救援工作中的主要职责如下。

（1）将获知的突发事件类型、时间、地点等情况按照突发事件应急救援预案规定的程序通知有关部门。

（2）及时了解发生突发事件航空器机长意图和事件发展情况，并通报指挥中心。

（3）负责发布因发生突发事件影响机场正常运行的航行通告。

（4）负责向指挥中心及其他参与救援的单位提供所需的气象等信息。

机场消防部门在机场应急救援工作中的主要职责如下。

（1）救助被困遇险人员，防止起火，组织实施灭火工作。

（2）根据救援需要实施航空器的破拆工作。

（3）协调地方消防部门的应急支援工作。

（4）负责将罹难者遗体和受伤人员移至安全区域，并在医疗救护人员尚未到达现场的情况下，本着"自救互救"人道主义原则，实施对伤员的紧急救护工作。

机场医疗救护部门在机场应急救援工作中的主要职责如下。

（1）进行伤亡人员的检伤分类、现场应急医疗救治和伤员后送工作。记录伤亡人员的伤情和后送信息。

（2）协调地方医疗救护部门的应急支援工作。

（3）进行现场医学处置及传染病防控。

（4）负责医学突发事件处置的组织实施。

三、机场应急救援预案

机场管理机构应当依据《民用运输机场突发事件应急救援管理规则》规则制定机场突发事件应急救援预案，该预案应当纳入地方人民政府突发事件应急救援预案体系，并协调统一。该预案应当包括下列内容。

（1）针对各种具体突发事件的应急救援预案，包括应急救援程序及检查单等。

（2）根据地方人民政府的相关规定、上述规则和机场的实际情况，确定参与应急救援的各单位在机场不同突发事件中的主要职责、权利、义务和指挥权，以及突发事件类型及相应的应急救援响应等级。

（3）针对不同突发事件的报告、通知程序和通知事项，其中，通知程序是指通知参加救援单位的先后次序。不同的突发事件类型，应当设置相应的通知先后次序。

（4）各类突发事件所涉及单位的名称、联系方式。

（5）机场管理机构与签订应急救援支援协议单位的应急救援资源明细表、联系方式。

（6）机场管理机构根据上述规则第二十三条的要求与各相关单位签订的应急救援支援协议。

（7）应急救援设施、设备和器材的名称、数量、存放地点。

（8）机场及其邻近区域的应急救援方格网图。

（9）残损航空器的搬移及恢复机场正常运行的程序。

（10）机场管理机构与有关航空器营运人或其代理人之间有关残损航空器搬移的协议。

（11）在各类紧急突发事件中可能产生的人员紧急疏散方案，该方案应当包括警报、广播、各相关岗位工作人员在引导人员疏散时的职责、疏散路线、对被疏散人员的临时管理措施等内容。

制定机场突发事件应急救援预案应当考虑极端的冷、热、雪、雨、风及低能见度等天气，以及机场周围的水系、道路、凹地，避免因极端的天气和特殊的地形而影响救援工作的正常进行。

机场突发事件应急救援预案应当向民航地区管理局备案。

机场管理机构应当建立机场突发事件应急救援预案的动态管理制度。预案修改后，机场管理机构应当将修改后的预案及时印发给参与应急救援的相关单位，并重新报备民航地区管理局。

机场管理机构在制定机场突发事件应急救援预案的过程中，应当充分征求机场空中交通管理部门、使用机场的航空器营运人或者其代理人、航空油料供应单位及其他主要驻场单位的意见。

机场突发事件应急救援预案在向民航管理部门报备前，应当征得地方人民政府的同意。

机场管理机构应当绘制机场应急救援综合方格网图，图示范围应当为上述规则第三条所明确的机场及其邻近地区。该图除应当准确标明机场跑道、滑行道、机坪、航站楼、围场路、油库等设施外，应当重点标明消防管网及消防栓位置、消防水池及其他能够用来取得消防用水的池塘河流位置、能够供救援消防车辆行驶的道路、机场围界出入口位置、城市消防站点位置和医疗救护单位位置。

机场管理机构还应当绘制机场区域应急救援方格网图，图示范围应当为机场围界以内的地区，该图除应当标明本条前款要求标明的所有内容外，还应当标明应急救援人员设备集结等待区。

方格网图应当根据机场及其邻近区域范围和设施的变化及时更新。

机场指挥中心、各参与机场应急救援单位和部门应当张挂方格网图。机场内所有参加应急救援的救援车辆中应当配备方格网图。方格网图可以是卫星影像图或者示意图，方格网图应当清晰显示所标注的内容。

四、应急救援的设施设备及人员

机场管理机构应当建设或指定一个特定的隔离机位，供受到劫持或爆炸物威胁的航空器停放，其位置应能使其距其他航空器集中停放区、建筑物或者公共场所至少 100m，并尽可能避开地下管网等重要设施。

机场管理机构应当按照《民用航空运输机场飞行区消防设施》的要求配备机场飞行区消防设施，并应保证其在机场运行期间始终处于适用状态。

机场管理机构应当按照《民用航空运输机场消防站消防装备配备》的要求配备机场各类消防车、指挥车、破拆车等消防装备的配备，并应保证其在机场运行期间始终处于适用状态。

机场管理机构应当按照《民用运输机场应急救护设施配备》的要求配备机场医疗急救设备、医疗器材及药品、医疗救护人员，并确保机场医疗急救设备、医疗器材及药品在机场运行期间始终处于适用状态和使用有效期内。

机场指挥中心及机场内各参加应急救援的单位应当安装带有时钟和录音功能的值班电话，视情设置报警装置，并在机场运行期间随时保持有人值守。值班电话线路应当至少保持一主一备的双线冗余。所有应急通话内容应当录音，应急通话记录至少应当保存两年。

机场管理机构应当设立用于应急救援的无线电专用频道，突发事件发生时，机场塔台和参与救援的单位应当使用专用频道与指挥中心保持不间断联系。公安、消防、医疗救护等重要部门应当尽可能为其救援人员配备耳麦。

为能在第一时间了解航空器在空中发生的紧急情况,指挥中心宜设置陆空对话的单向监听设备,并在机场运行期间保持守听,但不得向该系统输入任何信号。在航空器突发事件发生时,指挥中心确需进一步向机组了解情况时,应当通过空中交通管理部门与机组联系。

在邻近地区有海面和其他大面积水域的机场,机场管理机构应当按照机场所使用的最大机型满载时的旅客及机组人员数量,配置救援船只或者气筏和其他水上救生设备,也可以采取与有上述救援设备的单位以协议支援的方式来保障,但机场应当配备满足在救援初期供机场救援人员使用需要的船只或者气筏和其他水上救生的基本设备。

当突发事件发生在机场及其邻近地区的海面或大面积水域时,还应向当地国家海上搜救机构报告。

机场管理机构应当根据机场航空器年起降架次,配置与机场所使用航空器最大机型相匹配的残损航空器搬移设备,并在机场运行期间保证其完好适用。

年起降架次在 15 万(含)以上的机场,应当配置搬移残损航空器的专用拖车、顶升气囊、活动道面、牵引挂具以及必要的枕木、钢板、绳索等器材。年起降架次在 15 万以下、10 万(含)以上的机场,应当配置顶升气囊、活动道面、牵引挂具以及必要的枕木、钢板、绳索等器材。年起降架次在 10 万以下的机场,应当配置活动道面以及必要的枕木、挂件、绳索等器材。

活动道面配置应当满足航空器每一轮迹下的铺设长度不小于 30m;航空器牵引挂具的配置应当满足能牵引在机场使用的各类型航空器;对于在发生突发事件起 2 小时之内机场管理机构可能取得专用拖车和顶升气囊的,机场管理机构可不配备专用拖车和顶升气囊,但应当有明确的救援支援协议。

机场管理机构应当配备用于机场应急救援现场指挥的车辆,该车应当配有无线通信、传真、摄像、视频传输、计算机、照明等设备,并配有应急救援的相关资料库及主要材料的纸质文件。

五、应急救援的日常管理和演练

机场管理机构及其他驻场单位应当根据应急救援预案的要求定期组织应急救援演练,以检验其突发事件发生时的施救时间、信息传递、通信系统、应急救援处置、协调配合和决策指挥、突发事件应急救援预案等,机场管理机构及参加应急救援的驻场单位均应当将应急救援演练列入年度工作计划。

驻机场的航空器营运人、空中交通管理部门及其他参加应急救援的单位,应当配合机场管理机构,做好应急救援演练工作。

应急救援演练分为综合演练、单项演练和桌面演练三种类型。

综合演练是由机场应急救援工作领导小组或者其授权单位组织,机场管理机构及其各驻机场参加应急救援的单位及协议支援单位参加，针对模拟的某一类型突发事件或几种类型突发事件的组合而进行的综合实战演练。

单项演练是由机场管理机构或参加应急救援的相关单位组织，参加应急救援的一个或几个单位参加，按照本单位所承担的应急救援责任，针对某一模拟的紧急情况进行的单项实战演练。

桌面演练也称指挥所推演，是由机场管理机构或参加应急救援的相关单位组织，各救援单位参加，针对模拟的某一类型突发事件或几种类型突发事件的组合以语言表达方式进行的综合非实战演练。

机场应急救援综合演练应当至少每三年举行一次，未举行综合演练的年度应当至少举行一次桌面演练，机场各参加应急救援的单位每年至少应当举行一次单项演练。

举行综合演练时，可以邀请当地人民政府及有关部门、民航地区管理局、航空器营运人及其他有关驻场单位人员以观察员身份参加，并参加演练后的总结讲评会。

在举行机场应急救援演练前，机场管理机构或者组织单项演练的相关单位应当组织编制应急救援演练计划，应急救援演练计划应当按照突发事件发生、发展的进程进行编制，应急救援演练计划可以是一种或几种突发事件的综合。

应急救援演练计划制订完毕并经应急救援领导小组同意后，应当在演练实施两周前报送民航地区管理局。

机场管理机构在举行应急救援演练时，原则上应当采取措施保持机场应急救援的正常保障能力，尽可能地避免影响机场的正常运行。如果由于应急救援演练致使本机场的正常保障能力在演练期间不能满足相应标准要求的，应当就这一情况通知空中交通管理部门发布航行通告，并在演练后尽快恢复应急救援的正常保障能力。

举行综合演练时，机场管理机构应当视情况事先通报相关部门。

第九章

机场服务质量

第九章 机场服务质量

本章学习目标

- 掌握机场服务涉及的各主要环节；
- 理解机场服务质量及其重要性；
- 掌握机场服务质量评估及改进方法。

导读

关于进一步提升民航服务质量的指导意见

2018 年 1 月 26 日，国家民用航空局发布《关于进一步提升民航服务质量的指导意见》文件，对民航服务质量给出了具体的指导意见，文件全文如下。

根据党的十九大关于"中国特色社会主义进入新时代、我国经济已由高速发展阶段转向高质量发展阶段"的论断，民航局党组做出新时代民航强国建设的战略谋划。民航强国建设的本质是推动高质量发展。服务质量是民航高质量发展的集中体现，提升服务质量是民航高质量发展的必然要求。近年来，民航秉承"真情服务"理念，持续改善服务质量，不断提升服务水平。但是随着人民生活水平的提高，人民群众对民航服务种类、服务范围、服务能力和服务水平的要求也越来越高，民航服务供给不平衡、不充分问题逐渐凸显。特别是航班正常、延误处置、行李运输、票务服务、餐饮服务等方面存在诸多短板，民航服务的传统优势和品牌影响力正在减弱。

为深入贯彻党的十九大精神，进一步提升民航服务质量，推动民航高质量发展，更好地满足人民群众日益增长的航空运输需求，增强人民群众对民航服务的满意度和获得感，现提出以下指导意见。

一、总体要求

（一）指导思想

以习近平新时代中国特色社会主义思想为指导，全面贯彻落实党的十九大精神，坚持发展为了人民理念，坚持稳中求进总基调，推进高质量发展。按照"一二三三四"民航总体工作思路，落实真情服务工作要求，大力践行当代民航精神，聚焦人民群众需求和关切，抓重点、补短板、促创新，不断提升服务质量，增强人民群众对民航服务的满意度和获得感，为民航强国建设提供有力支撑和坚强保障。

（二）基本原则

坚持高质量发展方向。高质量是民航服务的本质要求和永恒主题。安全和服务同为民航质量的关键组成要素，相互支撑、相互促进。要正确处理安全与服务的关系，夯实安全基础，为服务提供坚实保障；提升服务质量，为安全营造有利环境。要正确处理发展与服务的关系，协调发展、稳中求进，把发展建立在质量有保证的基础上，避免盲目追求速度和规模。要始终把服务质量、航班正常等因素作为衡量民航发展质量的关键指标，使行业沿高质量发展轨道前行。

坚持以人民为中心。民航服务的根本目的是满足人民群众的航空运输需求。要努力保持行业服务水平与广大人民群众对航空运输日益增长且逐渐多样化、个性化的需求同步提高,把广大人民群众最关心、最关注的服务问题,作为改进服务的方向。要把广大人民群众的满意度和获得感作为评价民航服务的主要标准。

坚持运行单位为主体。航空公司、机场、空管、服务保障企业等运行单位是提升民航服务质量的主体。要充分激发各运行单位提升服务质量的内生动力,积极、主动地建立健全内部服务质量管理体系,打造标准化、规范化服务流程,完善服务质量绩效考核机制,加大资金投入和人才培养力度,努力打造服务品牌,争创一流服务,努力实现行业领先,早日达到国际先进水平。要不断加强民航服务的系统性建设,增强各运行主体单位间协同联动和信息共享,不断提升运行效率,共同打造优质高效、衔接顺畅的民航服务供应链。

坚持改革创新为动力。改革创新是提升民航服务质量的动力源。要从人民群众最关注、行业发展最迫切的问题入手,破除体制机制弊端,破解阻碍发展难题,以新技术、新理念、新业态带动各种创新要素向服务供给端集聚,推进民航服务质量快速提升。要坚持制度创新,加快服务法规、标准的"立改废",为民航服务质量提升创造良好政策和法规环境。要坚持管理创新,从考核激励机制入手,充分调动服务一线人员践行真情服务的主动性和创造性。要坚持技术创新,充分利用先进科技手段,提升全要素生产效率,提供精准高效服务,更好满足广大人民群众多样化需求。

(三)主要目标

根据新时代民航强国战略部署,围绕新时代民航强国建设的阶段性特征,配合新时代民航强国的战略进程,聚焦每一个发展阶段的主要矛盾,找准主攻方向和重点任务,明确奋斗目标。

第一阶段,提质增效阶段。重点解决人民群众不断增长的航空运输服务需求和民航服务能力不足之间的矛盾。到 2020 年,初步建成系统完善的航班正常保障体系,航班正常水平稳步提升,全行业航班正常率达到 80% 以上,机场始发航班正常率达到 85% 以上;民航服务主体的服务质量管控能力和创新能力显著加强;旅客投诉率、行李运输差错率明显下降,旅客满意度明显提升;具有系统完善的民航服务质量法规标准及监管体系;服务基础设施建设力度不断加大;全行业服务从业人员服务意识和综合素质显著提升。

第二阶段,超越跨越阶段。到 2035 年,民航服务要全方位满足人民日益增长的航空服务需求,涌现出一批服务质量国际领先,能够代表中国服务品牌的民航企业,中国民航服务进入世界民航服务先进行列。

第三阶段,国际领先阶段。至 21 世纪中叶,形成高效、便捷、舒适、绿色、和谐的民航服务供给体系,中国民航的服务产品、服务标准、服务理念得到国际普遍认可,中国民航服务水平全面进入国际前列。

二、主要任务

(一)健全法规标准体系

完善民航服务质量法规体系。及时修订和制定民航相关法律法规,引领消费者权益保护和行业服务质量提升。修订《中华人民共和国民用航空法》，增加民航消费者权益保护的基本要求，为健全民航服务质量法规体系提供上位法支撑。推进《中国民用航空旅客、行李国内运输规则》《中国民用航空旅客、行李国际运输规则》等规章的修订工作，逐步形成民航消费者权益保护法规体系。围绕贯彻落实法律法规，修订和出台相关的配套规范性文件，逐步形成体系健全、层次分明、行之有效的民航服务质量法律法规体系。

完善民航服务质量标准体系。制定未来三到五年的民航服务标准体系规划。评估、修订现有民航服务标准，根据行业服务质量提升需求，分阶段、有重点地制定新的行业标准。用3年时间建成比较完善的民航服务行业标准体系，逐步实现民航服务质量管理的标准化和规范化。推动部分行业标准成为国家标准。

（二）加强航班正常管理

持续抓好航班正常工作。一是严格把控发展质量。在增加航线航班、引进运力等方面坚持严格的标准，确保发展速度与机场容量和资源保障能力相匹配，严格控制长期超负荷运行。二是科学把握运行标准。统筹协调好运行标准与安全裕度、运行安全与运行效率的关系，优化航空公司、机场、空管的运行标准及流程，防止过度挤占效率的"内部标准"。三是持续改进保障能力。着眼于提高运行效率和地面保障能力，着力增加和优化空域，调整航路结构，统筹机场新建、改扩建项目，适度超前建设航站楼、停机坪和跑道、滑行道系统，充裕配备牵引车、摆渡车、客梯车；要加快推进二三类盲降系统建设和运行、机坪管制移交。四是不断增强技术支撑。大力推进新技术运用，全面推进广播式自动相关监视（ADS-B）应用，继续加大平视显示器（HUD）技术应用力度，深入开展基于性能的导航（PBN）运行，加大对FOD探测技术和装备的研究和推广应用。完善CDM系统运行，实施协同决策全国一体化，推进A-CDM系统建设。

着力健全航班正常管理体系。加强资源能力、信息畅通、协同联动、快速处置等方面建设，提升航班正常管理能力。一是构建以运行控制为核心的航空公司运行管理体系。航空公司要转变生产组织管理方式，进一步整合内部机构，突出运行控制部门核心地位，加强运行控制部门能力建设，发挥运行控制部门组织职能；抓好系统建设，完善内部考核，形成航班编排科学、运行监控全面、风险预警及时、应急处置有效的航空公司运行控制管理体系。二是构建以提升运行效率为核心的机场保障管理体系。机场要明确自身定位，调整组织结构，加快基础设施建设和信息资源整合，以提升地面运行保障能力为核心，形成保障有力、信息共享、运行高效的机场地面保障管理体系。三是构建以流量管理为核心的空管运行服务管理体系。空管部门要加快深化空管体制改革，努力提升服务效能，完善流量管理体系。要加强信息共享，与机场和航空公司建立协同决策机制，实现不同层面容量与需求的平衡，形成协同联动、指挥高效的空中交通运行服务管理体系。四是构建以考核机制为核心的政府监督管理体系。行业管理部门要紧紧围绕考核机制这一核心，改进航班正常统计，强化航班时刻管理，完善考核指标和管理措施，将航班正常性与资源分配挂钩，丰富航班正常监管手段，强化一线监管力量，严格依法实施监管，对未能达标的严格限制、对违反规定的严厉处罚、对未能落实主体责任的严肃追责，形成法规健全、机制完善、监管有力的航班正常监督管理体系。

(三)规范基础服务工作

规范票务服务。要加强对客票销售代理人资质管理和经营监督,严肃查处客票欺诈、价格违法等违规销售行为。要严格规范互联网机票销售平台经营行为,加强客票使用条件和服务内容的告知,杜绝误导购票旅客的消费陷阱,改善旅客购票环境。要进一步优化客票退改签流程,简化退改签手续。要切实做好旅客个人信息保密工作。

提高行李运输质量。规范行李运输服务标准,优化行李运输服务保障流程,推广应用FRID行李全程跟踪系统,提升行李运输保障效率和质量,减少行李丢失、错运等事件发生。要规范行李运输操作,杜绝野蛮装卸,防止行李破损,逐步实现行李作业全程监控。要加大行李运输设施设备和人员投入,努力缩短行李提取时间。修订《国内航空运输承运人赔偿责任限额规定》,合理提高国内行李运输赔偿限额,并建立定期复审制度。

优化航班延误服务。要健全航班延误后旅客服务协调机制,提升应急处置能力,最大限度降低因航班延误给旅客出行带来的不便。要确保信息顺畅,综合运用短信、微信、手机APP、机场航显和广播等多种方式,确保旅客及时了解航班延误预警和动态信息。按照规定要求为旅客及时办理客票退改签业务和提供食宿服务。避免因航班延误处置不当导致群体性事件。

提升旅客投诉处理能力。建立基于PC端和APP端的民航服务质量监督平台(旅客投诉集中受理平台),对接航空公司和机场的投诉管理系统,规范投诉处理流程,加强投诉处理闭环管理,健全投诉反馈机制,提高旅客投诉处理的效率和质量。加强民航局消费者事务中心能力建设,加大资金支持力度,提升投诉处理能力,改进投诉管理系统,完善投诉调解工作机制。加强投诉数据和典型案例分析,及时发现带有普遍性的服务薄弱环节,从法规制度上加以改进,完善行业管理规范。

(四)大力推进服务创新

提升个性化服务能力。以旅客需求为导向,开展个性化特色服务。全面推进并优化机场"母婴室""军人依法优先"等服务项目,完善无障碍设施设备配备,实现残疾军人(警察)网络优惠购票。加强残疾人、病人、老人、无成人陪伴儿童等特殊群体航空运输服务保障,优化服务流程,满足特殊人群的服务需求,让全社会感受到民航服务的人文关怀。

提升民航餐饮服务水平。要加强民航食品安全工作,出台《民用航空运营食品安全管理办法》,关注"舌尖上的安全"。要提升机上餐食质量,丰富机上餐食供应,建立机上餐食质量评价机制,鼓励航空公司根据航线旅客构成、航点地域特点,结合中国传统节日特点,推出具有地方风味、"家乡味道"、节日特点的机上餐食,提升旅客满意度。要推动机场餐饮"同城同质同价",发挥机场服务质量评估作用,创新机场特许经营管理模式,杜绝候机楼餐饮服务乱收费。

优化旅客服务体验。着力民航服务理念创新、技术创新和管理创新,开展创新示范并加以推广。统筹规划机场建设,提高近机位所占比例,简化旅客进出港流程,缩短枢纽机场旅客中转时间。推行"无纸化"便捷出行,推广人脸识别技术;改进安检手段,完善安检设施,增加繁忙时段安检通道,提高安检效率。推广"互联网+民航服务",利用互联网信息手段为旅客实时推送航班动态信息;试行高空移动终端接入局域网或互联网服务,鼓励航空公司在确保安全的条件下,在具备客舱无线局域网的飞机上,实现旅客利用自备移动终端接入客舱娱乐信息系统;在具备客舱空地通信能力的飞机上,实现空中接入互联网。鼓励航空运输企业开展"多式联运",与其他运输方式实现无缝衔接,为旅客出行提供更大便利。

（五）完善企业内控机制

提升企业服务全面质量管理能力。以推动开展民航服务质量管理体系建设为抓手,完善企业服务质量管理组织架构,明确服务质量管理部门职责定位。健全企业服务质量管理规章制度,对标民航法规规章和标准,完善服务管理手册和员工业务操作手册。建立服务质量目标体系,健全内部督查和绩效考核机制,完善投诉处理机制和整改机制,实现服务质量全闭环管理。

着力打造民航企业"中国服务"品牌。引导民航企业提升服务附加值,形成独有的比较优势。民航企业要弘扬劳模精神和"工匠精神",营造精益求精、爱岗敬业的良好风气,注重服务质量精细化管理,对标国际标准,加强品牌建设。支持优秀企业申报国内外权威服务质量奖项,着力打造中国民航的世界级服务品牌。

（六）强化服务监督管理

加强政府服务监管。制定民航服务质量监察员手册,完善服务质量监管事项库,加强服务质量日常监察,同时推动企业开展法定自查工作,把法规要求内化为企业手册和内部检查单。建立服务质量专项督查机制,针对旅客关心、社会关注的民航服务热点和痛点问题,及时开展服务质量专项督查。建立服务质量综合评价指标体系,明确评价指标、模型和方法,充分利用大数据等新技术,在公正、客观、透明等方面不断完善服务质量评价机制,支持社会第三方开展服务评价工作。健全服务质量评价结果运用机制,将评价结果与购租飞机、航权、时刻、专项资金安排等资源分配挂钩,促进行业持续提升服务质量。

强化行业服务自律。民航运输协会、机场协会等行业协会要完善行业服务质量自律规范,加强行业服务质量自我监督,评估会员企业服务水平,曝光行业服务事件,形成有效的行业自律和自我监督机制。要充分发挥行业协会的桥梁纽带作用,为会员企业提升服务质量提供沟通交流平台,为政府部门制定行业服务政策措施献计献策。

加强服务信用体系建设。建立民航企业服务信用管理制度,大力倡导服务承诺制,推动航空公司、机场、销售代理企业等航空市场主体面向社会公布服务承诺。将其遵守服务法规、标准和履行服务承诺情况纳入民航行业信用管理体系;对于违反服务法规、违背服务承诺的行为实施联合惩戒,做到"一处受罚,处处受限"。完善旅客信用信息记录,对旅客扰乱航空运输秩序、危及航空安全、造成严重社会不良影响的行为予以记录并实施约束惩戒措施。

三、保障措施

（一）加强组织领导,严格责任落实

加强对民航服务质量提升的统筹规划和组织领导,建立健全责任落实机制和协调机制,明确任务分工和推进计划,确保各项工作举措和要求落实到位。民航局负责全国民航服务质量提升的总体部署和统筹推进。加大对民航局直属单位的考核力度,研究将航班正常和服务质量工作情况与年度经营业绩和绩效考核挂钩。局机关各有关职能部门要按照本指导意见的要求，根据工作职责，制定落实意见的具体工作措施。各地区管理局及监管局要从辖区实际出发，加强监管，督促落实，有计划、有步骤地推进本地区民航服务质量提升工作。航空公司、机场、地面服务代理企业、各服务保障单位和行业协会，要建立服务质量提升工作责任制和考核机制，确立工作目标，制定工作方案，细化任务分解，确保落到实处。

（二）加大投入力度，提高保障能力

加大对民航服务领域基础研究、科技创新、信息化建设、设施设备配备等方面的资金投入；研究补助补贴与航班正常率、旅客满意度挂钩的政策激励机制；加大对服务监管系统建设的投入，提高行业监管信息化水平；促进服务领域科技成果转化和新技术推广应用，建立目录清单制度，对目录项目给予财政资金支持。航空公司、机场、空管以及服务保障单位要有效增加对运行和服务的投入，确保设施设备完善和人员配备充足。要特别注重加大对新技术应用的投入，通过应用先进技术实现服务水平的跨越式提升。

（三）强化"三基"建设，提升服务技能水平

强化民航服务工作"三基"建设，推动服务理念、服务标准、服务手册、服务培训、服务资源到班组，不断提升民航基层服务队伍的业务技能、专业素养，使其具备扎实的基本功，夯实民航服务提升的基础。鼓励行业协会、工会、共青团等组织，以服务质量提升为主线，在全行业开展民航服务比知识、比技能、比作风活动，进一步增强民航服务一线员工的行业归属感和职业荣誉感。要进一步优化基层岗位职责和工作程序，实施合理有效授权，增强一线服务人员的主动性和掌控力，使其既能掌握原则，又能灵活应变，从而及时处置问题、有效化解矛盾。

（四）加强政策研究，提供服务智力支持

充分发挥民航院校、科研机构、企事业单位的作用，加强服务质量管理领域专家和急需紧缺人才培养，形成一批具有国际化视野的民航服务管理人才和服务专家团队，逐步推进服务质量管理专家库建设。充分发挥服务质量专家库作用，着力研究服务管理、制定服务标准、解读服务政策、提供服务咨询。充分发挥服务质量专家库作用，客观、公正开展第三方服务质量评价和咨询工作，为全行业服务质量提升提供智力支持，为各服务主体提升服务质量提供对策建议。

（五）加大宣传力度，构建服务质量文化

大力宣传民航服务质量提升的重要意义、总体要求和政策措施，突出服务质量提升在民航强国建设中的重要作用，让高质量服务和高质量发展形成行业共识，成为各级领导干部的工作理念和工作责任，成为全行业各单位共同的价值追求。民航各单位要充分借助网络、报刊等媒体，加大宣传力度，为民航服务质量提升工作创造良好的舆论环境。要大力宣传倡导服务文化，不断提高全行业的服务意识。要发挥中国民航报的主阵地作用，深入报道民航服务先进事迹，树立民航服务典型模范，激发全行业员工提升服务质量的积极性和主动性。积极宣传民航服务质量提升的措施和成效，不断增进社会和广大旅客对民航服务工作的理解、认可和支持，为民航改革发展营造良好氛围。

思考：

（1）中国特色社会主义进入新时代，民航局党组响应党中央号召，做出新时代民航强国建设的战略谋划，扎实推动民航服务高质量发展。

（2）发展阶段划分清晰，目标明确，可操作性强。

（3）构建以提升运行效率为核心的机场保障管理体系。明确自身定位，调整组织结构，加快基础设施建设和信息资源整合，以提升地面运行保障能力为核心，形成保障有力、信息共享、运行高效的机场地面保障管理体系。

资料来源：http://www.caac.gov.cn/XXGK/XXGK/ZCJD/201803/t20180301_55401.html。

第一节　机场服务

机场服务也称为机场地面服务，是指从旅客离岗之前或到达之后，在机场内航空公司、机场当局、联检单位等为旅客提供的所有服务，包括导乘服务、值机服务、问询服务、联检服务、安检服务、购物就餐服务、贵宾服务、登机服务、行李运输、行李查询服务等。

第二节　机场服务质量术语

我国的民用航空行业标准《中国民用机场服务质量评价指标体系》（MH/T 5114—2017）对机场服务质量评价的指标体系做出了详细的规定。该标准规定了我国民用运输机场服务质量评价指标体系、评价方法和计算方法，适用于对我国民用运输机场的服务质量进行评价。

该标准中涉及的术语和定义如下。

（1）评价。对民用机场服务质量优劣程度做出的判断。

（2）专业评审员。具备一定专业资质条件、从事民用机场服务质量评价评审工作的专业人员。

（3）评价指标。对民用机场服务质量进行评价所依据的具体的、可观察的、可测量的评价内容。

（4）评价指标体系。由旅客满意度、航空公司满意度、专业评审、机场放行正常率和一票否决等指标组成的指标系统。

对于机场服务质量评价的基本要求也做了细致规定。

评价原则应坚持客观性和公正性。评价工作应有组织地进行，应采取措施保证评价工作的规范性和有序性。

旅客满意度和航空公司满意度数据的收集应体现客观性和真实性，旅客评价应遵循随机、自愿的原则，航空公司评价应坚持中立、公正、客观的原则，评价过程不受任何外界因素干扰。

专业评审工作应体现客观性、公正性和专业性，评审员评分应独立自主完成，不受任何外界因素干扰。

对于评价周期，要求机场服务质量评价应持续进行，应至少每三年一个周期，实现机场服务质量持续改进和提升的目的。

第三节 旅客满意度评价指标

旅客满意度评价指标（一级指标）下设的二级指标有 12 项。第 1 项"出入机场交通"，内容包括：① 出入机场乘车方便快捷；② 停车设施配置齐全、合理。第 2 项"问询服务"，内容包括：① 首问答复负责、准确、及时；② 问询服务人员态度友善。第 3 项"办理乘机手续服务"，内容包括：① 办理乘机手续方便快捷；② 交运行李方便快捷、信息告知清晰；③ 办理乘机手续人员服务态度友好。第 4 项"安全检查服务"，内容包括：① 安全检查通过顺畅；② 安检人员语言和动作规范。第 5 项"联检服务"，指海关边防检疫通关顺畅。第 6 项"登机口服务"，内容包括：① 登机口座位充足、秩序良好；② 登机广播清晰。第 7 项"引导标识"，内容包括：① 引导标识位置合理、标识醒目；② 引导标识规范统一、连贯准确。第 8 项"航站楼设施设备与环境"，内容包括：① 航站楼环境整洁、空气清新、温度适宜；② 航班信息系统位置醒目、信息准确；③ 航站楼广播音质清晰、音量适中柔和；④ 行李手推车数量充足、取用方便；⑤ 卫生间数量充足；⑥ 卫生间清洁、空气清新；⑦ 饮用水取用方便；⑧ 银行/提款机、货币兑换使用方便；⑨ 餐饮环境整洁、价格合理；⑩ 购物环境整洁、明码标价。第 9 项"提取行李服务"，内容包括：① 提取行李快捷；② 行李完好无损。第 10 项"中转服务"，指中转服务方便快捷。第 11 项"IT 服务"，内容包括：① 互联网/wifi 连接顺畅；② 机场 APP 或其他移动互联应用软件使用方便。第 12 项"航班延误服务"，内容包括：① 本机场航班延误时信息发布及时、准确；② 本机场航班延误后的服务规范。

第四节 航空公司满意度评价指标

航空公司满意度评价指标（一级指标）下设的二级指标有 3 项。第 1 项"安全保障"，内容包括：① 机坪封闭性良好；② 跑道及滑行道维护合规；③ 起降灯光设施维护合规；④ 航空器监护合规。第 2 项"运行保障"，又细分为 5 个三级指标。第 1 个"廊桥"，内容为：① 提前检查，确保廊桥安全适用；② 廊桥对接及时、准确；③ 廊桥卫生清洁。第 2 个"客梯车"，内容为：① 客梯车到位及时；② 客梯车卫生清洁。第 3 个"摆渡车"，内容为：① 摆渡车到位及时；② 及时引导，避免旅客在摆渡车上长时间等待；③ 控制摆渡车上客人数；④ 摆渡车内卫生清洁、温度适宜。第 4 个"其他特种车辆"，指其他特种车辆到位及时。第 5 个"停机位分配"，指廊桥、停机位等保障资源分配合理。第 3 项"服务保障"，又细分为 8 个三级指标。第 1 个"行李服务"，内容为：① 在值机和安检区域摆放手提行李标准尺寸框；② 在值机区域设置提示，告知旅客超标/违禁行李不得携带上机；③ 行李、货邮装载及时，不引起航班延误；④ 首末件行李传送及时；⑤ 优先行李优先交付；⑥ 专人监装、监卸；⑦ 行李分拣区域监控全覆盖。第 2 个"登机服务"，内容为：① 工作人员到位及时；② 登机口关闭时间符合行业规范；③ 分舱位、分区域登机服务符合航空公司要求。第 3 个"客舱清洁"，内容为：① 客舱清洁及时；② 客舱清洁程度符合航空公司的标准和要求。第 4 个"舱单"，指舱单上传及时、准确。第 5 个"不正常航班（含备降航班）保障"，内容为：① 不正常航班服务保障；② 备降航班服务保障。第 6 个"特殊旅客服务"，内容为：① 特殊旅客服务设备齐全、完好；② 特殊旅客服务符合航空公司的标准和要求。第 7 个"服务流程"，指服务流程合理，各环节衔接顺畅。第 8 个"服务改进"，指服务问题得到解决，符合航空公司标准。

第五节　机场服务质量专业评审指标

专业评审指标供对机场服务质量具体测评时直接采用，指标具体，操作性强。专业评审指标（一级指标）下设 25 项二级指标，根据不同的评定内容，部分二级指标又细化为三级、四级或五级指标。

一、机场旅客安全保障服务

第 1 项二级指标"机场旅客安全保障服务"，下设 10 个三级指标。其中，第 1 个"航站楼前地面"，航站楼前旅客上下车地带的地面无水渍、冰渍，或明显凸起和棱角，防止旅客滑倒或碰伤。第 2 个"航站楼内地面"，航站楼内地面无明显妨碍旅客行走安全的水渍，在卫生间、餐饮商铺等重点区域的湿滑地面设立防滑提示。第 3 个"航站楼内扶梯、自动步梯"，航站楼内扶梯、自动步梯应有明显安全提示，如图示、语音提示，设备维修时应安放有效标识和围挡，告知正在维修。第 4 个"饮水设施"，航站楼内饮水设施应标明冷热水的取用须知，提醒旅客谨防烫伤。第 5 个"玻璃门窗及护栏"，航站楼内的明玻璃门窗应有明显防撞标识，玻璃护栏有明显警示标识。第 6 个"紧急疏导和安全警示标识"，航站楼内在明显的位置设置紧急疏导标识和安全警示标识，且指示正确。第 7 个"摆渡车"，摆渡车内配备避险设施设备，如紧急按钮、安全锤灭火瓶等器具。第 8 个"廊桥"，内容有：① 廊桥与航空器严格按照标准对接，且采取有效防护措施，防止旅客从衔接处摔落；② 廊桥地面坡度合理、平坦防滑，无明显凸起。第 9 个"客梯车"，内容有：① 客梯车平稳，梯身台阶牢固可靠；② 配备足够照明，防止因光线不足造成伤害；③ 配备扶手，且扶手不应有可能引起伤害的突出物或拐角；④ 有防护措施，防止出现因湿滑导致旅客滑倒的伤害事件出现；⑤ 根据设备载荷要求，控制客梯车上旅客人数，且维持秩序。第 10 个"站坪道面"，站坪道面无明显水渍、冰渍、油渍，防止旅客滑倒。

二、地面交通服务

第 2 项二级指标"地面交通服务",细分为 3 个三级指标。其中,第 1 个三级指标"进出机场地面交通状况",又细分为 3 个四级指标。其中,第 1 个四级指标"航站楼前交通设施",分为 5 个五级指标。第 1 个五级指标"公共交通运输系统",应与城市交通连接顺畅、便捷;系统包括公共汽车、机场巴士、出租车,旅客吞吐量在 1 000 万(含)以上机场宜提供轨道交通系统(地铁、轻轨或磁悬浮)。第 2 个五级指标"进出机场通道",进出车辆分类疏导,避免混流,保持畅通。第 3 个五级指标"交通引导标识/牌",齐全、清晰、规范、准确。第 4 个五级指标"车道/人行道",内容包括:① 平整、无损,行李手推车行进畅通、安全;② 旅客吞吐量在 1 000 万(含)以上机场应设置斑马线、减速带或红绿灯。第 5 个五级指标"停靠站点设置",合理安排航站楼前道路专用车辆停靠站点和上下客区域,避免人车交叉,满足流量需要。第 2 个四级指标"交通管理",细分为 3 个五级指标。第 1 个五级指标"交通秩序",交通秩序良好,疏导及时有效,无车辆非法载客现象。第 2 个五级指标"交通通告",明显、规范、更新及时。第 3 个五级指标"多航站楼交通",各航站楼之间地面交通顺畅。第 3 个四级指标"无障碍设施",内容有:① 航站楼各出入口地面衔接处有高度差时,应以斜面过度;② 人行道盲道应方便视残者安全行走和顺利到达问询柜台等位置;③ 航站楼前设有红绿灯的路口,应设盲人过街音响设施。第 2 个三级指标"停车场(楼)",细分为 3 个四级指标。其中,第 1 个四级指标"设备设施",又分为 5 个五级指标。第 1 个五级指标"停车位",与机场客流量相适应,确保高峰时段有停车位。第 2 个五级指标"清洁",地面清洁,无乱堆放垃圾。第 3 个五级指标"照明",根据使用要求及夜间车辆进出的频繁程度,合理设置,照度适宜。第 4 个五级指标"设施配备",消防、监控、广播、照明、通风等设施设备健全、状态完好;露天停车场不应设置广播和通风设施。第 5 个五级指标"标志标识",引导标识规范、清晰、有效,颜色统一。第 2 个四级指标"使用状况",细分为 3 个五级指标。其中,第 1 个五级指标"开放时间",应能为最早和最晚航班服务。第 2 个五级指标"停车秩序",停车有序,及时疏导,车辆行驶顺畅。第 3 个五级指标"停车收费",明码标价,无乱收费现象。第 3 个四级指标"无障碍停车位",细分为 2 个五级指标。其中,第 1 个五级指标"位置",靠近航站楼的主要出入口和停车楼电梯出入口处设置无障碍停车位。第 2 个五级指标"数量",每个停车场(楼)无障碍车位数量应不少于停车位数量的 5‰,至少不少于 2 个。第 3 个三级指标"公共交通车辆",细分为 10 个四级指标。其中,第 1 个四级指标"准点率",巴士、轨道交通等运营准点。第 2 个四级指标"等候区域",应提供相对舒适的等候区域,且设置避雨、雪设施。第 3 个四级指标"服务时间",应为最早与最晚航班提供服务;运营时间内有巴士售票服务;夜班车、延误车按航班时刻调派。第 4 个四级指标"车站设置",设置合理,便于旅客寻找、候车、乘车;巴士线路覆盖主要区域和经停站。第 5 个四级指标"服务指南",提供服务指南,包含运营时间、发车间隔、路线及站点介绍、监督电话等信息。第 6 个四级指标"车辆配置"，内容有：① 巴士、出租车数量充足；巴士车型与机场客流相适应；② 车辆符合国家标准，车身、车内清洁。第 7 个四级指标"指示牌"，提供醒目的引导指示牌。第 8 个四级指标"价格"，应明码标价，价格经当地物价部门核准。第 9 个四级指标"司售人员"，耐心、主动、热情、微笑和周到。第 10 个四级指标"调度秩序"，专人调度，维持秩序，按序排车、放车。

三、信息服务

第 3 项二级指标"信息服务"，分为 5 个三级指标。其中，第 1 个三级指标"航班信息显示系统"，又细分为 3 个四级指标。其中，第 1 个四级指标"易见性"，位置合理，应在值机大厅、安检后、候机区、中转区、行李提取厅等关键的旅客流程处设置航班信息显示系统，易于旅客查阅航班信息。第 2 个四级指标"完好率"，系统设备完好，信息显示正常。第 3 个四级指标"信息质量"，信息准确，易于理解，更新及时，整体显示一致。第 2 个三级指标"公众广播"，细分为 2 个四级指标。其中，第 1 个四级指标"系统设置"，内容有：① 提供航班动态、服务信息、特别通告和紧急信息等广播；② 系统设备完好，公共区域覆盖率 100%；③ 旅客吞吐量在 500 万（含）以上机场应使用分区广播，且区域间不应互相干扰，旅客吞吐量在 500 万以下宜分区。第 2 个四级指标"广播质量"，内容有：① 应准确、清晰、流畅，音量适中，专业术语统一，语句通顺易懂，内容更新及时；② 应使用普通话、英语进行广播。第 3 个三级指标"公众公告"，设置告示/警示牌。第 4 个三级指标"网站（旅客吞吐量 200 万（含）以上应设置，旅客吞吐量 200 万以下宜设置）"，细分为 2 个四级指标。其中，第 1 个四级指标"网页设计"，界面友好、人性化；信息分类清晰，便于查询，更新及时。第 2 个四级指标"服务信息内容"，又细分为 8 个五级指标。其中，第 1 个五级指标"机场地址与方位图"，清晰易懂。第 2 个五级指标"服务热线与投诉电话"，号码有效，及时更新。第 3 个五级指标"航班动态信息"，及时准确，覆盖机场所有进出港航班。第 4 个五级指标"多航站楼及航空公司分布图"，标示清晰、准确，通俗易懂。第 5 个五级指标"航站楼内乘机流程图"，标示清晰、准确，通俗易懂。第 6 个五级指标"航站楼内服务设施布局图"，标示清晰、准确，通俗易懂。第 7 个五级指标"交通方式介绍"，内容有：① 公交车首末车时间、发车间隔和票价清晰、准确；② 大巴车首末车时间、线路图、发车间隔和票价清晰、准确。第 8 个五级指标"特殊旅客服务介绍"，应明确特殊旅客的服务范围及相应服务内容。第 5 个三级指标"手机 APP"等移动互联应用软件服务（旅客吞吐量在 500 万（含）以上应设置，旅客吞吐量 500 万以下宜设置），细分为 5 个四级指标。其中，第 1 个四级指标"值机服务"，提供值机服务或值机链接服务。第 2 个四级指标"航班动态信息"，及时准确地发布本机场航班动态信息。第 3 个四级指标"服务热线及投诉电话"，号码有效，及时更新。第 4 个四级指标"交通方式介绍"，通过链接可了解乘车相关信息。第 5 个四级指标"特情服务"，宜设立特殊情况下信息推送通道。

四、引导服务

第 4 项二级指标"引导服务",分为 2 个三级指标。其中,第 1 个三级指标"航站楼标志/标识系统",又分为 5 个四级指标。第 1 个四级指标"基本规范",清晰醒目、人性化、格式统一、色彩协调、中英文对照。第 2 个四级指标"数量",应具有连续引导的作用,旅客沿标志能顺畅到达目的地。第 3 个四级指标"消防、警示及禁止类标志",标识清晰、规范;设置安全疏散指示图。第 4 个四级指标"多航站楼标识",内容有:① 清晰、准确、醒目、规范,中英文对照;② 航空公司在各航站楼间的分布位置清楚、准确。第 5 个四级指标"无障碍标志",标志规范、醒目。第 2 个三级指标"问询服务",细分为 6 个四级指标。其中,第 1 个四级指标"问询柜台",位置合理、易见,设有柜台指引标志,与旅客流程衔接顺畅。第 2 个四级指标"服务设施",应设置航班信息显示系统,系统设备完好。第 3 个四级指标"服务规范",内容有:① 接受问询时应站立,态度热情、友善,礼貌服务,并迅速、准确地回答问询内容;② 在岗期间不应做与工作无关的事情。第 4 个四级指标"服务技能",随时掌握航班动态信息,熟悉机场服务设施功能及场所区位。第 5 个四级指标"旅客指南",提供旅客指南或旅客须知。第 6 个四级指标"其他",内容有:① 旅客吞吐量在 1 000 万(含)以上机场应提供流动问询服务;② 宜设置自助查询设施。

五、行李手推车

第 5 项二级指标"行李手推车",细分为 4 个三级指标。其中,第 1 个三级指标"数量",车道边、行李提取厅等区域应配备行李手推车,且数量充足。第 2 个三级指标"车型",与机场实际状况相适应。第 3 个三级指标"完好性",整洁、无污、推动方便。第 4 个三级指标"便利性",内容有:① 布局人性化,取用便捷,摆放整齐、有序,及时回收;② 不对旅客主要流程及通道造成影响;③ 能到达旅客专用停车区域;④ 旅客吞吐量在 1 000 万(含)以上机场隔离区内应配备小型手推车。

六、办理乘机手续服务

第 6 项二级指标"办理乘机手续服务",细分为 6 个三级指标。其中,第 1 个三级指标"基本要求",柜台数量充足,分配合理,设备完好。第 2 个三级指标"柜台设置",又细分为 3 个四级指标。其中,第 1 个四级指标"头等舱、公务舱柜台",应设置头等舱、公务舱柜台,且设备完好。第 2 个四级指标"自助值机",旅客吞吐量在 200 万(含)以上机场应设置自助值机,旅客吞吐量在 200 万以下机场宜设置,且设备完好。第 3 个四级指标"其他",内容有:① 应设置逾重行李收费、常旅客、特殊旅客、团体旅客办理乘机手续柜台;② 应提供多种方式办理乘机手续服务。第 3 个三级指标"辅助设施",又细分为 3 个四级指标。其中，第 1 个四级指标"一米线"，应在柜台前设置一米线。第 2 个四级指标"隔离带"，应规范摆放隔离带，不影响旅客流程。第 3 个四级指标"公告牌/显示屏"，内容有：① 应摆放严禁托运或携带物品的公告牌、图片（中、英文）；② 应提示旅客主动申报限制或禁运物品；③ 应显示航班号、到达站、截止办理时间等（全开放柜台除外）。第 4 个三级指标"开始办理时间"，细分为 2 个四级指标。其中，第 1 个四级指标"国际/地区航班"，应在航班计划离站时间前 120min。第 2 个四级指标"国内航班"，应在航班计划离站时间前 90min。第 5 个三级指标"排队等候及办理时间"，细分为 2 个四级指标。其中，第 1 个四级指标"国际/地区航班"，内容有：① 头等舱/公务舱旅客排队等候时间应不超过 4min；② 经济舱旅客等候及办理时间应不超过 20min。第 2 个四级指标"国内航班"，内容有：① 头等舱/公务舱旅客等候及办理时间应不超过 5min；② 经济舱旅客等候及办理时间应不超过 10min。第 6 个三级指标"服务规范"，细分为 2 个四级指标。其中，第 1 个四级指标"行李牌"，应规范拴挂行李牌、标志牌。第 2 个四级指标"提示信息"，内容有：① 应告知旅客登机口、座位号等登机信息，指明安检和登机方向；② 对要客及头等、公务舱旅客，其行李应拴挂优先行李条，提示休息室服务。

七、联检服务

第 7 项二级指标"联检服务"，细分为 3 个三级指标。其中，第 1 个三级指标"服务时间"，应与国际和地区航班进出港业务流程同步。第 2 个三级指标"信息告知"，应在醒目位置设置海关申报和禁止携带物品的提示牌，中英文对照。第 3 个三级指标"服务质量"，候检秩序良好，过检顺畅。

八、安全检查服务

第 8 项二级指标"安全检查服务"，细分为 5 个三级指标。其中，第 1 个三级指标"安检通道"，又细分为 6 个四级指标。第 1 个四级指标"数量"，数量充足，根据旅客流量灵活调整通道开放数量。第 2 个四级指标"类型"，内容有：① 应分别设置头等舱（公务舱）、经济舱、工作人员等通道；② 应能按需为残疾人提供独立、私密的安检空间；③ 对于特殊旅客、急客应安排优先检查；④ 应摆放严禁托运或携带物品的公告牌、图片（中、英文）；⑤ 应提示旅客主动申报限制或禁运物品。第 3 个四级指标"验证柜台"，柜台高度应适宜。第 4 个四级指标"一米线"，应在通道前设置一米线。第 5 个四级指标"隔离带"，应规范摆放，不影响旅客流程。第 6 个四级指标"开放时间"，应与办理乘机手续柜台开放时间同步。第 2 个三级指标"安检设施设备"，内容有：① 设施设备完好、整洁；② 旅客吞吐量在 1 000 万（含）以上机场宜提供电子化登机牌过检服务。第 3 个三级指标"安检工作人员"，细分为 2 个四级指标。其中，第 1 个四级指标"人员配置"，应符合安检人员定额定员的相关规定，配有验证、引导、手工检查及开箱包检查人员。第 2 个四级指标"工作规范"，内容有：① 验证员应礼貌问候旅客，验证完毕后将证件礼貌交还旅客；② 引导员应主动引导过检人员正确、有序放置随身物品；③ 手工检查员应主动引导，并用规范的语言、手势提示，检查动作应规范；④ 应提醒旅客勿忘随身物品；⑤ 开箱包检查完毕，应尽量帮助过检人员恢复行李原样（要求自行恢复的除外）。第 4 个三级指标"旅客等候安检时间"，安检口旅客候检秩序良好，通行顺畅。第 5 个三级指标"其他"，细分为 3 个四级指标。其中，第 1 个四级指标"安检须知"，以适当方式向旅客和公众告知相关安检要求。第 2 个四级指标"遗失物品"，应有遗失物品登记和管理制度。第 3 个四级指标"物品暂存"，应提供物品暂存，保留期限不超过 30 天。

九、两舱休息室服务

第 9 项二级指标"两舱休息室服务"，细分为 3 个三级指标。其中，第 1 个三级指标"数量"，数量充足，满足使用要求。第 2 个三级指标"环境"，内容有：① 通透、宽敞、舒适、整洁，光线柔和；② 提供冷/热饮料、小餐品、面巾；③ 餐饮器具清洁完好，品质上乘；④ 提供国际、国内刊物，提供有上网功能的计算机设备；⑤ 设有专用卫生间及残疾人厕位。第 3 个三级指标"服务规范"，内容有：① 主动迎送旅客；② 及时通知航班信息；③ 及时提醒旅客登机并带好随身携带物品。

十、离港和到港服务

第 10 项二级指标"离港和到港服务"，细分为 3 个三级指标。其中，第 1 个三级指标"旅客登机"，细分为 5 个四级指标。第 1 个四级指标"信息通告"，内容有：① 登机口航班信息（包括航班号、登机口、登机时间等）应清晰、准确；② 通过显示屏/人工广播及时通告航班变更信息。第 2 个四级指标"工作人员到岗"，应不晚于登机前 10min 到达登机口，并做好相关准备。第 3 个四级指标"登机操作"，细分为 3 个五级指标。其中，第 1 个五级指标"组织登机"，内容有：① 应采用分舱位、分座位组织旅客顺序登机；关注特殊旅客需求；② 应提供中、英文广播服务。第 2 个五级指标"远机位登机"，内容有：① 提供摆渡车、客梯车服务；② 登机口与摆渡车之间宜设置防雨、雪设施。第 3 个五级指标"自助登机"，旅客吞吐量在 1 000 万（含）以上机场宜提供自助登机服务。第 4 个四级指标"摆渡车服务"，细分为 4 个五级指标。其中，第 1 个五级指标"到位时间"，应在航班开始登机前 5min 到位，后续摆渡车宜在首车离开后 2min 内到位。第 2 个五级指标"车辆配置及车况"，内容有：① 车内通风良好，温度适宜，空气清新；清洁、无污渍；② 设有固定轮椅设施及无障碍标识；③ 数量充足，满足客流需要。第 3 个五级指标"引导"，设立专人引导，组织旅客有序上下摆渡车。第 4 个五级指标"操作"，确认旅客、行李全部进入车厢，才能关门行车，平稳行驶。第 5 个四级指标"客梯车服务"，细分为 2 个五级指标。其中，第 1 个五级指标"车况"，内容有：① 雨、雪天气时应提供避雨、雪服务或避雨、雪设施；② 车辆运行完好，且清洁、防滑。第 2 个五级指标"操作"，内容有：① 与航空器规范对接；② 有序组织和引导旅客上下客梯车。第 2 个三级指标"旅客到达",分为 3 个四级指标。其中,第 1 个四级指标"人员与设备",应于航班开舱门前到位。第 2 个四级指标"引导",应设置连续引导标识;如标识不能对到达旅客提供连续引导,应提供人工引导。第 3 个四级指标"更衣室",宜根据情况设置更衣室。第 3 个三级指标"旅客经停",细分为 2 个四级指标。其中,第 1 个四级指标"引导",有专人引导旅客下机及登机。第 2 个四级指标"操作规范",按规定复核旅客人数。

十一、中转服务

第 11 项二级指标"中转服务",细分为 3 个三级指标。其中,第 1 个三级指标"中转服务设施",细分为 3 个四级指标。其中,第 1 个四级指标"办理中转手续柜台",内容有:① 柜台符合中转流程及旅客流量需求;② 配备航空公司或其联盟标识。第 2 个四级指标"标识",应设置能连续引导中转旅客至中转柜台的标识。第 3 个四级指标"中转休息厅",有国际中转旅客的机场应提供。第 2 个三级指标"流程",内容有:① 中转流程有序、顺畅、便捷;② 能在隔离区内中转;③ 宜专人引导;④宜提供一票到底行李服务。第 3 个三级指标"旅客等候办理手续时间",内容有:① 头等/公务舱旅客等候及办理时间应不超过 5min;② 经济舱旅客等候及办理时间应不超过 10min。

十二、行李运输

第 12 项二级指标"行李运输",细分为 5 个三级指标。其中,第 1 个三级指标"行李交运",又细分为 5 个四级指标。第 1 个四级指标"行李运输业务通知",应设置行李运输业务通知。第 2 个四级指标"手提行李标准尺寸框架",按照行业规定或航空公司协议要求设置手提行李标准尺寸框架。第 3 个四级指标"超大、超重行李限制通告",应设置超大、超重行李限制通告。第 4 个四级指标"超大、超重与团体行李交运处",旅客吞吐量在 1 000 万(含)以上机场应提供,旅客吞吐量在 1 000 万以下机场宜提供。第 5 个四级指标"自助托运",旅客吞吐量在 1 000 万(含)以上机场宜提供自助托运行李服务。第 2 个三级指标"行李提取",细分为 4 个四级指标。其中,第 1 个四级指标"行李提取操作",宜专人巡视。第 2 个四级指标"行李提取时间",内容有:① 第一件行李应在旅客到达行李转盘后 10min 之内出现;② 最后一件行李应在旅客到达行李转盘后 40min 之内出现。第 3 个四级指标"行李不正常运输",应有规范的运输差错和事故记录,以及相应的处置办法。第 4 个四级指标"超大、超重行李提取处",旅客吞吐量在 1 000 万(含)以上机场应提供,旅客吞吐量在 1 000 万以下机场宜提供。第 3 个三级指标"行李查询",细分为 2 个四级指标。其中,第 1 个四级指标"查询机构",应设置查询机构,并公布查询电话。第 2 个四级指标"不正常行李",内容有:① 应有统一的收集、传递、存储、提取程序;② 应设置不正常行李库,且行李库内行李摆放整齐有序,易于查找,宜设置监控。第 4 个三级指标"行李处理系统",细分为 3 个四级指标。其中,第 1 个四级指标"信息显示",内容有:① 应在适当位置设置行李提取信息屏或信息牌;② 航班信息应在航班实际到达时间后 5min 内显示。第 2 个四级指标"行李转盘清洁度",应整洁、无污。第 3 个四级指标"行李监控",应对进、出港行李实施全程监控。第 5 个三级指标"行李辅助服务",细分为 2 个四级指标。其中,第 1 个四级指标"行李打包",提供行李打包服务,明码标价,出具发票。第 2 个四级指标"行李寄存",提供行李寄存服务,明码标价,出具发票。

十三、特殊旅客

第 13 项二级指标"特殊旅客",细分为 5 个三级指标。其中,第 1 个三级指标"残疾人",又细分为 8 个四级指标。第 1 个四级指标"服务方案",内容有:① 应制定与航空公司对接的残疾人服务方案,明确为残疾人提供相应服务的办法和程序;② 服务方案以书面、网络等残疾人容易获取的方式向社会公布;③ 方案应规定提前了解残疾旅客姓名、航班和服务要求。第 2 个四级指标"服务技能",内容有:① 安检人员知晓对残疾人及其行李物品、服务犬进行检查的技能;② 服务人员熟练操作各类无障碍设备,熟悉服务规范。第 3 个四级指标"服务台",旅客吞吐量在 500 万(含)以上机场,应在旅客主要出入口设置残疾人服务台。第 4 个四级指标"协办手续",按需协助办理有关手续。第 5 个四级指标"引导登机",内容有:① 应根据旅客需求合理安排登/离机;② 登机时协助旅客将轮椅、担架等合理安排在机舱内或办理托运。第 6 个四级指标"轮椅/担架/救护车",数量充足,满足需要。第 7 个四级指标"残疾人登机车",宜配备残疾人登机车。第 8 个四级指标"服务记录",提供过残疾人服务的,应有服务全过程记录,出现服务瑕疵或差错的,应有讨论分析记录和整改措施记录。第 2 个三级指标"携带婴幼儿旅客",内容有:① 旅客吞吐量在 100 万(含)以上机场,主流程区域应提供专用母婴室,环境整洁、温度适宜,按规定配置打理台等母婴设施;② 按需合理安排登/离机;③ 如有儿童游乐设施,应设置安全提示或警示标识。第 3 个三级指标"无人陪伴旅客",内容有:① 应有专人引领,协助办理有关手续;② 应与监护人、承运人机组规范办理交接手续。第 4 个三级指标"携带人体捐献器官旅客",内容有:① 应制定携带人体捐献器官旅客地面服务流程;② 紧急情况下应建立人体捐献器官地面运输绿色通道。第 5 个三级指标"其他特殊旅客",内容有:① 应制定突发疾病旅客服务办法和程序;② 按需提供相应服务。

十四、航班正常和延后服务

第 14 项二级指标"航班正常和延后服务",细分为 7 个三级指标。其中,第 1 个三级指标"航班正常",制定航班正常保障方案。第 2 个三级指标"一般延误处置程序和预案",又细分为 4 个四级指标。其中,第 1 个四级指标"制定程序和预案",具有航班不正常处置程序、预案及流程图。第 2 个四级指标"程序和预案内容",内容有:① 应明确航班延误处置的主体责任单位,以及驻场各单位的责任和义务;② 应明确航班延误处置的协调机制、程序和原则。第 3 个四级指标"程序和预案的有效性",内容有:① 程序和预案是最新修订版（当年有效），程序和预案中各单位、人员的联系方式现行有效；② 预案在各驻场单位保存、可查。第 4 个四级指标"信息发布"，内容有：① 信息发布应迅速、及时、准确；② 应通过多种有效方式向旅客告知航班不正常信息或航班动态信息；③ 应保存每次广播或信息通告记录。第 3 个三级指标"大面积航班延误应急预案和应急处置手册"，细分为 3 个四级指标。其中，第 1 个四级指标"手册制定"，应制定大面积航班延误应急预案和应急处置手册。第 2 个四级指标"手册内容"，预案中应明确单位职责分工、组织指挥、信息共享、处置程序和服务保障等内容。第 3 个四级指标"演练"，定期演练，留有演练和修订记录。第 4 个三级指标"大面积航班延误处置现场操作"，细分为 2 个四级指标。其中，第 1 个四级指标"信息发布"，内容有：① 建立统一的信息发布工作机制和对外宣传平台，设立新闻发言人；② 机场具有充分的信息发布手段和渠道，满足大面积航班延误后的信息发布需求；③ 航站楼内电子显示屏、电视适情停播商业广告，播放与延误有关的信息，稳定旅客情绪。第 2 个四级指标"现场协助服务"，细分为 3 个五级指标。其中，第 1 个五级指标"综合服务柜台"，在旅客候机区设立旅客问询及综合服务柜台，协调航空公司做好航班延误后的改签工作。第 2 个五级指标"服务人员"，机场要配备醒目标志的服务人员，妥善处理延误带来的各类问题。第 3 个五级指标"交通工具运营时间"，夜间大面积航班延误，具有延长旅客交通工具运营时间的方案。第 5 个三级指标"协议"，内容有：① 机场（或其他地面代理机构）应与委托其代理地面保障服务的航空公司签订不正常航班（包括大面积航班延误）地面保障或代理协议；② 协议中应包括信息通报、机票退改签、餐饮食宿、地面交通等处置的责任义务、资源规模以及服务质量要求。第 6 个三级指标"记录"，记录不正常航班服务过程及处理结果。第 7 个三级指标"信息报告"，大面积航班延误情况及时向民航行政机场报告。

十五、航站楼环境与电梯/扶梯

第 15 项二级指标"航站楼环境与电梯/扶梯"，细分为 3 个三级指标。其中，第 1 个三级指标"航站楼舒适度"，细分为 7 个四级指标。其中，第 1 个四级指标"通风设施和效果"，设施完好，空气清新，温度适宜。第 2 个四级指标"照明设施和灯光效果"，设施完好，以地面为参考平面，照度不低于 150lx，楼梯、扶梯等流动区域不低于 75lx。第 3 个四级指标"楼内噪声"，公共区域噪声应不超过 60dB。第 4 个四级指标"楼内施工"，摆放临时围板，高度不低于 2m，设置警示牌。第 5 个四级指标"商业设施布局"，店面、柜台、装修、艺术陈列与环境协调，不影响旅客流程。第 6 个四级指标"绿化"，内容有：① 应配置与航站楼环境氛围适宜的绿色植物；② 植物应不歪斜，无枯枝，不应对环境造成不良影响。第 7 个四级指标"广告"，内容有：① 统一规划，与环境协调，位置合理，不影响引导标识；② 多媒体/灯箱广告亮度适宜，音量应不超过 30dB。第 2 个三级指标"航站楼整洁度"，细分为 3 个四级指标。其中，第 1 个四级指标"地面/墙面"，清洁、无杂物和污渍，地面防滑。第 2 个四级指标"电梯/扶手/护栏"，清洁，无灰尘、污渍。第 3 个四级指标"座椅"，内容有：① 牢固、安全、清洁、舒适，无破损；② 间距合理、整齐有序；符合人性化需要，如设置特殊旅客专席等。第 3 个三级指标"航站楼电梯/扶梯"，细分为 3 个四级指标。其中，第 1 个四级指标"数量"，充足，旅客乘坐不拥挤。第 2 个四级指标"设施设备"，运行完好，为最早和最晚航班提供服务。第 3 个四级指标"无障碍电梯"，内容有：① 一层半以上航站楼内向旅客开放的楼层设置，位置与旅客主要流程衔接顺畅；② 设备运行完好；③ 设置盲文按钮、语音信号提示和扶手；④ 电梯入口处设提示盲道。

十六、卫生间服务

第 16 项二级指标"卫生间服务"，细分为 6 个三级指标。其中，第 1 个三级指标"位置和数量"，分布在旅客主要流程附近，方便、易见；数量充足，旅客排队等候时间最长不超过 5 min。第 2 个三级指标"卫生设施"，内容有：① 卫生设施质量完好，厕纸充足；② 厕位台阶设置警示条；③ 宜设置低位洗手台。第 3 个三级指标"清洁度"，洁具、卫生纸架、排风扇等干净清洁，地面无污渍、水渍和垃圾杂物。第 4 个三级指标"空气"，空气清新，无异味。第 5 个三级指标"提示牌"，进行相关作业时，设置"小心地滑""维修"等提示牌。第 6 个三级指标"无障碍设施"，旅客吞吐量在 1 000 万（含）以上机场，设置无障碍卫生间，在公共卫生间内应设置满足需求的无障碍洗手台；旅客吞吐量在 1 000 万以下机场，在公共卫生间内应设置满足需求的无障碍厕位、低位小便器及供残疾人旅客使用的洗手盆。

十七、饮水服务

第 17 项二级指标"饮水服务"，细分为 2 个三级指标。其中，第 1 个三级指标"饮水设施"，配备饮水设施，数量充足。第 2 个三级指标"饮水标准"，提供冷、热水，水质符合国家卫生标准，公示检验结果。

十八、商业零售服务

第 18 项二级指标"商业零售服务"，细分为 9 个三级指标。其中，第 1 个三级指标"位置"，不应影响旅客乘机流程，面积、布局合理，方便旅客。第 2 个三级指标"环境氛围"，内容有：① 应与航站楼整体环境相协调；② 店面设计规范，店堂陈列规范、整齐；③ 店内保持充足的光线、空气流通、温度适宜。第 3 个三级指标"免税店"，国际机场应设置。第 4 个三级指标"价格与收银"，内容有：① 零售商品应明码标价，价位公平合理，不乱收费；② 应提供多种支付方式；③ 应提供消费记录小票和相应发票。第 5 个三级指标"标识"，内容有：① 商品应标明产地、厂家、合格证、生产日期、保质期等；② 进出口商品有中文标识；③ 应在航站楼内主要位置设置零售服务位置图。第 6 个三级指标"开放时间"，内容有：① 应能为最早和最晚航班旅客提供商业服务；② 应在店面公示营业时间。第 7 个三级指标"服务规范",内容有:① 应使用文明用语,如实介绍商品及服务;② 应向旅客说明国家对特殊商品的限制携带规定。第 8 个三级指标"证照管理",应按规定悬挂营业执照、经营许可、卫生检疫等证照。第 9 个三级指标"服务监督",应在醒目位置公布电话等多种服务监督渠道。

十九、餐饮服务

第 19 项二级指标"餐饮服务",细分为 9 个三级指标。其中,第 1 个三级指标"位置",不应影响旅客乘机流程,面积、布局合理,方便旅客。第 2 个三级指标"环境氛围",内容有:① 应与航站楼整体环境相协调;② 店面设计规范,店堂陈列规范、整齐;③ 店内保持充足的光线,空气流通,温度适宜。第 3 个三级指标"服务品种",应提供多种餐饮品种,满足不同旅客需求。第 4 个三级指标"价格与收银",内容有:① 餐品价格应在旅客消费前提示,明码标价;② 应提供多种支付方式;③ 应提供消费记录小票和相应发票。第 5 个三级指标"标识",内容有:① 外卖餐饮成品应标明生产日期和保质期;② 应在航站楼内主要位置设置餐饮服务位置图。第 6 个三级指标"开放时间",内容有:① 应能为最早和最晚航班旅客提供餐饮服务;② 应在店面公示营业时间。第 7 个三级指标"服务规范",应使用文明用语,态度诚恳。第 8 个三级指标"证照管理",应按规定悬挂营业执照、经营许可、卫生检疫等证照。第 9 个三级指标"服务监督",应在醒目位置公布电话等多种服务监督渠道。

二十、节能环保

第 20 项二级指标"节能环保",细分为 3 个三级指标。其中,第 1 个三级指标"垃圾处理",设置分类回收垃圾桶,至少两种。第 2 个三级指标"照明设施",应采用新型能源或节能类灯具。第 3 个三级指标"节能设施",应采用节能管理系统(自动或人工调节航站楼照明、空调等用电系统)。

二十一、其他服务

第 21 项二级指标"其他服务",细分为 11 个三级指标。其中,第 1 个三级指标"医疗救护服务",内容有:① 设有医疗急救室(站),为最早和最晚航班旅客提供急救服务,旅客吞吐量在 100 万(含)以上机场配备救护车、急救箱和医疗急救药品;② 医疗人员配备满足实际需求;③ 设置救护电话并对外公布号码;④ 制定紧急救护方案,明确急救流程和出诊时间要求。第 2 个三级指标"失物招领",内容有:① 提供查询服务;② 公布服务电话和服务提供时间。第 3 个三级指标"临时身份证办理",内容有:① 应在航班运行期间提供服务;② 应在出发大厅设置引导标识。第 4 个三级指标"娱乐电视",内容有:① 数量适宜,节目健康,播放音量不超过 75dB;② 国际区域有英文节目。第5个三级指标"电讯服务",内容有:① 应提供国际、国内直拨电话;② 应设置手机充电装置;③ 应提供无线上网服务。第6个三级指标"商务服务",内容有:① 提供收发传真、复印、打印等服务,公示收费标准;② 应在航班运行时间提供服务;③ 应在醒目位置公布电话等多种服务监督渠道。第7个三级指标"金融服务",内容有:① 应提供ATM自动提款机服务;② 国际机场应提供货币兑换服务;③ 公布电话等多种服务监督渠道。第8个三级指标"航空保险",内容有:① 明码标价,不强行推销;② 设置电话等多种服务监督渠道。第9个三级指标"邮政及快递服务",内容有:① 应提供邮政及快递服务,公布电话等多种服务监督方式;② 应明示各类邮政及快递产品价格。第10个三级指标"酒店旅游咨询",宜提供酒店/旅游咨询服务,无强行招揽旅客现象。第11个三级指标"商务旅客(VIP)服务",内容有:① 应设置贵宾专用停车区域、专用办理乘机手续柜台、专用安检通道,贵宾区域内应设置卫生间;② 应提供贵宾服务预约、迎宾、休息、办理值机手续、登机提醒、行李提取、全程引导、机坪专用摆渡等服务;③ 应提供舒适的休息空间、3种以上的饮品和茶点、2种以上的视听服务、报刊、航班信息查询、网络及其他服务;④ 服务人员上岗前应经过岗位培训,应使用普通话,统一着装,妆容美观、大方。

二十二、机场配餐

第22项二级指标"机场配餐",内容有:① 配餐及时,不因配餐原因导致航班延误;② 配餐过程符合空防安全要求。

二十三、工作人员基本服务规范

第23项二级指标"工作人员基本服务规范",细分为5个三级指标。其中,第1个三级指标"首问责任制",应落实工作人员首问责任制。第2个三级指标"仪容仪表",干净、得体、大方,着装统一规范,按规定佩戴证件。第3个三级指标"服务态度",礼貌、真诚、主动、友好。第4个三级指标"服务语言",按规定使用普通话和文明用语,语言简明、亲切。第5个三级指标"服务技能",内容有:① 熟练掌握业务技能,胜任本岗位工作;② 国际机场问询、值机等关键岗位应具备英语沟通技能。

二十四、旅客意见/投诉

第24项二级指标"旅客意见/投诉",细分为4个三级指标。其中,第1个三级指标"受理",应有专门机构或人员负责受理旅客意见和投诉。第2个三级指标"收集",细分为4个四级指标。其中,第1个四级指标"收集渠道",内容有:① 有对外电话等多种投诉反馈渠道;② 建立收集服务质量信息的有效渠道,如征求意见或进行满意度调查。第2个四级指标"征求意见频次",每年不少于2次。第3个四级指标"征求意见总量次",

旅客吞吐量在 1 000 万（含）以上机场征求意见总量次应不低于年客流量的万分之零点二；旅客吞吐量在 100 万（含）至 1 000 万机场征求意见总量次应不低于年客流量的万分之零点五；旅客吞吐量在 100 万以下机场征求意见总量次应不低于年客流量的万分之二。第 4 个四级指标"旅客满意度调查"，每年不少于 2 次。第 3 个三级指标"投诉回应"，每件有登记，7 个工作日内回复。第 4 个三级指标"旅客意见的利用"，内容有：① 有旅客意见和满意度分析报告；② 有利用旅客意见进行服务改善的举措，效果比较明显。

二十五、机场服务宣言

第 25 项二级指标"机场服务宣言"，宣言内容宜贯到位。

实例

"经兰飞·无忧行"（兰州中川国际机场）中转服务品牌塑造

一、背景及起因

兰州是丝绸之路经济带上重要的交通枢纽，为构建干支结合、优势互补的中转网络，打造综合交通运输体系，提升机场辐射能力，协同发展机场集群，把兰州中川国际机场建设成为"一带一路"的重要航空枢纽和西部支线枢纽，兰州中川国际机场将快线品牌和中转品牌建设作为"真情服务"的首要工程重点加以推进。经过统筹推进、品牌创设、流程优化、硬件配备和服务项目扩展等过程，自 2016 年 4 月 29 日全面推行。

二、举措和亮点

"经兰飞·无忧行"中转服务品牌利用兰州市优越的地理中心位置和持续发展的航线网络，协同部分省份及省内支线机场，以创新服务产品与"机场+"模式为支撑，与各航空公司精诚合作，搭建具有功能延伸性、营销多样性的中转服务产品。

三、案例详情

（一）优化服务品牌，提升服务品质

（1）完善中转流程。T1 航站楼的中转柜台前期设立在到达厅行李提取处，旅客办理完中转手续后，需要返回至到达休息厅，往返距离长，程序烦琐，不仅无法缩短旅客的中转时间，且中转柜台离行李提取转盘太近，存在安全隐患。在"经兰飞·无忧行"中转服务品牌推广过程中，针对中转柜台设置的问题，进行了合理优化，将中转柜台前移，使旅客享受到便捷的中转服务的同时，也避免了安全隐患。为了提高行李换挂的效率和准确性，兰州机场中转在省内其他支线机场推广中转服务品牌，得到了他们的大力支持和配合。各支线机场在为旅客办理乘机手续时，问其是否到兰州中转，向旅客推介兰州机场的"经兰飞·无忧行"中转服务品牌，告知在兰州机场中转的有关注意事项，在行李上粘贴中转标识，这样把中转工作提前做到位，旅客到兰州直接出示登机牌办理中转手续即可，服务员根据行李上的标识很快就能帮旅客办理好行李托运手续。同时，兰州机场中转的员工还花费很大心思,建立了行李换挂台账,一件行李前后由谁接手、交谁分拣,做到交接清楚,责任清楚。

(2)优化服务体验。在中转服务品牌推广实施的过程中,兰州中川国际机场中转服务品牌不断改善硬件设施,优化服务流程,为旅客提供"管家式"的中转服务。中转旅客休息厅设立了饮料售卖机、手机充电桩、小件物品存放柜等设施,还放置了高清投影仪和《读者欣赏·甘肃民航》杂志专架,让旅客在休息的同时能够得到观影、娱乐和阅读等方面的享受。

(3)创新服务产品。国内各大机场对旅客中转手续办理的时限一般为两个小时,在原有服务产品基础上,地面服务部深化服务功能,制定了《兰州机场2017年"经兰飞·无忧行"中转服务品牌提升方案》,推出了"75分钟快速中转""航延60分钟的极速中转""特殊旅客中转"等新举措。升级后的产品,为旅客提供了更全面、更细致、更具吸引力的中转服务。在国内其他机场中转时,旅客需要自己提取行李后出隔离厅,在出发大厅重新办理下一程的值机托运手续,而在兰州机场,旅客不需要出隔离厅,直接在中转柜台办理登机牌及行李转运,为旅客提供了极大的方便。

(二)延伸特殊旅客专项服务,改善特殊旅客服务体验

随着交通运输和旅游业的快速发展,旅客对出行的体验要求越来越高,服务提升对旅客有很大的吸引力。兰州机场中转在原有服务产品基础上,深化服务功能,优化流程,扩大中转服务范围,设立"头等舱、金银卡、晚到、特殊旅客及军人"优先办理柜台,符合条件的旅客可优先办理;轮椅旅客在国内各大机场中转时需要出隔离厅到机场服务台申请办理后续航班的特服手续,而在兰州机场,可直接在中转柜台办理后续航班的特服手续和值机手续,简化烦琐流程,真正做到为旅客着想,为旅客解忧。升级后的产品,为旅客提供了更全面、更细致、更具吸引力的中转服务。

(三)中转服务微创新,扩大品牌影响力

针对冬季季节性航班经常性延误,兰州机场中转延伸出"航延极速中转服务",即兰州机场与省内各支线机场合作,中转旅客前段航班延误时,支线机场收集中转旅客信息并提前告知兰州中转,兰州中转接收信息,进行核实确认后,提前办理好登机牌(极速转保障时间需在45min以上)。兰州中转人员在前段航班落地前10min到达登机口等待旅客,核实旅客身份后发放登机牌,带领旅客到下段航班的登机口,实现登机口到登机口的极速中转服务。

为加大中转服务品牌的影响力,推动"机场+"模式,2017年10月,兰州中川国际机场与郑州新郑机场签署《经郑飞·经兰飞中转合作方案》,搭建具有功能延伸性、营销多样性的产品推广平台。2017年11月,地面服务部与市场开发部一并前往库尔勒机场对"经兰飞·无忧行"中转服务品牌进行推介,宣传中转产品的同时,将库尔勒机场作为一个支点纳入"经兰飞·无忧行"队伍。2018年1月,地面服务部与市场开发部前往铜仁机场对"经兰飞·无忧行"中转服务品牌进行推介,同时将铜仁机场作为支点纳入"经兰飞·无忧行"队伍。后续将继续把中转的支点延伸出去,陆续将汉中、包头、绵阳、宜昌等与兰州通航的中小机场纳入"经兰飞·无忧行"中转队伍。

四、效果或收益

截至 2018 年 2 月，共有 393 911 人次享受到了兰州中川国际机场提供中转服务，中转人数同比增长 199.3%，累计为兰州中川国际机场旅客吞吐量贡献 787 822 人。"经兰飞·无忧行"中转服务品牌专项满意度调查评分达到 4.8 分以上（总分为 5 分），高出兰州机场整体服务水平满意度调查评分。"经兰飞·无忧行"中转服务品牌以体贴的中转服务、完善的航线网络、优质的保障流程，在赢得社会良好口碑的同时，中转旅客人数也不断攀升，成为兰州中川国际机场提升服务品质、增加航班客座率、树立对外形象不可或缺的一环。

五、总结探讨

服务无止境，真情铸永恒！兰州中川国际机场"经兰飞·无忧行"中转服务品牌，将秉持以重视旅客出行体验为中心的理念，不断创新服务、精心呵护品牌，持续提升中转营销能力，构建超边界、一体化服务体验，努力打造顺畅、高效、实惠的一流中转服务品牌。

思考：

（1）机场服务环节多，责任大。做好基础工作，树立品牌意识，对于长期发展有利。

（2）塑造品牌，关注细节，以品牌为感召力，以细节为突破口，恰当选点，有利于以有限资源获得更好口碑。

资料来源：http://news.carnoc.com/list/441/441303.html。

第六节　机场放行正常率与一票否决指标

机场放行正常率（一级指标）采用国家民航局公布的机场年度放行正常统计数据。

在飞行安全、空防安全、公共卫生安全、交通安全和治安消防安全等方面发生机场责任原因导致事故或严重事故时，采用安全一票否决指标。

因机场责任原因的服务事件造成恶劣社会影响，被民航局行政约见、通报批评或行政处罚时，采用服务一票否决指标。

第七节　评价及赋值方法

旅客满意度评价方法，采取以向旅客发放和回收满意度调查问卷形式，或以在线推送满意度评价问卷方式，收集旅客满意度数据和信息。旅客满意度分为很满意、满意、基本满意、不满意、很不满意五个等级，分别赋值 100 分、80 分、60 分、40 分和 20 分。旅客满意度各分项权重，可根据各评价周期特点确定。

航空公司满意度评价方法，以向航空公司发放和回收满意度调查问卷形式，或以在线推送满意度评价问卷方式，收集航空公司满意度数据和信息。航空公司满意度分为很满意、满意、基本满意、不满意、很不满意五个等级，分别赋值 100 分、80 分、60 分、40 分和 20 分。航空公司满意度各分项权重，可根据各评价周期特点确定。

专业评价及赋值方法。需要组织专业评审员，对服务现场、文件和资料等进行抽样，按照专业评价指标进行评价打分。收集专业评价数据和信息。专业评价分为很好、好、一般、不好和很不好五个等级，分别赋值 100 分、80 分、60 分、40 分和 20 分。根据旅客吞吐量不同，设置不适用项。遇有不适用项时，既不打分，也不计入综合得分。专业评价各分项权重，可根据各评价周期特点确定。

旅客满意度、航空公司满意度和专业评审得分，均采用各子项得分加权平均计算。

参评机场因自身原因发生飞行安全、空防安全、公共卫生安全、交通安全、治安消防安全事故或严重事件的，或发生社会影响恶劣的服务事件的，取消该机场现场评审资格，已完成现场评审的，取消表彰资格。

第十章

机场环境保护

本章学习目标

- 掌握机场环境保护涉及的各项内容；
- 理解并掌握机场对环境影响较大的几个主要方面；
- 掌握机场噪声防治的措施；
- 掌握机场鸟害防治的措施。

 导读

走进成田机场的"绿色之路"

东京成田机场是日本最大的国际航空港，年客流量居日本第二位，货运量居日本第一位、世界第十位。2010 年 3 月 30 日，首都机场与成田机场共同签署了《北京首都国际机场与成田机场缔结姊妹机场备忘录》，正式缔结友好合作关系。

早在 2005 年，成田机场就提出了机场节能、减排和资源循环利用的规划要求，并确定了区域环境友好、全球环境友好、资源循环利用、自然环境友好、完善环境事宜沟通、成田机场办公区域环保倡议、推进环境管理 7 项目标。其在生态机场规划、航空垃圾处置等方面的做法，对于首都机场的绿色机场建设具有借鉴意义。

生态机场理念先行

2010 年，成田机场制定了《生态机场 2020 年远景》以及《2010—2015 年生态机场总体规划》。前者的核心理念是打造世界领先的生态机场，提出了 2020 年要实现的三大目标，即遏制全球变暖、开展回收利用、与自然环境和谐共处。后者则提出完成区域环境友好、全球环境友好、资源循环利用、保护生物多样性和推进环境管理 5 项指标，并提出机场应与航空公司等其他机构共同努力实现上述目标。

机场专门成立了"生态机场规划与发展委员会"，其下设的 3 个委员会（废弃物委员会、空气质量委员会和公共关系委员会）负责审核相关环境政策，以确保生态机场规划与发展委员会的 21 家成员机构能够有效开展环境保护工作。

成田机场制定了详尽的环保措施实施方案。例如，在废弃物的处理上，机场采取 3R 新举措，即减少（Reduce）、再使用（Reuse）、回收再利用（Recycle），分三个方面对废弃物进行分类与处理。据统计，仅航站楼内废弃物每年的循环回收量就达 156 吨，循环使用率达 20%以上。同时，机场还收集雨水用于绿化、景观用水、设备冷却和环卫清洁。

航空垃圾充分回收

成田机场在航空垃圾处置过程中最突出的特点是，进行充分的回收利用。机上航空垃圾由空姐将报纸和杂志予以分类回收，废弃航食由专门的清洗公司将饮料瓶、罐分类回收，餐具则在清洗、消毒后重新上机使用，泔水等废弃物则烘干（可去除约 30%水分）后运送至焚烧站（政府建设）进行焚烧处置。机上其他航空垃圾则由地服公司运至位于机坪上的中转站，再由中转站将其运输至焚烧站做进一步分类回收，不可回收部分进行焚烧处置。为提高燃烧热值，减少焚烧辅助燃料的使用量，在焚烧过程中会掺入一定量的枯枝杂叶。焚烧残渣用于铺路，焚烧飞灰则进行填埋。

成田机场航空垃圾处置流程顺畅，依赖于所涉及的各个单位的紧密配合。根据产生者负责的原则承担起自身的环保责任，不仅可以有效减少资源浪费，还可以使航空垃圾处置流程更加顺畅，便于管控。成田机场在航空垃圾处置过程中，并不参与航空垃圾处理、转运或监管工作，只是在机坪上出租一块场地，用于航空垃圾转运。航空公司向成田机场支付相应租赁费用。分拣后的航空垃圾焚烧业务由航空公司和焚烧站（政府建设）进行洽商，签订服务合同，并支付相应费用。如果发生疫情，则由检疫部门协调运输企业将机场内检疫废物直接运输到具有相应资质的焚烧站焚烧处置。

污水处理分类利用

成田机场污水处理秉持着类似的分类回收利用理念：机场内产生的污水被划分为雨水、厨房废水、航空废水、检疫废水、航站楼内生活污水等种类。航站楼内餐饮饭馆的厨房废水输送至厨房废水处理厂，初步处理后再输送至中水处理厂做进一步处理，达到回收利用标准后用于航站楼冲刷厕所。成田机场的雨水收集于位于机坪上的蓄水湖，由于冬季机坪上的雨水含有除冰液、融雪剂等，蓄水湖内雨水经雨水处理厂处理后用于补充河流，浓缩提炼出的融雪剂交由专业处理公司处理，夏季蓄水湖内雨水经处理后用于航站楼内冲刷厕所。成田机场每天处理污水总量 2 000～3 000 吨，回用量占 75%。

航站楼内产生的生活污水排入千叶县市政污水处理厂委托处置；航空废水在机坪上倾倒至专门的污水处理管线再输送至航空废水处理中心处置，倾倒前称重计费，由地服公司向机场缴纳处置费用；检疫废水由检疫部门协调相关单位处理。

随着环境日益恶化、资源逐渐匮乏，绿色、环保越来越受到重视。首都机场积极响应国家和行业节能减排的号召，以建设"绿色机场"为目标，积极承担企业环保责任，建设了航空净化站、垃圾中转站和航空垃圾焚烧站等环保设施。在航空垃圾处置、污水处理等过程中承担着重要职责。未来，首都机场还将借鉴国际机场的先进经验，用新技术和新方法开启建设"节能、环保、科技、人性化"新机场的绿色革命新篇章。

资料来源：http://www.xinhuanet.com/air/2015-08/10/c_128111627.htm。

思考：成田机场在环保上取得的成绩和宝贵经验，不只是首都机场，也应是我国所有机场学习的对象，共同保护环境、爱护环境。

机场环境保护是指防止飞机对机场周围环境造成污染，减少或清除进入环境中的有害物质，保护旅客和机场附近居民的身心健康，而为此所采取的行政、法律、经济和科学技术的措施。

1972 年联合国在斯德哥尔摩召开了人类环境保护会议，明确责成国际民用航空组织应密切注意机场（航空港）对其邻接地区环境的影响问题。国际民用航空组织根据这次会议精神，研究了飞机发动机排放物对周围环境的污染问题，并在 1971 年正式通过的《航空器噪声标准和建议措施》附件 16 的内容中，增加了对飞机发动机排出物的标准和建议措施，并于 1981 年正式通过，且将附件 16 更名为《环境保护》。

第一节　机场环境保护基本法律制度

为了保护和改善机场环境，我国民航局制定了一些具有重大意义的法律制度，主要包括环境影响评价制度、"三同时"制度和环境保护许可证制度。

一、环境影响评价制度

环境影响评价又称环境影响分析，它是指对建设项目、区域开发计划及国家政策实施后可能对环境造成影响进行的预测和估计。影响评价的对象包括大中型工厂，大中型水利工程，矿山、港口及交通运输建设工程，大面积开垦荒地、围湖围海的建设项目，对珍稀物种的生存和发展产生严重影响或对各种自然保护区和有重要科学研究价值的地质地貌产生重大影响的建设项目，区域的开发计划以及国家的长远政策等。

在环境保护工作中，对污染进行治理只是一种"亡羊补牢"的做法，最合理的环保工作应当以预防为主。环境影响评价制度在建设之前对未来可能发生的环境污染进行有效的评估，因此是一种较为科学的预防手段。

环境评价的内容一般包括以下方面。

（1）建设方案的具体内容。

（2）建设地点的环境本底状况。

（3）方案实施后对自然环境（包括自然资源）和社会环境将产生哪些不可避免的影响。

（4）防治环境污染和破坏的措施及经济技术可行性论证意见。

机场的建设也应当实施环境影响评价制度，对机场建设对周边环境带来的影响进行分析和预测。根据《民用机场建设管理规定》，民用机场在选址时，应当满足文物保护和环境保护的要求；机场建设的项目法人在报批机场工程初步设计时，应当包括环境评价的批准文件、环境评价的报告书等。

二、"三同时"制度

"三同时"制度是我国首创的，是通过总结我国环境管理的实践经验而为我国法律所确认的一项重要的法律制度。

"三同时"制度是指一切新建、改建和扩建的基本建设项目（包括小型建设项目）、技术改造项目、自然开发项目，以及可能对环境造成损害的其他工程项目，其中防治污染和其他公害的设施和其他环境保护设施，必须与主体工程同时设计、同时施工、同时投产。一般简称之为"三同时"制度。

"三同时"制度是我国环境管理的一项基本制度。违反这一制度时，根据不同的事实情况，承担相应的法律责任。如果是建设项目初步设计环境保护篇章未经环境保护部门审批、审查擅自施工的，除责令其停止施工，补办审批手续外，按规定还可处以罚款；如果建设项目的防治污染设施没有建成或者没有达到国家规定的要求，投入生产或者使用的，由批准该建设项目环境影响报告书的环境保护行政主管部门责令停止生产或使用，还可以并处罚款；如果建设项目的环境保护设施未经验收或验收不合格而强行投入生产或使用，要追究单位和有关人员的责任；如果未经环境保护行政主管部门同意，擅自拆除或者闲置防治污染的设施，污染物排放又超过规定的排放标准的，由环境保护行政主管部门责令重新安装使用，并处以罚款。

三、环境保护许可证制度

环境保护许可证制度，是指从事有害或可能有害环境的活动之前，必须向有关管理机关提出申请，经审查批准，发给许可证后，方可进行该活动的一整套管理措施。它是环境行政许可的法制化，是环境管理机关进行环境保护监督管理的重要手段。采取环境保护许可证制度，可以把各种有害或可能有害环境的活动纳入国家统一管理的轨道，并将其严格控制在国家规定的范围内，有利于对开发利用环境的各种活动进行事先审查和控制，便于发证机关对持证人实行有效的监督和管理。

我国民用机场的建设应当按照我国环境保护有关法规，其规划、建设活动和排污等都应依法取得许可证，方可进行机场的建设和使用。

在以上三种机场环境保护基本法律制度的框架下，依据《中华人民共和国民用航空法》第 67 条，民用机场管理机构应当按照环境保护法律、行政法规的规定，做好机场环境保护工作。

第二节 机场运行中环境污染

一、大气污染

大气环境是地球上人类和动植物赖以生存的最基本物质条件之一。随着全球气候变暖和大气污染的不断加剧，大气环境保护已成为国际社会普遍关注的焦点。

民用机场作为航空器、地面勤务车辆、各种陆侧交通载运工具的汇集和使用场所，作为大量电能、热能、冷能的消耗场所，作为周期性进行改建、扩建的交通基础设施，在其建设和日常运行中对大气环境有重要影响。机场日常运行中，会有大量污染物排入机场大气环境。这些污染物来自航空器发动机和辅助动力装置 APU（Auxiliary Power Units），地面勤务车辆（引导车、罐式加油车、管线加油车、牵引车、电源车、气源车、空调车、垃圾车、清水车、污水车、食品车、行李拖车、传送带车、客梯车、除冰车、消防车、救援车等），场道维护保障车辆（巡视检查车辆、压路机、割草机、标志喷涂车、道面维修车辆、除冰雪车辆等），能源供给设施（发电机、供热锅炉、制冷机等），供油设施（油罐、加油栓井、加油站）和机务维修设施（机库、喷漆车间、发动机试车台等）。另外，在机场施工中还会有大量的粉尘、机械设备车辆尾气排放等。因此，机场大气污染非常复杂，涉及众多设施设备，涉及机场的新建和改扩建施工，涉及日常运行的方方面面。

国际标准化组织（ISO）对大气污染做出定义："空气污染，通常是指由于人类活动和自然过程引起的某些物质进入大气中，呈现出足够的浓度，达到了足够的时间，并因此而危害了人体的舒适、健康和福利或危害了环境。"

大气污染包括自然因素和人为因素。自然因素就是自然过程造成的污染，包括火山活动、森林火灾、地震等；人为因素来自人类生活、工业生产、交通运输等活动中的废弃物、燃烧、排放等，导致一些非自然大气组分的有害物质，如粉尘、碳氧化物、硫氧化物、氮氧化物等进入大气，在大气中积累后超过自然大气中该组分的含量而形成污染。

燃料经飞机发动机燃烧后喷出三种有害气体，即未燃烧的碳氢化合物、一氧化碳和氧化氮。其中，一氧化碳被人吸入后会造成血液严重缺氧，引发中毒症状；氧化氮溶解在云层的水分中，易形成酸雨。除了航空器造成的空气污染外，地面车辆、锅炉、焚化炉及其他设备排出的有害气体，都会给机场周围的大气带来污染。

机场大气污染具有累积性。只要机场在运行中，机场大气污染物一般就会发生积聚、沉淀和累积，以至长期影响大气质量。机场环境专家预言，随着相容性规划等措施实施，未来机场的航空噪声影响会逐渐缓解，而大气污染会成为机场的头号环境问题。

国际民航组织早已注意到了民用航空活动对大气环境的影响。《国际民用航空公约》附件 16 卷 II——飞机发动机排出物，对飞机发动机排放做出了严格规定，国际民航组织环境保护委员会多年来致力于机场大气环境保护，2007 年 4 月专门发布 ICAO Doc9889《机场大气质量指导手册》。我国机场空气质量，目前执行国家标准《环境空气质量标准》（GB 3095—1996）。标准根据空气中二氧化硫、总悬浮颗粒物 TSP、可吸入颗粒物 PM10、氮氧化物 NOx、二氧化氮、一氧化碳和臭氧等浓度限值，将空气质量分为一级、二级和三级标准。

如何有效减少机场建设和日常运行有害气体和温室气体排放，进而保护机场及其附近的大气环境质量，已成为民用机场建设和管理者的重要课题。

二、噪声污染

20 世纪 50 年代末期，喷气式客机投入民用航空以来，飞机噪声引起机场附近地区公众的严重关注和强烈不满。各国政府及世界性的专业组织开始对飞机噪声问题进行研究，1966 年在伦敦举行的国际会议上，做出"减小民用航空器造成的噪声和干扰"的结论。1969 年，国际民用航空组织召开了关于机场附近航空噪声问题的特别会议，并于 1971 年正式通过题为《航空器噪声标准和建议措施》的文件，定为《国际民用航空公约》附件 16。国际标准化组织也制定了《机场周围航空器噪声的表示方法》（ISO/R507—1970)、《机场周围航空器噪声的监测》（ISO/R1761—1970）等国际标准文件。

通常认为人们不需要的声音或无价值的声音就是噪声。另外振幅和频率杂乱、断续或统计上无规则的声振动也称为噪声。但是，从环境保护的角度来看，确定一种声音是不是噪声，不只考虑声音的物理性质，还要考虑人的生理和心理状态，凡是干扰人们正常工作、学习和休息的声音统称为噪声。

噪声污染是指所产生的环境噪声超过国家规定的环境噪声排放标准，并干扰他人正常工作、学习、生活的现象。日常生活中的噪声强度虽然不会置人或动物于死地，却能危害人的健康。世界各国都很重视噪声问题，把噪声污染列为主要的环境污染公害之一。

飞机运行时（包括起飞、飞行、着陆及地面试车）发动机产生的噪声，可以引起飞机结构的疲劳损坏，影响飞机上仪表设备的正常运作和乘客的舒适，并对机场和附近地区的公众生活、工作造成干扰，甚至会影响人的身心健康。因此，国际民用航空组织及飞机生产国均做出了有关民用运输飞机噪声鉴定办法及最大容许值。

三、水污染

在环境领域来看，"水体"是指水、水中的悬浮物、溶解物、水生生物和底泥等的总称。因此，水污染实际上是水体污染，即排入水体的污染物超过了水体的自净能力，破坏了水体原有的用途。

机场的污水主要来自飞机的冲洗、除冰、车辆的冲洗、候机楼服务设施的排水、场道道面的清扫、机库、油罐区、车间、飞机维修等。

此外，遗漏燃料也会造成水污染。遗漏燃料是指在正常飞行转入下滑降落过程中，或是在地面滑行中，由于机械原因或操纵不当而从喷油管中遗漏出来的燃油。飞机管理部门应当严格检查，对于不能防止遗漏燃料的飞机，不发给适航证。

第三节　机场噪声防治措施

机场航空噪声，是指航空器在机场起飞、着陆、地面滑行和进行发动机试车时所产生的噪声。机场航空噪声对周边社区的影响，是较为棘手的问题。机场航空噪声，一是噪声极高，喷气式飞机起飞噪声的功率极高；二是噪声影响范围广，呈明显的立体空间扩散特点，波及范围常常可达数十平方千米；三是噪声源为三维运动，噪声具有非稳态特性；四是噪声影响具有时空间断性，即对一架飞机来说，只在起、落点的机场附近造成短时噪声影响。机场噪声如果控制不好，对周边社区人们的生活、工作都会带来严重影响。随着民航运输机，特别是大型飞机机队规模扩大，机场数量、规模和起降架次迅猛增加，我国机场的航空噪声影响问题已引起民航业界和社会的高度关注。

国际民航组织、民航发达国家和我国都非常重视机场航空噪声的控制问题。国际民航组织《国际民用航空公约》附件 16 卷 I——航空器噪声、《航空器噪声管理平衡做法》（Doc 9829-AN/451）；美国联邦航空条例第 36 部《噪声标准：航空器型号和适航标准》、

第91部《一般运行和飞行规则》、第150部《机场噪声相容性规划》和第161部《机场噪声和进入限制》；我国《环境噪声污染防治法》、《机场管理条例》、《民用机场使用许可规定》、《民用机场总体规划规范》(MH 5002—1999)、《机场周围飞机噪声环境标准》(GB 9660—88)、《航空器型号和适航合格审定噪声规定》(CCAR—36)和《机场环境影响评价技术导则》等法规、标准中，都对航空噪声控制做出了规定和建议。

能否控制好机场噪声，是机场能否实现环境友好的重要标志。在我国《城市区域环境噪声标准》中，还明确规定了城市五类区域的环境噪声最高限制。一是特别安静区，昼间50dB，夜间（指22时至次日6时）40dB；二是居民文教区，昼间55dB，夜间45dB；三是居住、商业、工业混杂区，昼间65dB，夜间50dB；四是工业区，昼间65dB，夜间55dB；五是交通干扰区，特指城市中的道路交通干线、内河航道、铁路干线的两侧区域，昼间70dB，夜间55dB。为使噪声强度符合国家标准，可从多个层面采取多种不同措施。

一、新建机场，噪声防控，预先做好环评工作

根据我国环境保护和基本建设项目管理的有关法律规定，机场建设项目必须进行环境影响评价。环评的主要目的，是对机场建设项目实施过程中和项目建成后的各方面环境影响进行评价，旨在控制环境污染、保证环境质量。机场建设环评，包括声环境、大气环境、水环境、自然与生态环境和固体废弃物影响评价。其中，声环境评价主要针对航空噪声的现状影响和预测影响评价。为了确保环评效果，机场建设环评须遵守严格的程序规定。

为准确确定机场航空噪声的现状影响和未来预测影响，必须明确有关条件，包括机场跑道数量、方位和构形；各路道在两个方向、各飞行时段（白天、晚上和夜间）的飞行架次、机型组合；机场的飞行程序（包括进近程序和起飞离场程序）；各机型的噪声特性参数和噪声—距离特性关系；机场周边的地理、人口和建构筑物信息；以及周边区域风速、气温、标高，等等。显然，对于像机场噪声这样多影响因素的计算、评价问题，只有在有关因素信息准确的情况下，方能得到相对准确的结果。

机场噪声环评的成果，通常包括机场及其周边区域的噪声调查和监测情况、航空噪声等值线图和评价建议。《环境影响评价技术导则——民用机场建设工程》(HJ/T87—2002)规定了机场飞机噪声现状影响调查范围，即跑道两侧2km、跑道两端延长线各8km，重要敏感点至跑道两端延长线各15km的区域；以及飞机噪声现状监测范围，即机场跑道两端5km、跑道两侧1km区域内重要敏感点及近台附近。

航空噪声等值线图给出了机场及其周边各声级水平下的区域范围。根据我国机场噪声评价标准《机场周围飞机噪声环境标准》(GB 9660—88)，机场噪声评价量采用"计权等效连续感觉噪声级 WECPNL (Weighted Equivalent Continual Perceptional Noise Level)"，噪声等值线图通常要给出 WECPNL＝70.0～75.0dB、75.0～80.0dB、80.0～85.0dB 和大于等于85.0dB 的区域范围。噪声等值线图对于机场周边的噪声相容性规划具有重要指导价

值。环评建议,则是要对机场降低噪声影响的具体对象和措施提出意见。

二、控制噪声源

有效控制噪声源,主要有四种途径:一是改进生产程序,优化操作方法,降低噪声的发射功率;二是利用声波的吸收、反射、干涉等特性,采用吸声、隔声、减振、隔振等技术以及安装消声设备等来控制噪声的辐射;三是控制交通流量,严格控制交通工具的使用年限,淘汰状况较差的车辆;四是加强对建筑施工噪声与生活噪声的管理。

三、控制噪声的传播途径

合理布局城市建设,制定科学的城市交通规划,按照不同的功能区设计,使居住区尽量远离噪声源,以达到减噪目的。

(一)建造隔声屏障

在车流量大且入门密集的交通干道两侧建立隔声屏障,或利用天然屏障(土坡、山丘等),或利用其他隔声材料和隔声结构来阻挡噪声的传播。通常,安装合理的隔声屏障能取得降噪 5~10dB 的效果。

(二)应用吸声、消声、封闭噪声源等手段降噪

当声波入射到物体表面时,部分声能被物体吸收转化为其他形式的能量,称为吸声。材料的吸声性能用吸收系数来表示,吸声系数越大,则表示材料的吸声性能越好。

消声是将多孔吸声材料固定在气流通道内壁,或按一定方式固定在管道中,以达到削弱空气动力性噪声的目的。消声量一般可达到 10~50dB。

封闭噪声源是将噪声源封闭起来,使噪声控制在一个小的空间内。这种隔声结构被称为隔声罩。材料的隔声性能与隔声体的结构、性质和入射声波的频率有关。

(三)生态绿化降噪

充分利用道路隔离带、厂(场)区空地等建立绿色生态屏障,加强居民小区绿化建设,美化环境,净化空气,吸收噪声。通常,郁闭度较好的乔灌木绿化带,宽度每增加 10m,可衰减 2dB 左右的噪声。

四、提高个人防护意识

尽量缩短工作人员在噪声环境中的工作时间,在工作时要佩戴防护耳器,以减少影响。

实例

绿色环保奖案例申报——海航集团（辖海口机场、三亚机场）环保实践

（一）背景

当今世界，绿色发展已经成为一个重要趋势，许多国家把发展绿色产业作为推动经济结构调整的重要举措。习近平总书记指出："坚持绿色发展，就是要坚持节约资源和保护环境的基本国策，坚持可持续发展，形成人与自然和谐发展现代化建设新格局，为全球生态安全做出新贡献。"2016 年 1 月 19 日，国家发改委公布《关于切实做好全国碳排放权交易市场启动重点工作的通知》，提出要确保 2017 年启动全国碳排放权交易，全国碳市场将覆盖航空旅客运输、航空货物运输和机场 3 个行业。

随着社会经济的不断发展，环境问题已成为限制当今社会生存和发展的重要问题，在此背景下，"十三五"规划更是增加了环境考核的目标，并设专篇布局生态文明建设，保护环境被列在其一，明确推出了交通运输低碳行业发展的要求，减少碳排放已经成为中国社会的共识和发展的必然。海航集团始终坚持绿色发展，把生态文明、低碳经济建设作为推动企业可持续发展的重要战略，将企业使命同保护、改善自然环境相结合，积极履行生态稳定建设责任。海航集团致力于作为生态文明建设的积极倡导者、推动者和实践者，打造绿色海航，推动形成绿色消费模式，在节约能源、降污减排、绿色发展等方面做出真诚而积极的努力。

（二）责任行动

1．绿色发展战略

2015 年海航集团发布了海航集团企业社会责任 2015—2017 年发展规划，践行绿色运行就是践行海航集团绿色出行的重要理念，海航将绿色生活创造者、绿色产业引领者、绿色服务提供者、绿色发展先行者的战略发展运行到每一个环节。

2016 年 1 月 28 日，海航集团在 2015 年度表彰大会以及首度世界五百强青年活动上宣布海南省海航联合基金会未来十年将投入十亿元用于海南生态保护和扶贫开发事业，具体到航空产业节能减排则是一项系列工程，需要飞行、工程、运行等多个部门紧密合作。目前航空运输业的碳排放占全球的 2%，并处于持续上升的状态，我国对民航运输的需求也在高速的发展中，能源消耗与二氧化碳的排放总量也在快速的增长，航空产业面临的形式更加严峻，航油是航空公司最大的排放源，如何有效地利用、节约航油，实现绿色、低碳、循环发展是海航义不容辞的社会责任。作为海航集团航空运输产业板块的龙头企业之一，海航集团旗下海南航空 2008 年启动了全面的能源管理体系的执行，对技术创新、多举措飞机减重、使用清洁能源等关键的耗油环节项目进行了深入的管理。截至 2015 年年底，海南航空累计节油 25.1 万吨，降低二氧化碳排放约 79 万吨，相当于三万亩森林一年的二氧化碳的吸收量，节约 10.04 亿元人民币；仅 2015 年，海航完成了节油 5.1 万吨，相对减少二氧化碳排放约 15.7 万吨，节约了 2.04 亿元人民币。

2. 绿色航空引领产业新趋势

海航集团坚持把生态文明、低碳节能作为推动企业可持续发展的重要战略，紧跟国内外航空能源管理发展趋势，关注碳排放交易体系等规则的制定，从战略层面线性做出统筹规划，鼓励成员企业研发和应用环保新技术，推动航空产业绿色发展。

在世界民航业积极应对气候变化、逐步降低碳排放的趋势下，海航集团旗下海南航空率先在国内启动节能减排管理，全面梳理公司生产经营环节的能耗影响因素。自 2008 年开始，海南航空引进能源管理体系国际标准，建立系统化节能减排管控体系，全面梳理公司生产经营各环节的耗能影响因素，将指标预先逐层分解到影响因素，通过因素管理实现结果系统化管控和能耗数据透明化。

2015 年，海南航空全面推行"绿途 Green Tour"绿色项目，项目从生产运行、技术改革、流程管理、旅客服务、员工意识、对外宣传等全流程优化内外部工作，致力于从地面到空中整个服务链输入绿色出行理念，倡导低碳节能、绿色环保生活，致力于打造旅客首选、全球知名的绿色航空品牌。

2015 年 1 月，海南航空率先完成能源管理体系的全部认证程序，成为国内首家通过能源管理体系认证的航空公司。海南航空能源管理体系建设也获得了民航局和海南省节能主管部门的认可和重视，被评为"海南省节能减排十大功勋企业"，随后被列入民航局 2015 年的研究课题，借此为全行业提供节能减排的蓝本和经验方法；2015 年，海南航空获得联合国全球契约中国网络"中国企业十大绿色行动"奖项。

海南航空推动中国首条跨国国内航线航路优化。航路优化能有效节省航油，降低碳排放。海南航空联合满洲里机场积极推动北京—满洲里航线经由蒙古国上空航路截弯取直、缩短距离。经历时半年的努力，2016 年 2 月 7 日，海南航空新增航班航线首航成功，北京—满洲里航线成为中国民航第一条飞越他国领空的国内航线，优化后的新航线，航程较现有航线缩短 159km，单程可节约运行时间约 12min，按照 B737-800 客机计算，相关航路优化一年将节省 70 万元运行成本，减少航油消耗约 100 万吨。

与此同时，海航集团的旗下各个公司也通过各种方法，积极践行节能环保、绿色运营的理念。集团旗下海口美兰机场持续建设低碳社区公司，从人性化、科技、环保出发强化绿色运营，以建设一流的航空公司为主要目标，高效利用资源，低效影响环境，打造绿效机场。截至 2015 年年底，美兰机场可绿化面积率达到了 99.6%，被誉为中国第一生态园林机场，中水回用替代机载 APU 设备，以及中央空调更新改造等都是重要的改造项目，2015 年 6 月，美兰机场被海南省发改委授予"海南省低碳社区试点单位"称号。

美兰机场节能减排举措：

对原有污水站处理后的污水和雨水进行回收处理，使之达到《城市污水再生利用城市杂用水水质》（GB/T 18920—2002）水质要求，实现了水资源的循环利用，大量减少机场周边河道排放量，减少对周边环境的污染。

成立专项技术小组，完成 23 套旅客登机桥桥载 400Hz 电源、飞机地面空调及其配套的用电设施的安装工作并投入正式运营，每年减少碳氢化合物、一氧化碳、氧化氮等废弃物排放约 1.1 万吨，同时每年可减少辅助发动机 APU 带来的噪声污染等，缓解能源危机压力。

按照"采集数据—分析对比—反复试验—调试运用"解决一期候机楼中空调系统由于设计冷量螺蛸造成该区域温度偏高的问题，使空调效果达到五星级长室温标准（24±1℃）。

三亚凤凰机场积极推进绿色运营，保护水资源。机场污水处理站负责机场污水处理及废水再利用，处理后的生活污水可分别作为工业用水、市政用水和景观用水进行重复利用，在降低生态环境破坏的同时，有效提升了水资源的利用率。2015 年，凤凰机场污水处理站累计处理污水 240 375 吨，处理后可利用的水资源达 230 375 吨，再利用率达 96%，达到市政用水级别的水资源达 215 136 吨，可利用率达 90%。

3．打造创新性行业协作平台

2016 年 6 月 14 日，海航集团携手联合技术公司在北京共同举办"绿色航空国际论坛"，在论坛上，海航集团和联合技术公司联合发起的"绿色航空倡议网络（Green Aviation Initiative Network，GAIN）"正式启动，这是航空业第一个以可持续发展为愿景的合作性组织，旨在通过传播、对话以及创新性解决方案，来打造一个航空领域的具有全球交互、跨界交互、产业协作、联合创新特性的新型合作平台，构建集绿色运营、绿色创新、绿色制造、绿色社区、绿色消费为一体的绿色航空生态圈，应对全球气候变化，推动航空产业绿色发展。

航空产业是个庞大的系统，从发动机制造、飞机制造到航空运输承运，再到空中交通服务、航空信息服务、客货销售代理服务、机场管理及服务，以及航空培训与各种地面后勤服务等环节，组成了一个强大的产业共同体。而航空业中众多领袖级的企业，对于推动全社会可持续发展具有很大的影响力和号召力。

绿色航空国际论坛的举办和绿色航空倡议网络的成立，是航空业及相关机构积极响应全球可持续发展目标和中国政府提出的"创新、协调、绿色、共享和开放"五大发展理念的创新实践。

作为航空业第一个以可持续发展为愿景的合作性组织，绿色航空倡议网络有着远大的目标，未来将持续开展多样化的重点活动，并通过这一平台，与业界的合作伙伴、专家及从业人士一起探讨和解决如何更好地推进绿色航空生态体系的建设，最终形成绿色航空产业生态圈。

4．绿色航空创新实践

海航集团将绿色发展理念与企业经营管理紧密结合，成立节能减排工作组，系统有效地开展节能减排工作，提升运行品质，不断完善节能降耗制度，推动创新节能实践，海南航空率先展开了一系列的创新举措，全方位推进"绿途"节能减排工作。

（1）开拓创新，率先建立能源管理体系。2013 年，海南航空开始研究在公司实施全面能源管理的路径和方法。2014 年，在行业内率先引进了 GB/T 23331、ISO50001 能源管理体系国标，通过与国内领先的咨询公司合作，共同研究实践更为系统化的节能减排管控体系。

（2）自我剖析，优选节能减排项目。2006年，率先与国际上一些节油成绩出色的航空公司进行沟通交流。2008年，中国民航首家引进国际航协的燃油效率差距分析项目，优选出一批重点节能减排管理项目，成立公司级的专项工作组予以重点推进。2010年，研究运行数据，建设飞行数据集成应用系统，该系统实现了对耗油数据和主要影响耗油因素的全面收集监控，为推进节油管理提供了数据支持。

（3）主动瘦身，飞机减重，节省燃油。通过引进新技术、使用新型材料等方式为飞机减轻重量，提升燃油效率，目前已累计每年节约燃油超过2.1万吨。

（4）技术创新，自主研发，打造行业标杆。

① 发动机水洗设备研发。海南航空首创第四代发动机水洗设备并投入使用，水洗后可提高燃油效率约0.5%，按照每台水洗设备年保障40架B737-800飞机计算，年节油量约1 200吨。

② 发动机升级改造。将B737-800、A330、B787机型飞机的发动机进行升级，提升燃油效率，所有机队改造完成后，整个机队年节油量增加约1万吨。

③ 737NG机型加装翼梢小翼。碳纤维复合材料的翼梢小翼可减少诱导阻力，让飞机节约燃油、减少排放，单架飞机年节油约350吨，同时可以在起降阶段减少6.5%的噪声。

（5）中国民航首次使用生物燃油载客商业飞行。海南航空与波音、中石化合作，于2015年3月21日完成了虹桥至北京的生物燃油商业飞行，标志着我国首次使用生物燃油进行载客商业飞行，中国航空业在节能减排领域进入商业飞行阶段，在当下雾霾日益严重的环境下，生物燃油可减少二氧化碳排放量50%~80%。此举在社会上获得广泛关注，向社会传递了海航低碳节能、绿色环保的社会责任形象。

（6）减少机上一次性纸质用品。机上每个座椅均需插放安全须知，原安全须知为一次性纸材质，纸张较轻薄，易折角损坏，消耗率较高。新推出的PP塑料材质安全须知打破以往纸质版安全须知局限，摸起来有木质感，彰显档次；产品更加耐用，经折叠、湿水、表面刮擦后均未被损坏，重复利用率高，相比纸质版安全须知45%的损耗率，可大大减少资源的浪费；塑料的硬度方便清洁队插放，提高航班保障效率，同时方便旅客拿取，提高安全须知的阅读率。

（7）创新地面服务。

① 大力推行无托运行李自助值机。鼓励无托运行李自助值机，逐步推行手机值机等便捷值机手续办理服务，其内容为无托运行李的乘客，可凭证在机场扫描器前"扫一扫"手机，直接进入入境处办理出境手续，再到登机闸口上机；若有托运行李，可在机场的自助登机行李柜位出示登机证办理手续，凭登机证通过安全检查区和出入境柜位，在闸口登机。所有乘客在登机时，须向机舱服务员出示手机登机证。新服务除了让乘客可自助预办登机手续外，更能有效减少印刷纸张，有利环保。

② 实现自助行李托运。2015年12月，在北京首都国际机场T1航站楼实现自助行李托运。2016年将继续在多地推广实行。

③ 地面用品增加环保宣传标志。为旅客行李提供带节能环保标志的有偿行李保护套，贵宾室书籍杂志上增加循环使用的标示。贵宾室一次性刀叉替换为可循环使用、品质更高的刀叉包。

（8）光伏设备应用。海南航空海口美兰基地办公停车综合楼计划在新建停车局部屋面设置多晶硅太阳能电池板，面积约为 680m^2，总发电量约为 100kW。该项目为太阳能光伏发电，采用与市电自动并网技术，可以设置直流、交流、电压、电流、频率上下浮动的范围。项目完成后，预计节电为 16.76 万度/年。

（三）结语

海航始终关注新能源技术的发展，多年来不断寻求技术突破，持续推进绿色运营、绿色采购，促进降污减排及能源节约，利用绿色技术、绿色运营、绿色消费推动生态环境的可持续发展，逐步提升绿色航空的品牌内涵，希望通过自身的努力达到示范效应，打造业界标杆。未来我们将共同努力，通过政府、行业、社会团队开展沟通合作，提高航空资源的利用率，扩大产业集群的影响力，推动航空产业走向绿途，为全球环境问题的解决贡献力量。

思考：

（1）环境保护，生态文明，是中国特色社会主义进入新时代的必然要求。

（2）国际碳交易市场，通过经济手段促使企业向更环保的方向发展。

（3）人民群众对更高生活环境的期盼，也促使企业以节能环保的方式生产运行。

资料来源：http://www.xinhuanet.com/tech/2016-11/14/c_1119907435.htm。

第四节 机场鸟害防治措施

一、鸟击航空器事件的界定

按照国际惯例，具有下列情况之一，则认定为发生了鸟击航空器事件：飞行员报告撞击一只或多只鸟；航空器维修人员确认航空器因鸟击而损坏；地面人员报告看见航空器撞到一只或多只鸟；在跑道中线（约 60m）内发现鸟类残骸（无论是完整的还是部分的，除非确认是其他原因造成的鸟类死亡）；鸟类出现在机场并对飞行造成负面影响，包括中断起飞、中断着陆、高速紧急停机、航空器离开道面等，以避免与鸟类相撞。

二、鸟击航空器的危害

航空器受损程度是由航空器与鸟相撞所产生的撞击力决定的，飞机所受到的撞击力可通过简单的计算来进行估算，表 10-1 所示为不同鸟的重量和航空器速度下的撞击力。

表 10-1　不同鸟的重量和航空器速度下的撞击力

单位：N

速度（节） 种类与 重量/kg	100	150	200	250	300	350	400	450
八哥 0.085	452	1 017	1 808	2 825	4 069	5 538	7 233	9 154
绿头鸭 1.82	2 763	6 216	11 052	17 268	24 866	33 846	44 207	55 949
灰雁 6.8	4 144	9 325	16 578	25 902	37 299	50 768	66 310	83 942

注：1 节=1 海里每小时=1.852 公里每小时。

一只以每秒 10m/s 速度飞行的小鸟，与一架以 300m/s 速度飞行的飞机相撞，相当于在飞机上施加大于 10 000kg 的冲击力，这差不多相当于一颗炮弹的能量。由于鸟击导致的飞机损伤部位及影响主要有以下方面。

（1）对喷气发动机的影响。

一只小鸟：鸟被第 1 级叶片击碎后进入发动机内部，一般不会引起严重损坏。

一只中型鸟或多只小鸟：第 1 级风扇叶片弯曲或变形，造成一定损坏。

一只或多只大鸟：叶片可能折断，甚至可能引起发动机完全故障或损毁。

（2）对飞机风挡的影响。

风挡遮挡：视线遮挡。

风挡碎裂：透气失压，视线遮挡。

风挡穿透：造成极为严重的事故。

（3）对飞机机翼的影响：影响飞机操纵和气动特性。与机翼相撞会导致蒙皮凹陷或穿孔，并且可能撕裂或扭弯金属。对于需要整修的小凹痕，修理费用可以忽略，但关键结构或系统发生严重的修理成本是巨大的。

（4）对飞机起落架的影响：影响飞机起落。表面上看航空器的起落架是非常坚固的，有能力吸收着陆重载的组件，但是仔细观察可发现航空器上使用的主起落架上包含大量易损组件，如液压管、电线、电磁线圈和开关。

（5）其他组件：包括雷达罩、着陆灯、皮托管等，这些组件的更换费用可能很高昂。

（6）延迟损坏。鸟击的一种较为严重的后果是造成不易立即发现的损坏。有记载表明，尽管鸟击后对发动机进行了基本的目视检查，没有发现损伤，但航空器发动机在遭受鸟击后的航班中还是出现了故障。

三、机场鸟击防治工作"责任区"的界定

民航总局《关于进一步加强鸟害防治工作的通知》（民航机发[2005]102 号）对机场鸟害防治工作的"责任区"确定为：机场围界以内，飞机起飞阶段高度 100m 以内或进近阶段高度 60m 以内的区域。在上述区域内发生鸟击事件，凡构成飞行事故的，要依据有关规定和程序组织调查，并视情追究相关单位责任；凡构成事故征候的，在统计上均认定为机场管理机构的责任。

四、鸟击航空器实例

1975 年,一架 DC-10 飞机在美国肯尼迪机场(JFK)起飞时,一群小海鸥被吸入巨大的发动机,飞机爆炸坠毁。

1988 年,埃塞俄比亚的一架波音 737 飞机在起飞爬升到 3 800m 时遭遇鸟击,结果造成机上 85 人死亡,21 人受伤。

1994 年 2 月 28 日,中国民航的一架波音 767-200 型飞机在巴基斯坦的卡拉奇真纳国际机场上空下降到 762m 高度时,几只大鸟撞入了左发动机,飞机 EGT 温度飙升,机组人员果断关闭左发动机,严格按单发动机程序操作,才幸未酿成大祸。

1995 年,北极货运航空公司(Pola)的一架波音 747 飞机在肯尼迪国际机场于 2 286m 下降时撞上了天鹅群,烧毁两台发动机,机身惨遭毁坏。

1995 年 9 月 22 日,美国空军的一架由波音 707 改装的有机载警戒系统和控制系统的 E-3 特种电子设备的 AWACS 军用飞机,在阿拉斯加州的爱尔蒙多夫空军基地 5 号跑道起飞,飞机以每小时 230 海里的速度滑跑,在抬起前轮的一刹那撞上了 30 多只加拿大鹅,瞬间两台发动机火光冲天,飞机坠毁在机场附近的洼地里,24 名空勤人员全部遇难。

1997 年 9 月 22 日下午 2 时许,1 000 多只雁和乌鸦聚集在北京首都国际机场东跑道的上空盘旋嬉戏,经驻场部队 2 个多小时的鸣枪驱赶,鸟群才飞走,造成当日 16 个航班被迫延误,2 000 多名旅客无奈滞留。

2008 年 5 月 22 日早 07:23 左右,川航 3U8851 航班,A320 型飞机,机号 6025 号,执行昆明—成都—银川任务,起飞至 70m 遭遇鸽击,该鸽群约 20 只,全部都有信鸽脚环标志,飞机遭撞击部位包括机头、左发动机、左侧机翼。遭鸽群撞击后,飞机发动机显示不正常,返回昆明长水国际机场检查。

2009 年 1 月 15 日,全美航空公司一架 A320 客机从纽约起飞时遭遇鸟击,飞行员应变迅速,飞机成功避开纽约人口密集街区,坠落于哈德逊河,悲剧与人们擦肩而过。

五、防止鸟害

1912 年,在美国加州的长滩,一只海鸥飞入一架刚起飞的赖特飞机的控制系统,飞机坠入大海,这是首次鸟害事件。从此,鸟害引起了人们的注意。据统计,全世界每年大约发生 1 万次鸟害事件,国际航空联合会已将鸟害升级为 A 类航空灾难。经科学测量,一只体重 2kg 的飞鸟如果撞在时速 9 000km 的飞机上,瞬间冲击力竟高达 4 000kg。因此,驱除飞鸟是机场的首要任务之一。

为保证飞行安全,防止在机场和机场附近发生鸟害,《国际民用航空公约》附件 14 中 9.5.1~9.5.3 条要求采取措施。1996 年 9 月于内罗毕专门召开防止鸟击会议。ICAO 制定和出版了 9137 号文件(Airport Service Manual)和 9184 号文件(Airport Planning Manual),对于机场建设具有重要的参考价值。不同机场采取的不同预防鸟害措施,应当与当地的环保相互配合、相互协调。

参 考 文 献

[1] 王琪. 机场运行状态综合指数评价体系研究[D]. 天津：中国民航大学，2017.

[2] 李宏斌. 运行控制系统（SOC）在航空公司航班生产运行中的应用[D]. 北京：北方交通大学，2002.

[3] 付连伟. 浅析机场运行指挥体系管理[J]. 科技资讯，2013（26）：236.

[4] 王犇. XY机场运行指挥体系研究[D]. 西安：长安大学，2015.

[5] 刘丽. 浅析昆明机场运行指挥体系管理[D]. 昆明：云南大学，2011.

[6] 地面运行系统提高机场运行效率[J]. 军民两用技术与产品，2010（9）：35.

[7] 唐华龙. 首都机场运行效率分析[D]. 天津：中国民航大学，2016.

[8] 韩利斌. 民航机场道面管理系统研究[D]. 天津：中国民航大学，2007.

[9] 丛江. 我国民用航空运输机场管理体制改革研究[D]. 济南：山东大学，2010.

[10]《民用机场飞行区技术标准》，中国民用航空局，2007.

[11]《中华人民共和国民用航空法》，中华人民共和国国务院，1995.

[12]《中华人民共和国民用航空器适航管理条例》，中华人民共和国国务院，1987.

[13]《民用机场管理条例》，中国民用航空局，2009.

[14]《中华人民共和国民用航空安全保卫条例》，中华人民共和国国务院，1996.

[15]《中华人民共和国飞行基本规则》，中华人民共和国国务院，2000.

[16]《民用机场运行安全管理规定》，中国民用航空局，2016.

[17]《民用机场使用许可规定》，中国民用航空局，2005.

[18]《民用航空机场运行最低标准制定与实施准则》，中国民用航空局，2011.

[19]《民用机场飞行区运行情况报告的规定》，中国民用航空局，2010.

[20]《中华人民共和国标准化法》，中华人民共和国国务院，2018.

[21]《民用机场总体规划规范》，中国民用航空局，2015.

[22]《民航体制改革方案》，中华人民共和国国务院，2002.

[23] 民用机场水泥混凝土道面设计规范》，中国民用航空局，2010.

[24]《民用机场飞行区场地维护技术指南》，中国民用航空局，2010.

[25]《民用机场道面评价管理技术规范》，中国民用航空局，2009.

[26]《民用机场建设管理规定》，中国民用航空局，2004.

[27]《民用机场助航灯光系统运行维护规程》，中国民用航空局，2009.

[28]《民用机场航空器活动区道路安全管理规则》，中国民用航空局，2006.

[29]《民用机场服务质量》，中国民用航空局，2017.

[30]《航班正常管理规定》，中国民用航空局，2016.

[31]《目视和仪表飞行程序设计规范》,中国民用航空局,2007.

[32]《公共航空运输服务质量》,中国民用航空局,2007.

[33]《公共航空运输服务质量评定》,中国民用航空局,2007.

[34]《民用运输机场服务质量》,国际机场协会,2000.

[35]《机场服务质量:标准与测评》,国际机场协会,2000.

[36] 曾小舟.机场运行管理[M].北京:科学出版社,2017.

[37] 罗良翌,赵晓硕.机场运营管理[M].北京:国防工业出版社,2016.

[38] 赛道建,孙涛.鸟撞防范概论[M].北京:科学出版社,2012.

[39] 汪泓,周慧艳.机场运营管理[M].北京:清华大学出版社,2008.

[40] 赵凤彩,陈玉宝.民航运输质量管理[M].北京:中国民航出版社,2009.

[41] 杨太东,张积洪.机场运行指挥[M].北京:中国民航出版社,2008.

[42] 上海机场建设指挥部.绿色机场——上海机场可持续发展探索[M].上海:上海科学技术出版社,2010.